本书获

2017 年贵州省出版传媒事业发展专项资金资助

贵州学者文丛

［第二辑］

徐新建　文选

黔中论道

徐新建／著

『贵州学者文丛』编辑出版委员会

贵州出版集团
贵州人民出版社

图书在版编目（CIP）数据

黔中论道 : 徐新建文选 / 徐新建著 . -- 贵阳 : 贵州人民出版社 , 2020.1
（贵州学者文丛）
ISBN 978-7-221-15842-0

Ⅰ . ①黔… Ⅱ . ①徐… Ⅲ . ①文化史—贵州—文集Ⅳ . ① K297.3-53

中国版本图书馆 CIP 数据核字 (2019) 第 292505 号

贵州学者文丛　第二辑

黔中论道　徐新建 文选

徐新建 / 著

责任编辑：戴　俊　谢亚鹏　张烨铃
装帧设计：刘　津　陈　电
文丛名题写：戴明贤
文丛名治印：喻民康
出版发行：贵州出版集团　贵州人民出版社
地　　址：贵阳市观山湖区会展东路 SOHO 办公区 A 座
邮　　编：550081
印　　刷：深圳市新联美术印刷有限公司
开　　本：889 毫米 x1194 毫米 1/32
印　　张：20.25
字　　数：435 千字
版　　次：2020 年 1 月第 1 版
印　　次：2020 年 1 月第 1 次印刷
书　　号：ISBN 978-7-221-15842-0
定　　价：60.00 元

徐新建

文学博士，黔籍学者，四川大学文学与新闻学院教授、博士生导师，现为文学与人类学研究所所长、中国多民族文化凝聚与国家认同协同创新中心常务副主任、四川省学术带头人、四川省文史馆特聘馆员、中国作协会员、中国音协会员和中国剧协会员，兼任中国多民族文学研究会会长、中国文学人类学研究会会长、中国比较文学学会常务理事及四川省比较文学学会会长。

出版学术著作《西南研究论》《民歌与国学》《苗疆考察记》及《横断走廊：高原山地的生态和族群》等多部，获得过庄重文文学奖(1994)、全国少数民族文学“骏马奖”（1997）、教育部人文社科优秀成果奖（2009）、中国出版政府奖提名奖（2011）、国家级教学成果二等奖（2009）及四川省哲学社会科学优秀成果一等奖（2017）。

总　序

习近平总书记在党的十九大报告中指出："没有高度的文化自信，没有文化的繁荣兴盛，就没有中华民族伟大复兴。"文化自信是一个国家、一个民族发展中基本的、深沉的和持久的力量。贵州地处祖国西南腹地，历史悠久，文化多彩。当中国进入进一步深入推进改革开放，尤其是进入实现中华民族伟大复兴的崭新历史阶段，人们从对贵州的"传统"识读转变为对贵州的"现代"惊喜。在创造新时代美好生活的火热实践中，贵州经济社会发展日新月异，百姓富、生态美的景象犹如灿烂的画卷徐徐展开。而这一变化，很大程度缘于贵州人对脚下这片土地的热爱，缘于贵州人在发展的过程中获得巨大的文化力量支撑，缘于对文脉的持续夯实和丰富延展。

在浩荡的历史长河中，智慧扮演着引领社会进步的角色，而作为智慧的载体——人，或以细微力量奉献于故土，或以毕生所有倾力于建设，或以所拥学识聚焦于文明。贵州大地曾经出现的“六千举人、七百进士”的人文景象，一直激励着后人励精图治，奋发赶超。在各个历史阶段，贵州涌现出一批批执着于家园建设的热血男儿、巾帼英豪。特别是改革开放四十年来，贵州学术繁荣发展，人才辈出，新作迭现，在省内外乃至海外成长起一批成果丰硕、有学术影响力的专家、学者。山川风物的每一点变化，人文气韵的每一点累积，无不昭示“贵州精神”“贵州智慧”的现实呈现，折射出时代潮涌背景之下贵州人的专注与努力。

以此为情感触发点，中共贵州省委宣传部精心策划指导“贵州学者文丛”（以下简称“文丛”）编辑出版，旨在树立和刻画让人敬仰的人文景象。“文丛”邀请了在当代学术界有影响力的贵州籍或者非贵州籍但对贵州有研究的学者，整理他们的学术成果，承前启后，激励后人，放眼贵州，观照世界，让贵州的形象闪亮，让贵州的声音响亮，让贵州的智慧铮亮。“文丛”的作者既包括如乐黛云、陈祖武、刘纲纪、涂纪亮、曹顺庆、刘扬忠、刘扬烈、何光沪、张朋园等贵州籍的著名学者，又包括非贵州籍但在贵州生活过的专家学者，如钱理群、吴雁南、彭兆荣等，博采众家之长，集中展示贵州文化之风貌。“文丛”在内容上，以文史哲为主，同时又兼采风物；形式上，在保证萃选诸学者的学术精华内容外，兼顾通俗性，以扩大“文丛”的读者覆盖面。

感谢“文丛”的全体作者及其后人，他们客观严谨的学术创新精神、浓烈的乡梓情怀、无私的奉献精神，激励着我们用真心、细心、诚心来编辑出版好这套丛书。

“道之所在，虽千万人吾往矣。”这个“道”就是我们的文化，就是我们的精神支点，值得我们用心、用力去寻觅和追求。希望本“文丛”的出版，能弥贵州文化之气韵，能彰贵州精神之亮点，为建设多彩贵州民族特色文化强省添砖加瓦、推波助力。

“贵州学者文丛”编委会

2018 年 4 月

自 序

2018 年暑期回了趟贵大。中文系黄楼还在，只是颜色已改，功能也变为他用。

翻年便是 2019。转眼过去四十年头，作为 1979 级新生，入学就读的日子竟一下成为旧史。当年的青春、梦想、写作、排演……回想起来，不是恍若而是真真隔世——不仅隔着纪元世纪，而且隔着血缘世代。一代有一代风骚，改革开放的那个时代，逝去了。

然而身处异土，乡情始终记着。贵大、贵阳、花溪、凯里……黔省的情景历历在目，连潜意识仿佛都入了籍，只要入梦，总在故乡。贵州简称黔省，在多元一体的中国版图上亦可叫做苗疆腹地。这里是一处行政区域、一种文化类型，于我更是思想的故乡和精神归属地。

20世纪80年代我大学毕业不久就到贵州社科院文学所工作，从业以来，陆续写下不少论述文学与文化的文字，有关黔省的竟占了大半，连续几部最早的书也由贵州人民出版社、贵州教育出版社出版，两位主编不但直接组稿还亲自担任责任编辑，让当年被视为年轻“新秀”的我倍受鼓舞，由此踏上以文为生的不归路。如今有幸入选黔籍学人丛书，再次与家乡出版同道合作，把既有的贵州篇章汇集成册，既算过去经验的延续，亦是对往后岁月的寄托吧。

文集按内容分为5个部分，听从编辑建议割舍了纪实性的文学类别，所选篇章基本按原貌呈现，除了必要的错漏补正外，未作大改。希望经由带有烙印的选题、视角乃至用词、语气，不但保留特定时代的轨迹，而且呈现个人真切的思路历程。书名题为“黔中论道”，想表达道在黔中，在黔中觉悟。

书中篇章曾先后发表，故要特别感谢此前给予笔者悉心关照的省内外期刊同仁，感谢贵大蒋希文、韩建芬、姜澄清、徐达等先生的悉心培养，感谢黔籍前辈张朋园、乐黛云、刘学洙、伍略、何士光、张克、卢惠龙、陈光余、吴野、王纳等文界楷模的不吝赐教，感谢游建西、龙隆、钱荫愉、伍席源、朱正琳、马晓麟、何光沪、宋立道、于民雄、王良范、成建三等学长友人的提携扶助，感谢贵州人民出版社戴俊、张烨铃等编辑的热心严谨……离开大家的厚爱，非但不会有文集面世，甚至连笔者的个人成长也无可能。

感谢贵州。

2018年8月28日

目　录

第一部分

多元格局观

一

古今中国的多元格局：从“野蛮”到“文明”

一、关于“中国”

“中国”的含义：从王朝到国家到文化

中国是一种多元开放的文化和历史形成的过程，如今仍在被建构与被认同之中。在字词的缘起意义上，“中国”这一称谓大致出现于周代的武王时期，其后便长期与“华夏”“中原”以及“中华”等相提并论[1]；而作为代表统一王朝或国家的总称，其所指则不断随着朝代的张缩、演化而中断或沿袭。

在文化与族群构成上，中国具有多元和多源的特点。夏商周以前，中国尚待形成。成都平原“三星堆”遗址与辽西“红山文化”等的发掘表明，早期众多的文化单位曾在东亚大陆的广阔空间里并行发展。彼此间或有一定的往来，同时又保持着各自在文化聚合上的相对独立，呈现出“满天星斗”的局面[2]。

三代以后，统一王朝逐渐形成。从此“大一统”开始成为多源合并的基本力量以及不同文化与族群相互角逐或排斥的要素。此两种对立要素此消彼长，导致了作为过程存在的“中国”在其历史演变中几乎各占一半的“分”“合”形态，亦即周期呈现的分离和统一[3]。

由于疆域广大、人口众多、加上文化多元，有人倾向把中国发展过程中“合”的形态视为帝国，称“第一帝国”形成于秦汉，“第二帝国”屹立在盛唐，“最后的帝国”终结于满汉共治的大清[4]。

民国以后，帝制取消。受西方列强的冲击，“中国”演变成为近代意义上的主权国家：一方面不得不在国际交往中放弃华夏中心的“天下观”，与远近异国相互承认，彼此制约；另一方面又自觉不自觉地使其自身族群、地域和文化的多样性特征延续了下来。对后一个方面，有人以“多元一体”加以概括[5]，而对前一方面，有人则用“和而不同”予以强调[6]。

“中国”的划分：从区域到族群到形象

作为多元族群的文化共同体，“中国”自古以来就并存着其“实体”和“观念”两种面相。彼此相互依存，互为因果：“实体中国”依托于“观念中国”的激活、建构和修正、补充，从而得以在共同体成员中实现王朝“大一统”的合法化和内在化；

“观念中国”则需经由“实体中国”才能够使自身呈现和发展。

近代以来,随着内部自省的要求与国际事务的需要,围绕“观念中国”出现了多种多样的阐述。其中关于结构方面的有“乡土中国”[7]“经济中国”[8]和“文化中国”[9]等,形象与内涵方面的有“小说中国”[10]“学术中国”等,区域和空间方面则有“南中国”“沿海中国”乃至“大中国”(the Great China)等。“边地中国”的提法不过是其中的一种方式与可能而已[11]。

“观念中国”既是对“实体中国”的认知,也是对后者的进一步建构和扩展。因此多样化观念的阐述便在描写和体现特定实情的同时,表达了使用者的主观愿望。这种愿望就是期待着把形象作为资源,把观念化作力量,借助对“观念中国”的多种建构,影响并改造作为实体存在的国家共同体。

值得注意的是,这样的事象并不仅限于中国内部。20 世纪后期以来西方社会不断出现的所谓中国与西方有可能出现的“文明冲突论”[12]乃至“妖魔化中国”的宣传[13],同样属于建构“观念中国”的范围,只不过当事的主体及其价值取向都大相径庭罢了。

二、关于“边地”

边地的演变:从一统到多元

“边地”是相对概念,出现于“中心”确立的过程之中。在大一统的王朝时期,边地就是中央、中原以外的“四方”。

从族群和文化的交往进程来看，边地的含义大致经历了从“边荒”到“边疆”再到“边界”的演变。“边荒”意指虽知其在却难以拥有的远地；“边疆”开始具有王土的属性，虽处在王朝（帝国）之边，却已纳入了经营治理的范围；至于“边界”，体现的是与他国相交的领土划分，对内意味着统治的末端，对外标志着主权的终止[14]。

对外边界，也就是“国界”的确立，标志着中国作为完整统一单位在现代世界秩序中的加入；同时也意味着其边地文化与邻国之间原有关系的变异，在不少地段还出现了新型的“跨境民族”。一族之间，跨国相隔，隶属各异，境况不同，久而久之，遂产生彼此政治与文化认同上的向背差别，形成另一种独特复杂的边地现象。如东北的朝鲜族、蒙古族；西北的哈萨克族、塔吉克族和西南的瑶族、苗族等。20 世纪 60 年代，中国政府先后同周边的缅甸、尼泊尔等国签署了边界条约。双方共同认为彼此边界的正式划定，不仅是邻国“友好关系的进一步发展”，而且是“对巩固亚洲和世界和平的贡献”。在具体的实际操作中，双方的条约一方面精确到对相邻河道详细划分的程度，另一方面也顾及到相邻“部落”的生存需求。如中缅之间规定：

凡是以河流为界的地段，不能通航的河流以河道中心线为界，能够通航的河流以主要航道（水流最深处）的中心为界；如果河流改道，除双方另有协议外，两国的边界线维持不变。

为了便于双方各自的行政管理，照顾当地居民的部落关系和生产、生活上的需要，双方同意……使这些骑线村寨不再被边界所分割。[15]

可见，现代边界的确立，实际是在当今民族—国家的体系中再次强化了国家的一统。

此外从“多元一体”的格局看，边地还标志着国家内部各族群间的文化界限：隔边相望，互为“他者”。若彼此交通，即可和平共处、交映生辉；若相互交恶，则障碍丛生，“一体”难存。

边地的经营：从边政到边学

在中国的古代史上，边地的经营伴随着王朝的拓展、开发始终，特点是政令由朝廷出，价值以“教化”归：以中心为起点，以周边为对象，建构完整统一的集权国家。民国以后，边地的重要导致“边政”的突起，从而引出“边学”的勃兴。20世纪三四十年代，一批知名学者汇集西南中国，在外敌入侵的危机里与政府联手，展开并参与了旨在促进国族凝聚、国家复兴的边学研究和边政治理。在“为政由学始”的信念激励下，他们关注边事、边务，并考察边疆、边民，从政治学与人类学结合的角度出发，提出了一系列影响至今的学术见解与现实建议。

有的认为，所谓“边疆”，对内含有“中华民族文化之边缘”的意义，亦即可以从“我群”与“他群”相互区分的层面，说明内地民族与边疆民族的关系[16]。

有的以“汉”和“非汉”族群为区别界限，分中国为汉族居住的“中原沿海”和满、蒙、回、藏等环布的“内陆边疆”；并在此基础上，将后者进一步分为西北“蒙新高原”的游牧文化和西南“青藏高原—云贵高地”的耕牧文化[17]。

有的指出，文化之本义有“耕种”的意思，而中国传统以农为本，故凡未达农耕水平者，即为边疆。此外，边疆还有文化和政治的含义。从族群政治的角度，以往沿用的“蒙疆”“藏疆”和“回疆”等主要即指民族的边疆。进一步论，中国的边疆，还同时包括着内地边胞与海外侨胞所居处的两大部分。如果说前者是“有形的边地”，后者便可称“无形的边疆”[18]。

有的强调，抗战关头，“国危族殆”，“整个中华民族之‘群’，已不容再有他、我之分”[19]。

其间官方颁布的“边政纲要”则倡导族群平等、土著优先，力求培养边胞的自治能力，最终“建立国族统一之文化”[20]。

总体而论，近代以来的边学研究突出了国家复兴的主题和国际生存的竞争，拓展了彼时国人的空间视野和文化眼光，不过也仍限于以中原划界、文野相分的心态里，把“边地中国”视为了有待开发、涵化的“落后”范畴，从而在根本上动摇了“边地”作为自在之“元”继续存在下去的合理依据与可靠源泉。

三、关于“文明”

过去“野蛮”（落后）化：作为教化对象的边地

在中国大一统的王朝进程中，“边地”几乎总是作为蛮夷而存在的。其特点不是“落后”就是“野蛮”，中心与周边的区别往往被看作“文”“野”差异。因此与其相关的对策便是征讨、羁縻与经营，而其中的核心乃在“教化”，即通过治理，使边地“文明化”“内地化”“一统化”。

时至近代，民国的边政学者在讨论边地特征时，仍继续把文化的先进与落后作为区分不同地域和族群的主要尺度，甚至把“边地人”与“内地乡下人”相比，认为：

> 边地人与内地乡下人程度的相差，亦有如内地乡下人与城里人程度的相差。尤有甚者，以边地人与内地乡下人来比，举凡民族性格、语言文字、习俗风尚、宗教信仰、文化方式，无一不是大相悬殊。
>
> 边地草野大都以牧畜为业，内地乡下则以农耕为业，尤以人工灌溉的精耕见长。牧畜文化与农业文化程度的相差，有如农业文化与工业文化程度的相差。[21]

在这样的认识基础上，边政论者便提出借助政治学与人类学的应用，参与到对“落后地区”的“开化事业”之中。而从国家重建与国族复兴的前后承继来看，此种有关“边地中国”的认识与实践可以说差不多延续了百年。

在古今中西的交汇中，与之联系的核心理念有二，一是以“我”划界的“中心观”，一是强调“发展”的“现代化”。至于促使把此种观念付诸实践的内在动力，可归为由古至今“文明大国”的光荣与梦想，即重新建构大一统：大国家、大民族、大文化。面对当今的世界情势，其亦有可能转化为建构与西方列强对立并存的“大中华”。

现在“文明”（平等）化：作为文化资源的边地

然而也正是由于产生于世界格局态势里的新需求，又反过来迫使中国不得不重新思考自身的国际地位及其内部关联。因为在“现代化”的西方列强眼里，与埃及、印度等其他“非西方”的大国一样，作为整体的中国也被排在了文明阶梯的“落后”一端，属于国际阵容中有待“进化”的“边地”。

于是，步入现代化进程的中国方面，便出现了对“进化”含义与“文明”界定的重新审视，目的在于发出民族的声音并争取解释的权利，力求在国际秩序的营建中，为自己赢得文明身份，使世界迈向多元格局。这样，“文明”就突破以西方为中心的“单线进化”垄断，而具有了相对的多样特征。

这样的趋势转朝内部，自然引出对“边地中国”的重新评估。既然价值是相对的、文明可以多元，那么以往与中心不同的“边地中国”，就不能再用“野蛮”“落后”加以划分。这不仅在道义上应当如此，从学理和“经营”上也必须改观。也就是说，当年被视为有待“教化”的众多“蛮夷”，其实是与“中心”不同的文明类型。作为形形色色的“异者”或“他群”，它们有别于“我群”的生存方式与价值趋向，或许潜在着值得借鉴参照的资源。这些资源是珍贵的，因为正如人类赖以生存的生物圈里许多一次性资源一样，具有不可再生性：一旦摧毁，便永不复归。

当今的世界，2001 年的“9·11”事件以来，或许已进入了全球化的文明危机时代。如何一方面使不同文化多元共处，一方面反思人类面临的前景问题，需要既身处“民族—国家”体系，同时又能超越其上的心境与智慧。

在这样的境遇里，边地——无论作为国家还是作为区域、族群和文化——显然是大有可为的重要一级。因为如果某种文明产生了病变，或许可以从其他文明中获得救助。这时，文明的多元与多样，便不是世界的烦恼而是人类的福音。于是所谓“边地中国”则将成为人们的共同财富。

在这点上，在国际范围里倡导“文化中国”的学者提出了值得重视的论述，认为当今人类的诸多问题与西方文明的“启蒙心态”有关，在共同克服其派生弊端的过程中，世界各地的原住民社会将成为举足轻重的资源之一。“原住民社会”的特征是什么？一是处在现代世界格局的“边地”，二是未经西方“文明之毒”的污染，从而保留了维持生态环境的原创能力和与自然相处的和谐关联。持此种观点的论者提出：21 世纪的“先知”是地球，而“真正能够听到先知声音的，就是原住民”[22]。

由此观之，中国的边地，或“边地中国”的重要意义恰恰在于同样拥有此种意义上的众多“原住族群”。他们的多样性存在，不仅具有其自身的合理依据，同时还有对其他文明单位的平衡、补充与调节的功能。

历史学家汤因比（Toynbee）曾对人类古往今来的文明单位

作过划分和梳理，描写出其中一些如何延续至今，其他一些又如何悄然退隐。回顾中国的历史，可曾有人认真统计过大一统王朝的范围内到底曾经拥有过多少不同的“边地文明”？如今还有多少完好存在，有多少能够继续承继？

话说回来，对于“文明”与“野蛮”这样的二元划分，就在西方内部其实也存在着深入持久的自我批判。马尔库塞继承弗洛伊德关于文明是对人类本能之压制的思想，认为世界正经历着从“史前”到“现代”再到“后现代”的演变历程，与之对应的是：1.“前文明的生物发展时期”；2.“压抑性文明时期”；3.“非压抑性文明时期”。人类的前景在于摆脱现代文明的压抑，向快乐人性的自由境界复归[23]。在这样的价值参照下，所谓史前（以及“非西方世界”）的“野蛮”状态，便绝非像进化论者描绘的那般黑暗，相反倒是充满了人类作为生物存在的与生俱有、并且能够修复“文明弊端”的自然原则。

与此相关，中国古代也有过“礼失求诸野”和“返璞归真”的说法。其中同样包含了文明的动力来源于“自然”和“原初”的一层深意，也就是希望失落或偏离了的文明能够在“边地”与“初民”当中找回自己的源泉活水。

由此可见，“边地中国”——这个值得在“文明”范畴以及文野相分的对应里重加关注的区域与话题，还有待结合古今中外的相关对照认真发掘，深入辨析。

未结语：关于“边地文明”

承认边地是一种文明，意味着世人在相互认知上的演化。“边地文明”既可从“大一统”的构架出发，称之为文明的边地（边陲、边界）；亦能以边地为中心，视其为文明的特殊类型。从中国的历史来看，从中原视角出发的所谓边地文明大致与“四夷文明”“边界文明”或“跨境文明”等相当。以西南边地为例，近代的学者则又将其与诸如“环太平洋文化圈”[24]“阔叶林文化带”以及“稻作文化带”等界说相联系，试图在更大的范围、跳出一国一境的局限来作宏观审视。有的亦从百越—苗瑶与氐羌族群、南岛语系与汉藏语系以及南传上座部佛教与藏传佛教这样一些族群、语言和宗教的角度予以进一步的把握和说明。凡此种种，都在视边地为文明的基础上，对以往中原中心观影响下的“边地蛮夷化”作出了纠偏和调整。这种调整的意义，在对待作为整体的“中国”观念上，将有助于人们认识到中国不仅地大物博、人口众多，而且在内部统一的历史过程中，长期是一个多文明的国度。

简而论之，不同的文明类型相互并存，一直在周期性地为这个古老大国提供着使之大而不僵、老而常变的物质财富和精神资源——除非发生文明间的彼此排斥和冲突以至于导致各败俱伤，而后一种境况恰恰是历代统治者均不愿真正陷入的。

（原载于《西南民族大学学报（人文社科版）》第6卷）

注 释

[1] 于省吾:《释中国》,载《中华学术论文集》,中华书局,1981年。

[2] 苏秉琦:《中国文明起源新探》,三联书店,1999年。

[3] 葛剑雄:《统一与分裂——中国历史的启示》,三联书店,1994年。

[4] 黄仁宇:《中国大历史》,三联书店,1997年。

[5]《中华民族多元一体格局》(修订本),费孝通主编,中央民族大学出版社。

[6] 汤一介:《文化的多元共处——"和而不同"的价值资源》,载乐黛云、李比雄(Alain Le Pichon)主编《跨文化对话》(一),上海文化出版社,1998年10月。

[7] 费孝通:《乡土中国》,上海观察社,1949年。

[8] 高希均:《巨人与小龙的结合——经济中国》,载《远见》1993年1月号。

[9] 杜维明:《文化中国:以外缘为中心》,载《文化与传播》(第三辑),深圳大学文化与传播系主编,海天出版社,1995年,第1~39页。

[10] 王德威:《想象中国的方法:历史·小说·叙事》,北京:三联书店,1998年。

[11] 参见《光明日报》2002年1月24日C1版,"边地中国"专栏。

[12](美)亨廷顿:《文明的冲突与世界秩序的重建》(中译本)(*The Clash of Civilization and the Remaking of World Order*),周琪等译,新华出版社,1998年。

[13] 参见刘康等:《妖魔化中国的背后》,中国社会科学出版社,1996年。

[14] 参见徐新建:《西南研究论》,云南教育出版社,2001年;《从

边疆到腹地：中国多元民族的不同类型——兼论“多元一体”格局》，《广西民族学院学报》，2001 年第 6 期。

[15]《中华人民共和国和缅甸联邦政府边界条约》（1960 年 10 月 1 日，北京）。转引自编写组：《西南戍边概览》，四川人民出版社，1988 年，第 487～498 页。

[16] 中国边疆文化促进会：《边疆研究》“创刊号”，1940 年。

[17] 凌纯声：《中国边疆文化》，载《边政公论》第一卷，第九至十二期，1942 年 5 月 10 日。

[18] 吴文藻：《边政学发凡》，载《边政公论》第一卷，第五、六期，1942 年 1 月 10 日。

[19] 中国边疆文化促进会：《边疆研究》“创刊号”，1940 年。

[20] 徐益棠：《十年来中国边疆民族研究之回顾与前瞻》，载《边政公论》第一卷，第五、六期，1942 年 1 月 10 日。

[21] 吴文藻：《边政学发凡》，载《边政公论》第一卷，第五、六期，1942 年 1 月 10 日。

[22] 杜维明：《走出现代化的死胡同》，原载《天下杂志》1993 年 8 月 1 日，收入《杜维明学术文化随笔》，中国青年出版社，1999 年，第 55～62 页。

[23] 参见弗洛伊德 (Freud)：《文明及其缺憾》（中译本），傅雅芳等译，安徽文艺出版社，1987 年。马尔库塞 (Herbert Marcus)：《爱欲与文明——对弗洛伊德思想的哲学探讨》（中译本），上海译文出版社，1987 年。

[24] 凌纯声：《中国边疆文化》，载《边政公论》第一卷，第九至十二期，1942 年 5 月 10 日；《中国边疆民族与环太平洋文化》（上册），台北：联经出版社，1979 年。

二

蚩尤和黄帝：族源故事再检讨

一、引言："黄帝崇拜"与"蚩尤复活"

先说"黄帝崇拜"。

黄帝是中华民族的一面旗帜，是人类进入文明社会的第一奠基人。制衣冠，造舟车，创文字，教蚕桑，种五谷，使人们逐步走向了文明有序的生活道路。黄帝时代的伟大功德，"创造""奉献""团结"，是黄帝时代宝贵精神的结晶，是促进人类进步发展的伟大精神精髓，是中华民族的精神支柱，是亿万黄帝子孙的"传家宝"。[1]

上面引的是香港网站“中华民族万姓先祖纪念堂”上发表的一段话。该网站由“香港佛陀教育协会”于2002年创办，在互联网上用中文向全球彰显。本来以中华民族“先祖堂”名义颂扬黄帝功德，在自清末民初以来的历史背景下不足为怪，可归入学者所言的“国族建构”时尚或“民族主义发明”之中；但令人注意的是，该网页乃由通常被视为“出家人”的佛教团体设立，不仅列有“三皇五帝”专栏，而且还在其中以孙中山之名引述了题为《轩辕黄帝》的诗作一篇，曰：

中华开国五千年，
神州轩辕自古传。
创造指南车，
平定蚩尤乱。
世界文明，
唯有我先！

诗作以“中华开国五千年”的视野论说轩辕黄帝，并在世界文明的比较中称言“我先”；而对黄帝的颂赞，则以“平乱”为主。于是以对照的方式，把世人的目光和记忆引向了另外一位古代人物——“乱者”蚩尤。

这里，作为负面衬托，蚩尤的出场十分重要：没有其“乱”和“败”，就无法凸显黄帝之“平”和“胜”。胜谁？胜“敌人”；平什么？平“天下”是也。所以名为“中华民族万姓先祖纪念堂”

的网页接着说：

据司马迁的《史记·五帝本纪》记载，“黄帝者，少典之子，姓公孙，名轩辕”……在炎帝后期，黄帝于乱世起兵，以德号召天下，代炎帝为天子，后战胜蚩尤于涿鹿之野，结束了远古战争，统一了中华民族，建立起中国第一个有共主的国家。当选为中华民族第一帝，中华文明时代从此开始了。历史上的唐尧、虞舜以及夏、商、周三代帝王均为黄帝后裔，所以黄帝被称为中华民族的始祖，后世都尊称轩辕黄帝为“文明之祖”“人文初祖”。[2]

这就是说，此处关于黄帝的事迹，上溯到汉代史官司马迁的记载。其功德和意义不可谓不多，包括了“战胜蚩尤”“结束战乱”“统一中华”“建立国家”“开创文明”进而成为“天下共主”和“民族始祖”，受到由古至今的尊敬。

沈松侨的文章把晚清以来的这种“黄帝崇拜”及其所派生的“民族英雄系谱”，解释为“国族主义新史学”的产物，体现着近代中国政治文化“权力场域”里的对抗与相争。王明珂进一步把此现象与更为漫长的“族群记忆”连通考察，指出应注意“近代炎黄子孙国族建构的古代基础”，因为“在战国晚期的华夏认同中，‘黄帝’已成为华夏之共祖，并蕴含领域、政治权力与血缘之多重起源隐喻”，提醒人们关注自先秦以来“华夏族”内外对想象性始祖的建构与“攀附”。孙隆基进一步提出，

"黄帝崇拜"的叙事，是"由古代的、现代的、本土的、外来的因素编织而成"，把近代的"国族建构"联系到当时中外交往的国际背景之中。但在他们的讨论中，都没怎么留意"蚩尤"在轩辕谱系中的出场及其陪衬意义，即忽略了黄帝成为始祖的重要条件和象征："敌人"的存在及其被帝王的剿平。

图 1 黄帝战蚩尤

此图以《插图中国史》之名载于面向大众的互联网并配有如下解释：

因为部落之间的利益冲突……黄帝打败了炎帝之后，居住在东方的九黎族首领蚩尤，将南方苗民联合起来，企图推翻黄帝。蚩尤善于变化，有呼风唤雨寻雾的神通……黄帝命人把军鼓搬到战场上，连续擂了九通，霎时雷声轰鸣，地动山摇，军威大振。蚩尤军队听了个个胆战心惊，望风而逃。黄帝率领大军冲杀上去，将蚩尤杀死，得到了重大胜利。从此，黄帝统治了中原，中原各民族从而得到进一步的大融合。[3]

再看"蚩尤复活"。

对香港“中华民族万姓先祖纪念堂”这样的现实参与者来说，也有一种或许是始料未及的忽略，即由“黄帝崇拜”激发的“蚩尤复活”。

1999 年，以“三苗网”命名的网站在北京创办，并于次年设立以蚩尤为供奉对象的“祭祖坛”。该网站的内容同样以中文向全球公布，表达着对“蚩尤祖神”的缅怀及对“黄帝崇拜”的忧虑。接下来，湖南花垣县建成“苗族始祖蚩尤像”；2000 年，“蚩尤陵园奠基仪式”在黔东南苗族侗族自治州首府凯里市“隆重举行”；传说当年黄帝战蚩尤的“涿鹿”故地，也恢复、开发了“蚩尤寨”“蚩尤泉”“蚩尤松”等遗迹，供游人缅怀凭吊。有关消息报道说：

> 蚩尤和炎帝、黄帝都是中华民族的伟大祖先，共同创造了中华民族史。为挖掘和弘扬传统民族文化，增强民族团结，实现共同繁荣，我市和省苗学会决定在香炉山修建蚩尤陵园。[4]

于是在现实生活的层面上，“蚩尤”和“黄帝”又被关联到一起；而且同样作为始祖，“蚩尤”也复活了。他的复活，与“黄帝崇拜”一起，构成被人质疑的当代“中华大祭祖”现象[5]。

二、“敌人”蚩尤与司马迁笔法

有关黄帝、蚩尤的事迹，表面看来源于先秦以来的文人记载，也就是司马迁前后多种不同的历史书写。今人多以《史记》为据，反映出对文字“正史”的依赖和笃信。其实分析起来，这些事迹至少体现于四种不同的类型：文献、口传、文物和仪式。

在记史的功用方面，“文献”容易理解，暂且不说。“文物”可分两类，一是器物，一为遗址。后世人们或以殷商青铜器上的“饕餮”之像牵扯“蚩尤”，或以某处考古遗址联想上古族源，所用的依据就是文字之外的物像；而物像类型中，最为直观的就是各式各样的“黄帝战蚩尤”图，包括汉画像石与《山海经》图等，如在武梁祠后石室所见的“黄帝战蚩尤”图。关于“口传”，远有“风雅颂”，近有各族“歌谣”。其中都出现过相关传唱，如：

天命玄鸟，降而生商。[6]

厥初生民，时维姜嫄。[7]

信彼南山，维禹甸之。[8]

但口诵的诗歌每每与后来成型的文字正史不尽相同。若论二者先后、虚实，则实难判断孰是孰非，问题在于远古的传唱经过文人整理，“真貌”已隐；而至今仍存的歌谣其所颂年代大多无法断定。但作为对照，口传的存在至少可以挑战文献的独尊。

至于“仪式”中的黄帝、蚩尤，在秦汉有始皇帝和汉高祖对二神的祭祀，在民间则有“蚩尤戏”的传承，戏中“蚩尤氏耳鬓如剑戟，头有角，与轩辕斗，以角抵人，人不能向”[9]。

由此观之，对于黄帝、蚩尤的记载，司马迁《史记》所代表的文字正史，只不过是在四个相关类型中取得主导地位的一种，其历史书写的背后潜藏着文人史官对事件的选择、对人物的打造以及对意义的加工。

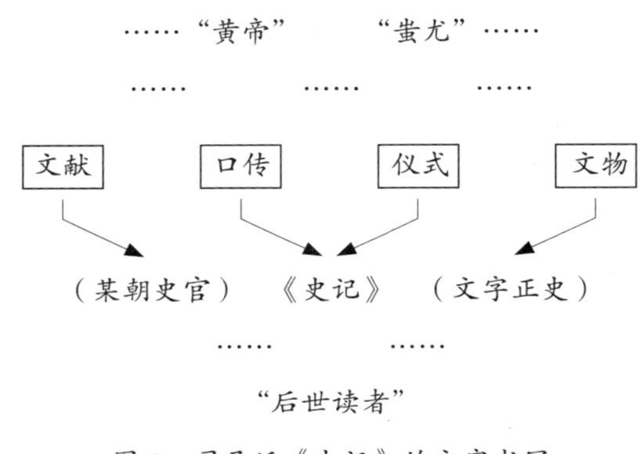

图 2　司马迁《史记》的文字书写

其中，“黄帝”“蚩尤”与各记载类型以及《史记》与后世读者之间都隔着若干虚点，表明彼此存在着相当的距离。史官书写的目的之一，是要用文字书写的方式打通这些间隔，以达为后世立言之功。以司马迁的言行为例，就是要在“周游历览”的基础上，“究天人之际，通古今之变”，然后成一家之言，“藏之名山，在京师，俟后世圣人君子”（《史记·太史公自序》）。

司马迁饱览群书，旁征博引，可供其挑选淘汰的文献素材驳杂不一。在“口传”方面，他亲历四方采访，收集过不少关于黄帝的民间资料。对于文献，他说：“学者多称五帝，尚矣。然《尚书》独载尧以来；而百家言黄帝，其文不雅驯，荐绅先生难言之。孔子所传《宰予问五帝德》及《帝系姓》，儒者或不传。”在后一方面，则曰：“余尝西至空桐，北过涿鹿，东渐于海，南浮江、淮矣，至长老皆各往往称黄帝、尧、舜之处，风教固殊焉，总之不离古文者近是。”于是在兼顾文献与口传的基础上，司马迁做出了以下的判断和决定：

非好学深思，心知其意，固难为浅见寡闻道也。余并论次，择其言尤雅者，故著为本纪书首。[10]

这个“本纪书首”，就是对后世影响甚大的《史记·五帝本纪》。其开篇所言，即为“黄帝战蚩尤”的故事。本来，在司马迁旁征博引和未能入选的材料中，对于黄帝、蚩尤及炎帝等的说法众多，褒贬不一。

《国语·晋语》曰“昔少典氏娶于有蟜氏，生黄帝、炎帝”，声言“炎、黄同宗”。《山海经》描绘蚩尤“铜头啖石”，能“飞空走险”。《管子》等书也叙说蚩尤神通广大，能以金属造兵器：“葛庐之山发而出水，金从之。蚩尤受而制之，以为剑、铠、矛、戟。”按照《逸周书·尝麦解》的记载：蚩尤是与炎帝地位同等的首领，在天地之初，分别受命“分正二卿”和“以临四方”。后来蚩尤与炎帝之间发生战争，炎帝“大慑”，向黄帝求援，遂引发黄帝与蚩尤之战。《大荒北经》说：

有人衣青衣，名曰黄帝女魃。蚩尤作兵伐黄帝，黄帝乃令应龙攻之冀州之野。应龙畜水。蚩尤请风伯、雨师，纵大风雨。黄帝乃下天女曰魃，雨止，遂杀蚩尤。魃不得复上，所居不雨。[11]

这类叙述都提到彼此的争战，但却是互相攻伐，未分邪正。在后条中，战争的原因没说，却让人看到双方介于人神之间“兴风作雨”和“使地大旱”的魔幻（巫术）场景。

然而经过司马迁的精心取舍和重新组织，后人读到了“蚩尤作乱、黄帝剿平”的历史画卷。在该画卷中，黄帝代表“正义”“英勇”和“成功”，蚩尤代表“作乱”“残暴”和“灭亡”。这本是司马迁用心追求的“一家之言”，不料一传竟成了千年古训:

轩辕之时，神农氏世衰。诸侯相侵伐，暴虐百姓，而神农氏弗能征。于是轩辕乃习用干戈，以征不享，诸侯咸来宾从。而蚩尤最为暴，莫能伐。炎帝欲侵陵诸侯，诸侯咸归轩辕。轩辕乃修德振兵，治五气，艺五种，抚万民，度四方，教熊罴貔貅貙虎，以与炎帝战于阪泉之野。三战，然后得其志。蚩尤作乱，不用帝命。于是黄帝乃征师诸侯，与蚩尤战于涿鹿之野，遂禽杀蚩尤。而诸侯咸尊轩辕为天子，代神农氏，是为黄帝。天下有不顺者，黄帝从而征之，平者去之，披山通道，未尝宁居……有土德之瑞，故号黄帝。[12]

此叙述先交代战争背景：神农衰，轩辕出，喻“乱世出英雄”——时势造英雄、英雄造时势；而后分四段叙述黄帝征战的原因、对象、过程和胜利：

1. 诸侯相战，百姓遭殃，轩辕出征（征“不享”），使诸侯归顺——此时的轩辕还站在炎帝一边；

2. 得势后的轩辕掉转立场，转到诸侯一边，向炎帝开战，并将其打败——原因是炎帝“侵陵诸侯”；

3. 蚩尤被视为诸侯中“最暴”者，因敢于抗命作乱，也遭擒杀——此过程中，轩辕已能使诸侯听从调遣，并在胜利后取炎帝“天子”之位而代之，乃称“黄帝”；

4. 对于其余不顺从者，黄帝继续征讨、灭除，以使天下平。

其中，黄帝与之争战者先后有三：诸侯、炎帝和蚩尤，可为何独以蚩尤为“敌”之代表，并要用最彻底的手段将其剿灭？依司马迁的解释，这是因为相互身份和关系发生了变化。起初的战争，轩辕是为了协助“天子”炎帝制服诸侯，维持王道；后来与炎帝开战是为了阻止炎帝的失道（侵陵诸侯）；最后，之所以擒杀蚩尤，则因其最难容之罪：不听帝命，违抗新主。这里的描写有点疑惑，蚩尤所抗的帝命，可指炎，亦可指黄，但无论怎样有一点都是同样的，那就是在使“轩辕”通往“黄帝”的路上，蚩尤都构成了障碍，不除不能成功。

在此过程中，轩辕和蚩尤的身份都经历了几次转换。最初，二者地位相等，同在炎帝之下，只不过司马迁没有明确交代轩辕是否也属“诸侯”，从而为其后对帝位的承继留下了余地。这时，彼此之间是平行相争，但因为蚩尤“最暴”，故衬托出轩辕之战的“尽忠”含义。接着，炎帝不仁，诸侯尽叛，归顺轩辕，唯有蚩尤不从。于是一方面轩辕成为“替天行道”的英雄，另一方面“蚩尤”变作不“与时俱进”的另类；最后，轩辕取炎帝而代之，蚩尤仍与对抗，故又沦为犯上之敌，此时的黄帝则已成了施行王权的天子。蚩尤的出场，每一次都以“敌人”的形象，作了“英雄”黄帝的陪衬。如果说在这种史家书写的背后真有黄帝与蚩尤之战的史实的话，在史官司马迁的笔下，“敌人”蚩尤不幸又作了文学性的第二次“牺牲”，而且这样的“牺牲”，死得无形，却历时更久；不见硝烟，却更为惨烈，因为“牺牲”者被从此钉上“历史的耻辱柱”，任随鞭笞，世代不得翻身。

对于远古战争，先秦以来的文献多有记载评说。其中也有与黄帝相关的内容，不过并非全然站在黄帝一边。

《兵略训》言：“黄帝尝与炎帝战矣，颛项尝与共工争矣。故黄帝战于涿鹿之野，尧战于丹水之浦，舜伐三苗，启攻有扈。自五帝以来而弗能偃也，又况世乎？”

《韩非子·说疑》篇写道，“因曰：‘舜逼尧，禹逼舜，汤伐桀，武王伐纣。’此四王者人臣杀其君者也，而天下誉之。察四王之情，贪得人之意也；度其行，暴乱之兵也。然四王自广撮也，而天下称大也；自显名也，而天下称明焉。”

这里把舜、尧、禹这些帝王视为“杀君者”和“暴乱之兵”，并对“天下誉之”现象提出质疑。与此相反，《战国策·苏秦始将连横》在列举五帝以来的历次征伐后，对古代战争的必要性做了分析。依照苏秦的观点，君王在拥有强大实力之后的目标就是“并诸侯，吞天下，称帝而治”，为此他列举了五帝为例：

昔者神农伐补遂，黄帝伐涿鹿而禽蚩尤，尧伐兜，舜伐三苗，禹伐共工，汤伐有夏，文王伐崇，武王伐纣，齐桓任战而伯天下。由此观之，恶有不战者乎？

苏秦的分析是“虽古五帝、三王、五伯，明主贤君，常欲坐而致之，其势不能，故以战续之”。也就是说攻战是其他手段均无效后的选择，故提出：“今欲并天下，凌万乘，诎敌国，制海内，子元元，臣诸侯，非兵不可。”

而在这点上，《庄子》的立场直接站到了黄帝的对立面上，称其无德，开其后“乱徒”之先：

神农之世，卧则居居，起则于于，民知其母，不知其父，与麋鹿共处，耕而食，织而衣，无有相害之心，此至德之隆也。然而黄帝不能致德，与蚩尤战于涿鹿之野，流血百里。尧舜作，立群臣，汤放其主，武王杀纣。自是之后，以强陵（凌）弱，以众暴寡。汤武以来，皆乱人之徒也。

这是说黄帝的确颠覆了炎帝，但其取和平之世而代之的却是连年战乱，而转变标志就是对蚩尤的战争，“流血百里”，结果便开启了摧残后世的政治恶习：“以强陵（凌）弱”“以众暴寡”。为什么会这样呢？《庄子·缮性》篇的看法是因为从燧人、伏羲至神农、黄帝以来道和德的下降：

逮德下衰，及燧人、伏羲始为天下，是故顺而不一。德又下衰，及神农、黄帝始为天下，是故安而不顺。德又下衰，及唐、虞始为天下，兴治化之流，枭淳散朴，离道以善，险德以行，然后去性而从于心。[13]

由此，《庄子·盗跖》篇作者对世间推崇黄帝的时尚提出了针锋相对的质疑，指出：

世之所高，莫若黄帝，黄帝尚不能全德，而战涿鹿之野，流血百里。尧不慈，舜不孝，禹偏枯，汤放其主，武王伐纣，文王拘羑里。此六子者，世之所高也，孰论之，皆以利惑其真而强反其情性，其行乃甚可羞也。[14]

一个称“伟大”，一个说“可羞”，《史记》与《庄子》两种书写的立场差异由此分离开来。黄帝与蚩尤的生存年月，即便依照《史记》的推算，距司马迁时代（公元前145年—约公元前87年）也有着数千年之遥。那么，对于一个离得如此久远的传说人物，太史公为何并又怎样使他们分别显为“明主”和“恶敌”的呢？这就不得不提到司马迁本人的身份与立场了。通过分析不难看出，在《史记·五帝本纪》的叙述中，作者虽然采用“第三人称”的口吻说话，然却既不像《兵略训》那样以中性立场叙说相互战争，或像《韩非子》和《庄子》一般，谴责轩辕、尧、舜的残暴，而是始终站在黄帝一边，视诸侯、蚩尤乃至炎帝为敌，原因何在？在于司马迁世为臣子的出身及其与黄帝世系攀上的关系。

《史记·太史公自序》曰：

> 昔在颛顼，命南正重以司天，北正黎以司地。唐虞之际，绍重黎之后，使复典之，至于夏商，故重黎氏世序天地。其在周，程伯休甫其后也。当周宣王时，失其守而为司马氏。司马氏世典周史……喜生谈，谈为太史公……太史公既掌天官，不治民，有子曰迁。

这是说司马迁祖上是自重黎以来、世代为“颛顼”以降之帝王服务的重臣，职责先是司序天地，后为替朝廷书写正史。有关司马氏家世的沿袭及其对司马迁的影响，司马迁自己记载的一段父子对话颇为传神，特引如下。司马迁的父亲失宠后把儿子叫到身边，对其述说家史和自己的不幸：

> 太史公执迁手而泣曰：“余先周室之太史也。自上世尝显功名于虞夏，典天官事。后世中衰，绝于予乎？汝复为太史，则续吾祖矣。今天子接千岁之统，封泰山，而余不得从行，是命也夫，命也夫！”[15]

接着对后事及期望作了交代。其中特别强调了身为王臣史官的意义，即借助“史文”，让“明主、贤君、忠臣、死义之士”

的事迹流芳百世：

余死，汝必为太史；为太史，无忘吾所欲论著矣。且夫孝始于事亲，中于事君，终于立身。扬名于后世，以显父母，此孝之大者。夫天下称诵周公，言其能论歌文武之德，宣周邵之风，达太王王季之思虑，爰及公刘，以尊后稷也。幽厉之后，王道缺，礼乐衰，孔子修旧起废，论诗书，作春秋，则学者至今则之。自获麟以来四百有余岁，而诸侯相兼，史记放绝。今汉兴，海内一统，明主、贤君、忠臣、死义之士，余为太史而弗论载，废天下之史文，余甚惧焉，汝其念哉！

司马迁感动不已，对父亲的嘱托作了保证：

迁俯首流涕曰："小子不敏，请悉论先人所次旧闻，弗敢阙。"

而后，作为新被任命的太史公，司马迁借先人的话抒发抱负，把自己同孔子作了类比，连连感叹：

先人有言："自周公卒五百岁而有孔子。孔子卒后至于今五百岁，有能绍明世，正《易传》，继《春秋》，本诗、书、礼、乐之际？"意在斯乎！意在斯乎！小子何敢让焉。[16]

那么孔子是如何评说蚩尤的呢？《大戴礼·用兵》载有一

段孔子的话，专门提到对蚩尤的看法，并在把古代战争分为“圣人用兵”与“贪者用兵”两大类别之后，否定了蚩尤创造兵器的传说：

公曰：“用兵者，其由不祥乎？”

子曰：“胡为其不祥也？圣人之用兵也，以禁残止暴于天下也。及后世贪者之用兵也，以刈百姓、危国家也。”

公曰：“古之戎兵，何世安起？”

子曰：“伤害之生久矣，与民皆生。”

公曰：“蚩尤作兵与？”

子曰：“否。蚩尤，庶人之贪者也，及利无义，不顾厥亲，以丧厥身。蚩尤惛欲而无厌者也，何器之能作？”[17]

依此处的孔子评价，战争自古有之，曰“人生有喜怒，故兵之作，与民皆生”；但“贪者用兵”体现邪恶，“圣人用兵”代表正义，“圣人利用而弭之乱”，目的在于制止天下暴乱。这样，以蚩尤为代表的“贪者之兵”就被列为敌对阵营当中，需要以“圣人之兵”予以灭除。也就是说，通过对交战双方的“敌”“我”分类，为同样使用暴力的“我方”赢得了合法与正义，于是便可以道德名义号令天下，对敌人进行无情攻击。余下的问题是：谁是敌人？

依照据说经过孔子编纂的《尚书·吕刑》，蚩尤最早作乱，当属天下之敌无疑：“王曰：‘若古有训，蚩尤惟始作乱，延及于平民……’”

那么，在敌人面前，谁又为“我（们）”呢？

三、王朝“世家”与“乱神”谱系

在司马迁的叙述里，“我”是司马氏的传人，先祖是上古帝王的臣子；王、臣两系合为“我们”，即有权合法统领天下的“王朝世家”。

在《史记·太史公自序》里，司马迁陈述了一条贯穿远古的家系，简述如下：

昔在颛顼，命南正重以司天，北正黎以司地。唐虞之际，绍重黎之后，使复典之。至于夏商，故重黎氏世序天地；其在周，程伯休甫其后也。当周宣王时，失其守而为司马氏。司马氏世典周史。惠襄之间，司马氏去周适晋。晋中军随会奔秦，而司马氏入少梁。自司马氏去周适晋，分散，或在卫，或在赵，或在秦。其在卫，相中山（《集解》徐广曰：名“喜”也）。在赵者，以传剑论显，蒯聩其后也。在秦者名错，与张仪争论，于是惠王使错伐蜀，遂拔，因而守之。错孙靳，事武安君白起。而少梁更名曰夏阳。靳与武安君阬赵长平军，还而与之俱赐死杜邮，葬于华池。靳孙昌，昌为秦主铁官……昌生无泽，无泽为汉市长。无泽生喜，喜为五大夫，卒，皆葬高门。喜生谈，谈为太史公。[18]

若以司马迁本人为起点上溯，其所勾画的实际是一条由己及祖、从今到古的血脉谱系：

（司马）迁—谈—喜—无泽—昌—？（缺父）—靳—？（缺父）—错、蒯聩、喜（？）—司马氏—休甫—重黎……

其中有名可数者十余人，凡数十辈，中经武帝周公时代，一直追溯到颛顼臣子“重黎”。司马迁的这种谱系追溯，动力源于“孝”。“孝”的主要体现之一是敬祖。《礼记·丧服小记》曰：

> 别子为祖，继别为宗，继祢者为小宗。有五世而迁之宗，其继高祖者也。是故祖迁于上，宗易于下。尊祖故敬宗，敬宗所以尊祖祢也。[19]

司马迁《史记》记载了那么多“纪”“表”，其核心主线莫不是这种由己及祖的亲族脉络。不过他对本家谱系的上溯，追到“重黎”时便发生了横向转移：先祖与君主——“帝颛顼”相遇：

（臣子）重黎——颛顼（君主）

↑

（太史公）司马迁

假定司马迁的写作在材料和布局上都有着精心考虑，这时，由家谱引发出来的结构空缺，实际是为作者提供了新的发挥机遇。当然，此刻或许先父的临终嘱托会再次重现：

夫孝始于事亲，中于事君，终于立身。扬名于后世，以显父母，此孝之大者。

重黎为臣，颛顼是君；由“事亲”到“事君”，已得“孝”之二义，余下的便是如何再通过书写“帝王谱系”名扬后世，从而完成“以显父母”之孝之大矣。于是司马迁便由颛顼连接“五帝”，并联出一个完整的“王朝世家”：

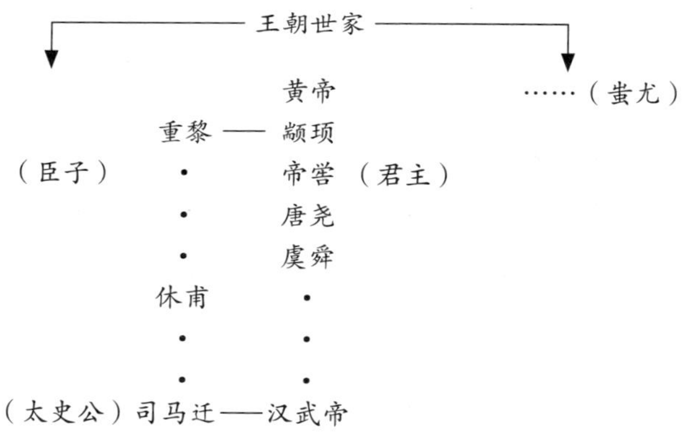

图 3

在太史公笔下，“重黎”或二或一，但身份一样，都是帝颛顼的忠臣。但据《山海经》所言，重、黎的关系是兄弟：“颛顼生老童，老童生重及黎，帝令重献上天，令黎邛下地，下地是生噎。”[20] 这就是说，重和黎都是颛顼的子孙，血脉与帝王同系。可是不知太史公旁征博引的文献是否包括此条；若是，他的“失忆”或“遗弃”更令人深思。

在先秦至汉代，对轩辕、颛顼、帝喾、唐尧、虞舜等远古帝王的串联还有另外的五方类型和兄弟结构，如《淮南子》说黄帝为五方“帝”之一，居中方，“其佐后土，执绳以制四方”。《国语·晋语》记：“昔少典娶于有氏，生黄帝、炎帝。黄帝以姬水成，炎帝以姜水成，成而异德，故黄帝为姬，炎帝为姜。二帝用师以相济也，异德之故也。”《论语》提过舜和禹之间的“禅让”关系……将“五帝”按世系贯穿起来是司马迁在众多叙说中的选择。而相比之下，《史记》的突出作用，是把作为史官的“臣”与身为天子的“帝”两重脉络连到一起，构成上下补充、忠孝两全的“王朝世系”。当然，“选择”的同时，就意味着“遗弃”：有了正史“五帝本纪”的书写，以往的“诸方并存”和“兄弟故事”等传说记忆便不得不逐渐消隐。王明珂也强调过司马迁通过选择对五帝世系的“建构”，指出由于这种“建构”被后世华夏不断的回忆，重述与再制，因此得到保存，其结果是“相对的造成其他祖源记忆的废弃与失忆”。

关于“选择”与“遗弃”，还值得细说。这里让我们再来分析被司马迁凸显后的世系：在以“黄帝”为代表的此方对面，出现了“敌人”蚩尤。这时，“我们”是谁？“王朝世系”！即由君君、臣臣、父父、子子组成的政治共同体。刘小枫近来追问：“司马迁属哪家？”问出了不少新问题。若依本文分析，答案一个：司马迁属“臣家”。提到古代中国的“知识精英”，人们以往看重“子”（老、庄、孔、孟、韩非……），后来关注“士”（文士、武士、隐士……），其实漏掉了一种最不该漏掉的类型，那就是“臣”。“臣”是身份、地位，也是关系和职能。离开了臣，帝王就被架空，王朝也无法成立。并且，有君权，也有臣权。司马迁的“臣权”就是通过书写历史（包括纪实、编撰和遗弃），立自己之言——当然同时还借用了帝王的恩威。这样，在他的笔下，从轩辕到高祖、从重黎到太史公就结成了以“王道”和“忠孝”相凝聚、万世一系的权力和利益集团，特点是家、国一体，君为父，臣为子，不相僭越，共同对敌。在司马迁这头，是家为起点，由家到国；而帝王那边，则“朕即天子”，国就是家。对此，葛兆光指出：

在这种家、族、邦、国的体制中，确定血缘的来龙去脉就等于确认身份、地位、权力的正当与否。所以，对先祖的祭祀和对先祖的亲疏关系的排列就是很重要的。西周宗庙祭祀的隆重便是例证。

这种“家国同体”“万世一系”的叙说结构有一个麻烦，在“家”的这边，以血缘为纽带，先祖玄孙还比较好贯通，但在帝王世系这里，君权和王位的传递却绝非血脉单传，有禅让、有世袭，有僭越、有篡位，更有流血成河的武力抢拼，其间充满断裂和转移。为此，“王朝世系”的建构者选择了多种方式：

或让先王无父（或无生父）——其母感孕而生（父为上天神灵），故其为“天子”；或自己为帝，取古位而代之，如（《史记·封禅书》）汉高祖的事例：

二年，东击项籍而还入关，问：“故秦时上帝祠何帝也？”对曰：“四帝，有白、青、黄、赤帝之祠。”高祖曰：“吾闻天有五帝，而四，何也？”莫知其说。于是高祖曰：“吾知之矣，乃待我而具五也。”乃立黑帝祠，名曰北畤。[21]

对帝王高祖言行的引入，使参与建构“王朝世家”的队伍有了重要扩充。这一点留待后面分析。这里回到“五帝”传说。美国学者伊佩霞在谈及从新石器时代到西周的“中国文明起源”时，联系黄帝“被列为五帝之首”现象，也对相关的远古传说进行了讨论，认为：

这些传说揭示了从孔子时代开始到“中国”形成这一段时期有文化的中国人的看法……他们把中国的故事记载成为单线的叙事故事或家谱：专注于一个个统治者的继承。因此，中国的过去就像一个家庭的过去。它可以通过一个个的祖先的单一线索由近及远地追溯回去。

在叙事线索上，“追溯回去”是因，“贯穿回来”是果。经过对若干单一世系的选择、合并和遗弃，最后形成的“正史”

之“果”就是影响深远的“始祖”（共主）之源：“自黄帝以来……”与此同时，认同此源的人们就组合成“黄帝子孙”。“子孙”的含义，既包括嫡亲，也网入臣民，形成世代一统的“家天下”。

不过事情到此却没有完，因为在“我们”的四周还有“敌人”。敌人者，异己、另类、非我……等等是也。作为王朝世家的对立面和伴随物，“他们”也自古便在，长期相传，有着另外的谱系。两相映照，形成更加完整的二元对立。其中，“敌人”代表邪恶，“我们”象征正义；“敌人”要“乱”，“我们”要“治”“平”；最后，“敌人”的常在，烘托出“我们”的永存。经典兵书《孙子兵法》告诫说：“兵者，国之大事，死生之地，存亡之道，不可不察也。”[22]《司马法》阐明帝王制服诸侯的六种方式——其中之一就是兵战，而后又传授九种用兵之道，曰：

凭弱犯寡则眚之，贼贤害民则伐之，暴内陵外则坛之，野荒民散则削之，负固不服则侵之，贼杀其亲则正之，放弑其君则残之，犯令陵政则绝之，外内乱禽兽行则灭之。[23]

其中，“乱”者为最坏之敌，故应以最无情手段灭之。先秦的文献，在述说五帝故事时，由于是“敌人”而与之开战，或因为开战而成为“敌人”者，是一个庞杂群体，如祝融、共工、刑天等。在“我们”，即“仁义之兵”这方的眼中，“敌人”的共同特点或曰“罪行”，可一言以蔽之：“乱”。蚩尤之所以被很多述者列为敌首，就在于他代表“乱”的开端。这一点，《尚书》《吕氏春秋》等都毫不含糊地作过宣布：

若古有训：蚩尤惟始作乱，延及于平民，罔不寇贼，鸱义，奸宄，夺攘，矫虔。（《尚书·吕刑》）[24]

蚩尤，少昊氏之末九黎之君名也。始作乱，伐无罪，杀无辜，善用兵，为之无道。（《吕氏春秋·荡兵》）[25]

不过，在早期文献的描绘里，蚩尤的另一特征是具有“神通”。其“铜头铁额”“兽身人语”，还能“呼风唤雨”，故被视为“怪”“异”一类。《方言》《广雅》等书把“蚩尤”名称的含义解释为“悖”“异”“怪”“乱”。吴任臣《山海经广注·大荒北经》引《广成子传》说：

蚩尤铜头啖石，飞空走险，以馗牛皮为鼓，九击止之，尤不能飞走，遂杀之。[26]

这是以神怪争战的方式陈述黄帝与蚩尤的冲突，提到“蚩尤”也顶多是“怪异”而已，并没有强调彼此之间的“正—邪”和“治—乱”区分。而对于神界之“乱”，常为早期文献津津乐道的，是一则关于天人断裂的故事：“绝地天通”。故事中的“乱神”是九黎，被其所“乱”的是天、地、人彼此隔离的秩序；由于造成“人神杂糅”，故帝颛顼乃命重黎中断天、地、人之间的直接联系，“使复旧常”，即回到“有天地神民类物之官，是谓五官，各司其序，不相乱也”的状态。这则故事被后世引用最多的是《国语·楚语》。而《国语·楚语》的取材则出自《尚书·吕刑》。其曰：“惟吕命，王享国百年，耄，荒度作刑，以诘四方。王曰：若古有训，蚩尤惟始作乱……皇帝哀矜庶戮之不辜，报虐以威，遏绝苗民，无世在下。乃命重、黎，绝地天通，罔有降格。群后之逮在下，明明棐常，鳏寡无盖。”《国语·楚语》则在援引转述《尚书》故事后，作了继续发挥：

其后三苗复九黎之德，尧复育重、黎之后，不忘旧者，使复典之。以至于夏、商，故重、黎氏世叙天地，而别其分主者也。其在周，程伯休父其后也，当宣王时，失其官守，而为司马氏。宠神其祖，以取威于民，曰：“重实上天，黎实下地。”遭世之乱，而莫之能御也。不然，夫天地成而不变，何比之有？[27]

《楚语》的“发挥”十分重要：一方面，对于后来的《史记》谱系而言，“王朝世家”与“乱神系列”对立双方的各主要人物几乎全都出场了：

帝王系：颛顼、尧……

臣子系：重黎、程伯休父、司马氏……

乱神系：蚩尤、九黎、三苗……

另一方面，两边的登场角色都已逐渐由“神”向“人”过渡，为敌我划分作了世俗化铺垫，即：使上天“正神”成为人间皇帝，灵界“乱神”转为王朝“敌人”。于是到了太史公笔下，就演绎成了更为完整的格局。

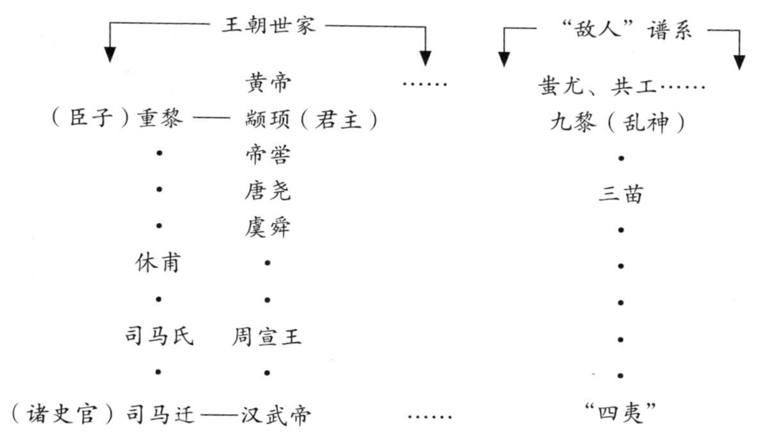

图 4

这时，由“黄帝”和“蚩尤”敌对而成的王朝图式似乎已经完成，以太史公为代表的“正史”书写堪称定论了。其实不然。由此，还有一个同等紧要的问题留待不同的史家解答。那就是下节讨论的话题。

四、“夷夏分辨”与“天下一统”

在论说中国神话中的“乱神”系列时，近有王孝廉认为，视神为“乱”，与讲述者的族群身份有关：所谓的“乱神”，大多数“都是古代其他异族所奉祀之神”；并且更重要的是“在神话中平乱、镇压和屠杀这些乱神的，通常是历史上在中原建立王朝政权的华夏部族的祖神”。因此，王氏总结说：

> 由诸多异族的“乱神”所组成的神话，反映的应该是古代中国民族与王权的形成期间，华夏诸族与周边民族之间斗争与融合的葛藤。[28]

在《尚书》《国语》和《史记》一类的记述里，黄帝、颛顼代表“我族”正统，“蚩尤”“九黎”和“三苗”则是异族、另类；以王朝正史的角度看，彼此的分界便是华夏与蛮夷。对于华夏成员来说，无论帝王还是臣民，这种区别都非常紧要，因为照《左传·成公四年》严正重申过的话说，“非我族类，其心必异”，分界就是鸿沟，不可逾越。当提到成公与臣下讨论是否与楚国议和的经过。臣下以“非我族类，其心必异”的古训加以反对，认为“楚虽大，非吾族也，其肯字我乎？”遂使议和之事终止。与此对应，作为“非华夏”的一方，楚族成员也强调了身份的边界：“我蛮夷也，不与中国之号谥”（《史记·楚世家》）。其他还有《左传·成公十三年》所记西戎部族之言："我诸戎饮食衣服不与华同，挚币不通，言语不达。"可以说正是这种"夷夏对立"的族群区分和紧张，派生出了《左传》里的另外名言"国之大事，在祀与戎"，也就是祭祀"我祖"和与"外敌"开战。而一旦以族群界限分清敌我，一切外族异邦之民，均可擒杀、驱赶和剿灭之。

《史记》的书写，强调夷夏相分，体现出"王朝世家"的天下观。它的基础，是对族群对立的强调和以蛮夷为敌的立场。但这并不是早期文献的唯一看法。与之相对，还有另外一种看待天下的图式，那就是"天下一统"。《诗经·小雅·北山》说："溥天之下，莫非王土；率土之滨，莫非王臣。"以这种"天下观"为基础构造出来的黄帝、蚩尤关系，就与《史记》式的叙说有着很大不同，出现了各种各样、讲述蚩尤如何在战前战后成为黄帝臣属的故事。

《管子·五行》称蚩尤曾被黄帝重用，曰："昔者黄帝得蚩尤而明于天道……蚩尤明天道，故使为'当时'"。"当时"是官名，地位与周代的"天官"相当，"亦近似于后世各朝之宰相，是辅佐部落联盟首领（帝）管理各部落公共事务的部宰。"《龙鱼河图》则言蚩尤之所以为臣，是在被黄帝战败之："黄帝制服蚩尤，帝因使之主兵，以制八方。"而在《越绝书》的描述中，大部分怪异乱神都被解释为辅佐帝王的臣下，从而使族群敌对的紧张得到了"大一统"天下观的整合：

臣闻炎帝有天下，以传黄帝。黄帝于是上事天，下治地。

故少昊治西方，蚩尤佐之，使主金；玄冥治北方，白辨佐之，使主水；太皞治东方，袁何佐之，使主木；祝融治南方，仆程佐之，使主火；后土治中央，后稷佐之，使主土。并有五方，以为纲纪。

这样，与太史公式的“王朝世家”不同，以大一统为基础的“天下图式”看来得修改如下：

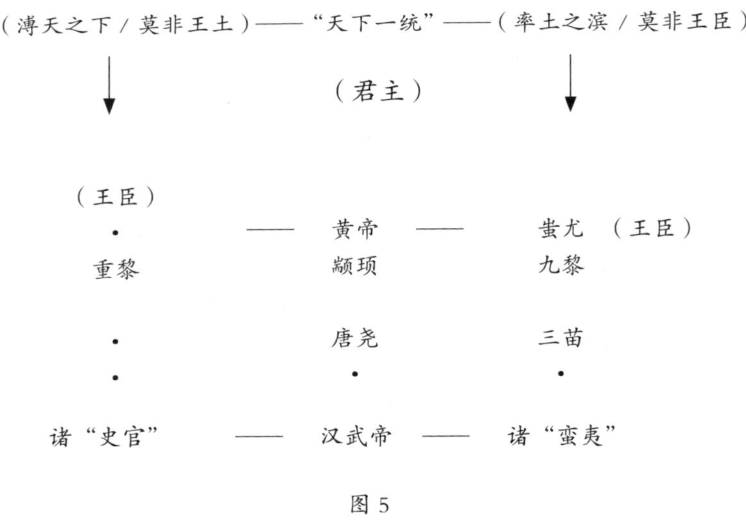

图 5

在这样的格局里，不是没了“乱神”“敌人”和“非我族类”，而是用“王土”的观念把他们分别转变成了“叛臣”“逆子”和有待“王化”的蛮荒之民。这种思想，在古代公羊家那里表现得最为充分。公羊家强调一统，主张教化，幻想消除差别。

到了东汉何休笔下，便与纵向承继的“三世说”结合，演变成依照从“衰乱世”“升平世”到“太平世”逐步消除“夷夏分别”的“天下一统”：

> 于传闻之世，见治起于衰乱之中，用心尚麤觕。故内其国而外诸夏，先降内而后治外。录大略小，内小恶书，外小恶不书。大国有大夫，小国略称人。内离会书，外离会不书，是也。于所闻之世，见治升平。内诸夏而外夷狄。书外离会。小国有大夫……至所见之世，着治太平。夷狄进至于爵，天下远近大小若一，用心尤深而详。（《春秋公羊传·隐公元年注》）。

根据此说，注重族群分别的早期历史乃属“乱世”之始；只有在进入最后的“太平世”，夷夏不分，才达到“天下远近、大小若一”的大治；此时，过去身份与“蚩尤”类似的所有夷狄，也同样做官为臣，是谓“一统”。

不过值得注意的是，由于倡导与书写者身份和立场的差异，两种不同的天下观导致了影响深远的价值冲突：如果说以司马迁为代表的“王朝世家”反映着维护“君权至上”的史官心态的话，何休“天下若一”的图式则表达出“圣人至上”的立场。到了近代，此两种不同的观念遂分裂为在国族建构的选择中，究竟该祭祀华夏先帝“轩辕”还是追溯人文始祖“孔子”的对立。依据“黄帝崇拜”一派的主张，在族群关系上，敌我之分不仅重要，而且还应该在兴“仁义之兵”的信念上，对异族予以“欺杀”，因为：

异族者，欺之而不为不信，杀之而不为不仁，夺之而不为不义也。

而若按照公羊家一派的理想，则应当取消内外之别，在“远近大小若一”基础上，实现“天下为一家，中国为一人”的“大同”目标。如康有为在其所著的《大同书》里就视孔子为“神明”和“圣王”，说孔子因忧虑世间相争和分界之苦，特立“三统、三世之法”以达“大同”。为实现大同目标，康有为提出一系列的去出：去家界、去国界、去乱界……他说：

然国即立，国义遂生，人人自私其国而攻夺人之国，不尽夺人之国而不止也。或以大国吞小，或以强国削弱，或连诸大国而已。然因相持之故，累千百年，其战争之祸以毒生民者，合大地数千年计之，遂不可数，不可议。[29]

在这样的论争背景下，当时的各派人物纷纷援引古代资源，又把“黄、蚩之战”再次提出并引为结论不一的论据。其中倾向“天下一统”者便突出了圣人与君主的区别，认为：“儒家思想里固然也有严‘夷夏之防’的春秋大义，但黄帝从来不是攘夷的典范。黄帝剿灭蚩尤并不被理解为种族战争，而被解做平定作乱的诸侯，肇文明之始基。”1897 年，梁启超在《〈春秋中国夷狄辨〉序》中写道：

孔子之作《春秋》，治天下也，非治一国也，治万世也，非治一时也，故首张三世之义。[30]

在今人孙隆基看来，这是近代“扬孔抑黄”的一种体现，其根基即为缘自儒家的“天下主义”。在这个天下主义的思想体系中，“中心人物自然是孔子，而不是什么‘黄帝’”；至于后者——这个在 1900 年以后“大红特红的偶像”的历史地位，在维新时代的文献里已被孔子取代。而且由孔子创始，此“天下主义”还指向和向往今后全球范围的世界大同：

今西人由外而归中，正所谓由博返约，五方俱入中土，斯即同轨、同文、同伦之见端也。

于是乎，无邦国，无帝王，人人相亲，人人平等，天下为公，是谓大同。

从许多方面看，此两派的论争至今还在延续，值得再说。但无论强调“夷夏之防”还是“天下一统”在看待“黄帝”和“蚩尤”的关系上，二者还都属华夏之说；此说之外，还有别样的表达正在回应——或曰正在“被激活”着，那就是来自“蛮夷”的声音。

五、“华夏”自说与“蛮夷”回应

徐旭生先生曾经对“蚩尤”和“黄帝”的关联作了深入辨析，结论是“蚩尤”也是英雄，可是因为失败，其族属后裔没有留下写成的历史，如今流传的“不过是华夏集团中所留下的传说”，所以“蚩尤”就“很不公平地受到后人的唾骂”，而且“不能参加此后所整理出来的圣帝明王的系统”。而从对“攀附黄帝”现象的讨论出发，王明珂则论述历史上若干“边缘群体”如何通过对“黄帝祖源”的追随、依附乃至编造之举，模糊夷夏分界并借此挤入华夏行列之中。二人分别关注了由一个问题延伸出来的既相应和又对立的两种倾向。

笔者想由此深究的是，为何会有这种“唾骂”与“攀附”呢？作为对历史编写的回应，二者都是某种记忆选择的派生物，或者说是同一“建构”引出的两个方面，属于前有所因的后起现象。这“前有所因”就是站在华夏中心的立场、对“黄帝始祖”及其平定“蚩尤之乱”的漫长书写。在此书写中，既然黄帝已被说成始祖并且代表正义，而蚩尤作乱被除，代表邪恶与灭亡；故“攀附成王”和“唾骂败寇”便同时表示对胜利的效忠以及对厄运的逃避。效忠和逃避的效果，是能够为众多的“王朝世家”加盟者提供对“身份资源”的合法分享。

不过，在“成王败寇”模式中，派生的反应并非仅为“攀附”或“唾骂”；与之对应的还有相反类型，比如“逐出”和“抗争”。前者表现为以华夏自居者在黄帝始祖的谱系里逐出“敌人”

另类和异己；后者表现为以“蛮夷”的立场与黄帝世系抗争。

在“逐出”类型中，被首选的对象就是“始作乱”者蚩尤——最早和最有代表性的“敌人”。结果是，与黄帝的“始祖”地位对应，“乱者”蚩尤也就成了华夏群体的“始敌”。由此可见，蚩尤的存在及其被逐，证明以黄帝为始祖的王朝世系是排斥性的；因为这种排斥，致使其他关联者必须有所表现和选择：若不“攀附”即遭“逐出”，非此即彼。而所谓“逐出”，往往既针对身份和居所，也直指名誉、权利和肉身。并且在黄帝始祖的谱系里，以蚩尤为首，被世代“逐出”的对象还可排成一个系列，“九黎”“三苗”是其中与蚩尤联系直接的代表；而九黎的被逐，又与重黎的所谓“绝地天通”故事紧密相关。

“绝地天通”故事的意义，在后世一些学者看来，是指通过剥夺九黎之民与天地沟通的能力，来实现帝王（颛顼）对神权的垄断，同时还展现出包括“司马迁这一支”在内的史官由来。近代从杨向奎到张光直以来的一批学者，都十分重视对《国语·楚语》所载此事的阐发。杨向奎较早提出，这则神话说明“国王们断绝了天人的交通，垄断了交通上帝的大权”；张光直强调其在研究中国古代文明的性质上“具有很大的重要性”，认为“这个神话的实质是巫术与政治的结合，表明通天地的手段逐渐成为一种独占的现象”。此外，李零由此解释说其中指含的所谓“史官”，便是由重黎代表的祝宗卜史；延至后世，便成为包括司马迁在内的司徒、司马、司工一类职官，职责是替帝王效忠，管土地民人。这些分析是否说明了司马迁这样的史官们通过强调“绝地天通”的故事，与帝王的其他现实手段一道，共同传达出在神权领域里对“敌人”（巫觋、蛮夷）的逐出？对此，张光直的分析值得参考。他说：

通天地的手段与政治权力有直接的关系。这个道理是很清楚的：天、神是知识的源泉，通天地的人是先知先觉。在古代，自然资源开发不足，人们生活很困难、很被动。能够先知先觉的人或是说人们相信他能先知先觉的人，就有领导他人的资格……通天地的各种手段的独占……是获得和占取政治权力的重要基础，是中国古代财富与资源独占的重要条件。

这就把身份划分与资源争夺联系了起来，为理解早期的夷夏关系提供了自然和政治的视角。至于从部族群体上将敌人逐出的做法，在司马迁《史记·五帝本纪》的表述里，便已呈现出完整的空间图式，即以华夏为中心，通过流放和迁徙等手段，将异族逐出，使之变为四方蛮夷：

流共工于幽陵，以变北狄；放兜于崇山，以变南蛮；迁三苗于三危，以变西戎；殛鲧于羽山，以变东夷：四罪而天下咸服。

而在司马迁的解释里，之所以这样做，还是蛮夷作乱的结果。他说：“三苗在江淮、荆州数为乱。于是舜归而言于帝，请流共工于幽陵……”起因仍在乱敌，而根源则在与蚩尤有关的“三苗”部类。

在华夏正史的叙事里，黄帝世系以“剥夺”和“逐出”等方式表达出来的这种排斥性，经过与从蚩尤到九黎及三苗等“蛮夷”的族群关联，激起了诸“蛮夷”的不断抗争。时至今日，苗族群体围绕炎黄问题而产生的种种讨论即可视为此抗争的现代回应，传达着华夏之外的别样声音和族群诉求。其结果是促成了所谓“多元一体”格局中由“黄帝崇拜”所激发的“蚩尤复活”。这里，“激发”的意思，指的就是“派生”或“回应”，强调其后起的特征和被动的性质。然而返本溯源，激发的起点仍在黄帝世系：最早把蚩尤视为乱敌而后再使之与蛮夷族群连在一起的，正是历代以华夏为中心的正史叙事。概括来看，其大致对称的叙事线索可排列如下：

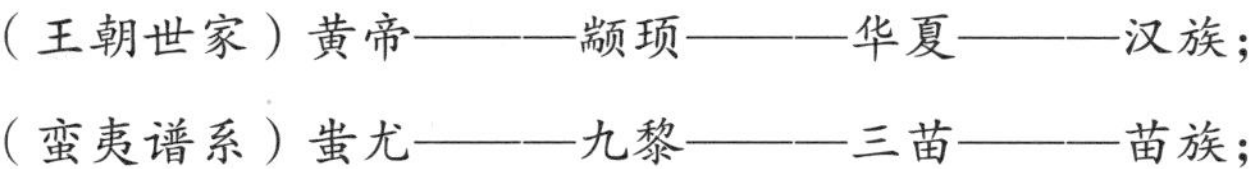

（王朝世家）黄帝———颛顼———华夏———汉族；
（蛮夷谱系）蚩尤———九黎———三苗———苗族；

第一条线的任务依次是：以正义美化轩辕，使之成为正统；让轩辕成为黄帝，升为五帝之首；让华夏与黄帝连接，成为血脉始祖；把汉族同华夏相连，为其命名为炎黄子孙。

第二条线索：1. 以暴乱丑化蚩尤，使之变成王朝“始敌”；2. 让九黎成为蚩尤后裔，并列入历代相传的乱贼谱系；3. 把苗族同三苗联系起来，再推至九黎一系；4. 最后完成“‘蚩尤’即为苗族始祖”的历史塑造。

这样的对应，在先秦就达到高峰，其后延绵不已；在宋代，有朱熹把当时溪洞之蛮与古时三苗连为一系的对照，到了近代，更有章太炎等众多新史家把苗族说成是“蚩尤后裔”的各类言论。这些言论的一个共同特点是，在两相对比的映照中，黄帝不仅越来越是华夏和汉族的始祖，而且即便到了面临变革的现代社会也仍代表英勇和正义，相反，蚩尤则仍为乱贼，因其存在，才陪衬出轩辕的英明。如果说由于蛮夷族群的缺席，这样的美丑对照在自先秦到晚清的正史叙事中可以顺利自说下去的话，近代以后就不得不面临变化。因为从这时起，一直作为被言说对象的蛮夷，开始以“苗族”身份登到了历史舞台上。作为对旧史长期丑化的回应，他们上场的使命似乎早已有了先在的规定，那就是作为华夏之外的群体——或曰“非汉族群”让蚩尤复活，并使之与黄帝及其代言者抗争。

初步整理，近代以来苗族群体的种种抗争可以大致归纳为以下几个方面：

1. 确定族属，把蚩尤尊为苗族始祖；

2. 平反昭雪，把蚩尤看作族群英雄；

3. 恢复地位，让蚩尤加入正史世系；

4. 强调多源，让蚩尤与炎黄并列，共同组成“中华三祖”。

这种抗争汇集在一起，表达出新时代的族群诉求，挑战着“黄帝世系”的正统地位。在苗族群体中，参与者主要来自了解汉文化的上层精英，其中有学者、教师、干部，还有身居高位的将军。他们的表达方式包括：重写本族历史、上书政府领导、展开学术讨论、抗议丑化“蚩尤”、倡导建造蚩尤祖陵……

苗族学者伍新福近百万字的《中国苗族通史》把“蚩尤”明确写为苗族始祖，说“蚩尤，是我国远古赫赫有名的传说人物，也是苗族世代相传的远祖英雄”。

自20世纪90年代初期起，苗族出身的著名作家陈靖连续向国家领导上书，陈述苗族对传统史书的看法，要求“为苗族的最高祖先——蚩尤平反正名”。苗族青年学者评述说：

陈靖同志是我国军队的杰出将领和著名作家，也是苗族人民的优秀代表。在1993年下半年至1994年上半年期间，他悉心致力于恢复中华民族的早期先人、苗族的最高祖先蚩尤的历史地位，为此他走南闯北，四处奔波，八方宣传，多次给有关领导人写信呈述自己的——也是代表苗族人民的意见。[31]

苗族青年学者评述认为，“蚩尤”是与炎帝、黄帝同时代的平等的部落首领、“对历史上形成的关于蚩尤的不正确认识和歧视性看法”国家应该尽力予以消除、“还我蚩尤之历史本来面目，立我中华民族之始祖（之一）形象”，从而做到“促我中华民族之团结进步”！为此特提出具体建议说：

1. 在某个有关的场合，有代表性的领导在讲话中提及和肯定蚩尤与炎帝、黄帝的平等历史地位及其对中华民族形成的重要贡献。

2. 帮助修复蚩尤陵（冢）、修建蚩尤纪念馆，供苗族、汉族等各民族纪念和祭奠。

3. 在有炎帝和黄帝纪念场所的地方，补建纪念蚩尤的项目内容，以示平等。

1996 年夏季，贵州省苗学会召开“第五次年会学术研讨”并发表会议“综述”，申明“蚩尤始祖地位应该肯定”。会上，学者们对蚩尤为何被正史丑化歪曲的原因进行讨论。其中一种看法认为：

我国封建社会历史比较长，封建正统史观、大汉族主义左右中国历史几千年，因而导致了对蚩尤的定性违背了公正，违背了科学，违背了历史。[32]

1999 年 5—6 月，内地一家省级电视台播放了一部与“黄帝战蚩尤”有关的电视剧，引起苗族人士的不满，并认为：“该片严重丑化了中华民族三大人文始祖（炎帝、黄帝、蚩尤）中的蚩尤及其部族（苗族先民）……严重侵犯了苗族人权。”由于这种“强烈抗议”，该片停止播出。苗族评论者指出，这些作品之所以引起人们的不满，“就在于作品的思想倾向上，仍没有跳出封建儒家正统观念的窠臼，传统的‘华夏中心主义’的阴魂仍在作品中游荡”，并提醒说“此中的沉痛教训不仅让影视界的艺术家们警醒，也弥足整个文化界的人们深长思之的”[33]。

进入 21 世纪，“蚩尤问题”仍被继续关注。有苗族青年在网上发言，称：

我不是炎黄子孙，我是蚩尤后代，我更是中国人！

这样，在“黄帝崇拜”的始祖书写激发下，让“蚩尤复活”就变成了“非汉族群”一种现实诉求和目标。而与此同时，来自内部的反对意见则认为“蚩尤不是救世药”，把“为蚩尤——一个存在于神话世界中的模糊人物争取一个始祖的牌位”当作“最高理想”的想法和做法并不能解决现实问题，其“无异于为一个垂死的民族寻找最后的墓地……”[34]。

六、结果与讨论

晚清末年，夏曾佑在其被誉为“第一部有名的新式通史”的著作里，称“黄帝战蚩尤”为中国“民族竞争之发端”。他先指出“蚩尤之说，百家沸腾，然会而通之，亦可得其条理”。什么样的条理呢？著者写道：

黄帝、蚩尤之役，为吾国民族竞争之发端。亦即吾今日社会之所以建立。周秦以前人，犹知此义。故涿鹿之战，百家均引之……今日中国所有文化，尚皆黄帝所发明也。

夏曾佑被维新派领袖梁启超尊为“最有力的导师”。他的此著初版名为《中国历史教科书》，在近代中国的“国族建构”运动里“开风气之先”，影响甚大。不过，需要指出的是，对于由国族建构而倡导的“黄帝崇拜”，即便在当时也存在着许多不同意见，并非万众齐一。其中，反对的声音里最突出者就是顾颉刚为代表的“疑古派”。

针对“层累地造成的”中国古史中的作伪之弊，顾颉刚当年就提出了“四个打破”，即：

打破民族出于一元的观念；

打破地域向来一统的观念；

打破古史人化的观念；

打破古代为黄金时代的观念。

1965年，顾颉刚在病中就中国古史又作了普及式口述，起头就表明要打破两个错误观念。其中第一个错误便是“说中华民族自从三皇五帝以来，一直是统一的，又一直是封建帝王世代传下来的”。顾颉刚在指出“三皇五帝是远古时代不同民族的不同的神”之后强调说：

古人说自己是“三皇”“五帝”生出来的，是黄帝的子孙。其实，这是不对的。这个说法铁板钉钉般地定下来，就使得科学的民族史无法研究。

多年过去，如今的“三苗网”上刊载有台湾作家李敖的《自题》诗一首，与半个多世纪前鲁迅的另一篇《自题》形成呼应和反差：

落落何人报大仇，
明珠岂肯做暗投。
信手翻尽千古案，
我以我血荐蚩尤。

为何选择“蚩尤”？李敖在自己的《回忆录》中有所解释，说：“我的祖先，很可能是苗族。而照人类学家凌纯声等的研究，苗族的支流，渡海来台湾，成为高山族的一部分……”这里还是又把苗族与蚩尤连在了一起。可是同样刊于“三苗网”的其他文章却提出了不同的意见，其中有人认为关于苗族先祖的“蚩尤说”（以及“伏羲说”等）不是最后定论。依据大量的古代文献，论者辨析说苗族的祖源并非“蚩尤”，而是另一位远古人物——盘古：

盘古是苗族的始祖，而不是始祖神。盘古是人，不是神……苗民心目中的盘古，就如汉人心目中的黄帝。[35]

看来，有关的争辩还会继续下去。

总体来说，讨论史书对“黄帝战蚩尤”故事的记载及其引出的后果和回应，问题很多，包括“史记”“史实”和“史论”诸层面；而联系其演变进程，则可大致分为古代、中古、近代和当代几个阶段。彼此各不相同、互有联系，需要参照论之[36]。

古代：基本来看，蚩尤和黄帝的并置书写，始于先秦时期的文字正史，后经过司马迁的史官笔法而在《史记》里集其大成，并由此奠定了后世传承的谱系根基。其中，蚩尤和黄帝处于对立位置，后者以“乱”和“恶”的形象作为“治”与“善”的陪衬而存在。

中古：秦汉王朝的建立，标志着华夏一统的产生和夷夏之防的确立；其后，被称为“五胡乱华”的异族入侵一次次使“黄帝世系”的书写被迫进入“中断”与“重续”的循环。

近代：与西方列强的遭遇最终打破了华夏中心的错觉，于是这种强国的现实压力及其对“国族”凝聚的需求导致了“黄帝崇拜”的第二次高潮；与此同时，华夏一系的中心地位无形中造成了其他少数民族的身份紧张，从而引发出后者对所谓“五族共和”格局的突破，要求参与到现代“国族”的构成行列里去。这样，在一定程度上具有对“黄帝崇拜”仿效和回应特征的“蚩尤复活”，就在苗汉互动的过程中发展出来。其中，后者的出现有了新的诉求，即打破黄帝世系对四夷族群的歧视和欺凌；让非华夏族群分享现代国族的身份权益。

当代：冷战结束后，非意识形态化的文化族群正在组成国际关系的新边界，对所谓“文明冲突”的担忧（或制造），促使新一轮的“民族–国家主义”在各国掀起。这再次激活了中国内部的“黄帝崇拜”（或称“炎黄凝聚”）。而出人意料的是，由于只顾对“五帝”遗产的简单翻检和复制，这种原本针对外部的国族动员竟反过来动摇了国内平衡，导致要求互相尊重、祖源对等、族群共建的普遍呼声。其中，“蚩尤复活”只是声称与炎黄子孙关系密切族群的一种“远亲”回应而已；在其他不愿同炎黄拉扯的“近邻”压力下，已派生出要求把“岳飞”等人物从以往正史书写的“民族英雄”谱系里去除的举措……

也正是在这样的背景下，蚩尤和黄帝的话题还值得展开深入讨论。

致谢：本文撰写期间受到王明珂、沈松侨等先生的支持和启发，研究生梁昭等协助收集资料和田野考察，谨致谢意。

（原载于《广西民族大学学报（哲学社会科学版）》2008年第5期）

注 释

［1］参见 http://www.budaedu.org.hk.

［2］参见 http://www.budaedu.org.hk.

［3］吉林省延边第二中学历史组：《插图中国史》［DB/OL］.http://teacher.yb2hs.com.cn/bigcow/china pic.

［4］三苗网 http://www.3miao.com/ancestors/ciy-ou/ciyougrv- kl.htm.

［5］黄钟：《祭祖成为香饽饽》，针对2004年在陕西有官员参与的“中华大祭祖”活动，作者提出了质疑，认为虽然“各地争相建陵

祭祖，除了那些公开宣称的祭祖意义之外，自然也有商业利益的考虑”，但从政治角度看，“无论是官员出席祭祖仪式，还是财政直接投资或者资助，都是公共权力对信仰自由的干预”。该文载于“南风窗 .com”：质疑中华大祭祖 [J/OL].http：//www.nfcmag.com，2004-04-06。

[6]《诗经·商颂·玄鸟》，阮元校刻《十三经注疏》，中华书局，2003 年版，第 622 页。

[7]《诗经·大雅·生民》，阮元校刻《十三经注疏》，中华书局，2003 年版，第 528 页。

[8]《诗经·小雅·信南山》，阮元校刻《十三经注疏》，中华书局，2003 年版，第 470 页。

[9] 袁珂:《山海经校注·大荒北经》，上海：上海古籍出版社，1980 年。

[10] 司马迁:《史记·五帝本纪》，中华书局，2006 年版，第 6 页。

[11] 袁珂:《山海经校注·大荒北经》，上海：上海古籍出版社，1980 年。

[12] 司马迁:《史记·五帝本纪》，中华书局，2006 年版，第 1 页。

[13]（清）郭庆藩：《庄子集释》，北京：中华书局，2004 年。

[14]（清）郭庆藩：《庄子集释》，北京：中华书局，2004 年。

[15] 司马迁:《史记太史公自序》，中华书局，2006 年版，第 758 页。

[16] 司马迁:《史记太史公自序》，中华书局，2006 年版，第 758~760 页。

[17]（清）王聘珍:《大戴礼记解诂》，北京：中华书局，1983 年。

[18] 司马迁:《史记太史公自序》，中华书局，2006 年版，第 758~760 页。

[19]《十三经注疏》，阮元校刻，北京：中华书局，2003 年。

[20] 袁珂:《山海经校注·大荒西经》，上海：上海古籍出版社，1980 年。

[21] 葛兆光:《中国思想史》第一卷，复于大学出版社，1998 年版，第 35~36 页。

[22] 李零:《孙子兵法译注》，河北人民出版社，1992 年版，第 1 页。

[23] 李零:《孙子兵法译注》，河北人民出版社，1992 年版，第 11 页。

[24]《尚书·周书·吕刑》，阮元校刻《十三经注疏》，中华书局，1980 年版，第 247 页。

[25] 陈奇猷:《吕氏春秋新校释·荡兵》，高诱注，上海古籍出版社，2002 年版，第 391 页。

[26] 董增龄:《国语正义·楚语下》，清光绪章氏训堂刻本，第 431 页。

[27] 董增龄:《国语正义·楚语下》，清光绪章氏训堂刻本，第 432~433 页。

[28] 王孝廉:《岭云关·雪民族神话学论集》，学苑出版社，第 217~254 页。

[29] 康有为:《大同书》，沈阳：辽宁人民出版社，1994 年。

[30] 梁启超:《饮冰室合集·文集之二》，上海：中华书局，1936 年。

[31] 石茂明:《关于陈靖同志的一封信论及蚩尤问题的意见报告》。

[32] “三苗网”，[EB/OL].http://www.3miao.com.

[33]引起争议的电视剧是《釜山大结盟》，此前与之类似的还有《炎黄二帝》。龙海清：《重蹈旧辙的遗憾——评电视连续剧〈釜山大结盟〉》，“三苗网”，http://www.3miao.com.

[34] 龙建刚：《蚩尤不是救世药》，“三苗网·世纪龙语”，

http://www.3miao.com/long/contents/2000/10/26.

[35] 吴心源、石维海:《苗族始祖——盘古考》,“三苗网”,2003-9- 20,原载湖南省怀化地区社科联《五溪》杂志。

[36] 在论述“黄帝崇拜”的古今延续时,王明珂先生把“战国至汉初”与“近代”视为两个关键时代,认为之所以关键就在于分别标志着代表正史书写传统的开始和结束。这是极有见地的看法,不过若深入分析,该历程框架似乎还应有所扩展,增为四段。参见王明珂:《论攀附:近代炎黄子孙国族构建的古代基础》,《历史语言研究所集刊》(台北),2002 年第 3 期。

三

西南研究论

一、“后轴心时代”的学术背景

20 世纪以来，人类文化出现了一体化与多极化两大趋势既彼此对立又交互影响的新趋向。在经历了两次世界大战及战后所谓“雅尔塔”格局（“冷战”格局）之后，历史的进程已跨出漫长的“轴心时代”，而进入了一个新的“后轴心时代”。在这时代中，几大地区性古典文明独占一方的孤立轴心现象已经结束。以往的轴心及其各自的相关区域都随着政治、军事、经济、宗教等多种影响、多重冲击而碰撞到了一起。地球上任何完全与世隔绝的文化也都将不复存在。一切边缘的、古老神秘的、过去不被纳入“主流历史”的东西都因地区与地区、民族与民族和国家与国家之间的不断交往以及现代交通手段、传播媒介的日益发展而几乎是一览无遗地袒露在大众面前。每一种文化都同时既成为观察的主体又成为被观察的对象。并且，随着不同文化间在时空中原有缓冲带的突然消失，误会与偏见、冲突和危机也日益增多，与和平和发展初衷相悖的不幸事件往往难以避免。于是伴随着20世纪人口膨胀的数次高峰，人类知识系统也发生了多次“爆炸”。在新时代面前，原有的任何一种文明及其所支撑的知识系统都显得单一和不全面了。每一种文明在深化对“自我传统”认识的同时又增加了不得不尽可能理解无数个“他者文化”的负担。在这样一种多边、多向的对话过程中，这种对话包括理论和实践两个层面，每一次新的接触都为彼此带来了许多新的经验，而每一种新的经验又都可能动摇或刷新以往的整个知识大厦。

在这一背景下，中国文化作为漫长“轴心时代”中的重要一极，也发生了十分显著的变化。一方面，“轴心时代”的结束使中国抛弃了以华夏为天下中心的历史成见；另一方面，“后轴心时代”的到来又促使其终止了在亚洲东部闭关自守、仅关注在祖宗崇拜式的千年传统内“精耕细作”的长期定式，滋生并不断强化着现代意义上的统一民族和主权国家这样一些全新意识。这样，如何既在一个统一完整的中国文化范围内，同时又充分考虑到一体化与多极化同时并存的世界背景，深入研究并准确把握其内部不同的多种构成，就成了推动当今中国研究的重要课题。这一课题的解决与否，还关系到作为整体的中国文化能否在新的历史挑战面前真正做到审时度势，返本开新，以不卑不亢的面貌自立于世界文化之林。

近百年来，西学东渐的浪潮曾多次颠覆过中国文化中的许多传统观念。以往的价值体系和知识结构也随之发生了深刻变化。人们在有形无形的“欧洲中心论”影响下，开始用反传统的眼光和反传统的术语来审视并描述自己的传统，热衷于中西文化间的“体用”之争，迷恋于笼而统之的“中外比较”。其结果是在极为粗略地勾画出了一番中国与西方列强间的某些表面差异之后，便急匆匆地拿过西方现成理论来对中国的文化任意“宰割”。在这样的潮流下，悠久长远、复杂多样的中国文化变成了以中原地区为代表、以儒道互补为主流的一种单一模式，而其固有的多种声音、多样色彩却遭到了不应遭到的忽略和抹杀。由于过分青睐西方理论，中国变成了“西方人眼中的中国”，中国的形象变成了对自马可•波罗直到近代传教士以来的所谓“东方主义”的一种迎合。我们的学术研究既丢失了过去经、史、子、集四大部类所奠定的古老传统，同时也失去了真正经世致用、独立阐释的主动权。

最近，随着中国大门的再次打开，国际间的对话和交流促使中国学术界重新反思，调整既有的知识模式，出现了一次规模浩大、意义深远的文化研究热潮。其中，对大传统之外的小传统、亚文化以及各种非儒家正统的文化现象的关注、发掘和重估，还有对诸如什么是“历史主流”、什么是“主流历史”等重要概念的认真辨析等等，都为过于沉闷僵滞的学术界注入了许多新的生机。也正是在这样的一种活跃气氛中，中国文化中的区域性问题，即其在空间上的（动态）分布与差异以及长期以来所谓南北、东西之分的历史现象及其现实意义，才开始受到了应有的注意。进入 20 世纪 80 年代后，中国东、中、西经济格局的划分及其所派生的“梯度理论”与“反梯度理论”的激烈争论，又使这种区域研究的重要性和紧迫性上升到了关系着国家重大决策的程度。“一点四方”的中国结构在中国的文化传统中，对其自身内部以某一地区为核心再向东、南、西、北四周进行辐射式划分和描述，其实是一个自古以来从未间断的现象。在西起喜玛拉雅山脉东至东亚海域、北自内陆草原大漠南达热带岛屿这样一个相对稳定的范围内，几千年来尽管也多次出现过不同的文化中心、亚文化中心相互并立或同一个文化中心在历史的演变中时常迁移的情况，但总体上说一直存在着一个以中原汉文化为核心（先是从黄河流域再从长江流域）向四周不断扩散、交融的基本倾向。因此要理解今天作为整体的中国文化，再认识其从产生到成熟、从凝聚到播化的过程，就得从中原汉文化的传统空间观念及其在历史进程中的具体体现和展开入手，就得回顾和剖析虽在不断变化却又万变不离其宗、自远古以来就存在着的中国文化的“东、西、南、北、中”这一特殊结构。此结构的特征可以概述为“一点四方”这样四个字，即以中原某地为中心之点，向四周延伸出四个方向；中心点既是出发的起点也是回归的终点。

中国现存最早的一部自然地理著作《山经》（据顾颉刚先

生考证约成书于春秋战国时代，即公元前 8 世纪至公元前 3 世纪），表明早在两千几百年前这一“一点四方”结构就已载入了史册。《山经》包括《中山经》（为主）、《东山经》（为辅）、《南山经》（为辅）、《西山经》（为辅）、《北山经》（为辅）5 个部分。其以山为纲，以方向和道里为经纬，把当时的天下分作了 5 个部分。在成书时代较晚但其所记之事却更为久远的《史记・夏本纪》中，更是仔细地描绘出了一个以中原“天子之国”为中心再向东南西北四方分别以 500 里、300 里、200 里依次延伸而划出的若干等距离层次，同时还进一步指出了彼此间不同的地位、相互关系以及具体的管理方法[1]。在这种“一点四方”的空间结构作用下，滋生出了“普天之下，莫非王土；率土之滨，莫非王臣”式的中原汉文化本位的历史观。这一历史观又反过来在世界几大古老文化传统孤立存在的所谓“轴心时代”中，支撑了中原汉文化在东亚大陆的悠久主导地位。

“一点四方”结构以中原汉文化为本位，把周围四方称为蛮夷。这在表面上体现了以我划界的傲慢与偏见，而其根本上反映出的却是与中原农耕方式相联系的祖先血亲崇拜及其所产生的某种自信心和排他性。《尔雅》写道：“九夷、八狄、七戎、六蛮，谓之四海。”注曰：“九夷在东，八狄在北，七戎在西，六蛮在南，次四荒者。”这就十分明确地表述了“以我为主，其余次之；我即文明，其余皆荒”的传统观念。

早期“一点四方”结构的中心之点定位在黄河流域的中部地带，即今陕西、山西、河南之间。由此可看出其所受到的“内陆”

（四面都是陆地，并且在同一半径内四周地貌大致相当）和“北纬”（阳光由南及北、四季交替分明）等天然因素的内在影响。在这样的地区内产生出阴阳五行学说及其相关配套的四时、五方观念是不足为奇的。此后该结构的中心点长期只在一条大致相同的水平轴线上横向移动也是不难理解的。此外，由这一地区向四周纵深推延出去，遇到的不是浩浩茫茫的海域（东）就是雪域（西），要不就是差异颇大的草域（北）和山区（南）。因此在相对稳定、发达的中原农耕文化眼光中，“四方皆荒”观念的产生似乎也就有其道理了。基于这样的结构，沿袭这样的观念，中原历代史官、学者写下了大量其实并不总是客观、正确的文献，朝廷君主也以此为据作出了一次次事关重大的最高决策。与此同时，这种往往只反映了居于中心地位之一方价值意愿的结构模式，也由于其种种局限而在长期的发展中留下了许多的隐患。

汉朝强盛，其前后共延续了400多年之久：天子在朝，威震四方，使以中原汉文化为本位的结构模式得到了可说是有史以来最辉煌的体现。然而汉代之后，中原屡经分裂、冲击，三国鼎立、“五胡乱华”、南北分治、重心南迁、佛教传入东土、西学东渐、胡骑“篡位”、满人入关……原有的中心被不断打破，“一点四方”的传统结构也受到了一次又一次的严重冲击。只是在这样的情况下，几乎陷于僵化的“汉文化中心”史观才开始暴露出自身的缺陷和弱点。但只要危机过去，传统又会恢复，最终还是会重现“一点四方”的古老格局。这也许是因为在一种“成者王侯败者寇”习惯心态支配下，中原汉文化多次以强者姿态向其周边不断显示出自己的各种优势和强大生命力的缘故吧。

不过无论如何，面对今日的世界格局，中国文化中古老的“一点四方”结构以及传统的“汉文化中心”史观也和西方世界的所谓“欧洲中心主义”一样，作为一种“轴心时代”的产物，理应结束其原有的历史使命了。对于数千年来在其基础上所产生的不尽符合实际的传统看法也都应当在新的观念和新的视野中加以扬弃和纠正了。

二、从西南观到西南学

在中国以往的文化地理结构中，“西南”不过是“一点四方”的某种扩展。四方与八卦相配，变为八方。东南为乾，西南为坤，在解释上虽也与天、地相通，但毕竟超不过万教归一、万法归宗的中原“我朝”。故上自《史记》作者司马迁、下讫清代乾嘉学派，无不在其史书、奏折中将“西南”一概视为蛮夷。即便写入正史，也仅是以极略的篇幅列于章末文尾，且语焉不详，记述含混，居高临下，任意取舍。

《史记》中《西南夷列传》一篇，夹杂在匈奴、东越、南越及一些传奇人物列传之间，其长度还不及一篇《扁鹊仓公列传》。这一方面固然反映了当时中原人士的视野局限，但另一方面不能不说亦体现出那种中原之外无以用心的唯我独尊态度。此种态度在对西南各族各地所取的名称上更是明显地反映了出来。

《尚书·牧誓》谓："庸、蜀、羌、雾、微、卢、彭、濮，皆西南夷。"班固《汉书叙传》则说。"西南外夷，别种殊域。"宋范成大《桂海虞衡志》写道："南方曰蛮，亦曰西南番。今郡县之外，羁縻州洞，故皆蛮地。"此外由古而今诸如"平夷""镇南""镇远""西宁""武定"之类的地名在西南各地可说是举不胜举。

由此可见，在漫长的数千年中，所谓西南既代表一种方向、方位、一个远离中原的区域，同时也暗示着一种对其知之甚少的异类文化。并且尽管在"一点四方"的传统结构中，中原对其边外各方态度都基本相同，但由于历史上西北、东北游牧民族周期性掀起的武装侵扰迫使中原早期的文化中心不断向东南迁移——即对看上去更适合于农耕发展的长江中下游平原的大规模开发，相比之下，西南就显得似乎无关紧要，其在史书中出现的频率和被强调的程度也随之越来越微乎其微了。

明清以后，情况有所变化，元代忽必烈由川一滇一黔直包南宋后院的深刻教训使后来的王朝统治者加强了对西南（至少是军事上）的重视。明清两朝在西南的军事屯兵及政治上的"改土归流"，揭开了中原开发西南的历史新篇章。鸦片战争前后，情况又发生了显著变化。西方列强的殖民侵略沿印度洋和太平洋自西向东推进，先是瓦解了印度并在沿海一带争夺据点，随后又瓜分了东南亚并在东面"改造"日本，威逼大陆，南面则企望着打通一条由东南亚直入中国腹地的通道。这时，西南就处在了新旧两重压力的困扰之中：原有的内部冲突尚未完满解决，外部闯来的更大挑战又横在了足下。也正是在这种突变的境况中，这一地区的重要性才引人注目地一下子突现出来。抗战爆发后，南京政府在日军的强大攻势下被迫迁至西南重镇重庆。“开发大西南”的大政方针首次提了出来。再之后便是20世纪50年代的西南“三线建设”和80年代的“西部开发”。西南的地位日益突出，传统的西南观也日益变得陈旧和过时。以往的文献积累在突然改变的新形势下捉襟见肘，完全不能适应时代大潮的紧迫需要。于是一种超越过去简单地以“蛮夷之地”统而述之的新型的西南研究应运而生。专家学者突破传统的“一点四方”结构，深入实地考察，进行纵横比较，其中也有的不仅就西南论西南而且还试图从全国大局、亚洲大局和世界大局来分析西南，评价西南，取得了一批开拓性学术成果。但由于起步较晚，过去的历史偏见又深，迄今为止的西南研究还一方面欠缺着对作为一个整体的西南文化的基本把握和对作为一种连续过程的西南变迁的全面描叙，另一方面还存在着许多观念和方法上的含混，中原汉文化中心的模式和欧洲理论术语的简单套用现象普遍存在，致使不少必要的领域难以开拓出来，不少必要的反思难以深入下去。西南的自身文化特点和历史意义未能通过具有说服力的理论阐释而张扬出来，离成为一种共识，成为经世致用的精神财富的目标也还有着一定的距离。

有鉴于此，我们认为如今历史在呼唤西南，西南在呼唤理论。“西南研究”的创新与突破已到了事关重要的时刻。从传统的“西南观”走向现代的“西南学”已成为西南研究走向成熟的时代标志。当然，这并不是孤立脱节的偶然现象，它同前述当代学术界的新变化是密切相关的，并同此时期对中国文化内部的“西北研究”“楚文化研究”“汉藏关系研究”“沿海发展战略研究”以及更为深入的“儒、释、道研究”“官、士、民研究”“器物、制度、观念研究”乃至“精、气、神研究”等等可说都是内在呼应、互为补充的。

三、历史呼唤新学派

西南的特点是什么？这是西南研究必须回答的首要问题。

“西南”一词首先代表的是某种相对的方向和方位。随着观察主体的改变其本身也就发生了变化。不管在理论上还是在历史实际中，“西南”都是一个动态的概念。当中原汉文化定都长安时，“西南”表示的是秦岭以南、巫山以西的某一片区域，三国鼎立时，蜀定都成都，“西南”又缩小为诸葛亮七擒孟获的一小块地区；而在宋室南渡、迁都临安（杭州）后，连古时长安也变为“西安”，此时的“西南”又一下变得无比遥远而广阔了。不过在长期的历史记述中，“西南”概念又有着某些较为稳定统一的含义（比如边地、治外、蛮夷等）。从今天的眼光看，仅就地域而言，其可大致分为狭义和广义两种所指。狭义的“西南”相当于如今的川、滇、黔三省，广义的“西南”则还包括藏、桂两地甚至湘、鄂西部一些地区。此两种划分都既体现了一定的历史延续性，考虑到了其所指内部在许多方面的一致性，但同时也不能不说仍然是一种人为眼光和相对的判断。今天的西南研究一方面要兼顾这两种所指的有效含义，另一方面还应跳出二者的同样局限，即只以一个单一的中原角度来看待所要论述的这一地区。“西南”一词无论是狭义还是广义，都已隐含了一个视角前提，即以中原汉文化为中心，是中原汉文化的西南（西南方、西南部）。但如果我们把视野扩大，同样这个“西南”不也正是印支半岛的“东北”和印度次大陆的“近东”吗？并且倘若改变视角，以“西南”自身为圆心，向四周看去，其不同样也有自己的东、南、西、北四方吗？所谓“中原”不过是“西南”自身四方中的一方而已。因此今天的西南研究既要保持历史的延续性，又不能囿于古人的立场；既要注意“轴心时代”以来所形成的历史事实，又要揭示“后轴心时代”将要出现的客观趋势。在这个意义上，“西南”一词就不仅是只代表中原汉文化本位一个方向或方位的狭窄概念，而已变成了一个含义更为丰富，所指更为客观的超越单纯区划的新称呼了。换句话说，其完全可以用“云贵高原”“四川盆地”“两江（长江、珠江）之源”这样的中性名称来代替，或者换成古时《华阳国志》所言的“华山之阳（南）”那样的自我称谓。

相对来说，“西南”是一种他称。正如欧洲人把华夏称为“远东”而华夏则自称为“中国”一样，只有将他称和自称摆在一起并且在二者基础上再产生一种新的“第三人称”，我们的认识（无论对华夏还是对西南）才可能更为完整，结论才更为确切。

从中原“他称”角度看，西南的特点在于它只是中国文化的边疆地带，并且由于多种多样的原因其长期与中原保持着不是治外、羁縻就是教化与被教化的关系。从“自称”角度看，西南也许自远古“元谋人”时代以来就始终是一个相对统一的区域。首先，其北面秦岭及大巴山脉的阻隔大大削弱和延缓了自秦统一中原以来汉文化向西南的推进；其东面的巫山山脉和沅水、乌江等重重障碍既隔断了四川盆地与洞庭盆地间的天然关连，又造成了强大的荆楚文化同西南文化的自然分野；武夷山和南岭则缓冲了其同东南“百越”的某种冲突，并使彼此间的文化距离日益拉开。与此同时，西南内部数条与中原相异的南北流向的大江大河，一方面分隔出了其同境外南亚次大陆地区的自然界限，另一方面又沟通了西南内部的相互联系。此外，若以更为超越的“第三人称”来看，西南可说是处于多重交汇的重要地带，是一个文化碰撞的特殊区域。首先可以看出与其他区域性质不同的“山地文化”在这里发育生长，而又有多种类型的古代民族在这里迁出迁入，其次可发现东亚大陆的农耕文化与西太平洋渔猎文化在这里交汇，源于印度次大陆的佛教及后来途经该地区的伊斯兰教由这里向东扩散，中原儒家文化又从这里向南继续播化；再次还可看出，由于其自身原有的自然宗教等因素的存在，印度佛教在这里演化为中国“西南化”的上座部佛教，中原道家学说在这里滋生出门徒众多、声势浩大的道教组织，而西方基督教则在川、滇、黔边的彝族、苗族地区混合出同当地原始崇拜相结合的奇特信仰；至于古代“南方丝绸之路”的长期开拓、近代西方殖民扩张及战后亚洲独立国家的出现而在这一地区形成的跨境河流、跨国民族、跨国宗教等现象所产生的种种影响，更是进一步表明了“西南”的国际意义。

由此看来，对西南特点的把握以及西南研究自身的突破与创新，还取决于方法论方面的拓展和更新。近代以来西南研究走上了一个新的历史阶段。西方学者的介入使原有的研究又增添了一种更加显著的“他称”眼光和国际对话的性质。国内的研究自“西南联大”在抗日战争中在昆明诞生以来，也出现了新的气象，一批受过“五四”新文化洗礼的学者自觉运用西方传入的现代理论术语，从社会学、民俗学、宗教学等新兴学科的角度对西南问题进行了具有里程碑意义的研究，形成了与欧美学者以及东亚的日本学者等不同的中国学派之雏形。许多陌生的领域被开拓出来，以往的成见受到质疑，西南本身和西南研究同时受到了有史以来最为普遍和最为突出的关注。然而由于国内外战争不断爆发以及战后国际间所谓“雅尔塔格局”的形成等诸多原因，正常的国际交往被中断，被视为一国内部的区域性研究也随之搁浅。西南研究长期处于停滞状态。原有的成果尚未发生效益，刚形成的基础尚未巩固,而进入20世纪80年代后一系列新的问题又在国门重开、现代化浪潮猛烈卷入的冲击下不断涌现。在这样一种错综复杂的情况下，西南研究一方面已不再可能是纯学术的书斋研究而必须充分顾及现实的经世致用问题，但另一方面其已出现了被现实问题牵着鼻子走，丧失自己学术的客观性和严谨性而蜕变为单纯的决策工具的危险。

在这种情况下，重新深入研究西南，研究西南地理、历史、民族、宗教、经济等问题并且反思历来的西南研究本身，就得付出艰巨的劳动，就得深怀入世的激情，就得继承所有的遗产，就得开创新型的学派。

西南研究的新学派不能满足于仅作出“边疆文化”“待开发地区”这样一些简单笼统的结论，不能停步于对“图腾崇拜”“发育不良型社会”等外来术语的直接套用，更不应变相为出于猎奇或迎合心理而进行的“文化古董”贩卖。毫无疑问，西南研究的新学派将在扬弃古老的“一点四方”结构的基础上兼容他称、自称与第三人称三种眼光，既为现实的文化对话、文化变迁提供有效的理论依据，同时还尽可能地实现为有助于深入揭示人类历史演变的普遍规律提供中国西南不可或缺、不可替代的学术成果这一内在目标。

这是一个尝试，一种开端，一次合作和无限的期望。这期望包含在我们的《西南研究书系》之中，更包含在孕育书系的西南大地、西南历史、西南人民的深厚怀抱里。

（原载于《开发》1991 年第 4 期）

注 释

[1]《史记·夏本纪》：“……九州攸同，四奥既居……九泽既陂，四海会同……中国赐土姓。”“令天子之国以外五百里甸服，甸服外五百里侯服……侯服外五百里绥服……三百里蛮，二百里流。”

四

“地方”的含义
——关于“全球化”问题的反向思考

一、“公元”2000年

时光如流水。转眼就到了1999年，离2000年，也就是人们所说的“21世纪”只有一步之隔。在这样的时候，“全球化”据说已成为世界各地最流行和最时髦的话语之一，而且还“既是一种客观事实，也是一种发展趋势”[1]。

然而，正如“1999”和“21世纪”这样的时间单位并非出自中国本土，而是来源于基督教纪元（即所谓的“西元”或“公元”）一样，“全球化”一词的原产地其实也在西方，是西文

globalization 的汉语说法。可当基督教纪元以及 globalization 等一个个“西方话语”在包括汉语社区在内的世界各地流行开来的时候，对其而言，“全球化”进程便开始了。在此意义上，“全球化”意味着使原属地方性的东西具有世界意义，也就是说，使之通行全球。

这里，地方性是指区域的、族群的和文化的；而全球化则表示着在多种不同的地方性之间，因某种关系的失衡，其中一方以自己的强势向其他诸方扩张渗透乃至取而代之的变化。单就纪元方式和“全球化”的说法本身而言，在“西元”传入以前，中国本土，仅汉族群体中就有“分久必合，合久必分”式的若干朝代单位，其突出的是与基督教线性推进式的时间意识有所不同的历史循环观（或许可说是“无始无终”论）；至于中国本土的各少数民族里关于人类时间的计算方式则数不胜数且各具特色，比如西南地区的许多山地民族长期使用着以物候纪年的自然历法——在这样的纪年中，天地合一，历史则是永恒的。其他还有或许可说是在西元传入刺激下流行不久的“佛教纪元”与“孔子纪元”（有趣的是二者都早已进入了“21 世纪”）[2]。它们都在一定的范围内被接受和认同着。

基督教纪元的源头最早在中东。其逐渐盛行于早期地理意义上的西方世界（即欧洲）后产生的突出结果，是导致了时间观念上 “单线推进论”的接受与完善。推进，指的是在线性的过程中，人类的时间，也就是所谓的历史，被分为不同的阶段，在其终端有着逻辑与意义上的归宿。这种归宿既意味着世俗层面的“发展”“进步”“增长”及其所派生的包括“乌托邦”在内的种种结局；同时还表征着超世俗层面的“世界末日”，即上帝的终极审判。单线，则指的是一元或唯一，即把基督教纪元看成人类唯一（正确可靠）的时间坐标；也正因如此，其信奉者们才将其当作“普世性”福音，一代接一代地从地理意义和文化意义上的西方传向全球。

至于与 globalization 相关的认识，东亚文明里的儒学眼光以往爱提的是另一种说法，即“天下”（“普天之下”）或者叫“大同”；佛教视野里则是无分别的“世间”与“众生”。反正各不相同，彼此都能自圆其说，皆有自己的适用范围。可是为什么到了以“西元”标记的第三个千年来临之际，偏偏是 globalization 这样的“西文”而不是“天下”“大同”或者说“世间”“众生”这样的“东语”流行世界，成为被普遍接受和采用的“全球化”用语呢？

为此，许多地方的人们都以不同的方式开始了思考。答案之一是，随着英语和西方世界在政治、经济等方面相对强势不断递增，所谓的“全球化”进程实际上变成了欧美地区的各种“地方知识”单向度地向全世界传播，使全世界在西方文明的荫蔽下连为一体。与此同时，尽管“授受不平”成为普遍现象；世界各地的其他众多文化与文明则依然坚守在各自的传统范围里努力维系自己的“地方性”存在。

这就是所谓的一体化时代。在这时代中，虽说“全球化”看上去差不多成了“全球西化”（或西化全球）的隐含说法，却仍旧遭遇到来自各种“地方势力”顽强抵抗。

二、“后轴心”时代

这样的局面使人们获得几点启示：1. 既然原本都是地方性的东西，彼此便都是平等的，没有谁比谁更高明；2. 如果说其中哪一种存在可以“全球化”的话，那么也就意味着其他任何一种都具有这样的可能（与权利），人为剥夺这种可能（与权利）的行为，无异于一种伤害和侵犯；3. 因此由此而在世界各地激起的种种地方性危机与保护乃至本土寻根式的复兴便在情理之中，于是 20 世纪此起彼伏的“原教旨主义”浪潮也不足为奇。

当代电影领域中的“好莱坞”模式是美国加利福利亚州的一种地方性产物。然而当它以产量和销量均列世界第一而称霸全球的时候，就使自己的“全球化”从可能变为了现实。但最近“好莱坞”的业主们不仅竭力对付来自世界各地的同行竞争，而且连本地厂商拟到国外或州外拍片也横加干预，生怕肥水外流，让其他地方的人们分享了其“全球化”伟业背后的巨额利润。这种做法在审美文化上产生的后果之一是全世界亿万观众——尤其是青少年一代——通过“好莱坞”影片见到的“世界景象”越来越仅是美国（加州）的翻版，而对自己故土家园的山河锦绣则视之不觉，乃至无端生出疏离冷漠之感。至于“可口可乐”与“麦当劳”这种简单便利的美式快餐席卷全球后对中、法、意等地传统“慢餐”“大席”的冲击，可说是有目共睹，甚至激起过这些地方厨师与社会名流的共同抗议，认为美式快餐的“全球化”是文明的倒退，是对人类数千年饮食文化的亵渎。

音乐与建筑艺术也是这样。当由商业性出版公司刻意包装推出的一批批CD音响逐渐占领全球市场和普通家庭，而全世界到处见到的几乎都是千篇一律由混凝土玻璃墙构成的高层建筑时，这两种人类古老艺术的地方性就被埋葬了。随之而来的结局是，这世界将只剩下一个“地方”；而只有“一个”地方的世界将不配被称为世界。

这就引出了新的问题：是不是地方性的东西非得要“全球化”不可？“全球化”是否意味着以牺牲大多数地方性存在为代价换取个别“地方知识”的全球垄断（称霸）？如果说“好莱坞”影片或美式快餐不应该称霸世界，那么反过来东亚风味——包括用餐方式上的竹筷或“抓食”以及建筑方面的“大屋顶”和“吊角楼”乃至中国“功夫”就需要遍及全球么？

在西学东渐的冲击下，“五四”后的中国面临过类似的问题。当时的本土精英曾提出过表面上趋向保守的口号，叫做“越是民族的，越是世界的”，主张立足自我传统并使之在外力冲击下继续弘扬。如今分析起来，这口号不仅自相矛盾而且深藏的还是对“走向世界”，亦即实现本土传统“全球化”的向往。其中与西学东渐所引进的“世界观”相一致的是看待人类社会的一元论和强调民族竞争的强弱观；缺少的则是对人类文明自古具有的地方多样性与价值多元化的真正包容。后来盛行的“超英赶美”不过是前一口号的另一变体。二者都可视为“西化”的产物和结果，是西方世界观在非西方社会激起的一种反应。而一旦这种反应变成唯一后果的话，众多“地方知识”为实现各自“全球化”可能的努力就必将引发相互间的激烈抗争。

事实上，自从被称为“轴心时代”的人类早期文化格局形成以来，文明一直是有界线的。问题在于这种界线正被打破。人类中的一部分“强者”试图在征服太空的同时把地球变为一个“村庄”，然后抹掉村庄里的地方性区别。不过这种企图遭到了来自多方的质疑与抵制。生活在西方的亚裔学者中有人倡导在建立“第二轴心时代”文明中使儒学实现创造性转换并发挥“文化中国”对西方“启蒙心态”负面影响的制衡作用[3]。另一些欧美神学家开始在面对“欧洲中心的基督教的现代性之崩溃”的同时考虑和呼唤着世界各宗教（包括原住民信仰）间的平等合作与对话[4]。而类似的举措在中国大陆则已有回应。在新近出版的《对话：儒释道与基督教》一书中，主编者基于人类过去“生活在不同的地域，由于不同的自然环境而形成了不同的生活方式，也就是不同的广义文化”这样的认识，强调各文化之间开展对话的重要性，从而也就强调了差别的客观性，也就是文化的地方性（集团性）与相对性[5]。

三、全球地方化

在汉语的表述中，“地方”的含义是丰富的：既包含着以“地”为“方”之意也标志着“不在中心”“从属于中央”这样的次等级或人类学家所称的“小传统”；同时它还隐喻着“本土的”“家乡的”以及“特定的”和“世俗的”等多重内涵。方言、方志、乡规、乡情、本地、异土、地方戏、地方神、地方主义……乃至所谓“五里不同风，十里不同俗”“一方水土养一方人”等等说法和现象，莫不与特定的“地方”有关。此外，从元谋猿人到周口店猿人、从仰韶遗址到龙山遗址、从甲骨文到纳西文、从草原游牧到山地农耕……中国本土范围内人类起源的多元性和族群文化的多样性亦昭然若揭。

然而自秦汉以来，“大一统”“定一尊”似乎成了至高目标和普遍时尚，及至蒙元和满清遂演绎出对汉室的排斥与旗人的独尊。再后来，借助国家力量抬举某类“地方知识”地位的做法，虽说使统治者获得身份认同与行政管理上的一时便利，却同时也在民间社会留下了不少难解问题。其中最突出者要数中原农耕族群占主导地位后，在文化心态及历史眼光等方面对东亚大陆天然存在的地理地貌多样性要么视而不见要么仅强调“以粮为纲”的农人定式。这种“定式”使得他们既难以领会“长城内外是故乡”这样的简单道理也不易由衷地做到“在草地（或雪域）发现历史”[6]。

这种现象在具体一些的领域如民族艺术等也有表现。例如同样属于中国近代地方戏剧种之一的京剧（其原身是“昆曲”）与川剧（包括豫剧、梆子、花鼓戏等等），由于流传区域（京城和外地）及精英喜好（官员与文人的促成）等原因，至今已划分出等级上的明显差别：前者荣升“国剧”宝座，其余则固守地方，退居边缘。类似现象还有所谓的“国语”“国学”“国画”……无不力求以国家的名义（权威与力量）在既有的地方多样性群落里划分等级或自为中心；殊不知倘若硬要人为地把在一定时期里主要传承于汉族文人圈的山水画传统定为（中国的）“国画”的话，如何界定诸如汉族社区丰富多彩的农民画以及其他各少数民族至今仍存的独特画种——如被誉为“穿在身上的史诗”的苗族刺绣——将成为令人头疼并且不得不加以解决的问题。进而言之，即便在中国这样一个“多元一体”的国度里，如果仅单一地提“炎黄子孙”“龙的传人”或“以农为本”的话，显然也是不恰当的。作家张承志的新作《大地与情感》以厚重的笔力描写了中国西北的黄土地，也提及到“花儿”与“少年”这类众所熟悉的黄河民谣、“西北风”。然而结合近代中国的族群变迁，张承志把它们的审视背景放在了“回民的黄土高原”之下。这样，那“粗野”“质朴”的西北歌声就有了别样的一层意义[7]。相比之下，近来不少以嘲笑方言土语为噱头的文艺小品竟在“中央”级的媒体里频频登场，只能说反映出某些既得利益的“无根者”对地方多样性的远离与敌视。

这一点，中国如此，世界也不例外。那么面对“轴心时代”的解体，面对滚滚而来的“全球化”浪潮，该怎样重新领悟“地方”的含义呢？

汉语所说的“地方”在本义上意味着一个有限而具体的空间。当用汉语问你在“什么地方”时，是在问你的场所、处境。倘若连“一个地方”都没了的话，存在便成为虚幻。

在这意义上，地方是本，是根，是前提和条件，是每样事物的立足之地。

当然，历史是变动的；地方也会因人而异；认同则需要不迫于压力的自觉。由此看来，如今英语世界发明的一个新词倒很有意思，其把“全球”和“地方”并为一体，而且用“化”来相连，产生出一种意想不到的新义：glocalization，翻成汉语，勉强可作“全球地方化”，但反过来也顺理成章，叫作“地方全球化”。

（原载于《民族艺术》1999 年第 1 期）

注 释

[1] 参见《全球化与中国》，胡元辛等主编，中央编译出版社，1998 年 11 月，“总序”。

[2] 释迦摩尼佛和孔子大约诞生于西元前的 563（？）与 551（？）年，比耶稣基督早了五百多年。因此按佛教纪元和孔子纪元的算法，西元 1999 分别相当于二者的 2562 和 2550 年；与此同时，照中国的农历，该年叫做“己卯”年。若再引申开来的话，佛教则还有今世、前世和来世的说法。

[3] 参见杜维明：《儒家传统与现代精神》，三联书店，1998 年。

[4] 参见《全球伦理——世界宗教宣言》，（德）孔汉思等编，四川人民出版社，1997 年 6 月。

[5]《对话：儒释道与基督教》（导言），何光沪等主编，社会科学文献出版社，1998 年 7 月，第 1~8 页。

[6] 这一点《读书》杂志 1998 年第 4 期上唐晓峰有篇题为《长城内外是故乡》的文章作了很好的阐述，可参阅。

[7] 参见张承志：《大地与情感》，山东画报出版社，1998 年 11 月。在“回民的黄土高原”一节里，张又说“为了文学”，亦可把这片土地称为“伊斯兰黄土高原”（第 89～190 页）。

第二部分

民族文化论

一

“饮酒歌唱”与“礼失求野”：西南民族饮食习俗的文化意义[1]

一、中国食俗：“兴观群怨”与“礼失求野”

（一）“兴于诗”

迄今2500年前后，散见于黄河长江流域的地方性歌谣，被中国历史上的创造性人物孔子（及其弟子门徒）以书面文学形式编撰整理成册、并作出高度的文化评价。此后，这些地方民歌就逐步转化成了中国传统的“经”和“典”。这个转化实际代表的是，早期文化的民间自在形态如何被知识精英加以改造、提升后的变形；或者反过来说，意味着先秦中国的士大夫阶层如何从广博丰厚的民间资源里获取灵感，然后开创出一整套影响后世的文化体系。

另一方面，由（十五国）“风”到“诗”（三百篇），再到“经”的转变，还标志着中国文化从早期“诸夏”（诸方）的分散区域模式向“中原一统”理念与实践的漫长过渡与转型。

照我个人的理解，在孔子对“诗”的解释和评价中，最为主要的意思有两层，一为揭示“诗”的社会意义，即——

“诗”可以兴，可以观，可以群，可以怨。（《论语·阳货》）

另一为强调“诗”的人生价值，也就是“诗”在生命完善过程中的始创作用，即——

兴于诗，立于礼，成于乐。（《论语·泰伯》）

“礼”是仪式、规矩；“乐”是审美和自由。近代以来，人们习惯于把中国的文化原型解释为“礼乐传统”[2]，并以此同西方的“理性传统”加以区别。其实，这里还有一层意思没被深入揭示，即礼乐的缘起、核心都在“诗”。因为有诗，才衍生出“礼”和“乐”；或者说，诗本身就已包含了礼、乐。

为什么可以这样说？为什么孔子要把“成于乐”视为生命最高境界？而要“成于乐”必须先“立于礼”，要“立于礼”就得先“兴于诗”？“诗”的特征何在？

如果回到上升为“经”以前的“诗”形态，即回到“诗三百”之前的先秦口头传统，即可追溯出，“诗”的原型不在一成不变的文字经典，也不在一己个人的单吟独白；而在于日常生活中情景交融、不吐不快的“歌”——即与天地相通、群体交往的“唱”与“合”。

正如今天的许多学者指出的那样，在中国传统中，“诗”原本是和音乐紧密关联的。“三百篇”堪称最早的“歌唱文学”（董任坚）。“古人律其辞之谓诗，声其诗之谓歌。太史公谓古诗三千余篇，孔子删取三百五篇，皆弦歌之……盖鲜有声而无词者，是诗歌之与音乐未尝须臾离，自昔然矣。”（陈仲子）

可见，在原初的时候，诗就是歌。而也正是根基于日常经验的口头之“歌”与群体“唱”“合”，构成了“诗”可以“兴观群怨”的社会基础和文化前提，并成为使之能够再过渡为“礼”和“乐”的核心条件。

进一步看，在围绕《诗经》而展开的文化批评中，孔子对“诗”的解释还包含了体现不同时间纬度的三层意向。首先是对口传文化中“歌唱功能”的认识和肯定，就是说承认先秦“歌谣”本身已蕴涵了各自（十五国）原创的“兴、观、群、怨”意义；其次，通过对《诗经》，即经过编撰整理的文本经典的阅读、领会以及征引、参用，后世读者可以获得当下的“兴观群怨”；最后，历代人们更可以凭借与先秦歌唱相类似的实践性创作，即触景生情、不吐不快的“唱”与“合”，达到形异神同的“兴观群怨”，并经由地域性、族群性和阶层性的路径与方式，实现从“诗”到“礼”再到“乐”的结构整合，从而融入经过先秦诸子凸显后逐渐形成的“礼乐传统”之中。

（二）“致中和”

在认识到“诗”是“礼乐”的前提与基础、“诗”的特征在于“歌”“唱”以及“合”“和”之后，再来分析中国诗歌传统的“唱和”特征及其蕴涵深远的“礼乐精神”，就不难找到其既多元并进、又一脉相承的文化源头和逻辑起点了。

关于孔子论诗所提出的“兴观群怨”说，朱熹《论语集注》阐发道：

> 诗，可以兴，感发志意；可以观，考见得失；可以群，和而不流；可以怨，怨而不怒。

这里，从“感发志意”到“和而不流”，强调的是在个人情怀得到抒发的基础上，对群体沟通交融的向往和实现。其中突出的是“和”。从语言学角度看，无论“兴”也罢、“观”也罢，还是“群”和“怨”，都是作为动词来用的，体现着行为参与者的目的性和主动性；同时也表达出孔子对“诗”“歌”社会功能的体认和倡导。因此，所谓“群”，就是指“使众人相聚”；而众人相聚，如若不“和”，“群”就不可能实现。即便遇到一起，结果也多半是视若路人，各不相干，甚至彼此冲撞。相反，如若能“和”，则不仅人能为群，且能结群为众，进而众志成城，凝为一体。

这不仅呈现了先秦诗学中“和”与“群”的关系，同时也引申出中国文化里“食”与“歌”的关联。

在对人类饮食文化进行广泛比较的基础上，当代人类学家倾向于把中国饮食传统的基本特征，归结为“共食会食”与“聚饮共杯”。西方学者安德生认为，中国是世界上最擅长通过宴饮来实现人际沟通的民族。他指出，对于中国文化来说，“作为社会地位、礼仪地位、特殊场合及其他社会事务的标志，食物已不全是营养资源，而更是一种交流手段”。李亦园则强调，即便在具有不少相同之处的所谓“东亚饮食圈”（或称“中国饮食文化圈”）里，与日本、韩国不同的是，中国的饮食传统表现在“共食聚饮”方面，也显得最为突出。李先生把产生这一特征的文化原因，归结为中国古代的“致中和”观念，认为其代表着中国文化的“终极关怀”。

按照中国文化的分类习惯，相对而论，凡称得上“终极关怀”的理念必定属于“形而上”范畴，而与日常生活贯通的“饮食行为”则只能是“形而下”。如此来说，如果承认李先生对中国饮食的上述推断符合实际的话，接下来就会追问：为什么“形而下”的共食聚饮，能够关联并体现“形而上”之“致中和”理念呢？依李先生的观点，之所以如此，是由于有一套“终极关怀哲学在最深处作为根本的导引”。

笔者认为，从中国文化的“后期脉络”来看，此推断是很有道理的；但若以其初始的“源头活水”角度观察，则似乎还可以从相反方向作补充论证。即认为“共食聚饮”是“致中和”

情怀的动因，而后者则是前者滋生的结果；也就是说，至少在文化发生学意义的初始阶段，正是因为有了“共食聚饮”这样的日常行为，才引出了“致中和”理念的产生及其后作为“终极关怀”原则的形成；并且又在随后的文化进程中，使后者通过“形而上”（“导引”）力量的发挥，进一步与无数具体的“形而下”饮食行为，形成彼此难分的交融和印证。

由此可见，中国文化传统中的“共食聚饮”实践与“致中和”原则，虽然在“形”的区别上，有上下之分，但在彼此的先后关系方面，次序却正好颠倒。通过对先秦有关文献的分析，可以见出，与饮食文化相联系的“致中和”原则的提出，源于两个并行互补的方面，即：1. 初民对食物事象里“和谐”价值的感受；2. 对人类社会行为中“调和”意义的认同。

《左传·昭公20年》里写道：

> “和”如羹焉。水、火、醯、醢、盐、梅，以烹鱼肉，焯之以薪，宰夫和之，齐之以味，济其不及，以泄其过。君子食之，以平其心。

《国语·郑语》亦说：“夫和实生物……以他平他谓之‘和’，故能丰长而物归之。”对此，现代的学者解释说，“和”是和合，“平”是调谐；这一思想不仅述说了事物的多样性，而且提示着事物的构成具有规律性（侯外庐）。“‘以他平他谓之和’，意谓聚集不同的事物而得其平衡，叫作‘和’。这样就能产生

新事物。所以说‘和实生物’。”（张岱年）

这样，一方面，以“中和”为核心的宇宙法则，本已包含在作为自然存在的食物属性当中；另一方面，人们饮食行为的“调和”倾向，恰好是对这一法则的认知与适应；因此“致中和”的“致”所强调的，不过是希望人们的主观需求，尽可能向自然接近、靠拢而已。在这意义上，如果说“中和”的理念和原则代表“天道”本相的话，“共食”的方式和行为则呈现着“人道”追求。二者补充交汇，便展示出中国文化所心仪向往的内在“天人合一”与外在“和而不同”[3]。

（三）“饮而唱”

不过既然是“致”，就意味着存在特定的“目标”“距离”与“途径”，以及相关的认知和选择。对此，若再以儒家为代表来阐释的话，正如前面的论述所言，在孔子看法里，“致”的最佳选择就是人生三段论：兴于诗、立于礼、成于乐。

这就是说，“致”的起点在诗；而“诗”来源于“歌”；歌的本质就是“唱”与“合”。《尚书•尧典》说：“诗言志，歌咏言。”《礼记•檀弓》曰：“歌于斯，哭于斯。”疏：“‘歌’谓祭祀时奏乐也。”《毛诗序》进一步指出：

诗者，志之所之也，在心为志，发言为诗。情动于中而形于言，言之不足故嗟叹之，嗟叹之不足故永歌之，永歌之不足，不知手之舞之，足之蹈之也。

这里其实已道出了“诗”与“兴”的本意，即生命情怀的文化释放。也就是人的本能需求，借助艺术的方式与途径得到起兴、宣泄和满足、升华。这种由“起兴”到“升华”的过程，体现或转移到饮食行为上，便引出了本文所要重点讨论的文化事象：“饮酒歌唱”。

这里先将二者的关联作简单对照。

首先，“兴于诗”或“诗可以兴”，都强调出在语言表达的层面上，“诗”对日常发用的超越，即“‘言’表意，‘歌’传情”。也就是：言说的话，只表达语词意义；而唱出来的歌，则抒发着语言后面的情。同理，在与“兴”相结合的“食唱”或“酒歌”里，包含的是“‘食’果腹，‘唱’凝聚”；而以歌而食，或由食而礼（仪），则使日常的饮食行为，增添了从情感到文化乃至宗教、历史的丰富意义。

其次，关于饮食与歌唱的相互联系，目前所见的早期文献，《诗经》占了多半。其中不少篇章便是描绘 “共食会食”乃至“饮酒歌唱”的生动情景。如《诗·小雅·宾之初筵》描绘的“宾之初筵，左右秩秩；笾豆有楚，殽核维旅。”此外类似的场景在《诗·大雅·既醉》和《诗·国风·七月》等篇章里也频频见到。

如果再能跳出儒家圈子，把目光扩展到“中原”和“诗经”以外的广阔视野的话，同样的情景，还能在先秦时代的“四方”之地大量见到。比如《楚辞》。其中的《九歌》，开篇第一章“东皇太一”就铺叙出“饮酒而歌”的热烈景象；而在《招魂》里面，除了充分体现饮食与歌唱的关联以外，更突出地展示了饮食、歌舞与仪式、信仰等多种要素的切切交融。其中有程式，有对话，有食物描写，也有祭辞纪录，全然一副与天地同享、与众人共食的盛大场景，如：

魂兮归来！何远为些？/室家遂宗，食多方些。/稻粢穱麦，挐黄粱些。/大苦咸酸，辛甘行些……

“魂”在哪里？魂在酒中；酒在哪里？酒在歌中；何以招魂？与天地沟通！

在今日的学者中，有人指出“历史上的楚国是一个非中原地区的、非汉文化中心的诸侯国”，因此类似屈原这样的楚地诗人及其反映的“九歌”文化，相对于生活在大一统政治格局的“汉儒中心”来说，只是个“少数民族作家”，或“边缘”的“他者”（藏策）。然而这种“边缘文化”所展现的场面，莫说已内在地与“诗经”脉络相通，即便与古希腊的戏剧祭典及其被后来提升的西方所谓“酒神精神”相比也不会逊色。当代学者对中国饮食传统的考察研究，如果不把这种“南蛮”“楚风”包括进去的话，不说难以完整、深刻，也难避免概括和结论上的偏狭、小器。

（四）“礼求野”

先秦时期的中国文化，呈现出的是多源交汇、多样并举格局。展开而论，在“诸夏”与“华—夷”交映生辉的过程里，更是体现着既各领风骚又彼此交融的场景。与本文的论述相关，在“饮酒歌唱”方面，无论北方的孔子还是南部的屈原，经他们之手编撰发挥的《诗经》《楚辞》，都传达着某种由“兴”到“立”再到“成”，也即从食物到仪式与礼乐的文化理念和超越精神。

而通过对比不难见出，无论是孔子强调的“致中和”理想还是屈原彰显的“通天地”精神，都有一个相同的特点，那就是彼此其实都来自初民生活的日常田野。换句话说，正是因为先有了反映在《诗经》《楚辞》里的那种“共食”国风或“尚鬼”民俗，才有孔、屈予以归纳、升华出来的法理、原则。

在孔子这里：其努力强调的是，一方面对周公先圣在民众实践的基础上“制礼作乐”的肯定和追随，另方面则是站在春秋战国“礼崩乐坏”的时局面前，重申“礼乐传统”的文化意义，并不惜以终身奋斗来“克己复礼”。当然对于孔子而言，此时的“礼”，其含义无疑又超越了周公先圣。这是后话。

在屈原一边：通过《招魂》这类“浪漫”场景的强烈凸现，可以明显见出的是，其“礼”其“乐”都不仅仅只是“来自于”野，而完全可以说“就在”野里，即与天地相通的日常实践中。

下面再对“酒—歌”同“礼—野”的关联作进一步分析。

我们知道，作为一种通过酿造而制作出来的饮品，“酒”实际上是人类食物的文化延伸。

与西方的啤酒、葡萄酒不大一样，在中国传统里，“酒”的原料多为谷物；而就在这种谷物酿造的演变中，照样可以见出从“野”到“礼”的文化过程。首先，人们在自然界众多天然生长的草本植物里，挑选培育出供人食用的谷类，从而迈出由“野”到“礼”的第一步；接着，对其中的部分谷物进行加工酿造——发酵，使之演变为具有激发“性灵”（人的大脑中枢）作用的特别饮品，从而对人之本性加以改变（提升）；与其他具有刺激作用的食物类似，如烟、茶、麻等，酒的主要功能，在于“至醉”，而“醉”的意义，则同时具有“文化”和“超文化”两层性能；这时，借用体质和文化人类学的角度观察，如果说人之本性——即人的“野”性——在根本上是倾向于“醒”的话，那么饮酒所体现出的，便是文化的“至醉”；反之，如果认为文化才代表“醒”，则“野”便导致“醉”；于是饮酒且歌便是人们企求借助酒醉，从“文化的束缚”里得到解脱。

从表面看，这是个矛盾。其实不然。一方面我们可以发现，在人类的饮食范畴里，最能体现文化本质的，其实不是满足基本需求的“粮食”，而是把粮食再加工酿造后使人“至醉”的“酒”。另一方面，在经由酒所体现的文化中，我们又可由此推知，人类所同时追求的，其实是理性与灵性的统一，即“醒”与“醉”的双向满足与和谐。在中国文化的本源阶段，当人们把这样的企求扩展到礼乐与社会之中，便衍生出与之对应的“酒歌”与“酒宴”。对此，古语俗话的表达是：“酒以合欢”“酒以成礼”（《左传》）、“百福之会，非酒不行”（《汉书》）等。至于曹操“对酒当歌”的慨叹及李白“斗酒诗百篇”的壮举，不过是这种文化企求自身内含的“礼—野互动”，在和谐与冲突的交替起伏中的诗化体现。

倘若这样的分析能够成立的话，借用“酒”的帮助，再从饮食文化的角度来理解所谓“兴于诗、立于礼、成于乐”的人生境界，说不定会有新得。

“兴”“立”“成”都既是状态，也是行为和结果；诗、礼、乐，则可视为不同的方式、路径和阶段、成就。那么，为何要以“诗”兴，以“礼”立，最后以“乐”成呢？为什么从诗“开始”，到乐“结束”，而礼只是中间“过渡”？

若以“饮酒歌唱”来看，可以作出这样的分析——

“诗—兴”：表示“醉”，代表无论从野性还是文化的——超越；

“礼—立”：表示“醒”，代表无论向文化还是本性的——调整；

“乐—成”：通过饮酒歌唱、团聚合欢，体现醉—醒相通，理性与灵性的和谐。

照此推论，我们有理由认为由“饮酒歌唱”所体现的传统，其内在传达的是：起于情感、经由文化、再向人的“野性”，也即人类天然本性复归与升华的寻求；而其最终目标如果可以称为“致中和”的话，其“中”其“和”其“致”都已包含和兼容了对“礼”“文化”本身的精神，亦即“醉”精神。

而正是这种“饮而醉”“醉而乐”的追求，使孔子代表的“致中和”路径同庄子《逍遥游》等体现的“坐忘”境界[4]、以及保留在今日苗侗族群中的“饮歌唱和”习俗形成了意涵丰富的相通和映照。

二、西南山地少数民族的文化生态与共食会饮

（一）“吃牯脏”：追思传统的“祭食”功能

“吃牯脏”是西南山地苗族文化中保存至今的一种祭祀传统。现存的较早记载，至少可以推溯到好几百年前，如清乾隆时期的《黔南识略》就描述道：

（黔东南一带）洞苗向化已久。男子耕凿诵读，与汉民无异。其妇女汉装弓足者与汉人通婚。花衣苗、白衣苗、黑脚水西苗近亦多剃发，读书应试。唯妇女服饰仍习旧俗。黑苗蓄发者居多，衣尚黑，短不及膝，十年蓄牡牛祭天地祖先，谓之“吃牯脏”。（爱必达）

根据业已公布的材料，作为具有祭祀功能的特殊“食俗”，“吃牯脏”目前多见于黔东南以及湘西等地的边远山寨。在我个人对月亮山地区的考察中，当地苗民对此“食俗”有着特定的自称，叫做“努略”（Nex Niul）。另据其他学者的调查，在别的地方又有“努姜略”（Nex Jiangd Niul）或“努略好奴”（Nex Niul Haok Nes）等不同称谓。这些的意思，若用汉话直译，分别相当于“祭鼓”“祭木鼓”和“祭鼓吃牛”等。此外也有从意译

角度将其称为“牯脏节”“祭祖节”一类的说法。

在初版于20世纪30年代初期的《湘西苗族调查报告》一书里，类似的“食俗”叫做“椎牛”。考察者把它的意思解释为“祭鬼”，并指出其堪称“苗中最大祀典”，而主要特征就在于：聚众宴请、饮酒唱歌。（凌纯声、芮逸夫）稍晚发表的另一篇专题报告《苗族吃牯脏的风俗》（陈国钧），明确把此“食俗”的主题概括为“杀牛祭祖”。报告说：“‘吃牯脏’一词是流行的汉译语。所谓‘吃牯脏’即是杀牯牛献祭祖先”，然后再设宴摆席，与客共享。作者认为“吃牯脏”所反映的文化意义主要有二：一是“祖先崇拜”，一是“祭品功能”。

按《礼记•祭义》云：“古者天子诸侯，必有养兽之官，及岁时，斋戒沐浴而恭礼之，牺牲祭牲，必于是取之，敬之至也。”又云：“君召牛纳而视之，搜其毛团卜之，吉然后养之……”足见古人、对于祭祖特别养牯牛，今日苗胞同一地喂肥祭祖的牛，实尤存古意。

联系到作者的汉族身份来分析，引文中所谓“尤存古意”，令人回味。其至少传达出两层意思，即暗示了绵绵数千年的“古今相继”和广漠数千里的“华夷关联”。而其中最突出的“古意”之一，便是在祭祀祖先之食俗中所体现出来的“饮酒歌唱”。

以往有关苗族“吃牯脏”的记载，大多提到其场面的盛大和程序的久长。还有一篇关于湘西同类习俗的报告指出：“椎牛，俗称‘吃牛’。苗谓‘弄业’（nongx niex）。亦是吃牛之意。本题特定为椎牛，是仿古时之意义。吃牛为苗族最大祭典，历时四天三夜。”（石启贵）

由于地域的隔离和时代的变异，虽同一食俗，各地的情况又彼此相异。凌纯声等在20世纪40年代发表的调查纪录写道：“从前苗中椎牛祭鬼，为期五日之久。今已改为三天。”（凌纯声、芮逸夫）1998年冬秋时节，在我对月亮山地区的调查个案里，当地吃牯脏的过程持续了整整十三天。

由此可见，这里的“吃”和“饮”，不是一餐一顿、一人一桌，或一家一户、一日一时；而是整村整寨、主客交融，从早到晚、夜以继日；其间以酒助兴，歌舞相伴，与祖先共享，和天地同醉，而歌则唱给先辈、献给牯牛、敬给宾客、传给情侣……

在月亮山加两村的“牯脏节”里，“杀牛祭祖”之前有“斗牛”“请鼓”等多项活动，其中的“牵牛转堂”仪式，庄严肃穆、笙鼓绵延……

仔细观察，在与“吃牯脏”相关的大部分环节里，有两个基本要素贯穿始终，即饮酒和歌唱。这一点即便对作为道具的祭物，也不另外。如在为祭祖准备“木鼓”时，歌师也要带领众人“饮酒歌唱”，把酒与歌献给树和鼓。对于此种可视为“酒歌敬献”的事象，一些地区的苗语叫做“dangt jud”，意为“以酒迎福”（吴一文、覃东平）。

难道这只是为果腹而食、为解渴而饮么？显然不。那又为何？

请看，在湘西的“椎牛”盛典里，人们这样唱道——

其一：

吃水牛报到亲四边 / 各处亲朋你们也来 / 吃水牛报到亲四边 / …… / 我们想待你们一餐肉 / 给你们吃饱快快去

其二：

算得好日子送大酒 / 好日到时才吃牛 / 算得好日子送大酒 / 好日到时才请席 / ……（凌纯声、芮逸夫）

黔东南丹寨的《祭鼓辞》里，“歌手”（祭师）对“祭牛”这样唱到：

牛啊牛啊 / 你生在平水 / 你长在沙滩 / 跟妈妈涉水 / 随爸爸爬山 / ……

正因这样，人们就要以牛作为最好的祭品送给老人，请牛在另一个世界里陪伴亲人们共度时光，同享幸福：

牛啊牛…… / 你跟妈妈去 / 你随爸爸走 / 去跟妈妈守山坳 / 去给爸爸看家门……（李济七、潘光华）

颂赞了牺牲和亡灵，再来面对族胞与亲友——

黔东南月亮山的“吃牯脏”过程中，情侣们以歌表意，唱曰：

［女］：

我们想唱歌了 / 我们来唱歌做玩 / 如果你们想跟我们唱 / 我们就唱一晚到亮……

［男］：

哎，你们唱得好 / 你们会唱歌 / 可惜我们有的都不会听 / 不敢跟你们唱 / 不晓得唱哪首来才合你们意 / 不晓得哪个来唱才和你们的心……（徐新建）

通过这种与天地沟通的“食俗”和生死共存的“祭礼”，观者能够有何发现、有何启迪？难道不能从中见到与当年《诗经》《楚辞》里相类似的礼乐景象与饮歌之风吗[5]？

（二）“吃相思”：走乡串寨的“饮歌”凝聚

西南山地，经过古往今来的族群交往互动后，逐渐形成了其在中国文化格局里的独特区位。概略地说，这一区位的特征可称为“腹地里的边疆”或“边疆里的腹地”，即行政治理上的“腹地化”与文化习俗上的“土著化长期并存。（徐新建）

这一特点反映到西南各族的文化传承上，就体现为外部的“华夷相通”与内部的“彼此兼容”两个层面。这也从一个角度说明了为什么长期以来，在作为“他称”的外部文献里，本地众多的非汉族群每每会被用“苗”“蛮”等语来泛指或统称；与此同时，其内部的生活习俗，在总体上确也大同小异。而本文所要论述的“饮酒歌唱”则可算是其中的突出事象之一；因此介绍和描述月亮山或湘西的苗俗，只是用来作为举一反三的案例，目的还是为了讨论“华夷相通”和“礼野互动”。

在分析中国族群与文化的彼此联系及区域格局时，凌纯声先生曾提出过“金山—汉藏”两系说和“西北—西南”边疆论。关于西南的“边疆文化”，凌先生的看法是，其即“汉藏系中除去汉族以外西南各族文化的总称”。西南的部族“虽名号殊多，语言文化互有异同，然十九属于汉藏一系的文化”（凌纯声）。联系其他的相关文字，凌氏学说所强调的其实便是“华夷相通”和“礼野互动”，对于后人的同类研究无疑具有奠基作用，只不过其中的一些观点还值得深入探讨。

20 世纪 40 年代，一位深入广西瑶山地区做考察的学者总结自己的感受说，当地“土著”的文化特征就在两点，即物质方面的“酒”和精神方面的“歌”。作者写道：

瑶民之于歌，几乎和吃饭般的重要！当工作的时候，山之巅、水之湄，你可随时听到那婉转的歌喉；在宴会场中，在祭神会上，也会使你次次听到美妙的歌声……[6]（唐兆民）

时值今日，贵州布依族村寨的民间习俗里，“饮酒聚会”“酒以合欢”的事象也普遍存在。

可见所谓“饮酒歌唱”习俗并非苗民独有，而是在西南族群中普遍传承的文化事象。除了上文介绍的反映苗族祭祖中与天地相通、生死交融的“吃牯脏”外，这里再接着分析今黔桂都柳江一带、侗族民众“沿河走寨”以饮唱联谊的“吃相思”传统。

关于侗族传统中的“吃相思”习俗，我曾经发表过相关报告，强调其可视为“族群文化中世代相传的自在事象”（徐新建）；在此还想提出值得注意的方面在于其联乡串寨、聚会共食，继而以酒起兴、由歌传情的民间“食俗”。

在过去的报告里，我所强调的是此俗的“对歌”部分，这里再转向其中的“吃礼”，即共享会食。“吃相思”的主要特点在于“集体作客”，即在特定族群内部由血缘、地缘所形成的交往圈内，民众之间整村整寨式的结群出访。通常情况下，人员少则数十，多则数百，且往往连续几天几夜，甚至十天半月。如 20 世纪早期关于广西少数族群的记载曰：

岁节工暇，男女千百为群，遍游各寨。近寨，则吹芦管。寨人闻声，亦集众吹管出迎。男女相见，均握手为礼，款以酒食。数日而后去。有时两寨男女空寨赛乐……欢呼狂舞，以示大捷焉。（刘介）

在如此“兴师动众”的境况下，主客之间怎样相处，众多的饮食又如何安排？在我了解的事例中，促使族群凝聚和沟通的关键因素，并非只是满足充饥果腹的“吃”，而在于以食为基础、礼乐为延伸的“饮酒歌唱”。（徐新建）

与此相关，在侗族的口头传统里，有不少言浅意深的话，比如“饭养身，歌养心”[7]（oux sangx soh, al sangx sais）。又如：“lei bao ga, ga bao liu”[8]（言不尽意，歌才传情）。这就很好地解说了食物与身心、以及歌乐与性情的关系。

由此便需要对所谓“礼失求野”与“华夷关联”再作分析。

（三）“食文化”：“礼失求野”与“华夷关联”

1958 年，凌纯声先生在讨论“台湾土著族宗庙与社稷”的文章里，以“引论”的形式提出了对于中国文化“源流”与“形成”问题的重要论断，值得在此重申：

1. 中国文化本源于“野”，自夏商周三代后，演进而成；

2. “野”就是中国的原始文化，作为中国文化之核心的“礼”，实质上即来源于“野”；

3. 现在汉族（“华夏”）周边的“土著”族群，即是今日的“野”和“四夷”，他们当中保存着丰富的古代中国传统，值得珍惜重视；

4. 研究土著、四夷的现存风俗，有助于了解中国古代的整体文化。

为了支持上述论断，凌先生引用了孔子及其后人的几段相关话语：

先进于礼乐，野人也。

天子失官，学在四夷。

礼失求诸野。

除了第一段出自《论语》（《先进篇》）以外，后两段一见于《左传》（昭公十七年）、一见于《汉书》（《艺文志》）。凌先生把此简化为两层意思，即“求诸野”和“学四夷”，并把其比做现代的民族学研究方法，目的在于“比较文化的类似与内容及其功用，以及明其源流和演变以及相互关系”。（凌纯声）

而在此前题为《中国边疆文化》和《中国边疆民族》的相关文章里，凌先生还提出过更为大胆的假设，认为从远古多源流变的角度看，早期的华夏以及后来的汉族都不是中原“土著”；后世意义上的“中国民族”，是在主要经历了汉藏系语族从“苗瑶—伏羲”“掸泰—神农”到“华夏—炎黄”三个集团“入主”之后，才逐步形成的。

三支的关系，正如后浪推前浪，次第南下。他们在中国历史上，称为“三皇”；依次为伏羲、神农及黄帝。

进而论之，在凌先生看来，“所谓‘中国民族’，主要是一个文化上的名词”，而中国民族的形成历史，则“主要是中国民族文化的形成史”。（凌纯声）

由此而论，如果说在所谓“中国古代文化”中，“诗”和

“礼”“乐”均可视为基本标志的话，其所源之“野”，“华夏”不过占一；而在发生次序上，以“苗瑶”“掸泰”相称的其他族群还在其先。这样，对于“求诸野”和“学四夷”的总结，显然就有了更深的含义：“礼”本于“野”，“学”源自“夷”。

《汉书·艺文志》指出，诸子十家，其可观者九家而已。皆起于王道既微……仲尼有言：“礼失而求诸野。”

《后汉书》则有更进一步的引申和讨论，曰：“中国失礼，求之于野。”

前者把有关“礼野互动”的论述直接上溯到孔子，继而指出“方今去圣久远，道术缺废，无所更索，彼九家者，不犹愈于野乎？若能修六艺之术，而观此九家之言，舍短取长，则可以通万方之略矣”，突出的是在思想资源上，儒家与诸子在主—次（朝—野）方面的差异和互补。后者关涉的背景是，建武七年，朱浮（叔元）上书朝廷，认为“国学既兴，宜广博士之选”，从而“使孔圣之言传而不绝”；而为达此目的，选择范围和视界就不应限于京畿与华夏，而当“延及四方”，否则恐会导致一方面“求之密迩，容或未尽”，另方面则“自今以往，将有所失”。

如果说此二者均已触及到“礼野关联”的同一问题的话，齐梁时代沈约与陶华阳间的争论则又再次涉及“华夷之分”，也值得在此引述。当时，为了调和外来佛教与本土传统的冲突，沈约作《均圣论》，主张“以华礼兴教”；而陶华阳提出反驳，认为：

夫子自以华礼兴教，何宜乃说夷法？故叹中国失礼，求之四夷，亦别有良意。且四夷之乐，裁出要荒之际；投诸四夷，亦密迩危羽之野。禹迹所至，不及河源，越裳白雉，尚称重译，则天竺、罽宾，久与上国殊绝。衰周之后，时或有闻，故邹子以为赤县于宇内，止是九州中之一耳。[9]

其中不仅分析了孔子“乃说夷法”的文化意义，且通过对邹子“赤县于宇内，止是九州中之一耳”的转引，更是把讨论的范围拓展到了真正的“天下”。

有意思的是，在凌纯声先生的论述中也可见出类似的发挥。一方面，他也借“礼失求野”这样的古话，说“在西南文化中，往往可以找到许多中国已失的古礼和古文化”，从而昌明“关注四夷”的学术和文化意义；此外则又通过对华夷“嚼酒”和“酒礼”等方面的比较研究，而把所谓的“野”，扩大到了东亚、乃至于整个环太平洋地区：“西起乌拉尔山与印度洋以东，亦即东经九十度以东的亚洲大陆，环太平洋的各群岛，从北极到南极，包括南北美洲。”凌先生总结说，今日中国民族学上之野，“较之孔子时代的四夷，更为广大耳”。

我想此种“礼野视界”的建立，当与凌先生熟读文献、深研古礼相关，同时亦与其自当年深入考察东北鄂伦春人和湘西苗族、直至后来关注台岛“土著”这样的长期累积相联系。

下面再回到西南族群“饮酒歌唱”与民族学方法的“礼失求野”关联上来。

如果说由《诗经》延伸出来的“酒礼”“宴乐”传统，反映出中国古代饮食文化的“华夏脉络”的话，在当年楚地《九歌》和如今西南族群里所呈现的饮酒歌唱，则传承着与之并行不悖的“蛮夷古风”。

当年王逸的《九歌章句》曾经指出：“九歌者，屈原所作也。昔楚国南郢之地，沅湘之间。其俗信鬼而好祠。其祠必作歌乐鼓舞以悦诸神。屈原放逐，窜伏其域，怀忧苦毒，愁思沸郁，出见俗人祭祀之礼，歌舞之乐，其词鄙陋，因为作九歌之曲。”这是说，“九歌”之唱，源自楚地民俗；屈原因从官府放逐，才得以在乡野之中发现，从而再由“野”及“乐”，作其绝唱。

至于《九歌》所呈现的“楚风”景象，清人陈本礼就曾在其所著《屈辞精义·九歌》里指出：

《九歌》之乐，有男巫歌者，有女巫歌者，有巫觋并舞而歌者，有一巫倡而众巫和者，激楚扬阿，声音凄楚，所以能动人而感神也！

而对于《九歌》原创者的族属，依凌纯声的观点，当为古代西南山地的濮僚民族；而由于后来彼此长期杂处交融的关系，今苗瑶“土人”亦保有许多濮僚的文化。这样说来，岂不是可以推论在如今还可在苗瑶、壮侗族群里见到的“饮酒歌唱”风情中，也存留着《九歌》古风？

展开来看，能够注重从族群互动与文化交融角度考察“华夷关联”的，自近代以来，也并非少数。在已经出版的史学、民族学著作里，不难见到许多类似的论说，如归纳起来，堪称一派。其共同特点在于，能够跳出以往“华夏独尊”的旧套，从中原、四夷关联互动的过程里，认识“中国”与“中国文化”。如《粤江流域人民史》的作者徐松石也提出过相似的假说，曰：

今日汉苗瑶僮等族，未必都是黄帝的子孙，但都是属于最原始中国东部一个广大的“人种家族”。他们的祖先均可以称之为原始的中国人……中原文化成为中国正统文化后，才有华蛮的界限。附属于中原文化的人自称为华，不附属于中原文化的人总称为蛮。

这就又把自古以来的华夷相分，从政治和地理的方面作了阐释。

结 语

由于至今仍然缺少考古学、遗传学等方面的足够证据，对于远古时代的文化状貌尚不能定论；但“华夷相通”和“礼野互动”的思路无疑有助于更全面地认识含义丰富的“中国文化”及其来源众多的漫长传统。在这方面，研究“形而下”的饮食习俗可以这样，探讨“形而上”的礼乐精神莫不如此。

1940 年，渡洋留学的林耀华先生，在其写就于哈佛东亚系的博士论文中，用英文介绍了西南苗民的情况，其附录部分翻译了《湖南通志》中有关“吃牯脏”的食俗，曰：

祭之时……择男女善歌者，皆衣优伶金蟒衣，戴折角巾，剪五色纸两条垂于背，男左女右，旋绕而歌，迭相唱和。举手顿足，疾徐应节，名曰“跳鼓藏”。

此为古礼，亦为今风。

西人安德生说：“中国是世界上最擅长通过宴饮来实现人际沟通的民族。”在他的论著附录中列有林耀华先生当年关于苗族传统的作品。不知他的写作在多大程度上受到过林的影响。但可以肯定的是，其所言之“中国”和“民族”，当包括西南山地及其“四夷”族群在内。

西方传统中有句关于人类与食物的名言，叫做“食物成人”（We are what we eat）。结合古今中外的饮食文化之发生和演变，其意还可添上一层，即“食俗成人”[10]（We are how we eat）。

最后需要提请注意的是，正如在服饰文化上有“盛装”与“常服”之分一样，大多数民族的食俗也有“宴会”和“常食”以及“祭品”与“俗餐”方面的区别。彼此既相联系又有不同，表现在程式、目的和礼仪上，自然就不会一样：既不可一概而论，也不能以偏概全。我们这里所讨论的，主要是包括华夷族群在内的中国“饮食传统”之“宴席”部分，而属于其“常食”部分的情况当然又颇不相同；比如“酒”和“歌”，在西南山地的苗侗家庭里，就并不是顿顿都饮、天天都唱的。由于生活环境方面的艰难，在平时的大多数情况里，当地民众的饮食状况还是十分艰辛的。当然，正因如此，其在“共食—会饮”上表现出来的厚待传统与“和”的精神，也就显得格外珍贵——因为其中已包含了在任何艰难的条件下，人们对“果腹—充饥”之基本需求的“形而上”超越。难道不是么？

（原载于《西南民族大学学报》2015 年第 1 期）

注 释

[1] 本文曾在“第八届中国饮食文化国际学术讨论会”上宣读，此处有所修订。

[2] 李泽厚（2005）倾向于把此传统称为“乐感文化”，并与西方“乐感文化”对比。参见李泽厚：《实用理性与礼乐文化》，三联书店，2005 年。余英时（2000）则强调此“礼乐传统”是先秦时代的文化原型，主要来源于“巫”；而春秋战国时代，儒、道、墨诸子各家分别对其进行扬弃和改造，从而产生中国文化史上的“轴心突破”。参见余英时：《轴心突破和礼乐传统》，《二十一世纪》2000 年 4 月号（第五十八期），第 17~28 页。类似的论述都突出了“礼乐传统”的重要性。

[3] 汤一介（2002）认为“儒家要求‘制礼作乐’，即要求‘有为’以维护社会的和谐”，而其中的核心即为“和而不同”。参见汤一介：《和而不同：文明交流和发展的重要原则》，《文明》（北京）2002 年第 10 期，第 8~9 页。

[4]《庄子·大宗师》里借转引孔子和门徒的对话来倡导“坐忘”，主张通过超越礼乐而达到“物我两忘”的境界。

[5] 在有关“吃牯脏”传统的介绍性小书里，我强调了此习俗在“沟通生死”方面的意义，并因此把书名起为《生死之间》。书末的结语是：“……身后的加两寨虽然在空间里渐渐远去了，而在那里，生与死、个体与世代却已通过‘牯脏节’这样的祭祖仪式在时间中获得了永恒。”参见徐新建：《生死之间：月亮山牯脏节》，杭州：浙江人民出版社，1998 年。

[6] 原著出版于 20 世纪 40 年代，当时用的是单人旁。此处从今改作“瑶”。

[7] 张勇：《侗族音乐史》，《中国少数民族音乐史》，中央民族大学出版社，1998 年，等 545 页。

[8] “lei bao ga, ga bao liu” 这话的侗文为萧家驹所记。薛良先生曾将其以“汉字记音”的方式写为“雷抱伽，伽抱雷”并意译为“话是说不完的，只有唱歌才能表达得完全”。参见《侗族大歌》，贵州人民出版社，1958 年；薛良：《侗家民间音乐的简单介绍》，《人民音乐》，1953 年 12 月。笔者综合二人的解释和翻译，把其大意整理为“言不尽意，歌才传情”。

[9] 陶华阳《难均圣论》，引自释道宣辑《广弘明集》，上海中华书局据明刻本校刊《四库备要·子部》，“卷五”，第 8~12 页。

[10] 西语还有其他类似说法，如“ We are what we eat for our health. We are what we read and listen to for our character.”（进入肚腹的，构成我们的健康。进入眼睛、耳朵的，塑造我们的品格。）参见 Donna R. Gabaccia. *We Are What We Eat: Ethnic Food and the Making of America,* Harvard University Press. 1998.

二

试论苗族诗歌系统

中国是一个多民族组成的国家。各民族以不同的文化共同构成了中国文化的多样化和多层次结构。在与“中国文化”相对应的宏观意义上，各民族又组成了具有统一特征的“中华民族”。在这意义上，“民族”的概念标志着一种文化的现象，而并非自然的，即人种的现象。因此，在“中华民族”和“中国文化”这样的统一框架内研究苗族，就属于文化人类学而非体质人类学范围，并且亦有别于在“世界文化”的框架内所进行的中西比较、中印比较等层次的研究。

根据这思路，本文把“苗族”界定为一个空间上的文化共同体和时间上的连续过程，并因此将研究焦点主要集中于其文化特征和流变轨迹两个互补的方面。

诗歌本是人类社会所特有的一种文化现象，对它的特征及价值，我们远未达到充分的认识，然而自孔夫子编《诗经》和亚里士多德著《诗学》以降，人们已逐渐习惯于在观念上把诗歌从意义广泛的文化现象挤缩为偏窄得多的文学现象，在实践中则使其由近于全民性的开放性活动改变为文人性的商品生产。

在中国文化范围内，由于汉族文化的主导地位，在其自孔子传承下来的儒学传统影响下，至今所流行的诗歌观念及其制约规范下的诗歌活动大多属于偏窄的文学现象。相反，由于苗族文化的独立性，其共同体内的诗歌活动则更近于多功能的全民性文化现象。因此，若要对其加以分析研究的话，所采用的观点和方法自然应远远超越文学的范围

本文的一个主要意图就是在注意到人类各民族文化中的诗歌分化格局的前提下，从文化现象的开放框架中，恢复苗族诗歌的本貌，以助于探寻其内在的特征和流变轨迹。由此，就需要对苗族文化进行粗线条的总体把握，以便使其诗歌现象获得切实的背景依托。

一、苗族文化的裹层特征

文化是建立在自然之基础上的人类创造物。它包含着人种学和社会学两方面的互补意义。其中人种学指向人类的自然遗传属性，社会学指向人类的社会创造行为；二者的渗透与融合，

才是文化的完整含义。

不过一般而论，与其深层结构（人种学属性）相比，人类文化的表层结构（社会学行为）较为多样且易于变化，因此通常的比较文化研究便集中在这一方面。本文亦不例外。这里所说的苗族文化更多是指苗族共同体成员的社会创造行为。但由于因资料及能力等方面的缘故省略了人种学方面的分析，故失去了对其文化作出更为完整的总体描述及评价的可能，因而所说的苗族文化，只好局限于其表层描述。

针对与其诗歌系统紧密关联的方面，本文着重分析苗族文化的 5 个特征，即农耕文化、山地文化、巫道文化以及无字文化和少数文化。

（一）农耕文化。除非期待于考古学上的重要发现，否则远古的轨迹已很难追溯了。就其现存的普遍生存方式而言，苗族可说大体上仍属于农耕文化。与游牧文化，工业文化等相比，其主要特征在于同自然生物圈的紧密联系：天地、水土、动物、植物、日月、雷电等，无不在其文化表征上打下深刻的印迹。从共同体成员的心理素质上看，这种农耕文化的印迹便有诸如对土地的眷恋、对气候的敏感、对日月的崇拜、对灾害的惧怕以及对万物的情感关联（泛神意识）等相对应的表现。凡此种种，使得苗族的诗歌多与农事有关：洪水、牛祭、物种、雷神、泥人、射日…… 有人认为现代工业文明正在摧毁人类文化中的种种古典艺术，其中包括舞蹈、戏剧和诗歌。这固然较为偏激，但其中所包含的文化阶段论思考，却有助于我们解释作为表层结构之现象的诗歌等类型的人类社会行为之所以发生各种变化的内在原因。从生存方式看，农耕文化的确与工业文化（文明）颇不相同。这应成为我们认识苗族诗歌系统的一个有效参照点。

（二）山地文化。其与平原文化、航海文化等形成区别。山地文化的显著特征是整体认同前提下的若干群落式断裂。撇开其远古发源地疑问不论，就苗族共同体成员的现状分布而言，在相当长的时期内，其绝大部分基本上居住于崇山峻岭之中。由于交通之不便，加上农耕文化的自给自足方式，各群落之间往往是山寨对峙、鸡犬之声相闻、老死不相往来——除了特定的联姻关系及特定的节日需要之外。于是形成了文化地理上的错落分步，一山之隔，语言难通；方圆百里，习俗颇异。应当看到，除了文化历史学意义上的民族大迁徙等原因造成的群落断裂之外，山地的自然隔绝在很大程度影响了苗族共同体文化的表层特征，其相互之间的众多差异和心理上的自我封闭感皆可视为该文化对这种自然景观的无意识认同产物。而恰恰在此意义上，其诗歌系统与节日系统、习俗系统等一道，共同对沟通其民族集体意识以保持虽有断裂却依然完整的共同文化圈方面，起到了决定性的作用。另方面，这种断裂型山地文化，又使得其诗歌系统出现了许多离异现象，即同一母题的诗歌原型往往派生出若干各具特色的变体，同一结构的诵吟仪式则极可能容纳着众多时代的不同意象。

（三）巫道文化。这里巫、道二字只是借用，并无严格意义上的宗教神学意思。巫，指的是与某些鬼神有关的社会行为；道，是指这类行为所赖以存在的心理基础及其派生出的一套价值观念。二者之合称所代表的是一种与汉族文化中儒学传统大相径庭的类型。作为互相补充的两股力量，巫与道对苗族诗歌系统的发生与发展起着不可低估的作用。一方面，苗族诗歌中的相当部分完全可视为不同形式的巫术行为，另方面亦可看作其鬼神观念的符号载体。

从总体上看，由于汉族共同体中的儒学传统日益取得主导地位，中国文化便被认为是一种史官文化，其特征之一乃敬鬼神而远之。由此有人说中国无宗教（佛教乃舶来品）。这容易导致片面。如果承认“中国文化”是由多民族文化共同构成并具有多样化特点的话，苗族文化所体现的这种巫道特征便应予以重视。反过来，我们亦不应因敬鬼神而远之的儒学模式的影响，就轻率地将“巫道文化”之类的民族特征一笔抹掉。

（四）无字文化。如今有人把是否识字（汉字）作为衡量苗族成员是否有文化的标准。这不说是十分偏狭的大汉族主义，至少也算是颇为片面的机械文化观。如前所述，所谓文化乃是人类自然属性与社会行为相交融的创造性产物，因而凡有这种交融的地方，便有文化。而文字呢，不过只是文化的一种存在形式，或一种物质载体而已。文化的存在形式或物质载体是多种多样的，若以文字为一尺度来划分的话，迄今为止，可分为三大类型：无字文化、文字文化和超文字文化。无字文化的（信息）载体主要是语言，文字文化是文字（语言的物化形态），超文字文化则是成序列的超语言符号。三者各具特色。

正是在这样的框架帮助下，值得我们对苗族文化的无字特征加以认真分析。尽管其远古详情今已难晓——是先有字后失传还是自古无字——但历史上几次造文试验收效甚微，却是十分明显的。即使 20 世纪 50 年代已有一种新创立的苗文被逐步采用，在未普及之前，无字文化应成为研究苗族诗歌系统的另一前提。

文字的本质是什么？从信息交流的意义上，可以说文字乃语音的延长。由此推知，如果说汉民族文化在现阶段属于文字文化与超文字文化相交接时期的话，其所起到的主要作用在苗族文化中皆由语音顶而替之了。也正因如此，苗族文化中的诗歌系统才会保持远超于文学范围的文化意义且拥有着异常丰富的现实功能。这一点，正如《苗族文学史》中一句朴素的话所描述的那样，叫做：什么都用诗来记。用本文观点来讲，则表述为：由于苗族无字，其诗歌系统便成为一种符号体系、一种行为体系以及一种工具体系，成为此三者的结合体。上升一点，还可说，诗歌就是苗族文化的一种聚合，一种象征，一种基因。

（五）少数文化。据 1984 年人口普查的数字统计，苗族共同体的成员总人数为 500 多万人。与汉族相比，苗族不过占其总数的 1% 左右。由于人数的相对稀少，作为具有独特文化特色的苗族共同体成员便有处于强大的文化包围中之感。对于整体的中国文化，后者的影响作用和参与程度都相对弱小得多。这是所谓“少数文化”的内在含义，其一是指人数之少，一是指影响之小。二者结合便产生一种特有的“少数文化”特征，即民族自我意识的突出和强化以及由此派生的危机感和斗争性。与此相反，作为“多数文化”的汉民族，由于在同一文化圈内取得了异常显著的主导地位，往往是在民族自我意识相对淡化的同时易于产生自我中心主义。苗族文化的这种“少数”特征，对其诗歌系统有着极大的影响。其最突出之处便是通过各类诗歌的吟唱，不断强化其民族自我意识。纵观所见到的资料，其诗歌几乎无不在反复向世界申明：我们是苗族，我们有自己独特的地位，我们有自己独特的文化……

二、苗族诗歌的序列组合

总而言之，苗族文化中的农耕、山地、巫道、无字、少数等表层结构方面的诸特征，既作为原生因素又作为制约因素使表面看去似乎驳杂纷乱的苗族诗歌获得了文化学意义上的统一框架，从而组合为有机的整体。如果可以将其比作某种综合完整的戏剧，那么便可作出这样的类似比较：

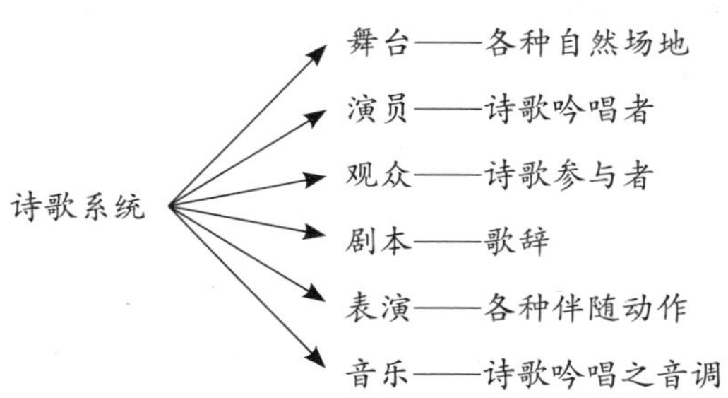

遗憾的是，对于这样一个统一的完整系统，由于近代以来的收集整理者大都以汉字为媒介且几乎皆仅注意其中之一部分——歌辞，致使如今我们研究所依据的资料显得十分单调、片面和苍白。一句话，记述者们基本上受着孔子之后的狭义诗学观念影响，忽视了苗族诗歌系统的众多构成要素。近来虽有人从民俗学、社会学等角度加以关注，却犯了类似的错误，亦仅从完整系统中抽出一二，而置整个有机系统的相关联系于不顾。因而虽有一定突破，却难以深入下去。

说苗族诗歌系统如同完整戏剧，这不过是种比喻，对于其自身特殊结构来说，似乎可以分为三大部分：

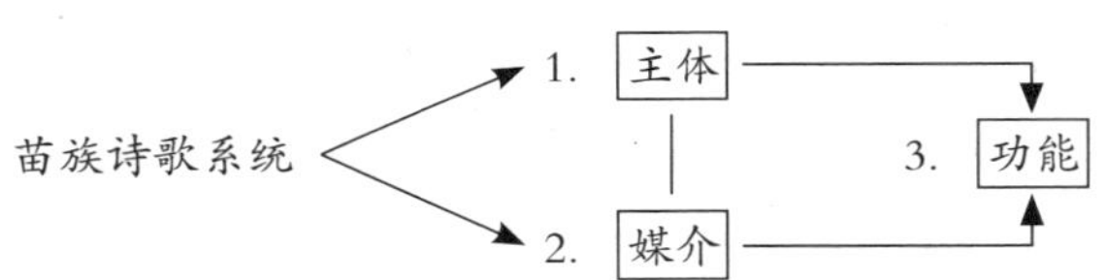

本节主要分析其二：苗族诗歌的媒介系统。限于资料和篇幅，这里略去此中的动作（舞蹈）、语言（音乐）等并列因素、而着重分析歌辞。

苗族诗歌的歌辞，若从其所指代的对象来看，大致有这样几类，即神歌、史歌、情歌、酒歌等。

（一）神歌系统——这部分主要与神、鬼、阴魂等内容有关。如《盘古王歌》《冬农神撑天歌》《杨亚射日月歌》《派狗上天取食种歌》以及各种“巫词”等。它们与学界通常所称的“神话，有近似之处，但却不能用固有的神话学模式硬套。研究这部分内容，有几点是值得注意的。第一，苗族诗歌中的“神”与西方神话，如《荷马史诗》等中的“神”是颇不相同的。它不是那种浸注着理想的人文主义色彩的虚拟式英雄楷模，而是与死亡、阴魂相关联的本体性鬼神。它们被普遍而广泛地地传播着、吟唱着，通过各种大同小异的仪式，实际上已与苗族成员的真实生活融为一体，成为他们人生世界的重要组成部分，而非仅是有明显心理距离的审美观照对象。第二，苗族生活中的这种吟神唱鬼与基督教传统之信奉耶稣上帝亦有区别。已没有完整而繁琐的宗教化程序和教规，而顶多有一些与具体的神歌吟唱有关的仪式与禁忌，并且这些仪式与禁忌往往又同其现世的实用需求有关。第三，由于苗族文化的无字特征，其神歌系统又或多或少充当了口头形式的哲学、神学等意识形态方面的众多角色。而在西方，自亚里士多德之后，神话被作为书面的文学样式传递了下来，而哲学、神学等则随着日趋细密的社会分工而逐渐分道扬镳。第四，由于农耕、巫道等的自古而今的持续影响，苗族的神歌系统并未像在其他民族所先后出现了的那样自然消失或仅以文字史料的形式变为“死掉的神话”，相反，它们仍然顽强地存活于其现实现世之中，并仍在继续传递下去——尽管这种传递的趋势已随着各种外来文化的冲击而不断减弱。第五，由于它在中国文化的多元结构中属于少数民族的“巫道文化”类型，而我们却习惯于用汉族的“史官文化”标准去衡量它，因而在儒学传统“敬鬼神而远之”之类的观念制约下，对它们进行了大量的淘汰和筛选，破坏了资料的真实性和完整性，影响了研究的准确和评价的客观。

（二）史歌系统——此可进而分为三个方面。第一，吟颂祖先：创世歌、洪水歌、迁徙歌、祭鼓词等（其中某些与“神歌系统”相交叉，即具有双重色彩）；第二，描叙现世：劳动歌、丰收歌、求雨、避灾歌、冬季春季歌等（其中某些如爱情叙事歌与“情歌系统”相交叉）；第三，参与人事：仪礼歌、仪榔词、贾理词、哭丧歌、孝歌等。

苗族诗歌中史歌系统数量巨大，内容驳杂，涉及面广，占有显著地位，其中又以“吟颂祖先”部分最为突出（黔东南丹寨县一位祭鼓师所吟诵的一首“祭鼓词，就长达两千余行）。此大概与苗族文化的“无字”和“少数”两个特征密切相关。生活在强大的汉文化包围中的苗族共同体凭什么保持并强化自己的民族个性？靠什么传递祖先的文化财富（经验、意识、观念、训诫等）？史歌，自然是史歌。你看，《开天辟地歌》意在说明他们曾有共同的生存空间；《妹榜妹留》《兄妹开亲》等强调了共同的血亲族源；《跋山涉水》则使在漫长迁徙过程中逐渐分离的共同体成员牢记共同洲文化关联……

一个疑问：苗族文化之结构中究竟有无那种建立在进行论基础上的“历史感”？在他们看来，“历史”到底是循环的、进步的、倒退的，亦或是一成不变的？这是些颇有意思的问题。因为如果说其属于“循环的”或“一成不变的”历史观，那么对于所谓的史歌系统中的“描叙现世”“参与人事”之类就应与“吟颂祖先”视为一体。它们本身就在对某种已完成了的过去事件的描述中，积极地参与了现世生活的过程。比如说属于劳动歌范围的《活路歌》（流传于黔东南地区），便既是对以往往先民们世代延续的农事行为的叙述，亦是现今吟唱者们自己劳动过程的某种开始和延伸（秋收、欢庆：“你去酿好酒 / 为阿娇出客 / 我来做耙把 / 帮金丹盖屋”）。而《贾理词》则通过对往日前辈行为的“宣讲”直接参与现世成员之间的纠纷调解。

（三）情歌系统——这部分可作各种排列。若以婚恋为序，则可分为三类：恋歌—嫁歌—婚歌。恋歌居其首，主要涉及男女情侣婚娶之前的爱慕之情。其又有两种式样，一是由古传今的程式化情歌，一是男女交往时即兴唱出的私情歌。相比之下，后者更有特色。在这种主动、自由、自然，深切的恋歌面前，现代汉族社会的那些婚姻介绍所征婚广告是否意味着某种退化？值得反思，值得比较。嫁歌主要兴于男女婚嫁时刻，伴随在各种礼俗活动之中，成为苗族婚嫁仪式中的传统部分。如《择日开亲歌》《打扮歌》《送亲歌》等。这对于青年男女由单身到成亲的角色转换起到了多么重要的情感作用，值得心理学专家深入研究。婚歌，在划分上与史歌系统有所交叉。它主要包括许多描述婚后生活的各种吟唱。有一特点值得关注，即奇怪的是，其中流传较多的大都带有悲剧色彩，如《久宜和欧金》《哈迈》《兄当与别莉》以及著名的《娘阿莎》等。

（四）酒歌系统。酒在苗族生活中的出现时间是何年何月、是自己发明的还是由外传入的，都是有趣的课题。然而无论怎么说，只要进入苗族文化圈内，谁也不会低估酒在其现实生活中的显要“地位”。它既深印着农耕文化和山地文化的印迹，亦体现着苗族成员的心理个性。也许正因如此，围绕着酒的吟唱，才会如此之普遍而广泛吧。

苗族的酒歌可分为对酒本身的吟唱与对饮酒过程（敬酒、罚酒、交杯酒、拦路酒、送客酒等）的吟唱两类。对此，值得比较的角度有二：首先是在对酒本身的吟唱上，与古希腊民族将酒升华为到“酒神”，的高度并由此影响全民族的心理素质的整整一个方面（“狄俄尼索斯意识”）相比，苗族酒歌保持着自己“清醒”的一面；其次在对饮酒程序的吟唱方面，若与侗族更为丰富完整的系统相比，则显出了“逊色”的一面；不过在几乎被现代都市文明剥得精光了的汉文化相比，苗族的饮酒歌却依然显示着生机勃勃的活力。

三、苗族诗歌的主体结构

按现代定义，任何诗歌的主体结构包含着三个相互联系方面，即作者、唱者和听者。很遗憾，由于实证材料的匮乏，苗族诗歌的作者情况颇难确切考证。人们惯常的处理方法是以“集体创作”一词加以搪塞。其实即便是“集体创作”也仍有不少问题值得深究，如：它是自始便由被称为“创作集体”的某一群人一同创作出来的么？亦或是先由某些特殊个体创造出一定的原型，之后才在不断的传播过程中经由不同的参与方式而转变为集体性的共同再创造的呢？本文仅对其唱者和听者部分稍加分析。

在基本属于农耕文化的苗族社会组织中，其分工极不明显，除了老幼病残者外，全体成员几乎都是生产劳动的直接参与者，极少有全脱产的职业文学家、歌唱家、批评家、哲学家等存在。只是在特定的吟唱环境中，苗族共同体的成员们才出现各式各样的临时性角色转换，即由平时的生产者变为暂时的歌师、巫师、理老、祭鼓头等，与此同时其余成员则相应地转换为同样暂时性的听者和观众。

苗族社会组织中的这种分工不明显现象，使得其诗歌活动具有一部分广泛的全民性（如情歌吟唱，几乎是所有成员社会化过程的必经之路）。由此可推断出苗族诗歌的唱者具有三个特征：潜在性——无专业性分工；暂时性——其身份属一次性角色转换；全民性——其所有成员皆有这种暂时性转换之可能。与现代汉民族相比，苗族的这种诗歌吟唱不能不说有着鲜明的个性。一方面，由于分工之不充分，限制了其吟唱形式的发展，故呈现出很大程度的单一性（诗与歌不分，散文体之不发展等），但另一方面却又因具有全民性而使其与整个民族的现实生活血肉相连，充满着生机与活力，而尚未出现汉族文化中那种庙堂与民间、文人与大众等多层次分裂及其所派生出的种种危机（“流行音乐”当为例外，可视为向民间化、大众化和全民化复归的某种趋势）。

苗族诗歌吟唱环境中的“听者”呢？其突出之处在于非被

动旁观而是主动地参与。比如，情歌吟唱中的欢呼、起哄，酒歌吟唱时的对答、助威，神歌吟唱中的肃穆静立，史歌吟唱时的潜心默记等等，决非今日汉民族等文化中之小说读者、电视观众、音乐会听众等的那种局外旁观所能比拟。一句话，对前者而言，他们本身就是吟唱活动的参与者和不可缺少的有机部分。而正是这样的特征，构成了本文将要分析的苗族诗歌系统的文化功能的基本部分。

补充一点，从吟唱过程看，吟唱者们的确是或多或少或显或隐地充当了所谓"集体创作"之成员了的。这又与由于受到严格的文字制约而不可能充分展示其再创造才能的现代汉民族等文化中的职业歌唱家有所不同。这种在某种程度上唱者即作者，作者即唱者的现象，同样对苗族的整个诗歌系统产生了功能方面的影响。

四、苗族诗歌的文化功能

研究苗族诗歌而不谈其功能恰如探测一种矿藏而不问其作用和意义。不过谈功能却不同于谈背景、谈结构，往往会有更多更明显的"见仁见智"成分。限于功力，本文仅从其空间、时间、心理和社会等方面作一点粗疏的描述。

（一）空间功能——聚合与认同。苗族文化，尽管毋容置疑地已经受到了多种外来文化的冲击，内中不乏所谓的现代意识影响；但就其整体而论，迄今为止可说仍是一个发展着的文化连续统。在这样的意义上，本文认为苗族诗歌系统自古而今的一个首要功能就是作为一个完整的符号和行为系统，不断突出和强化其共同体成员的民族自我意识，从而激起无形而强大的民族内聚力，使全体成员尽量不至于在世代流变和漫长迁徙过程中丧失文化心理上的同一性。在此意义上，其功能不亚于基督教文化之《圣经》和汉族儒学传统之“四书”“五经”。不过若认真比较，还会找到其一些特殊之处。比如它既不像《圣经》那样在长期传播过程中远远超出了最初的民族和国界限制，成为一种泛民族文化现象；亦不像“四书”“五经”那样有众多相互对立的“诸子百家”与之并列共存。苗族的诗歌系统在自己特定的传播边界内当然其也对汉民族等文化有着一定程度的渗透，塑造了较为统一和鲜明的民族个性；其对于今日仍然存在着的苗族文化圈的聚合与认同作用是应当充分肯定的。

（二）时间功能——记叙与传递。此可视为前一功能在年代和程度上的展开。苗族成员的聚合与认同中有一个重要过程不应忽视，即其诗歌系统的传播。空间意义上的传播所产生的是该群体在广延性方面的巩固与拓展；从时间意义。上看，则意味着连续性方面的保持与延长。时间上的传播所表现出的功能就是记叙与传递。空间上的聚合与认同可通过一次性吟唱完成，时间上的传播则需要媒介的凝固和符号化。由于苗族乃无字民族，故这种文化上的连续性传播任务便不得不交给已经拥有一定规则的语音符号且便于记忆和传递的诗歌系统来完成。离开这种以诗相传的文化传播，苗族文化很可能早已消失，从而作为一种文化现象的“苗族”亦不复存在了。这样的事在人类文化史上不乏其例，而且几乎可以说是所有无字民族的潜在归宿。可见，苗族有自己完整而丰富的诗歌，的确是一种值得庆幸之事。

（三）心理功能——抒泄与平衡。现代美学家们常争论“艺术起源于什么”这类的远古问题。于是出现了游戏说、劳动说、实用说、宗教说等等。其实这些分歧也是由于把艺术之含义现代化了的缘故。我们今天有一句颇为流行的话，叫做“有感而发”，这一方面是强调作诗作文当有真情实意，不可无病呻吟，另一方面却也道出了感与发之间的内在联系。从心理学观点看，人是有情感生活的动物，无论个体还是群体总有各式各样的情感积淀，积而发之，叫做“吐而后快”；积而不发，则会引起种种心理疾病，乃至变态，那就叫“积而成疾”。苗族文化中的诗歌系统在很大程度上正是苗族成员们的情感抒泄和心理平衡的重要手段。相对而言，其情歌与酒歌侧重于抒泄，神歌与史歌则偏向于平衡。

从这种心理需要与心理功能的角度来考察苗族文化中的诗歌系统，将有助于我们了解其共同体成员的心理特征。

（四）社会功能——交往与实用。通过诗歌进行的社会交往大约有两类。一是间接性类型，即通过祭鼓词之类的吟唱在想象之中同远古先辈交往（此大概与某些人类学家所揭示的“交感作用”有关）。这种交往颇有神秘的色彩，亦难借助实征材料显示和分析。但仅就已有资料来看，对于具体参与这种以诗“神交”的成员来说，由于内心的虔诚之至，在他们的感悟之中，其完全是真实可信的，因而所产生出的实际功能的确是一种交往。通过这种交往，参与者们得以同逝去的祖辈乃至万物之精灵（天神、地神、雷神等）保持经常的联系，以免除心中的孤独与恐惧。今天的研究者可以怀疑这种行为的合理性却不可否认其存在的真实性。另一种是直接性交往，其更多体现在情歌和酒歌系统之中。对此似乎用不着详细描述。值得强调的一点是，在情歌系统中，恋歌式的交往每每又可分为集体性与个体性两类。后者被有的学者称为“私情歌”。一般来说，这种私情歌只用于男女情侣双方的个体交往（恋情倾诉），而不愿像其他诗歌那样公开唱给旁人听，因此也比较难收集得到。但仅其样式的存在，就值得关注和研究了。有意思的是，在现代汉民族成员看来，这种奇特的私情歌交往恐怕已成了难以想象和不可思议的事。与此同时，便也许较难体会这种“间接”与“费事”交往过程中的情感快乐。相比之下，在过分儒学化和都市化的双重“污染”下，汉民族等不少“先进”民族的异性之间，似乎已日益变得对于理性化和理智化了，同时则越来越缺少超理性的浪漫情怀和生活色彩。

苗族文化中没有现代意义上的法庭、律师和监狱。用以调节人际关系的工具，除了许多不成文的习俗规定之外，就应数各种各样的理词、贾词等了。凡遇民事纠纷，若需调解，便请理老们为之吟唱理贾词；该赔即赔，当断即断。（若超出理贾词之能力范围，则极可能诉之暴力，扩而大之，便引起俗语所说的“打冤家”。）不过，一般情况下，理贾词的作用还是明显的，尽管它时常伴之以令人为之耸然的“下汤锅”等仪式一同进行。

巫辞的吟唱之所以盛行，与苗族成员对疾病和灾荒等现象的理解程度和控制能力有极大关系。也许在他们看来，巫辞的吟唱一定会产生一种“交感作用”，从而达到实用的驱鬼逐灾之功能。不过应当看到，由于实际成效的不可靠和科学观念及手段等的不断渗入，苗族诗歌中的巫辞实用功能等已见衰弱。这就引起了本文的最后一个亦是最难论述的一个问题了。

五、苗族诗歌与现代社会

对于苗族诗歌系统，本文有三个基本的审视前提，一、它不仅仅是过去式的传统，而且是由古而今而未来的连续统；二、它不仅仅是美式的文学，而且是含义更广的文化；三、它不是静止的孤立现象，而是在自身流动变化中不断地同其他外部文化相互影响、相互渗透的开放过程。此外，本文的研究背景是：随着中国文化的内部交流及其整体性的对外开放（包括被动接受与主动引进）日益显著的影响，苗族文化正发生着一系列深刻的改变；其农耕文化，山地文化、巫道文化和无字文化等主要特征正受到诸如工商文化、都市文化、以及史官文化（及其现代形态科技文化、法治文化）和文字文化乃至超文字文化的巨大冲击；而其少数文化的特征则面临着在更大框架内的中华民族之总体文化圈的融合与同化的现实挑战。一句话，苗族文化面临着带有根本性意义的严峻考验。

基于上述前提，本文以为研究苗族诗歌系统有下列问题值得进一步思索。

首先,由对“传统”与“连续统”的区分,可引出的思路有: 1.其“连续统”的总体性质(系统的总体规定性)是什么? 2.使其“连续”至今和影响未来的基本动力何在? 3.其“统”之边界是什么,在空间(地域)上有何标志——例如其神歌系统中的许多“故事”与汉族神话有无联系区别?在时间(年代)上有无阶段——例如某一原型与诸多变体之间有无质的断裂? 4.对于已受到现代社会冲击(如商品经济)的苗族共同体成员来说其诗歌系统是否还将继续保持固有的众多功能? 5.在与其他文化的互渗过程中，其未来趋势是被同化直至消失，还是兼收并蓄，在变化中不断发展? 6.既然其仍在现实社会中普遍而广泛地存在着，该怎样评价它在中国之现今文化的地位及作用，歌者、听者乃至学者和政府应当采取何种态度与政策?等等。

其次，由对“文学”与“文化”的区分，也引出了一系列相关的问题：是从文学看文化还是从文化看文学，亦或是双向互补?是以欧洲中心主义，还是汉族中心主义亦或是苗族本位主义为参照坐标，还是多角度多方位客观比较?

又次，既然它不是静止和孤立的封闭系统而是与外部多种文化发生着开放性相互作用的变化过程，那么就理应研究这种相互作用和变化过程,研究相互作用史、相互作用的原因与结果，变化的影响及趋势，等等。

总之。苗族诗歌系统所引出的研究。既不像无反馈考古，亦不同猎奇式采风，而是面对一种活生生的文化现象，通过尽可能接近事实的分析判断，有助于复杂的现实选择。这种选择，从研究角度看，有两种目标类型。一是由内及外的反思，即从苗族文化的本体出发，关注外来文化冲击对自身的种种挑战和影响，以最佳选择实现本民族文化的连续与发展。一是由外及内，即从非苗族的外部文化着眼，寻找和发现苗族文化中所蕴藏的丰富资源，以充实各自的固有模式。前者倾向于保护和发展，后者则突出比较与借鉴。前者的主要取向是，经过冲击后的自我反思，扬弃“连续统”中有碍于自身发展的因素，从而达到真正的民族保护。问题在于这种反思往往不得不借助外来文化的价值体系，因此常常会引起较强烈的内部振荡（如汉字的“输入”在很大程度上改变了其诗歌系统联的“原始”面貌：以汉字写作的苗族作家究竟意味着什么，则有待研究观察）。至于由外及内式的研究，其主要取向也是十分清楚的。例如对于整个中华民族的现代化过程，像苗族之类的各少数民族文化，无论从形态还是功能等方面，一旦被认真研究并引入主体，都将对现代社会的发展起到重要作用——不仅是影响其发展的速度，更重要的是影响其发展之方面。现代化离不开多样化比较中的多样选择，并且现代化的目标亦决非简单片面的文化同一而是各种形态的并存互补，交映生辉。

（原载于《贵州民族学院学报（社会科学版）》1987 年第 3 期）

三

苗族传统：从古歌传唱到剧本制作
——《仰阿莎》改编的文化意义

“仰阿莎”是在今黔东南地区仍旧传唱的一部苗族古歌。其苗语 (Niangx Eb Seil) 原意为“清水姑娘”，20 世纪下半期以后被不断以汉译文本的形式整理面世[1]。1980 年时，又进一步并入“中国民间长诗”行列，由上海文艺出版社推出，成为面向大众的文学读物。在已经面世的不同版本中，它的名字有时叫“仰阿莎”[2]，有时又改称“娘阿莎”[3]或“娘阿瑟”[4]。如今作家伍略把它改编成电视文学剧本，取名《仰阿莎》，于是其有可能经导演加工后，成为以高科技手段拍摄的银屏作品[5]。

在我看来，“仰阿莎”所体现的这种历史演变，其实就是苗族传统从古歌传唱到现代制作的缩影，值得结合有关背景再加分析。

一、口语传承：古俗面对的诱惑与考验

千百年来，由于不使用文字书写，除了服装、建筑等物象传达外，苗民的文化主要靠口头的形式呈现和继承。口语的叙事，讲述的哲理，口传的文化，唱诵的历史……人和人的情感在面对面的交往中展开，群体之间的凝聚通过语言的沟通传递。这种可以称为“歌唱时代”的文化特点，在伍略的改编里得到了明显强调和悉心重现。剧本由“老人传歌”开头，唱叙的是：在千万条路中，我们“要唱歌”，在千万首歌里，我们来唱“仰阿莎”。接下来，随着天地之女“仰阿莎”的一天天成长，酒歌、情歌、姊妹歌……逐级呈现，依次展开，可谓歌声不断，情贯始终。最后再由“山神演唱”收尾，用“起源歌”来进行根本追问[6]：

哪个生最早，哪个算最老，他来把天开，他来把地造？

这样的手法在伍略以往的写作里多次出现，称得上他写作上的一贯追求。不过仍如过去发表的作品一样，在印刷出来的剧本里，我们无法听到具体生动的歌声，也看不见完整真切的场景，只能借助一行行方块文字，读到对歌辞的单一传述和对

演唱的间接描写。歌唱的人生被挤压进了干瘪的文本。既然如此，伍略为何要投身这样的改编？进行这种剧本加工的意图何在？作家自己没有明说。依我之见，答案既在于“文字时代”对“歌唱时代”的不断排挤，又在于如今“影视时代”所提供的某种期待。

像那个年代的大多数“文学爱好者”一样，伍略自20世纪中期告别黔东南村寨到城里开始写作生涯起，就辞离了身后那片口语传承的土地。尽管在刚起步的阶段就参加了对民间歌谣“仰阿莎”的收集整理，应当说其“根源”乃在本土的口承传统。但在那时的流行观念里，古歌传唱被看作是落后愚昧的标志，唯有念书识字才是“文明”和“先进”的象征。于是在“文字书写”的强大威力下，来自“无字族群”的人们，不得不忍痛搁置起自己本已拥有的母语传统，重新学习他者文化的陌生文字，以求在环境变化了的相互交往中，获取基本的生存基础和保持必要的心理平衡。正是在这样的内外力量支配下，伍略开始从事现代意义上的文学创作，发表《绿色的箭囊》《父子》《来年樱花几时开》《潘老岩》《石雕的故事》《狩猎少年》《麻栗沟》《热风》《贫土》《虎年失踪》以及剧本《枪与镯》等一系列作品，成为了继沈从文之后20世纪苗族群体中选用汉字表达的又一位代表性作家。

可是，在“文坛”影响不断扩大之后，伍略甘冒“触电”失败的风险，花大力气转向电视剧本的改编。内中缘故，我想除了和改用文字相同的顺应时变等因素外，或许还与看中银屏媒体对歌唱事象的“复原”功能有关。相比之下，画面的传递毕竟较文字的叙述进了一层：通过视像音响的综合再现，苗族文化的歌唱传统说不定就这么发扬光大了呢。

退回到20世纪60年代，类似的期待与尝试，在表现苗族文化的新编舞台剧《蔓萝花》里就现出了端倪，只不过那时为了适应艺术门类的需要，无字民族歌、舞、乐综合一体的口语传统被改编成只剩动作的“哑剧”，保留了生动可感的视像，却丢弃了彼此相传的歌声，原本依存于村寨生活的交往习俗都有意无意地被舞台化、观赏化了。都市、乡野两不相干，文人、民间无所往来，通过现代改编来复原和复兴族群传统的期待——倘若曾经有过的话——便落了个空。对于同样的渴求，如今进入音乐、电视乃至电影这些领域，其命运又会如何？扩展尚在进行，结果难以预料。值得做正反两面观的现成事例，目前至少包括主流部门以节日联欢形式对民族演唱的“电视直播”和文化商家对各种民族歌带的包装上市和“批量发行”[7]。这些新型制品一方面在返回原创地的时候刺激了本族传统的文化自尊和发展信念，另一方面却又在随意篡改传统之际，扭曲误导了对文本背后之事象根基的了解同情。

这样，面对如此复杂的局面，作家伍略以电视剧形式对本族传统的再度改编就不能不令人顿生敬佩同时又心存几分担忧。因为在苗疆村寨，民众生活中世代承继的古歌传唱正受到文字普及和旅游开发等的冲击，类似于剧本制作这样的努力能否使作为族群文化源头活水的口头传统得以维系已成为不得不提出的严峻问题。

二、历史叙事：族群意识的时代变迁

从历史叙事的角度看，“仰阿莎”的再度改编又可视为现代苗族知识分子通过文本书写对社会记忆的整合和族群意识的重建。

苗岭、苗寨、苗歌、苗人，从时空、文化到族名，作者把《仰阿莎》的呈现背景放置到族性鲜明的构架之中，形成一种可称为借历史叙事展开的族性表达。

在近人进行收集整理的时代，至少在黔东南地区就还流传着古歌“仰阿莎”的多种不同版本。其中有的甚至在人物场景和内容情节上存在很大差别。对此，作家伍略先是辨析梳理，把不同的版本加以筛选组合，而后才进行服务于族群表达之需的改编。改编的结果是兼顾互补地实现了“仰阿莎”的历史化和族群化转换。

画面开始，剧本就强调：在歌声中推出“远古混沌”“鸿蒙初开”的景象。其中，天地显灵，人神相通；众生杂处，万物同源……于是便出现了天神（太阳、月亮）对苗女（仰阿莎）的追求与竞争，以及植物（谷公公、米婆婆）对尘世的关爱和物象（乌云）对强权的献媚……非但如此，同样的场景中，作者还安排了暗示“母系社会”解体的姊妹歌传唱和体现“舅权优先”的姻亲习俗。这样，一方面是将神话时代定位为“远古”，另一方面又使之与社会分化的近代“同步”，从而把传唱古歌的时间单位综合为笼统朦胧的“过去”或“从前”。由此既可发现改编者对原本传统——如“生死循环”的承继，亦能见出对外来观念——如“时代进化”的吸纳。这种两头接受的结果是形成了古今交错的双重历史-宇宙观，即让“演变”体现“永恒”，由“永恒”承载“演变”。不过或许是本族主位的立场所致吧，剧本“仰阿莎”的历史化处理最终保留了回归原初的结局：山神爷吟唱“起源歌”，歌唱声中——

在云路和山路相连接的地方，恍惚出现了当年仰阿莎出嫁时的送亲队伍。这个队伍扑朔迷离，仿佛是在送仰阿莎到天界去，又仿佛是在迎仰阿莎从天界归来……

于是“进化”还是被冲淡了，连“历史”本身也蜕去了“先-后”“来-去”这样的因果关联。面对“中心消解”的多元时代，这种变化可视为边缘传统对“线性时间观”和“单线进化论”这类主流话语游离与冲击。作为一种现实的书写行为，“改编”的背后，隐喻着对“历史”的历史性质疑。

与此相关，同这种历史性质疑一道伴生的是对族群意识的整合与重组。在剧本《仰阿莎》里，这样的努力主要借助于对传统资源的族性表达。也就是说，所有的历史叙事都贯穿到了统一的整体框架里，即：苗族文化。苗族文化是什么？“苗岭”“苗寨”“苗歌”“苗人”乃至“苗族文学”“苗族电视”……是所有既存和将有的“苗字号”产物矣[8]。

族群文化及其相互分野是人类社会由来已久的历史现象。

东亚大陆的多元格局变化无常。南北东西和大小强弱之间，竞争交融，来往不断。各有各的传统，各有各的习俗，差别易辨，高下难分。然而由于彼此演变的不平衡，以对汉文的掌握与否为标志，出现了“写”与“被写”的裂痕。接下来的漫长改变是，一旦创制并掌握汉文的一方单方面拥有描叙“他者”和书写历史的能力、权力，其他众多无字族群的主体言说和完整形象便逐渐从汉语文献的经、史、子、集中消隐了。余下的多半是被肢解整容过的皮毛残片，乃至“蛮荒化”了的粗野之辈、奇风异俗与左道旁门。

进入 20 世纪以后，情况发生了变化。同时作为书写工具和表达权力的汉文写作开始被越来越多的“非汉”族群拥有和掌握，从而使原本一方独唱的局面变成了众声喧哗的场景。于是一方面出现了对以往“经典”的批判和重读[9]，同时更重要的是——产生了建立在平等对话基础上的“族性书写”。在这意义上，同其本人五年前的小说《虎年失踪》撰写一样[10]，伍略这次对《仰阿莎》的改编与阿来《尘埃落定》的发表等等，皆可谓同一背景下的不谋而合、殊途同归，归于现代意识影响下文化反思与族群重建浪潮中的一种言说[11]。

言说什么？

路有千万条

歌有千万首

千万条路我们不走

千万首歌我们不唱

我们要唱什么歌

我们来唱仰阿莎……

剧本《仰阿莎》的这段反复诵唱似乎已隐喻了某种回答。

选择记忆就是选择历史，选择历史就意味着重构族群。这样的现象过去一直在主流话语的支配下理直气壮或悄然无声地进行着，如今则已成为学界反思的焦点和社会改革的途径[12]。这一点中外皆然。日本的民俗学家近来一方面对人类口承文艺的历史使命有可能结束表示担忧，另一方面又不惜为使之继续保存并传承下去而艰苦努力——因为世界上各族群的不同记忆所传承下来的与其说是表面的歌谣与故事，毋宁说是丰富独特的语言和文化；它们是祖先创造的财富，倘若任其消亡，将是不可弥补的损失……[13]

看来时代的确在变。

三、神话寓意：人类情感的深层寄托

据研究，黔东南苗族地区流传的古歌里有几“最”。除了最英雄的《洪水滔天》和最富有的《运金运银》外，《仰阿莎》也在其中占有一席，被誉为“最美丽”的古歌[14]。然而与众多口头歌谣的流传特征一样，随着岁月的缓缓流逝，再加上或许本身就不那么注重“版权”和“朝代”，“仰阿莎”的原创时间究竟“古”到什么时候已难确考。如今把它统称为“古歌”，以示在时间和性质上同“现代—创作”相区别，倒也体现出了其所具有的几分特色。不过有的研究者显然受现代文类的影响，又把它划分成“叙事长诗”或“爱情叙事长诗”，继而过多地从世俗化的视角来赏析[15]。

伍略不然。虽然他也分类，却采用了奇特的组合：视“仰阿莎”为“神话叙事长歌”[16]。这就又显出了体现在阐释方面角度与观念的不同。不但“歌”有别于“诗”，而且还“叙”的是“神话”。为什么要作如此阐释呢？我想原因之一是要突出古歌的“神话”意义，或者说是力图从神话的角度来解读“古歌”吧。一旦有了神话作基础，这苗族的古歌之“古”便不只是时间上的“从前”“过去”，而无疑还包含更为深刻的观念、情感与价值方面的文化区别。

人是什么？“我们”是谁？从哪来，在哪里，去何方？古往今来几乎所有的人类族群都向自己不断提出这样的根本追问。而回答可谓千差百异。《仰阿莎》以歌唱的方式解释说，美丽的姑娘从水里诞生，天地是父母，自然为同伴，生出来的第一天就会笑，第二天就会说话，第三天就会唱歌，第四天就会织布、绣花——

樱花约她树下坐
蜜蜂请她去吃蜜
画眉和她同唱歌

大家都爱仰阿莎

……[17]

姑娘虽然生长在人世，可由于美丽聪颖，连太阳也为之动情，甚至使月亮甘愿割舍江山……古歌《仰阿莎》就这样将人事神化并且神话人说，展现出人神杂糅的生动世界。这里我们可以暂不讨论此种世界的真实与否，而仅以记录下来的古歌文本为对象，结合相关的背景和理论做点分析，看看苗族文化与神话想象有和关联，以及其中是否蕴涵着更为深层的人类情感。

关于神话的理论流派不少。作为一种近代产生并主要由西方传入的理性学说，自20世纪以来便被持续地用来解释西方之外的族群事象。从学术政治的层面看，这种解释的性质其实在于以族群为对象，用神话做工具，表达解释者各自对历史、世界和人类的见解与主张。在中国，神话方面影响较早、较大的有英国人类学家马林诺夫斯基的学说。马氏强调神话与现实的社会关联，并关注文本之外的“活神话”，认为一方面可以把神话看成后世文学的原生“根苗”，另一方面又应同时将其视为一种文化力量——一种具有整合神话拥有者之社会结构和人际关系功能的特殊力量。他说，神话可以将信仰表现出来，并且经提高后加以制定，从而给道德以保障。在此意义上，神话是为特定社会中的人群提供行为指导的“实用证书”[18]。

在改编剧本《仰阿莎》的过程中，伍略特地强调了黔东南地区流传至今的“姊妹节”习俗。一年一度，以邻近的数十个苗族村寨为单位，一旦特定的时期到来，姑娘们就要聚合起来展示各自的美丽。经过德、容、艺多方面的“竞选”，最美者便被誉为“仰阿莎”[19]。由此看来，结合与此同时的古歌传唱背景，神话人物“仰阿莎”不已真切地存活在当地苗民的生活里并成为影响女性价值取向的一种文化力量了吗？

如果对此种经由古歌而体现的神话同生活的内在关联与互动仔细品味一番的话，或许能感受到其中正默默陈述的一个古朴的观念：神话就在人间，人间就是神话。跳出此种感受，则能惊觉古朴观念已被打破的严峻现实：神话的消失，意味着古朴环境的破坏。还想深究吗？那就不妨再继续追问“为什么？”以及“怎么办？”对此，作家伍略的做法是，通过改编，让剧中人“仰阿莎”长大后收养新一代仰阿莎，并且强调“其心灵手巧有不亚于”老一辈的“仰阿莎”……由此传达出“绵绵不绝的意思”[20]。

什么不绝？古歌，神话，还是与天地共生的最美的“仰阿莎”？

我想答案不在剧本里，而在乡土传唱的古歌中。

仰阿莎的歌声，是那样委婉动听，
飞遍了山山岭岭，响彻了村村寨寨。
在阴天里，她的歌声能驱云逐雾，把太阳唤出来；
在冬天里，她的歌声能驱寒逐冷，
唱得满山满岭开遍鲜花。

蜜蜂听见了她的歌声呵，忘记了采蜜；
百鸟听见了她的歌声呵，忘记了歌唱；
青年小伙子们听见了她的歌声呵，忘记了手中的活路；
姑娘们听见了她的歌声呵，一字一句地学唱……[21]

注释

[1] “Niangx Eb Seil”最早被整理翻译成汉文出版的时间是20世纪50年代，参见《山花》，1959年三月号。伍略参加了当时的收集整理。或许正是当年的参与，使他生发了日后再度改编的情结。

[2] 参见《仰阿莎》，唐春芳等收集整理，《中国民间长诗选》，上海文艺出版社，1980年。

[3] 参见《中国少数民族文学史》（下），马学良等主编，中央民族学院出版社，1992年，第111～113页。

[4] 参见《苗族古歌歌花》，今旦整理译注，贵州民族出版社，1998年，第122页。

[5] 由于考虑到本剧涉及天地相通、人神杂糅、时空交错等复杂情况，改编者建议拍摄时可采用高科技手段。参见伍略、韦文扬：《戏外话——〈仰阿莎〉创作札记》，载《杉乡文学》，2000年第6期。

[6] 本文评述所依据的是电视文学剧本《仰阿莎》打印稿，作者：伍略、韦文扬。为便于论述，文内仅以伍略为代表，特此说明。

[7] 目前，民族歌带的包装制作主要体现为主动和被动两类。前者为本族人士所为，可称为民族“自叙”；后者则堪称文化“仿作”。前一种类的代表包括“彝人制造”等，后者包括生硬仿效藏族歌谣的“阿姐鼓”等。

[8] 苗族的族群渊源可上溯到远古的“三苗时代”。但其作为现代意义的统一民族并获得国家承认，却是20世纪50年代由官方推行“民族识别”之后的事。此后，“苗族”这一富有时代新意的名称和标志，便不断在该族群内、外两种作用的影响下，被日益广泛和深入地接受为苗民共有的“族群意识”了。这一点不仅苗族如此，中国境内的其他少数民族也基本这样。可参见美国人类学者郝瑞的文章：《从族群到民族——中国彝族的认同》；巴莫阿依等编：《国外学者彝学研究文集》，云南教育出版社，2000年，第1~31页。郝文认为一种由民族精英和平常百姓共同接受的族群意识正在中国的少数民族当中形成。这种“新的民族意识”突破了以往对官方识别的被动接受，有助于“促使人们从主体与主位的角度进行思考”（第26~27页）。

[9] 这方面的例子日渐增多。其中比较突出的有近来学界围绕“炎黄子孙”提法展开的争鸣。与本文研讨关系密切的是由电视作品《涿鹿大战》《炎黄二帝》和《釜山大结盟》等所引发的强烈反应。不少苗族人士对此类剧作“褒炎黄、贬蚩尤”的做法提出了反驳，并认为其不利于中华民族的现实团结。参见杨培德：《对电视剧本〈涿鹿大战〉的研讨意见》，《苗侗文坛》，1997年3~4期，以及陈靖《蚩尤问题一辩》《苗族信息与研究中心》（“三苗网”：http://3miao.top263.net）。此外，关于“黄帝神话”如何在近代被激进文人有意利用后与“中华认同”相联系的过程，可参见沈松侨：《我以我血荐轩辕：黄帝神话与晚清的国族建构》，《台湾社会研究季刊》28（1997）1：17。

[10] 参见伍略：《虎年失踪》，《杉乡文学》（黔东南文联）1996年第1期。相关的评论可参见笔者：《作为文化记忆的文学读伍略新作〈虎年失踪〉》，《民族文学》1996年第11期。

[11] 有关阿来小说《尘埃落定》的类似评论，可参见笔者：《权力、族别、时间——阿来小说〈尘埃落定〉读后》，载《西南民族学院学报》，1999年第4期。

[12] 参见王明珂：《历史事实、历史记忆与历史心性》。文章对西南地区族群交往史上无数“记忆”和“遗忘”现象加以梳理分析，指出曾在中国西陲蜀地发生的遗忘与“蛮荒化过去”过程值得探究，因为“这也与多元文化如何成为一体之中国相关”。王先生的论文最初在四川大学“文学与人类学研究所”举办的学术讲座上发表。此处所引文字系王先生提供的打印论文（未刊），特此致谢。

[13]（日）百田弥荣子：《日本的中国民间传承与民俗文化研究简况》，载《中国民俗学年鉴·1999》，上海文艺出版社，1999年4月，第375～393页。该文介绍了1996年日本口承文艺学会上有关学者对阿伊努人文化传承状况的评述，曰：“现在的阿伊努语是由口承文艺来继续存在的；也可以说，他们通过口承文艺、故事的传承的记忆来记忆自己语言。”因此，“阿伊努人的问题不是口承文艺的结束，而是随着它的结束，讲这些故事的语言面对的是消亡的问题”。

[14] 还有一种说法是“四宝”，即：最富的《运金运银》、最大的《妹榜妹留》以及最老的《榜香尤》和最美的《仰阿莎》，参见《中国少数民族文学史》（下），马学良等主编，中央民族学院出版社，1992年，第111～113页。

[15] 此类事例不少。可参见龙初凡：《论〈仰阿莎〉的艺术形象》，载《苗侗文坛》，1998年第2期等。

[16] 参见伍略：《戏外话——〈仰阿莎〉创作札记》，载《杉乡文学》，2000 年第 6 期。

[17] 此段引文采用马学良等主编的《中国少数民族文学史》版，中央民族学院出版社，1992 年，第 111～113 页。

[18]（英）马林诺夫斯基：《巫术 科学 宗教与神话》，李安宅译，中国民间文艺出版社，1986 年，第 85～86 页、第 125～129 页。

[19] 伍略、韦文扬：《戏外话——〈仰阿莎〉创作札记》，《杉乡文学》，2000 年第 6 期。

[20] 同注释 [19]。

[21] 此段“仰阿莎”引自《苗族信息与研究中心》（“三苗网”：http://3miao.top263.net），2001-5-3。该网页把“仰阿莎”作为“民间故事”编入网上栏目《三苗网・文学专刊》，标志着苗族的古歌传唱正走进新的“网络时代”。其意义值得另文研讨。

四

侗族大歌："文本"与"本文"的相关和背离

侗族大歌的特点之一是多声部合唱。本章亦采用与之相应的结构论述。其中"甲""乙"段落分别代表不同"声部"，A、B、C、D……则表示的旋律和曲调的演进。两相对应，合成起伏展开的整体。

一、甲 A：春节晚会

1995 年 1 月 30 日，农历甲戌年的除夕之夜，不断更新的 CCTV（中国中央电视台）"春节联欢晚会"推出了一群来自贵州山区的侗族少女。她们身穿民族服装，演唱出被誉为"东方无伴奏合唱”的侗族大歌“嘎老”。通过现代发射手段向千家万户现场直播，此画面即刻便传送（复制）到了亿万观众面前，包括歌手们那遥远偏僻的家乡村寨（能收看到电视的地方）。于是我发现，“侗歌”这一来自民间的乡村事象，至此又增添了一种新的文本：电视转播。在这个文本里，经过多种部门的布置发挥，“侗歌”已被制作得明显的晚会化和电视化了。作为歌手，姑娘们只能按照导演的安排行事，见好就收，不能随意上场下场，更不能痛快地一唱到底，尽兴方休；而作为电视机前的观众，你不得不在“主持人”唠唠叨叨的引导下，被动地观看那一幅幅被导播者暗中控制的分切镜头——无法选择，更谈不上参与。于是，基本上是一带而过，那电视里的“侗歌”便很快消失在前有相声后有小品的画面组合以及各家各户团圆喧闹的模糊干扰中了。

尽管如此，在众多节目的激烈竞争中，这些充满土气的侗族姑娘毕竟被选入了CCTV最为看好的黄金时段，侗歌也使许多观众由此知晓。那么，这当中的缘由何在，意义何诂？作为被改变过了的“电视文本”，其与远在山乡的侗歌本文有何区分，有何关联？从文化人类学的研究角度看，彼此之间是否存在着种种值得述说的“互文性”呢？

二、乙A：康拉德小说

1898年底至1899年初，英国小说家康拉德(Joseph Conrad)

用两个月的时间写出了一部后来被列入西方经典的游记式作品《黑暗的中心》(*Heart of Darkness*)。该作影响深远，直到20世纪美国导演科波拉拍摄描写美国人陷入越南那种绝望经历的《现代启示录》时，还把它当做了基础布局。康拉德的作品写的是殖民者马洛从欧洲到非洲的航程及其在热带丛林的见闻与感受。作为外来的旁观者，他把异域民族里一切不可理解的景象都视为野蛮和恐怖，而把自己看作是“史前大地上的漫游者”。书中写道：

轮船从这令人无法理解的疯狂的黑色人群边驶过。这些史前的人是在咒骂我们，是在为我们祈祷，是在欢迎我们，谁能说得清楚？我们对周围发生的一切一点也不理解。我们像幻影一样滑行而过，内心充满了惊奇和恐惧，就像神志清醒的人在疯人院里听到一阵热情的欢呼……不是说他们不是人类。你知道，怀疑他们不是人类恰恰是最糟糕的事。

几十年过去，这部作品在世界各地引起了一次次的争论。尼日利亚作家阿契贝(C.Achebe)称其为“种族主义作品”，认为它把非洲描写成另一个世界，描写成欧洲的反面，因此也是文明的反面。因而“人类的一个组成部分就是在这种偏见和辱骂下吃尽难以言表的苦头”。美籍亚裔学者赛义德(Edward.W.Said)则把康拉德视为和其主人公马洛一样只会用帝国主义统治者方式思维的人，并把《黑暗的中心》批评为“‘掠夺非洲’的有机组成部分”。与此同时，持相反意见的人认为康拉德是维多利亚时代的最后一位伟人，《黑暗的中心》则堪称现代主义最重要的作品之一；人们对伟大作品反应强烈，正是一种赞美的表现。

这场争论一直延续到了 1995 年美国哥伦比亚大学有关文学话题的课堂讨论之中[1]。

三、甲 B：巴黎艺术节

1986 年 9 月，“侗歌”应邀出国演出，赴法国参加“巴黎秋季艺术节”。据报刊上的文章介绍说，“侗歌”在那里受到热烈欢迎，赢得了许多赞誉。它的美妙和声打动了前来观赏的西方听众。评论家们认为侗歌“在纯朴中表现出高度的幽雅”，是“清泉闪光的音乐，在世界上也罕见”“比起八九世纪之前的西方复调音乐初期的任何专业音乐家都要高明”[2]。

消息反馈回来，再经加倍的宣传，于是形成了“侗歌”的“巴黎文本”。不过除了少数随团代表外，大多数人后来引用这一文本，更为关注的内容似乎都只停留在其“海外反响”这一点上。也就是说，“巴黎文本”的成功反过来促成了“侗歌”在国内的走红，于是才会有一系列的评论文章和一连串迎来请去的“亮相”，也才会有作为 CCTV“电视文本”的实况播放。

那么，世代以来早已藏在贵州深山的“侗歌”为何能在 1986 年出访欧洲，并且又偏偏被远在彼岸的巴黎那一次“秋季艺术节”选中的呢？这就涉及到了其“巴黎文本”的一些积极参与者以及20世纪80年代国内外特有的文化“语境”了。事实上，这当中还存在着许多令人回味的偶然因素。当时有一位主要的牵线人，就是被徐迟在《法国，一个春天的旅行》里描写过的腊兰•梵•蒂埃伦夫人。她是一位法籍华裔艺术家，中文本名叫谢景兰，前夫是著名画家赵无极。谢景兰女士出生于贵州，其故国之恋自然也就少不了故乡之恋。新时期的中国实行改革开放后，经她自1978年以来上下四方的不断努力争取，才终于在1986年说服巴黎“秋季艺术节”的主办者，把远在贵州的“侗歌”请到了西欧。因此可以说谢景兰女士堪称侗歌“巴黎文本”的主创者之一。作为一个关键的中介，她把巴黎的口味同中国内地的特产，在其本人爱国爱乡的热情下结合了起来。

此外，值得一提的还有一位地地道道的法国艺术家“巴黎秋季艺术节”的艺术顾问路易斯•当德莱尔。是他在艺术节前随谢女士一道两次前往贵州侗寨考察后选定“侗歌”作为参演节目的。而此举据说是圆了其本人近30年的“梦”，并了结了中国音乐家郑律成当年未了的心愿——把埋没在深山里的音乐奇葩“摘给世界的人们共赏”[3]。

不过尽管有着宣传中国、介绍“侗歌”的美好心愿以及广泛的社会关系和办事能力，谢女士等人的“创作”和参与也还得要受中国本土情况的影响和制约。当时这边的情况又是怎样的呢？我们还得再去看看“侗歌”的另一文本：北京展览会。

四、乙 B：泰特罗讲座

20 世纪 80 年代末至 90 年代初，曾任国际布莱希特学会会长的泰特罗教授应邀到北京大学授课。在演讲中他也提到了康拉德的《黑暗的中心》。他以费孝通先生的英国导师、著名人类学家马林诺夫斯基曾在自己的秘密日记中记录过《黑暗的中心》主人公说过的话“整体说来，我对土著人的感情无疑倾向于消灭他们”作为西方学者学术与内心相互矛盾的案例，同时把哥伦布当年写下的航海日志分析为替日后美洲大陆被殖民和奴役所作的“文本准备”。

由此，泰特罗强调指出，人类学并非仅是追求对某一事物作纯客观化的描述，而总是有意无意地成为一种“自我建构的行为”；哪怕是本土人类学家，合参与者与观察者于一身，也不得不用一种在任何文学文本中都使用的诠释成规来解读。所以，除非根据“民间文化本来所具有的方式”去把握，否则就不应随意对其加以评价，评价了也不会有成果[4]。

这样看来，未经“干扰”的本文与作为写作者“自我建构行为”的文本并不是一回事。“本文”指的是当事人自己不受外界干扰的特定的一次性过程。此过程不可复制、无法更改，也不能还原为他人自以为不变的“客观”对象。如同天上地下的行云流水，除非你是其中的组成部分，否则每一个本文都会自在地出现，跟着又自在地消逝。面对它们，你可以考察、截取、录音、录像，甚至可以礼貌或粗暴地打断对方，进行提问和交谈，但你所获得的最终仍只是作为本文之变体的文本。一句话，只要你是外来的旁观者，无论你心怀多么虔诚善良的愿望或拥有多么威武张扬的强权，你都无法进入本文，改变本文。因为说到底，本文原先就不为你而存在，自然也就不会因你而增减。用语言学家索绪尔的话说，本文就是所指（事实、存在），而文本只是能指（语言、符号）。许多人远离前者，而对着后者大发议论，还相互争执不休，如果明确是一种自说自话或借题发挥倒也罢了，倘若坚信其是对“客观”真理的揭示和阐述，则大有引起误会的可能。

那么，本文何求？这是一件值得追问的事情。

五、甲 C：京城鼓楼展览

1985 年夏季，在许多有关部门的积极参与配合下，贵州民族建筑“鼓楼与风雨桥”展览在京举行。为了营造气氛，增强效果，展览者特意安排了富有民族特色的“侗歌演唱”，即让一群侗族姑娘在展厅里站成一排，为来宾观众们敬酒唱歌，不是文艺表演，而是真喝真唱，用喝与唱传达出侗家特有的迎宾“话语”。那情形令许多没下过乡的城市人大开眼界，赞不绝口。于是记者们笔下生花，“侗歌”便也同鼓楼和风雨桥一起，一炮打响。这一“歪打正着”的结果使仪式的安排者们从此对“侗歌”另眼看待，增加了把它“推出去”的信心。此外，地处西部山区的贵州正急于“后来居上”，在经济发展上谋求突破，上下正沉浸在一片宣传本省、展现特色的氛围之中；旅游部门更是在想方设法寻找和创造吸引游客的旅游“产品”，因此在谢景兰女士等来贵州挑选“出国之作”时，主人们配合提供的“候选名单”里，自然便有了名声渐起的“侗歌”。

不过，当时我正好也在北京的那次展览会上，作为一名特约记者，参与对鼓楼展览的采访报道。“展览会文本”让我见到一种新鲜独特的民歌样式，无论在音乐还是民俗的方面都大开眼界。然而从早到晚，日复一日，看着来自山乡村寨的姑娘们站在展厅里，一遍又一遍地为一批批不同客人重复演唱，心里总感到不是滋味，渐渐地也觉得她们脸上的笑容和歌里的感情开始有了职业演员的那种装扮成分和某种身不由己的色彩。

但无论如何，“展览会文本”毕竟是侗歌走出贵州的标志和走向世界的前提，在其从“自在”（自娱）向“他在”（娱他）转变的完整过程中意义重大，不可缺少。

然而严格说来，上述三种文本都不是侗歌的原有样式，而只是其应运而生的变体。这些变体既丧失了侗歌固有的完整结构，亦没有了其基本的传统功能。遗憾的是，不少人被其一时的名声所迷惑，以这些作为变体的文本为依据，撰文立说，还试图得出关于侗歌的结论，殊不知已离侗歌的本文越来越远了。

那么，侗歌的本文在哪里呢？

六、乙C：从《诗经》到《东方红》

两千多年前，圣人为复礼乐，而集《诗经》。于是在将民间土歌升为经典的同时，不幸把原本丰富生动的完整演唱唯我所需地剥离得只剩下了干瘪单一的文字符号，歌的“本文”变成了诗的“文本”；音高、节奏、旋律、和声全都消逝归一，看不见歌者、和者，也感触不到场景、氛围（服饰、表情、笙鼓、道具）。在那漫长的（因记录工具局限而出现的？）“文字至上”年代里，不但十五国风的命运如此，《楚辞》（对楚地一种原生仪式的简化记录？）、《乐府》以及无数与特定过程（群体活动）相关的“神话”“史诗”也通通一样，经过收集整理，每一件立体的事象都变成了平面的“话符”。

这样的变异本不奇怪。如若事先申明像任何“二度创作”一样，你所整理（制造）出来的只是根据本文拍成的“照片”，就不会引起多大的争议。二者虽相互联系，却各有“版权”。可问题在于先是古人们喜欢有意无意地将本文与文本混淆，并由此开了从“我注六经”到“六经注我”的传统，把主观议论隐藏在客观叙述之中，弄得读者分不清何为其“经”何为其“我”（他），更谈不上由“诗”溯“歌”，去进一步寻找本文了。后来的人们则每每把经前人整理过的文本视为本文，隔山望海，雾里看花，把“对话”当成了“对象”，还由此去观照和评价古代的文化传统，于是距离和歧义也就在所难免。

更值得指出的是，有了前辈的榜样，后人便把对民间本文的整理乃至加工视为天经地义的义务和职责。这样发展到 20 世纪 60 年代就出现了上演于人民大会堂的现代加工文本：大型音乐舞蹈史诗《东方红》。其中，几乎每一首源于各地的民歌都被改写过了，但却仍在外表上继续装扮成它们原有的样子，让人误以为其就是那样从草原、雪山、山寨和边疆走来。接着又有《花儿为什么这样红》《达坂城的姑娘》《乌苏里船歌》以及《刘三姐》《阿诗玛》等“创作民歌”流行一时。到了更为开放的 90 年代，在高额门票的诱惑下，更是出现了以商人们随意生造民风民俗为特征的无数旅游景点，即所谓的“民俗村”“民族城”。民间本文被再次改造得面目全非，却还让成千上万的观众在各种声光电化手段的刺激、熏陶下，接受了关于被表现者的形象塑造，可等他们在猎奇心理促使下以种种都市文本为依据，按图索骥地去到乡间村寨找寻那些迷人形象时，往往失望而归，根本见不到子虚乌有的本文。

这就使人联想到了那位美籍亚裔学者赛义德自 20 世纪 70 年代以来关于西方人如何按自己的意愿塑造（改造）了“东方形象”的论述。其实问题完全一样，先是把“本文”变成“文本”，然后再把“文本”视为“本文”。现在，东方的学者开始出来说话，从根本上指出了西方人的“误读”。其实“误读”并不可怕，对于相互间的认识和交流有时甚至有所必要，关键在于你是否能清醒地区分何为“本文”，何为“文本”。

七、甲 D：小黄寨的侗歌

1987 年 7 月，我和贵州社科院经济所的几位同事下乡到黔东南苗族侗族自治州境内的“南侗”(南部侗族)聚居地区黎(平)、从（江）、榕（江）。我想准是受了两年前在京目睹侗歌“展览会文本”影响的缘故，这回我特意要求朋友们和我一道抽时间（在侗乡本土）去考察侗歌。尽管时间短促，我们在途经的许多村子，如榕江因侗歌而闻名的车江寨等，都作了尽可能的访问、考察，其中对从江县的小黄村印象最深。

小黄村是一个几乎与外界隔绝的世外桃源。寨子里的侗族妇女绝大部分不懂汉话，但都会侗歌。在村长的安排下，姑娘们为我们唱歌祝酒；整个寨子还在天黑的时候集中起来，特意为我们这批远道而来的客人上演了一出本寨的侗戏。尽管从人类学角度，这还算不上最好的自然观察法，因为对象已是刻意安排的结果，而并非其固有需求的展现，也就是说我们的出现“干扰”了对方的正常节律，但比起上面说到的那几种文本来，我眼前的景象已十分接近其真正的本文了。在没有电灯而用油灯和火把照明的情况下，姑娘们和我们围坐一堂，以歌敬酒，即兴创作，把我们的身份、姓名等一一编成歌词，随意发挥，声情并茂。此刻让你不由得不感到作为听众和观者，自己不过只是“客家”，她们才是主体。

小黄村的范围包括小黄、高黄和兴陶三个自然寨。在其三千余人的村民里就有 20 多支歌队。其中还分为“姑娘队”“小伙队”“老年队”和“娃娃队”。他们唱的侗歌远近闻名，素有“侗歌窝”之称。当地流传的一句古话说得朴素而深刻，叫做：饭养身，歌养心。

经过询问，我还了解到许多关于侗歌种类、体裁以及结构、功能和分布方面的情况。因不属这里要涉及的范围，就不再详说了。从比较“文本”与“本文”的相关与背离这点来看，我体会最深的是，作为其本民族文化传统中的一种活生生形态，侗歌的突出功能在于相互交流：你唱我吟，我呼他应；男与女，主与宾，人与天地，人与自然。而由于我们这些匆匆过客不会唱也不会答，因此根本进入不了这一活生生的“本文”之中，对内中三味，可以说既不知其然，更不知其所以然，“外行看热闹”，旁观而已。若再与我后来在凯里的格细和贵阳的罗吏目分别考察的苗族对歌和布依族“砍牛歌”（葬歌）比较一下的话，这种无法进入本文的“旁观”之感，就更为强烈。

在格细，我是未受邀请的“闯入者”，站在正以山歌为媒介谈情说爱的成群苗族青年男女面前，我感到无所适从；在罗吏目，面对本地布依村民世代传承的丧葬仪式，听着那难辨究竟的“砍牛”古歌，我只能说那是别人的本文。对任何外来的参观者、考察者或搜集者而言，得到的只能是打上其自身烙印的文本而已。

八、乙 D：兴观群怨和卡拉 OK

可见，与本文和文本相关的问题，不仅牵涉着艺术与审美，而且关系到更为广泛的社会人生。在今天各门学科交叉融和的发展趋势中，似乎已有“文化人类学”或“文学人类学”这样的综合性学科能够有效处理此类课题，其实从远一点看，以往的论者也不是没有过精辟的认识与归纳。按儒家观点，诗有四大功能，即可以兴、观、群、怨。“观”即是指观看、观察、观赏，是一种客位立场和角度。由这出发，你可以在现场不动声色地默默静观，也可将其采集回去分析评估，借题发挥。而“兴”“群”和“怨”，才是当事人主位角度的内在功能。也就是说，“观”是文本，其余才是本文。所以假如仅仅站在“观”的客位，你永远无法体验兴、群、怨的感受。而果真那样，你又如何去分析并评价作为主位的本文呢？

按佛道两家的看法，万物一体，事本圆融。任何一件事象，本来都不应当被生硬机械地分割对待。因而像民歌那样的本文，一旦因文人的整理，就已有遭剥离、简化之危险。如若能“得意忘言”，尽可能以文字符号为中介，复其本象倒好；就怕因言害意，景象全无，乃至把原本活生生的事象搬入书中，变成无源之水，无根之木，再让人望文生意，强加于彼。

因此，寻找本文，在很大程度上其实就是找回现代都市人自己。人类学作为研究人的一门学问发展至今，并不像许多人误以为的那样仍仅是把原始民族作为猎奇对象的一种自我粉饰和自我扩张，而已变为在多元文化中相互借鉴和对自我重新定位的必要途径。比如通过对民歌本文的追寻，你是不是就能发现作为“进化”了的现代都市人，在“兴”“群”“怨”这样的基本功能方面，自己几乎已丧失了歌的能力与权利？尽管作为补偿，人们发明了“卡拉OK”，但若同乡间民歌比较起来，可以说那只是徒有卡拉，却无OK，还让人感到造成了“听和唱、耳和喉咙之间的分裂，把声音从歌唱者的身体中抽离和异化”，结果把“说话和沟通的必要免出了”，并使唱者的身体都消失无踪，最终远离了自己应有的本文[5]。

九、甲E：进城的歌手

1995年7月，我的朋友陪同法国来的客人下乡采风，去的还是贵州的侗乡。意外的是，他们在黎平县口江镇的一个招待所遇见了1986年应邀去法国演唱的歌手吴美兰。吴一听有法国人就躲了起来，执意不肯相见。经过追问才知道其中的原因。当年吴美兰和她的妹妹只有15、16岁，人长得好，歌也唱得好，因此都被选中去了巴黎，可不知为什么回来后一直嫁不出去，成了当地极不正常的“老姑娘”，心情压抑，落落寡欢，真是去时心欢喜，归来徒悲伤。这番意想不到的变化，从更大范围的社会视野看，是不是也值得文化人类学等认真关注呢[6]？

此外，1997年春节前的一个晚上，我在贵州的省会贵阳又见到了“侗歌”的最新演变：靠近火车站的一家餐馆老板为了招揽生意，特地从黔东南的南部侗族地区雇来了一批村寨歌手，每日在餐厅里为前来就餐的客人演唱侗歌。那天快过年了，大部分歌手都已返乡，只剩下一男一女两人为我们演唱。已带有明显商业气息的歌声同其山乡村寨的“原生”意味已相去甚远。彼此间“以歌表意，用声传情”的初始功能，已被千篇一律的机械表演所掩盖。此时，我所面对的侗歌已被改造成了变相交易的商品。当然从侗族音乐的自身演变这面来看，这也可成为侗歌的另一种“文本”；而换到都市商业的发展需求方面，其则又可视为餐厅文化的时代“本文”。

“本文”与“文本”，用侗歌来作比喻的话，前者好比歌手的演唱，自在自为；后者就像曲谱的记录或观者的发挥，要么捉襟见肘，要么随心所欲：若即若离，似是而非。

十、乙 E：本文和文本：“隔山隔水难见面”

1995 年的春节晚会上，贵州的姑娘们只被安排唱了两首侗歌，一首“大歌”（嘎老），一首“蝉歌”（嘎索）。吴美兰她们带到巴黎去的则要多一些，但再多也只是其家乡侗歌的一小部分。在口江，有大歌也有蝉歌，还有一种叫“打招呼歌”（嘎莎困）。其中一首叫“JUH LAXGXNVENC LAIL QONGC JENC EGS”（《隔山隔水难见面》）。若以文本形式加以记录，其曲谱和歌词可摘抄如下[7]：

侗语及音译：

ois hoh diingh ois hoih diingh

呵嗬顶嘿嗬顶

juh lagx nyenc laih qongc jenc egs lieeh

久腊宁赖穷芩隔咧

ois hoh diingh ois hoih diingh

呵嗬顶嘿嗬顶

Qongc jenc egs gueengy weengh egs bil leeh

穷芩隔关王隔贝咧

……

（共三段，齐唱、重唱）

词意：

美丽姑娘住在山那边

隔山隔水难见面

隔山隔水我难靠近你

重重大山隔断我俩的情恋

面对这一双声部的合唱“文本”，我们隔着山隔着水，还隔了歌者与演唱。那么“本文”何在？

（原载于《中外文化与文论》1997 年第 2 期）

注 释

[1] 参见(美)戴维·登比:《丛林热》,《交流》,1996年第2期,第43~57页。

[2] 参见《侗歌在巴黎》,贵州民族出版社,1993年,第1页。

[3] 参见付安辉:《侗族大歌的发现与轰动》,《南风》,1997年第2期。

[4] 参见泰特罗:《本文人类学》(北大学术讲演录),北京大学出版社,1996年版,第26~56页。

[5] 参见《读书》1996年第7期张新颖的书评《香港的流行文化》,此处的观点主要为张对董启章《自恋与怀想》一文的介绍。

[6] 参见潘年英:《口江一夜》,载《贵州日报》,1995年11月6日。

[7] 参见《侗歌教学演唱选曲一百首》,杨宗福、王胜先等编辑整理,口江民歌"呵嗬顶"(打招呼歌),贵州民族出版社,1991年版,第294页。

五

“新时期”与“新文学”：侗族作家发展论

一、“新时期”与新背景

1998年6月，侗族小说选《月地歌谣》由贵州民族出版社在贵阳出版。这件事我把它看作是侗族文学在“新时期”以来很有力量的又一次表达。基于这一点，在为这部小说选写序时，我才会写道：

当我看到侗族作家帕尼以民族身份为标志把自己本民族的作家作品汇集起来，编为一个集子时，仿佛见到一面民族的旗帜在眼前飘扬。因为：“每个民族都有自己的文化；民族的文化需要有民族的形式和载体。在世界一体化日趋显著的今天，各民族似乎都纷纷把文学当成了体现并保存其民族文化的主要载体，力图通过文学这种表面趋同的形式使自己的民族精神、民族气质得以不断创造出来并发展和传承下去。”尽管这集子被称作“侗族小说选”，采用的也基本是五四新文学运动以来引入中国并且至今仍在通用的现代文体，而且是白话汉语，但透过表面相似的这些文字符号，你却能读到被称作“侗族”的族群代言人所力求表达出来的民族意识。[1]

这是有感而发。

今天，为了加深对广西侗族作者的认识，我把收入《月地歌谣》中覃水坤的《赶考》重读了一遍。同读帕尼（潘年英）的作品一样，我又被这篇以实取胜、以情动人的小说深深感染了。它以现实的平常人生入手，写的是一段乡村农民的普通经历，而其中透出的世道艰辛与骨肉亲情令人久久难忘。这一点与读帕尼作品时的感受非常相似。他们以自己的生活为原型，写这一代人的爱和恨。我同《赶考》的作者谈过。他写的基本上就是他的亲身经历。通过这种经历，写出的是母子情、兄弟情和乡土情；并且还让我们知道他是怎样从民间最基层、最艰难的生活境遇里走向文学道路的。他的情渗透在现实生活的真切感受里；不掩饰，不做作。所以读到这样的作品，你不能不深受感动。我认为这正是侗族文学在“新时期”发展的一个重要标志：从民间走来，从底层走来，从乡土人生和真情实感中走来，并且最后进入了《月地歌谣》这样印制精美的作品选集中，得到了接受和认同。

说实话，帕尼的作品，像《月地歌谣》里的《连年家书》和《伤心篱笆》，我几乎每次都是流着眼泪读完的。那回在我们共同参加的一次“民族文化讲习会”上，他提出要我为《月地歌谣》写序。也正是在被作品深深打动的情况下，我没有拒绝。在我看来，他们是侗族文学在“新时期”的表达者和代言人。我只不过是在受到为他们这种表达触动之后谈出我认为必须谈的想法。因为我相信作为中国少数民族文学之一的侗族文学并不是“乡土风情”的点缀或“奇风异俗”的展览，它们反映着和其他民族文学同样的现实困惑与人生追求。其地位和价值同样需要得到社会的正确评价。

这样，我就从《赶考》这篇作品引出话题：怎样在中国“新时期”的背景下认识侗族文学的新发展。我的基本考虑是，不要仅就侗族谈侗族，或仅就文学谈文学，也不要只局限在三江[2]、在侗乡、在侗族朋友的圈子里面来谈；而应当跳出圈子的局限，把侗族文学置于整个中国文学乃至中国社会的时代背景下才可能获得全面的理解。这一方面是因为三江是中国的三江，侗族是中国的侗族，举办这次讨论会的组织叫做“中国侗族文学学会”；也就是说，侗族是中国各少数民族中的一个，侗族文学是中国少数民族文学里的组成之一，缺少对侗族及其文学的认识和理解，作为“多元一体”的中华民族就不完整，作为整体的中国文学也无从界定。另一方面，倘若不从中国多民族文化与文学这样的角度和视野来看待侗族文学的话，可以说其自身的特点与意义也无法说清。比如说《赶考》这样的作品，它写主人公“我”一家人在联产承包责任制后自谋生路中的生活变化，反映的其实是“三中全会”后中国农民面临的另一种自由与艰辛，而这样的情景在西部、尤其是在少数民族地区又有着怎样的特殊表现。与过去的“鸦片战争”“五四运动”以及“抗战”“文革”等历史时期都有所不同，这样的表现只能在“新时期”里出现。反过来，其也从一个侧面充实了对“新时期”的反映和认识。所以我们跳出侗族（文学）谈侗族（文学）是有双向意义的。

从 1978 到 1998，作为 20 世纪中国又一次改革开放标志的“新时期”已持续了 20 个年头。有关“新时期”特征及意义的讨论文章也发表了不少。那么，就评价侗族文学这样的少数民族文学作用和发展而言，应当怎样认识“新时期”呢？在我看来有两点关系密切因此值得关注：一是“体制松绑”，一是“思想解放”。

“体制松绑”是个很有意思的词。所谓“松绑”，它的反面意义是“捆绑”。就是说在改革开放 20 年以前，许多东西都是被捆住的。在农村，农民的手脚是被捆住的。“人民公社”把土地全部集中起来，用计划经济的方式进行生产，吃“大锅饭”。而《赶考》这篇小说则充分表现了“松绑”以后的“新时期”农民重获自由——也就是自主经济权之后的全新变化。作为因人多地少而“剩余”出来的劳动力，主人公“我”的弟弟为了不想再“呆在山里受穷苦”，不仅离了土，而且离了乡，从老家广西去到贵州“帮人挑床板”；而这种离土又离乡的自由首先取决于“离社”这样的变化前提。不过由于地处黔、桂、湘、鄂边界一带的侗乡，条件与中国东南沿海不同，几乎没有什么能够吸纳“剩余”农民的乡镇企业，因此难以做到像珠江三角洲及江南等历史基础明显要好的汉族地区那样依靠第三产业的渠道使农民们“离土不离乡”，并在非公有制经济的促进下迅速发家致富。当然，主人公“我”似乎想得较远，他打算通过参加招干考试改变命运。不过分析起来，兄弟二人的出发点都是一样的，即决心离开家乡求生路，因为在原有旧体制的“捆绑”下，“一年到头累死累活，到头来还糊不饱一张嘴”！若能出去找份事做，“今后母亲还能享点福”[3]。这实际上一方面揭示了“新时期”以前中国农村共同潜在的社会问题与经济危机，另一方面又反映出改革开放以后东西部地区，尤其是发达的东部汉族地区与欠发达的西部少数民族地区之间，尽管都开始了“自主经济”，但由于“起跑线”的不同，加上政策倾斜方面的原因，出现了彼此差距日益拉大的现象。面对这一现象，“新时期”的侗族作者，特别是年轻的一代没有回避。这在帕尼的作品中表现得较为充分。

由此可见，“体制松绑”及其所派生的社会变化是我们认识“新时期”侗族文学发展变化的一个重要依据和视点。

再一点就是“思想解放”。最近以来已经有不少文章在总结新时期思想解放的含义与作用，大家可以参考。我想谈的是民族文学创作领域中“思想解放”的具体体现和历史影响。这一点其实也跟前面讲的“体制松绑”相关。在一定程度上可以说三中全会后的“思想解放”即是“体制松绑”在文化意识形态领域里的体现。也正是有了这样的体现，“新时期”中国的各民族文学创作才出现了新的复兴趋势。人们不仅对文学的认识有了更为宽泛的理解，对民族、民族历史以及民族文化的界定也获得了更为宽松的承认。如果没有这样的时代变化，《赶考》很可能就会遭到“新时期”以前所常见的命运，被视为“写中间人物”，甚至被上纲上线，扣以“揭露阴暗面”的帽子之后打入另册。而其他表现民族意识的作品则有可能被说成是宣扬“狭隘民族主义”。

然而这一切在“新时期”里都没有发生。所以说“新时期”不仅为侗族文学也为中国的各民族文学提供了较为宽松和谐的时代背景。从这样的背景出发，我们才能对其发展变化作出历史性评价。

不过这只是问题的一个方面，涉及的只是“改革”和“国内背景”。展开来看，“新时期”历史特征的另一方面是(对外)“开放”，其所关联的是“国际背景”。现在中国包括侗族在内的各民族作家中不少人已在关注和谈论“走向世界”及“国际化”等问题。但总的来说，我觉得实际上对自身文学所处的国际背景，认识还是有很大局限的。在这里我想从两个角度简单谈谈。一个是“民族竞争”，另一是“文化对话”。

“民族竞争”对中国人来讲有两层含义。一方面，在当代全球格局里中国还是一个落后的国家，作为整体的中华民族在世界民族的竞争中，从经济到文化还暂时处于一种劣势。所以提出要向发达的国家学习，引进外资、引进技术、引进高效率的体制和管理，力求使国内产品走向国际市场；另一方面，为了一个民族的长久发展，当代的中国人也在不断创造机会参与全球范围内的国际交流，力争在相互理解中弘扬自己独具特色的文化传统。这对作为中华民族成员之一的各少数民族及其所创作的文学来说，无疑提供了新的机会和挑战。

此外，国际范围的“文化对话”是“新时期”背景变化的又一重要表现。20 世纪晚期以来，由于美苏“超级大国”二分天下残局的打破，国际领域里出现了各民族自立自强并争相重新展示自我的新局面。在这样的局面中，由于平等互补的需要，“多元化”及其派生的“文化对话”成为难以阻挡的时代潮流。那么，这种新的国际背景对侗族文学有什么意义？其能不能不仅在“多元一体”的中华文化圈里进行交流，同时也在世界范围的文化对话中参与竞争呢？我想起了一个例子。这次在来龙胜三江开会的路上，途经桂林的时候，我在书店里见到广西漓江出版社出版的一本《泰国文学史》。当时我一边翻一边联想到中国西南地区少数民族与东南亚族群的关系。从更为广阔的视野来看，它们可以说同属一个较大的地域文化圈。相互之间有着许多值得加以比较研究的内容。再看西南地区如今已成为“跨国民族”苗瑶民族，由于其不仅分布在中国大陆、东南亚国家而且迁移到了欧美“英语世界”，成为“多国家”和“多文化”环境中新的民族共同体。这样，他们的“国际参与”或“国际对话”就不仅是学者们的理论构想而已是族群中实际存在的现实行为。1994年我在泰国北部的清迈参加国际瑶族讨论会。会上来自世界不同国家和地区的瑶族代表便已聚集在一起，研讨怎样一方面在自身族群共同体范围内进行跨国对话，加强族内“整合”，一方面积极参与族际之间的跨文化交流了。

侗族呢？我想它的发展路径同样值得我们思考。因为从历史与族源关系看，侗族作为“百越民族”之一与中国西南族群以及东南亚族群都有着很多共同点和沟通处。因而侗族文学在今天要走向世界，自然也不能和无须将这种历史地域关联截然断开；相反至少可以从这种历史地域的关联中找出可供参考借鉴的时空资源。

以上就是我们关注“新时期”侗族文学发展的背景问题。下面谈谈作家演变的纵向方面。

二、老传统与新继承

关于侗族作家的纵向发展，我认为可以分为相互承继同时又彼此不同的三代。对此，参加本次会议的中央民大侗族研究生杨红梅女士也作了类似的区分。不过我跟她的方法不同。她从抗日战争和解放战争时期算起，以投奔延安的苗延秀等作为第一代，接下来是新中国成立以后的腾树嵩等为第二代，最后是“新时期”以来的第三代。其属于研究中国现当代文学时所采用的一般分法，对认识侗族文学的历史演变有总体参考的意义，只是在突出侗族文学自身传统走向上显得不够全面。但她以“民族意识”的差异为核心，还是抓住了一个十分重要的分析角度。比如通过比较，她认为第一代侗族作家民族意识“很淡薄”，第二代“比较强”，第三代则“普遍觉醒”。你可以不同意这种判断，却不能绕过这一问题[4]。

1997年前后在贵州研究苗族、布依族文学发展问题的时候，我也曾采用过类似的方法。但分析苗族时我把清末至民国以来的石启贵（东部方言）、梁聚五（中部方言）和杨汉先（西部方言）等，也就是被称为“苗族第一代知识分子”的早期人物作为了其第一代的代表[5]。这种划分的意图主要是想把看待少数民族文学的视野扩展得更久远和宽泛些，使之能与其自身的文化传统结合起来。基于这一点，我对侗族作家的三代划分，就不限于研究以汉族为主的现当代文学时采用的惯常角度。下面具体来谈。

第一代，“乡土作家”，也就是人们通常所说的“歌师”“戏师”乃至于“巫师”等这样一些普通人物。他们扎根于民间乡土，长期以来进入正史和经典，却对侗族文学的产生和发展起到了原创性的奠基作用。“新时期”出版的《侗族文学史》收录了他们当中极为有限的部分，比如贵州黎平的陆大用（约1810—？）、榕江车江的乃告化（女，1837—1905）以及著名侗戏创始人吴文采（1798—1845）等等[6]。对于这一代侗族作家目前的研究并不充分，对他们的地位和意义也尚未完全吃透。

在我看来，他们的突出特点在于立足乡土，拓展本族，然后是深入民间，世代传承。归结起来就是十分明显的“本土性”。怎么讲呢？即来自本土，面对本土，最后，服务本土。他们这些人，比如陆大用、吴文采，活动的空间都相对窄小，就在侗乡。这使得他们的生活感受主要来自侗乡，作品的对象，无论听众还是观众，也同样集中在侗乡，是本乡本族的人。不像后来发展出来的所谓“现代作家”，作品发表在远离本乡本土的《人民文学》一类的杂志上，对象也不再是自己原本熟悉可感的父老乡亲。“乡土作家”的突出意义在于通过自己的作品使本族文化实现了族群内部的自我整合与循环；缺点是未能主动走到多民族的交流对话之中，去寻求乡土圈子外的充实互补，更放弃了参与主流文化建设与发展的对等机遇。所以它默默无闻，长期不为人知。这里还需要强调的是，尽管“新时期”以后出版的部分少数民族文学史把这些“乡土作家”写入了其中，也尽管我在此借用历史分期的方式把他们称作时间上的“第一代”，然而这并不意味着对其的评价就已完成，也不等于说这些世代相沿的民间人物已经退出历史舞台，从此销声匿迹了；恰恰相反，他们不但至今依然存在于本乡本族的生活沃土里，而且还继续对其文化传统的保持发扬起着不可低估的作用。称他们为“第一代”，其“第一”的意思既包括“开头”“初始”，同时还意味着“基础”与“原创”。这一点是必须强调的。换句话说，与中国的其他许多少数民族文学一样，作为侗族文学的“第一代”，其“乡土作家”在历史的过程中是与“第二代”“第三代”

并存发展的。举例来说，这次在三江，我们考察了位于和里南寨的“三王宫”。宫内进门墙上出自当地“乡土作家”之手的两篇序文引起了众人的注意。其简短朴实，用史料与传说相结合的方式，叙述了历史人物三王父子和本地“三王宫”的来历及维修历程。我和帕尼仔细读后深受感动，觉得称得上文学上品，并认为如今城里的职业文人未必能写得出来。

侗族文学的第二代，我称为“革命作家”。他们是中国近现代史变革中尤其是五四运动倡导“文学革命”和引进西方以来的过渡人物。从时间上说，他们的跨度自民国时期参加北伐的诗人潘万霖、军人王天培，革命家龙大道、延安作家苗延秀直到新中国成立以后的腾树嵩、刘容敏等等，几乎跨越了半个多世纪。他们的一个共同特点是在“革命”的号召下写作，因此大多受到文学为政治服务的驱使与制约。这就导致这一代的作品表现出几个突出的特征，即革命性、阶级性和国家性。在讲革命性的时候，往往意味着对传统性的反叛；讲阶级性时意味着对民族性的忽略；而对国家性的倡导则导致地方性和乡土性的减弱。并且由于过分强调把文学当作革命工具，使其简单服从于政治需要有时甚至是听命于一时的政策宣传，或者是“反帝反封建”或者是“阶级斗争”“文化大革命”等，使得“革命作家”时期的侗族文学与同一时期的中国各民族文学一样，未能产生出真正有分量并能长久流传的作品；与此同时，这一阶段的作品当中，正如杨红梅女士指出的那样，“民族意识”在总体上显得“很淡薄”，即便偶尔有所表现，也只是停留在对侗乡“风土人情”的描写上。由于这样一些原因，作为少数民族文学之一的侗族“第二代”作家实际上是处于中国现当代文学主流的边缘，几乎没有自己的声音，也缺少对发展本民族文化传统的探究以及通过发扬自我特色加入并充实主流文化建设的实际参与。当然这不能怪这些第二代作家，责任在上面说到的“新时期”以前旧体制对整整一代人的“捆绑”。总而言之，侗族文学从“乡土作家”到“革命作家”是一个很大的变化。怎样总结这一变化，还需要进行深入的分析研究。

第三代，“民族作家”的萌芽。这是指“新时期”以后涌现的一批侗族中青年作者及其具有的时代新面貌。《月地歌谣》这本集子收录了他们当中一些代表性人物及其作品。比如吴浩、帕尼（潘年英）、张泽忠、余达忠、石干成、杨曦等。其他还有从事理论批评的石佳能、石开忠、龙宇晓、龙耀宏以及英年早逝的王胜先等。说他们是“民族作家”主要是突出这一代在“民族意识”方面的觉醒与表达；而加上“萌芽”一词，则是说明他们还没有真正成形，尚处于初生、起步和兴起的阶段。这里面有很多标志性的事情值得提出。“新时期”从1978到1998，其间跨越20年。若以1988年为界，这当中可以分为前后两个阶段。1978年，中国实行改革开放的新国策，侗族文学获得重新发展的新机遇。将近10年以后，到了1987年10月，隶属于中国少数民族文学学会的“中国侗族文学学会”在湖南新晃成立。从此侗族文学出现了有史以来以民族认同为标志并被国家承认的第一个现代团体。其既是对侗族文学基本队伍的跨省集结和肯定，同时又标志着侗族文学在“新时期”中人才壮大的重要转折。与这一转折前后相关的事件还有：1. 新中国成立以后第一部《当代侗族短篇小说选》出版（1988，北京）；2. 记录了包括侗族“乡土作家”陆大用等人在内的《侗族文学史》面世（1988，贵阳）；3. “全国侗族鼓楼文化研讨会”召开（1988，广西三江、龙胜）；以及 4. “湘黔桂鄂四省（区）侗族文艺会演”（1989，贵州榕江）等等。如今，到了 1998 年，第二部《侗族小说选》出版。尽管还只是“萌芽”阶段，其还是标志着侗族文学中的第三代“民族作家”终于以不同于以往前辈的姿态，艰难地走上了中国多民族文学与文化交融互补的历史舞台。当然在我看来，值得一提的还有 1985 年夏天在举办的“侗族鼓楼风雨桥展览”、1986 年侗族大歌应邀赴巴黎演出以及 1995 年有大批侗族专家学者参与组织编写的《侗族通览》在广西出版。这些事件共同构成了酝酿“新时期”第三代侗族“民族作家”逐渐诞生的时代土壤。

相对来说，侗族第三代“民族作家” 在总体上表现出这样一些特点。

一是“多元中的个体”。这是指他们虽说都共同具有并反映出“新时期”历史阶段的时代特征，比如“体制松绑”与“思想解放”，同时又以较为明确的侗族身份成为中国各民族文学中“多元一体”中的独特一元：有自己的队伍、自己的组织和自己的作品；但彼此之间却并非千人一面、无所区别，而是自由出击、各显神通。比如说帕尼与吴浩，或者是石佳能和龙宇晓，无论创作还是评论，相互间就明显不同，可以说各具特色。这就跟“革命作家”时代的侗族文学有着很大的不同。前者更多强调的是服从于政治需要前提下的集体性或国家性，而很少赞同创作中作家自身的个性与独立性——有时甚至让“领导出思想、群众出生活、作家出技巧”这类违背艺术规律的“创作方法”盛行一时。相比之下，新一代作家就要宽松自由得多。当然这在另一方面也造成了“这一代”中青年侗族作家较为松散，缺乏必要的整体建构这样的不利现象。其中原因，看来主要还是由于侗族族群在受到多次外来冲击后尚未形成一致和稳定的文化认同、在自身的民族意识、文学观念方面也还没有实现统一的“现代转换”之缘故。这也从一个侧面说明了其目前为什么仅处于“萌芽”状态的原因。

第二点是“现代中的开放”。上面提到使第三代作家明显受益的时代“宽松”其实是源于现代化背景中的“开放”。在被称为十年浩劫的“文革”结束以后，中国的政治经济中心转向了现代化建设。这一转向导致了中国社会的全面转型。与此相应，原有的许多社会团体也发生了功能方面的转变。比如作协与文联，尽管其从新中国成立以前到“文革”后一直存在，但到了改革开放的“新时期”，无论是否真正做到，它们至少在口头上开始由过去的坚持“领导”（指挥）转变为现在的强调“服务”（协调）。这一点在与 20 世纪 80 年代自主成立的侗族文学学会及其一系列活动中表现得就格外突出。正是这种宽松开放的氛围，鼓励新一代作家朝着敢于探索的方向不断迈进，作出了相对于以往更为大胆和宽泛的创新与突破：题材多样了，人物丰富了，视野开阔了，手法也革新了，更重要的是民族意识获得了明显增强。另一方面由于市场经济带来的冲击，在东西部发展差距越拉越大的现实困惑中，生存于少数民族落后地区的这一代侗族作家在力图把复兴民族文学作为自己愿意献身的事业之同时，受到了多方面的巨大压力。其中有的人“卖文为生”，靠拼命投稿养家活口；有的兼做生意，在力所不及的商场里消耗着有限的精神资源；有的被迫半途停笔，中断刚起步不久并前景看好的创作生涯……以至于作为整体的侗族作家队伍始终未能形成与自身时代使命相适应的人才结构，在与主流“话语”的交融补充和同其他民族的相互对话中，也因理论资源的不足而显得力度不够。不过应当看到，对于这一代的侗族作家来说，“现代中的开放”还意味着走向世界。大家知道，“新时期”中国文学所面对的一个共同特征是再一次引进西方和走出国门。这一点在帕尼这批年轻作家和学者中同样有所体现。比如说广西作者隆振彪创作的《白牛》，就明确宣称借鉴了20世纪80年代引进中国的拉美“魔幻现实主义”手法[7]；而这在前几代作家里几乎是不可能的。另一方面，在“新时期”里，侗族的新一代作家、学者也逐步走向了世界。就我所知，毕业于中央民族大学的龙宇晓前几年考试出国，到美国攻读文化人类学博士，直接进入西方学术前沿进行学术交往。与此相应，帕尼与张泽忠的作品则成为了法国学者安妮•居里安（Annie Curien）的研究评论对象，被视为与王朔、苏童以及韩少功、张承志等并列的中国当代作家中第三类——“少数民族作家”的代表。安妮认为他们以自己的故乡为背景，“以一种发自内心的，具有独创性的创作来展示侗乡农民的文化，来观察最基本的农村社会，来思考传统习俗的保护和继承”；虽然还具有一种边缘性质，但“其属于中国文化边界旁一种独特的文学样式”，“已经取得了相当的成就，并在理论上也作出了相当的贡献”[8]。

第三点可以称为“多样中的并存”。其意思就是指尽管到了“新时期”侗族文学在“精英”层面获得了显著发展，但应当看到，与此同时作为其民族传统基石的民间“乡土文学”同样出现了新的复兴。二者可以说是齐驱并进、交映生辉。对此我们不可偏颇看待，或顾此失彼；尤其不能只眼盯着文人文学而对民间创作视而不见。像前面提到过的“三王宫”序文，就同样创作于“新时期”，并且其实是与许多职业的“作家文学”不相上下的优秀文本。但如果人们只是片面地关注发表在正式刊物上的那些中短篇小说或者由出版社出版发行的长篇著作的话，就不会有空间留给“乡土文学”了。这就是说，作为第三代的“新时期”侗族文学实际上是多样化和多层面的，“民间”与“精英”构成了统一完整的侗族文学“大家庭”，它们彼此团结一致，共存互补，并形成一种良性张力，一同推动本族文学与文化的进步发展。这一点后面还会谈到。此处就不再展开。

三、“新文化”与“新文学”

下面讨论侗族作家提出的“建设侗乡新文化和开创侗族新文学”。

在上一次的发言中，贵州青年作家、作为侗族文学学会副会长的帕尼提出了这样的口号，并声明不是即兴所言，而是思考后的主张与表达。他说之所以这样主张的前提在于想追问一个基本问题，那就是：我们到底需要什么样的侗族文学？我想这是每个投身于侗族文学事业的人都要回答的，否则你的前景就会显得茫然，自己的选择也将无所适从，没有明确的目标和定位。帕尼的回答果断而明了，就是要“建设侗乡新文化和开创侗族新文学”。

我认为这是一个具有历史感召力的主张，如果这样的主张得到认同和响应的话，那么将是本次会议最大的成果，并使其因此而载入史册。为什么这样说呢？这需要结合中国各民族文学、文化整体发展的大背景来看。自 20 世纪 80 年代以后，特别是 90 年代以来，在被国家认可并一再重申的“多元一体”、繁荣并进新格局中，中国的多民族文化与文学呈现出普遍复兴的趋势。甚至不仅在种类比例上居主要地位的少数民族如此——这往往导致人们一谈起民族文化与民族文学就容易仅联想到“少数民族”——就连在人口数量上占了多数的汉民族也是这样。最近几年此起彼伏的“汉族史”研究以及分得更细的“客家文化”“潮汕文化”“广府文化”研究等都是这方面的表现。华南地区的人类学家就试图通过对珠江流域汉族“三大民系”的探讨，描述北方汉族进入岭南后的自身演变及其与当地少数民族的关系和相互影响[9]。在50多个少数民族里，我们更可以看到自相激励、唯恐落伍的竞争景象。藏族文学领域中，经过几年前由扎西达娃等掀起的“西藏作品热”之后，最近阿来推出的《尘埃落定》又再次引起了人们对藏区题材的兴趣和关注。在北方，长期不受注意的满族文学，也借助其在全国也属稀有的本民族期刊《满族文学》，在研究评论领域开展了有意义的研讨。例如有的作者提出满族文学不仅对本民族自身而且对汉民族乃至整个中国的历史文化都作出了很大贡献，比如满族诗人“在诗歌创作中努力表现的满洲民族风格，经后来的宗室及满洲诗人们接续发扬，给沉闷的清代汉族诗坛注入了富有生机的新鲜空气，在文学发展中发挥了积极作用”。其他论者则回应称“这论点拨云见日，十分确当，充分论证了满族诗歌的时代作用”；并强调这样的论述之所以获得，乃“因为作者是满族人，有‘天赋的民族意识’，且对满族文学有‘使命感’”[10]。

正是在这种各民族纷纷展示各自文化个性、张扬自身民族意识以求获得普遍承认并更平等顺利地生存发展下去的态势中，由作为少数民族之一的侗族作家率先提出建设本民族的“新文化”与“新文学”便有着十分重大的意义。因为这无疑会将各民族之间既有的文化交往与对话推向一个新的高潮。不过在这里我还不想只是简单地为之赞颂，而是愿意针对性地提出些问题，供包括帕尼在内的朋友们思考，以便使讨论能深入下去。

我的问题首先是：这个“新文学”将“新”在哪里？它跟以往有什么不同？怎样对比？新的“意义”是什么？并且其提出与内地汉民族作家的“新写实”“新状态”等又有何不同？对此你不能不追问。因为我想当帕尼正式提出这样的口号时，心里一定是有种超越感的。他自己对自己提出了一种超越，那就是：超越过去，弘扬自己（民族）。这是一个很大的目标，也是一个严峻的挑战；不仅关系他个人，而且关系一个民族，关系一个时代。对作为第三代体现者的这批中青年侗族作家来说，在文学创作上是再跟着旁人走过的道路行进呢，还是另辟途径，探索自己的独特方向？的确需要回答，需要思考。这几天我同张泽忠交谈。他对自己今后的表现手法感到犹豫，把握不了是否应当再继续花大量时间跟踪和关注其他民族——当然主要是汉民族——作家层出不穷的“模式”与技巧；照他的个性，其实更愿意回归朴实，并且认为以内容和情感为主，手法随之而生，不必过分强调。吴浩则提出以侗族鼓楼文化为“原型”，开创侗族文学自己的特有方式。在这方面，他们显然与主张应尽量学习借鉴汉族乃至世界其他民族在文学表现方面先进方法的帕尼有所不同。由此将引出对如何看待“新”与“旧”、“自我”与“他人”相互关系的论争；同时还会派生出怎样面对创立本民族文学道路的问题。在这点上，我比较同意侗族老一辈学者，侗族文学学会的老会长杨志一先生的观点，即他在本次会上强调的“继承”“吸收”“创造”。我想这应是每个民族文化发展均脱离不了的“三部曲”，缺一不可。

此外，探讨侗族的“新文学”，还得进一步辩明的问题是：“新”的标准是什么？你怎样判定“新”或“不新”的区别呢？若能判定，依据的价值尺度是什么？出发点是什么？最终的目标又定在哪里？回归传统还是面向未来？是向他人靠拢还是保持自己个性？这些你都得解释和回答，并且还必须获得普遍接受与采纳，否则口号就永远只是口号，现实中真正的“新文学”却难以出现，顶多是“纸上谈兵”，是少数“精英”的理论幻想——而那样就太可惜了。

关于“口号与现实”以及“精英和大众”的关系与距离，还有不少话值得细说。在我看来，“口号”的提出是很有必要的，并且口号本身必然具有超前甚至幻想的成分。人们对它加以质疑或争论，一方面会促进口号的完善，另一方面能扩展人们的视野，导致认识的提高。而对任何民族来说，“精英”的存在可以说都是必要的。“精英”拉开了与“大众”的距离，从而使其作为整体的族群文化保持内部必要的平衡张力和向前发展的动力。然而这种“距离”在本质上是相对的，在表现上则是互动的——那就是说，正如口号不能与现实相去太远一样，“精英”同“大众”也不能完全脱离。这样，当侗族文学发展中的“第三代”提出“建设侗乡新文化和开创侗族新文学”的主张并把关注的视野转向参与多民族文化对话的时候，摆在他们面前的问题在于：如何对待自己仍然固守传统的父老乡亲？是将其视为落后保守弃而不顾呢还是把他们当作土壤和同伴在发掘互补中一齐发展？这是当今中国具有普遍意义的关键问题。面对各自丰富广博且现实存在的民间文学和虽带着“土气”然而充满智慧的乡土作家，包括汉族在内的各民族“精英”们都面临严峻的考验，必须选择和寻找一条既可发展创新又能弘扬传统的和谐之路。对于侗族同胞来说，既然能够在以往悠久的文化传统中拥有十分优美的鼓楼建筑和非常动听的大歌演唱，那么倘若确实能将过去与现在、精英同大众结合起来的话，为何就不能再创造出更显光彩的“新文学”？

侗族新一代评论者石佳能等人论述过：

> 从远古时代的侗族神话、口头文学一直延续到解放后的作家文学，其间浩浩乎经历了近千年的历史烟云……侗族文学给古老的侗族文化注入了一股股鲜活的生气。[11]

这是就侗族自身传统的纵向发展而言。扩展开来，再从世界文学的发展演变来看，我们可以得到同样的启发。自从 20 世纪 80 年代以来，大家爱拿拉丁美洲“文学爆炸”来作比较。而拉美文学之所以能“爆炸”起来，正在于它把发展的基点建立在现代文化与民族传统相结合的基础上。

最后话说回来，如果再拿侗族文学发展中的所谓第一代“乡土作家”做参照的话，有一个问题似乎已在处于萌芽阶段的第三代“民族作家”当中提出了追问：你的对象是谁？你的写作只是为了把作品投到大城市的大刊物发表以引起轰动吗？你的考虑中是否还包含着“来自乡土”“描写乡土”和“服务乡土”

这样的本族传统？

令人欣慰的是，我见到的回答是十分肯定的；因为在阐述为何要“开创侗族新文学”的时候，倡导者指出其根本目的是为了“建设侗乡新文化”。

（原载于《民族文学研究》1999 年第 4 期）

注 释

[1] 徐新建：《作为族群表达的创作》，载《月地歌谣——侗族小说选》，贵州民族出版社，1998 年 6 月，第 1～5 页。

[2] 三江是广西的侗族自治县，1998 年的本次侗族文学年会就分别在这里和龙胜（各族自治县）召开。

[3] 此处所引文字参见覃水坤《赶考》，载《侗族小说选——月地歌谣》，第 253～257 页。

[4] 参见杨红梅：《侗家三代作家的研究》，“1998 全国侗族文学研讨会论文”（打印提纲）。

[5] 这样的划分是受到香港科技大学的人类学博士张兆和先生的启发。他曾写过专门的文章论述第一代苗族知识分子，并在出席全国苗学研讨会时作过大会宣读。

[6] 参见《侗族文学史》，张人位、邓敏文等主编，贵州民族出版社，1988 年，第 191～245 页。

[7] 参见隆振彪：《< 白牛 >构思的经过》，载《风雨桥》，1998 年第一期，第 14 页。

[8] 安妮·居里安：《中国文化边界旁的一种文学》，载《风雨桥》，1998 年第三期，第 44~48 页。

[9] 这方面的论述近来较多。可参见黄淑娉：《广东与香港的区域文化研究——人类学个案研究浅析》。文中指出："广东汉族有三大民系：广府、潮汕和客家。他们创造了同源于汉族，又有各自特点的广府文化、潮汕文化和客家文化，还有少数民族文化。这些都是中华文化体系的重要组成部分。"其是在 1997 年元月于昆明举办的人类学高级研讨班上的讲演。那次研讨我也参加了，印象很深，只是未能就此进行深入交谈。该文收入后来出版的《人类学与西南民族》一书（云南大学出版社，1998 年 7 月，第 385~399 页）；对中国汉民族进行研究的还有广西民院的徐杰舜等，他们的成果也很重要，值得参考。

[10] 参见路地（满族）：《喜读 < 塞风集 > 断想》，载《满族文学》，1998 年；另可参见赵志忠（满族）：《曹雪芹·文康·老舍》，载《民族文学研究》，1998 年第 3 期；文章以曹雪芹、文康（《儿女英雄传》作者）和老舍这三位满族作家为例，论述了满族对中国文学和文化的影响与贡献。

[11] 参见石佳能、田均权：《当代侗族文学发展之我见》，载《风雨桥》，1998 年第 1 期（原载《民族文学》1998 年第 2 期）。

六

语言的裂变与文化的整合
——瑶族多语文现象的时代特征

一般而论，语言和文字是从理论上界定一个民族和在实际中凝聚一种文化的核心要素。语言和文字的改变，往往导致民族及其特定文化的变迁。如今，对于处在众多民族不断相遇、不同文化深入交往的现代世界来说，把握这一点，即把握民族语文与民族文化的特定关系，尤为重要。

语言的裂变和文化的整合，是生活在强大民族包围之中和外来文化冲击之下，弱小民族普遍面临两难问题和选择。一方面，由于政治、社会等方面的外在影响以及本族自身社会发展及对外交际的内在要求，弱小民族往往不得不逐渐改变自己原有的母语甚至改用外来的异域“外语”，从而导致本民族语言上的裂变；另一方面，不断裂变的语言又构成了本民族成员在同一性及凝聚力上的威胁，因此又产生出在超语言的层次上进行文化整合的特殊需要。然而由于语言裂变在事实大的不可抵御性以及特定语言对于民族认同所具有的特殊意义，要做到超语言的文化整合十分艰难。于是就产生出一个既尖锐又复杂的问题：究竟是语言的裂变将使弱小民族逐渐融化于其他民族之中呢，还是重新整合后的统一文化将有机地连接这种分裂的语言，从而使该民族能以新的时代面貌继续生存和发展，立于众民族之林。

本文拟从语言裂变和文化整合两个方面入手，围绕瑶族当代多语文现象，探讨语言文字的变异对其文化传统和民族认同的影响。

一、多国民族和多民族国

进入 20 世纪 90 年代之后，具有古老文化传统的瑶族其总人数已达到 200 多万，分布在亚、欧、美洲若干个国家，成为了名符其实的多国民族。这种“多国民族”的特点与瑶族自古以来迁徙无常、大分散小聚居的生存方式相一致。此外，分布在世界各地的瑶族均无独立的政治实体，皆是生活在“多民族国”内与主体民族相对的少数民族之一。这又同历史上瑶族从未有过自己现代意义上的民族国家 (Nation-State) 这种边缘地位相呼应。

这样，无论是其中国大陆的成员还是东南亚诸国的成员，亦或是远隔重洋的法国、美国的成员也罢，作为生活在若干“多民族国”中的多国民族（亦可称为跨国民族），瑶族的文化传统已进入了一个新的历史阶段，面临着如何在跨地区、跨国家和跨语言的前提下进行民族认同和文化整合的新问题。

先不论其具体的迁徙原因，作为整体的瑶族长期以来大分散小聚居的事实所直接带来的一个显著结果，便是语言的裂变。语言裂变的表现形式主要有“母语变异”和“多语重叠”两大种类。“母语变异”又可分为“方言土语的增加”“本族母语的异化”及“异族外语的取代”这样三种。

在母语变异类中，“方言土语的增加”可视为瑶族语言的第一次裂变，即同支异言现象。这种现象最先产生在同祖同宗的氏族集团内。由于分迁异地，久无交往，各自（或其中某一部分成员）使用的语言发生了变异，于是演变为不同的方言土语。但这虽造成了彼此交际上的一定困难，却仍同属于一个特定的语支。如被语言学界归属为苗瑶语族瑶语支的“勉语”，若按如今使用地域划分的话，就大致包括了广西方言、贵州方言、湖南方言等不同的分支及其各自统属的若干土语。

以贵州为例[1]：

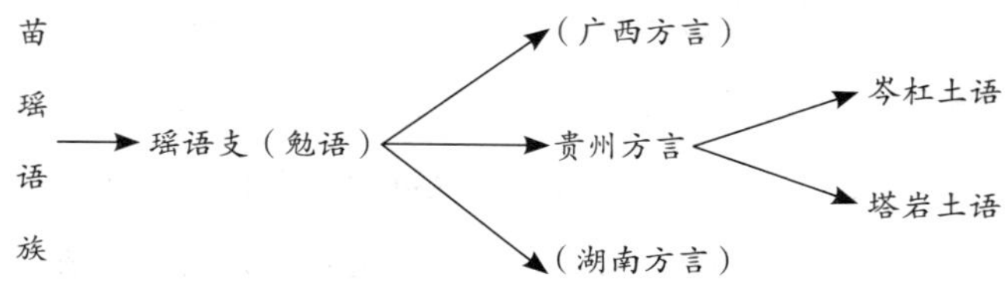

由于长期分离等原因，在许多地方，同一语支的不同方言乃至同一方言的不同土语已难以通话，形成了语言的阻隔。

“本族母语的异化”，是瑶族语言的第二次裂变，其影响也远比“方言土语的增加”复杂得多。此次裂变的结果是出现了“同族异支”现象，即在同为汉藏语系、苗瑶语族的基础上，分离为不同的瑶语支、苗语支等不同的支系。从民族学的角度看，语言上不同支系的出现，实际已意味着该民族的一次文化变异。只不过这种分离，究竟是一部分瑶族成员语言苗化所导致的结果呢？还是另一部分保持了其母语传统的苗胞在生活习惯等方面逐渐瑶化的产物？目前尚难确定。此次裂变的结果如下：

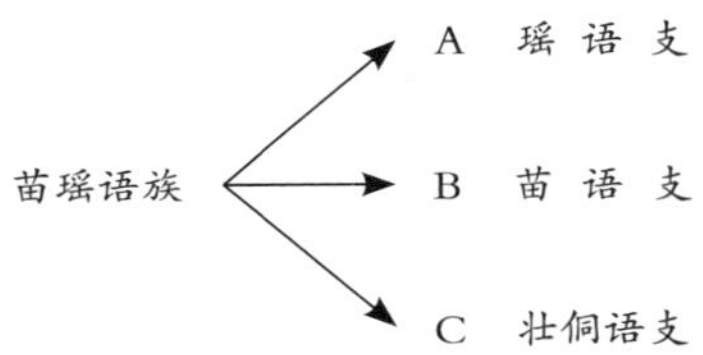

瑶族语言的第三次裂变即“异族外语的取代”。这主要指由于多民族杂居等原因，一部分瑶族成员由接受异族外语而逐渐放弃并最终丧失本族母语的“母语脱落”现象。如广西荣城、富川，湖南江华的平地瑶以及贵州榕江塔石的板瑶，在这些地区的许多瑶族成员中就在语言上发生了汉化[2]。20 世纪 70 年代迁入美国的瑶族成员中，一些家庭的子女（指出生在美国的新生代）已不会说瑶语，产生了与本族同胞交流的困难[3]。这样就出现了“说汉话的瑶族”以及“讲英语的瑶族”等另一种文化变异现象。

瑶族三次语言裂变的结构可用图表示如下：

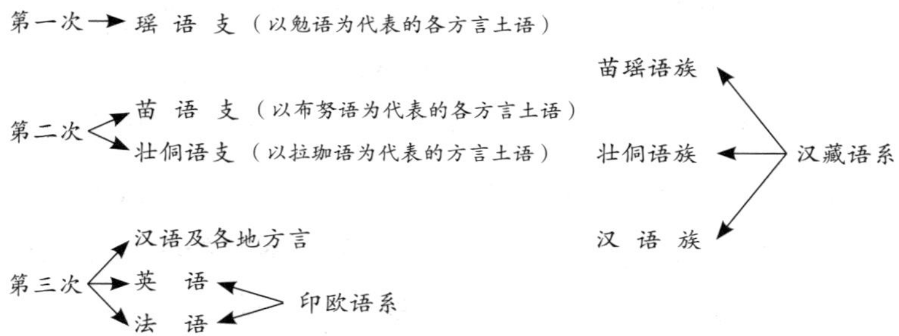

值得指出的是，在第二、三次之间除了汉语之外，还有同语系异语族的壮侗语族交融现象，即部分瑶族成员所用的语言逐渐接近于属于壮侗语族的侗语、水语、布依语等，而与本族母语瑶语支相分离和区别开来[4]。但在同汉语、英语等其他语言相比照时，无论瑶语支的勉语、苗语支的布努语还是侗水语支的拉珈语，此三者都被称为“瑶话”或瑶语。据此，有学者将“瑶族语言”跟“瑶语”区别开来，是极有道理的[5]。

如果说上述三种形式的“母语变异”从历时与共时两个侧面反映了瑶族的语言裂变现象的话，“多语重叠”则从结构与功能上进一步体现了这一裂变。

所谓多语重叠，是指瑶族成员同时掌握并运用两种或两种以上不同语言的表达方式和交际能力。这种方式与能力因地而异、有的地方除母语外能掌握的另一种语言是壮语，或侗语。苗语、布依语、汉语、泰语、越语乃至英语、法语；有的能运用的外语仅一种，有的则是二种，甚至二种以上。如贵州瑶山的“白裤瑶”，其“成年男子普遍能说布依话和汉话，这两种语言是他们对外交际的工具”[6]。

由于长期与其他民族杂居并往往处于边缘地位，因文化相互影响和实际交际上的需要，掌握两种或两种以上语言的现象在瑶族成员中可说是一种较为普遍的存在。也就是说，母语与某种外语并存，构成了瑶族社会中一种可称为双语文化或多语文化的重要特征。此种特征一方面说明在两种或两种以上不同文化相互交遇时，瑶族由于处于弱小和边缘地位而不得不接受异族外语以致使自身文化出现“多语重叠”现象。另一方面，这种多语重叠现象又反过来增加了瑶族成员在使用语言上的额外负担，并使本族母语的发展受到抑制。当然，在少数地区，由于瑶族人口所占的比例多于其他民族，故也有在相互交往中出现其他民族使用瑶语甚至在语言上被瑶化的现象[7]。

以往的民族语言研究，往往多关注于具体语言的归属及方言差异等方面，而对以少数民族身分存在于多民族地区和国家的少数民族双语文化现象研究不够。从当今的发展趋势看，这种不足是应当尽快克服的。生活在多民族地区和国家的少数民族，他们的双语文化（或多语重叠现象），使其与其他民族，特别是主体民族有着极明显的不同。一般来说，较为强大的民族通常用不着费力地在自己的母语之外再去学习和运用另一种民族语言，在作为多民族国家的中国，这种语言上的优越性不仅表现在主体民族汉族身上，有时也表现在相对于更为弱小的民族而略显强大的某些少数民族身上，尽管他们同样都存在着需要附加学习和使用汉语的负担。如前面提到过的瑶山，那里居住着瑶族（白裤瑶）300 多户，3000 多人。尽管在瑶山乡内瑶族人口占 95% 以上，但由于瑶山四周尽为布依族，而布依族四周又尽为汉族。因此比起同为少数民族的布依族来，瑶族成员的对外交际，除了汉语之外，还不得不再增加上对他们来说同样可称为“外语”的布依语。这样，仅以瑶山白裤瑶为例，即可看出表面的多语重叠现象的后面，实际掩盖着民族交际中的差异和不平等。当地汉族同布依族及瑶族打交道，只需使用本族母语即可；布依族学了汉语后也能同瑶、汉二族交往；而瑶族却得额外掌握二门外语才能享受有同样效果：

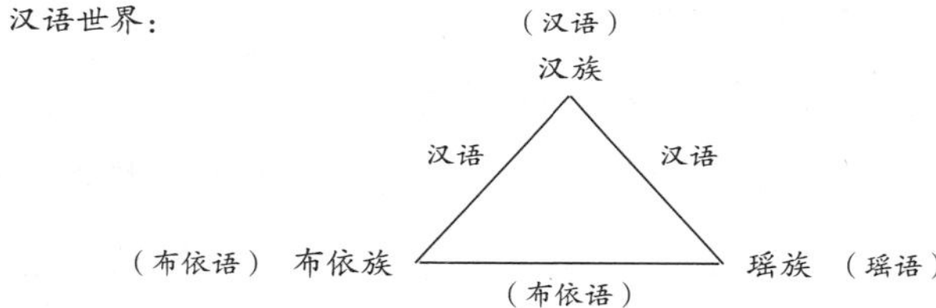

这种情形就跟现代汉语以北京话为“普通话”标准，使得操其他方言的汉族成员在其方言之外增加了语言负担一样[8]。扩大到世界范围来说，这又还跟如今尽管联合国已将汉语规定为工作语之一，但是在大多数情况下，汉民族成员却不得不费力学习并掌握英语以作为对外交际的基本工具一样。在后一种情况下，除了少量职业翻译和汉学家以外，中外交往中目前还很少有外国一方主动学习并使用汉语的。这种差别在华人移居的欧美国家更显突出；在那里，华人是少数民族，汉语成了少数民族语言。在这种情况下，海外瑶胞就成为了少数民族中的少数民族，瑶语的地位可想而知：

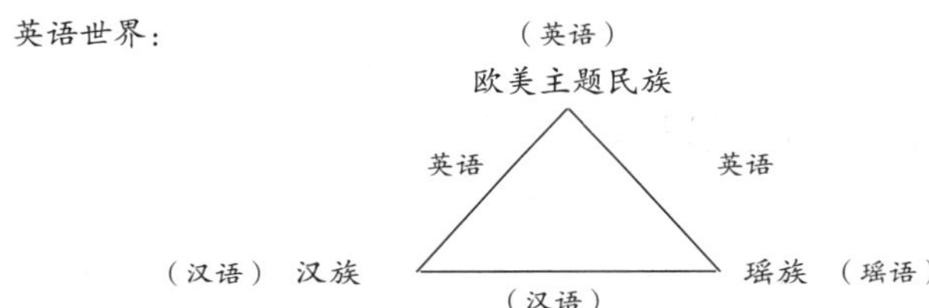

由于欧美瑶族大多由东南亚地区迁去，他们与当地的汉族移民是否有深入联系还很难说，但从国内学者出访欧美瑶族居住地的情况来看，汉瑶间交往的纽带之一仍是汉语（和汉文）。在美国的瑶胞不但保存着汉文书写的“过山榜”，并且还恳切希望中美两国的瑶胞联系要不断加强，希望中国方面派教师去教授汉语[9]。

总之，与多民族国和多国民族紧密相关的语言裂变，即上述母语异化与多语重叠现象，已使如今拥有 200 余万人口的瑶族发生了新的变化，也产生了新的问题：怎样才能在如此繁杂多样的语言表象下面，寻求瑶族统一的民族标志？换句话说，什么样的凝聚物才能将瑶族仍在裂变之中的语言表象串连起来？相比之下，汉族的语言在古往今来的历史长河中同样发生了各种各样的异化，但却能以统一的汉字将分散庞杂的方言土语连为一体，以致还在更大范围内形成了跨民族的“汉字文化圈”。瑶族文化能做到这点么？如以文字统摄语言，其又借助什么样的文字呢？汉文，瑶文，亦或是其他？

为回答这些问题，需要再对瑶族文化中的汉文写作及瑶文创造等现象作番考察和分析。

二、石碑借文与族群变异

与许多没有文字或失去了文字的少数民族一样，中国境内的许多瑶族成员在长期生活实践中，根据不同的具体需要，分别以不同方式采用了汉字来当作书写和记录工具。按照瑶族学者张有隽先生的划分，瑶族的汉文写作有六种类型，即过山文书、族谱与碑文石刻、宗教经书、歌书、医书及地契租约等[10]。这里仅以其中的碑文石刻类型为主要事例来分析瑶族汉文写作的基本特征及其文化意义。

瑶族文化中立石刻文以记法规的现象，在其许多支系中均有发现，不少学者还据此总结出某种可称之为“石牌制度”的瑶族社会组织形式，可见其作用的重要[11]。为何瑶族石碑要借用和怎样借用汉文，却值得作一番比较研究。

扩展来看，立石为据这种带有某种“石崇拜”遗迹的文化现象并非瑶族独有。生活在其周围的汉、苗、水、布依等其他民族也均有之。总体说来，“立石为据”作为一种明显的人文现象，在其从原初的山石崇拜等自然领域分离出来而独立成为某种人文符号之后，便逐渐演变为无字与有字这样两种类型。

无字石碑在如今贵州一些地区的苗族村寨仍有存留，如从江县加鸠区的孔明公社（乡）。当地苗胞把这种无字之碑称为“额骚”。“额骚”的作用是警示村民、规范秩序。有意思的是，初埋的石碑本无文字，而当需要诵读条规时便以扦击石，所凿的痕迹，留在石碑上，变成了另一种意义的符号[12]。在这种情况下，无论有无凿痕，立于土中的石碑只是口语公约的辅助性符号，起到一种超越时空的象征性作用。而与具体明确的文字相比，这种作用又显得抽象和模糊。据考察，广西大瑶山龙军村的瑶族也保留有这种无字石碑，并且还有一大一小、一竖一横等不同立法。当地人介绍说，其叫姐妹（或兄弟）石碑，并说因为瑶族没有文字，故立“竖碑”让众人走正道，象征其永远站得住脚；立“横碑”告示人们莫要行为不正，被人指责，永远站不起来。由于这种石碑的重要，当地开石碑会都在其处，自古以来称叫它“石碑坪”[13]。学者的观点是，其“可能是在汉字还没有传入瑶山之前瑶民们所用的‘象形石碑’”[14]。此外，据费孝通、唐兆民先生的研究，瑶族无字石碑中也有类似于上述孔明乡苗民击石凿痕的方式，其表现为或“各人在一块石头上打个印”，或“用斧头砍三个缺口，表示誓守勿渝的决心”[15]。

上述瑶族的有字石碑可说即是以汉字刻写的石碑。按照前引学者们的观点，汉字石碑的出现一是表明汉字已传入瑶民社会，二是标志着瑶族石碑已由“无字象形”走向“有字记载”的新阶段。应当说，“汉字传入”是一种十分重要的表述。首先，把汉字与汉语分开，说明尽管同样作为外来文化之物，二者的传入却不可相混。因为即便对于汉族来说，也并非所有的成员都识得汉字，能用文字。不识字者即所谓的“文盲”。因此假若瑶族与之相接触的汉民最早都是“文盲”的话（这在乡村僻野是极正常的事），汉语的输入必定早于汉字。也就是说，在同汉族交往的过程中，瑶族先学会的是汉话，随后才是汉字。此外，“汉字传入”并不等于“汉字接受”。对此也需要分析。从如今世界范围内的汉字传播情况看，汉字传入异地后大致可能出现三种不同结果：一是全盘接受，即汉字汉义汉读；二是基本接受或部分接受，但对其变形变义变读；再就是表面接受，即以汉字为符号书写本族母语（如早期日文、越南文、高阴文。中国少数民族中的东巴文、白文、水书等，在一定程度也可归为此类）。贵州榕江县水尾乡出土的水族墓碑，上面发现有以汉字和水书（水字）同时刻的“双文碑刻”。尽管在被称为水书的碑刻文字中有一些明显是以反写、改写等方式借用的汉字，但毕竟表明了存在着不同的“汉字传入”方式和结果[16]。瑶族的“汉字石碑”属于全盘接受类型，即汉字汉义汉读。现以贵州瑶族白裤瑶现存的石碑为例，稍作分析。

例一，改婚易俗碑。其立于同治二年（1863年）三月，内容旨在“废除‘七牛婚姻制’，禁止姑舅表婚”，并刻于石上，永留后代。

例二，减免赋税碑。其立于民国九年（1920年）。碑文称“瑶庆乡瑶六团民，人稠地瘠，丁粮过重……一律从今减免，勒石以存永远”。据有的学者分析，此石碑实际上是政府的告示，虽不具有习惯法和盟约的性质，却“仍属于石碑的一特殊形式”。

瑶民以此形式来保护自己，并抵制官府的横征暴敛[17]。

例三，革除族籍碑。此碑立于民国三十八年（1949年），内容独特，且保存完好，具有特别的研究意义，现全引如下[18]：

永流后代

盖闻我埃麓风俗习惯，自古以来，覃姓与卢姓原系同宗共族，不能通婚。乃有卢金贵暗与覃姓之女通奸，后又娶为妻室。查与地方规律，有坏伦纪。经地方众老等议定，立碑革除，条例如下：

一、不准卢金贵与埃族即卢、覃、欧、莫、姚、常、韦各姓互相工作；

二、不准交借工具；

三、不准与亲戚房族往来；

四、不准其子女与本瑶族通婚；

五、办理婚丧喜事不准参加；

六、如有人违犯本规律者，罚钱七百20毫、猪一百20斤，酒米供全瑶民尽量饮食，不准包回；

七、今后有人败坏伦纪者，按照地方规律赔偿，否则也照章实行立碑革除。恐后无凭，立碑切记。

创立者　　保　长　覃　　金　荣

（略）　　中华民国三十八年七月一日　立碑

上引三例，一个是对祖宗，一个是对官府，另一个是对族民。其内容无论是改制、外争还是立法，都事关重大，含糊不得，故都采用了文字形式，刻石立碑，永流后代。比起另一种形式的无字之碑来，其所产生的效用无疑又更具体和明确了一步。

先说第二例“减免赋税”碑。从内容行文看，其更像照录官府告示，只是将其刻为石碑是官府所为还是瑶民所为，不得而知。不过这至少看出汉家官文对瑶民石碑的影响。汉族刻碑，由来已久。瑶民立碑刻石之现象（包括无字之碑）是否全然受了汉族文化的影响，还值得研究。此碑立在瑶村，无论作者是谁，其读者显然都包括了汉、瑶两方。以官府为读者，是提醒其切莫食言，有法必依；以瑶民为读者，则是告诫众人依法减赋，保护自我。这说明汉字在此已成为汉瑶之间的通用文字。

作为第一例的“改婚易俗碑”，事关改革祖宗旧法、创立时代新规等大事，仅口说心传显然已远远不够。于是便进入了学者们所谓的“习惯法形成文字”的临界阶段。从文字创立的一般规律来看，特定的需要必将产生出特定的结果。也就是说：假若此时此景中的瑶民们是生活在完全独立的文化生态中的话，一次又一次的这种“临界”冲击，是有可能创造出瑶族自己的文字来的。但事实上瑶族的文化生境已是处于多语重叠和汉字文化包围之中。于是周边已知的现有文字的存在，便成了抑制瑶族文字产生的消极因素。在外族文字的诱惑面前，瑶民采用了最为便利的方法：借用，借用汉字。这种“诱惑”与“借用”的结果，使得汉瑶二族的关系又增添了一层文字上的原生民族和次生民族之分。前面说过，瑶族借用汉字与那种以汉字为符号注本族母语读音的方式不同，其是完全的借其形、音、义。因此可以说，瑶族之借用汉字就是借用汉文化。例二中这块立于同治年间的石碑，其行文用语如“旨在”“婚姻制”“姑舅表婚”等等无不充满了汉文化色彩，甚至已不能说是由瑶语译成而完全就引用了汉文化概念（或许是请当时的汉族先生按意照搬也有可能）。如果说这样的碑文还具有瑶族本文化内容的话，应当说由于借用汉字的原因，其内容已被彻底改写了一道。至于改写后的汉字碑文是否与最初的瑶家本义完全一致，就很难说了。然而与其他类似的无字民族一样，借用就意味着改写。借用与改写实为相互关联的对应现象。而这种改写可视为瑶族以特殊方式由习惯法“跃进”到成文法阶段所付出的一种代价。

如果说前面两例使我们分别关注“录写官文”和“以汉述瑶”两个方面的话，第三例则明示我们注意有关“族籍存亡”的问题。

先说“存”。此碑文中涉及瑶族族别、族称方面的语词和内容有地名（“瑶麓”）、族称（“瑶族”“本瑶族”“全瑶民”）、宗族家系（“同宗共祖”“瑶族即卢、覃、欧、莫、姚、常、韦各姓”“亲戚房族”）等。首先，由于借用汉字（即借用汉文化），在族称问题上此碑采用他称而放弃了自称。据考察，“在荔波县茂兰区的瑶麓瑶族乡及佳荣茂兰两乡的几个村寨，住着一千多瑶族。他们的语言属苗语支，自称 nu^{55} mau^{22}。当地汉族称他们为‘青裤瑶’‘黑裤瑶’，或简称‘青瑶’‘黑瑶’。”并且，值得注意的还有，“对‘黑裤瑶’这一称呼，瑶族人民十分反感……”[19]。从石碑内容看，其主要是针对本族内部。因此在称谓上即使借字也可借用与自称相对应的汉字，即“努姆好”等，而不是代表他称的“瑶”。用“瑶”代替“努姆好”，实际上已反映出对汉文化的某种移植。另据贵州民族学院调查组1984年5月在从江西山搜集到的同样以汉字记载的瑶族“过山引文”来看，其也因借用汉字而采用了汉族“他称”。不过有所区别的是，该“过山引文”将“瑶族”之称置于苗、侗、壮、汉诸族之中，并为五族，且在来源上归于同一兄妹结合的后代；对于瑶族内部，则在姓氏上分列赵、盘、李、周……等12姓，在地域分布上划出两广、云贵四省诸县区；对于民族关系，一方面强调了“瑶民族如左手掌拇指，苗、侗、壮、汉四族如左手掌之四指，立古规之关节，不易瑶客”；同时又制定了“我们瑶民一族”，一“不许同其他客姓人民联合寄居”，二“永不能同其他别姓人民无故结怨”的两大原则[20]。这说明“瑶民一族”的同族意识并未因汉字的借用而改变或削弱，相反还因有了文字的记载和书写而得到了明确的陈述、强调和传播，可谓借他人之文，表自己之意。再说“亡”。立于1949年的瑶麓“革除族籍”碑（此名为笔者所加，乃为叙述方便），以违反族规为据，将本族成员卢、覃二氏革除族外，并立碑示众，警谕后人。所谓“革除”，即从生产、社交、礼仪和通婚等本族生活的重要方面将犯禁者排斥在外。其中最要紧的是不许“其子女与本瑶族通婚”。在恪守不与外族通婚之传统的情形下，这无异于宣判了该户人家的血缘死刑。其后路要么是从此不娶不嫁，断子绝孙，要么只得被迫改俗，融于外族，自绝于瑶家祖宗。至于被革除的当事人卢覃之家后来的情况究竟属于何种，因无资料，暂不得而知。但这种可以用立碑刻文的形式来取消具体成员族籍的做法，的确值得认真研究。也就是说，少数民族的“民族意识”并不仅仅体现于政府自上而下（由外及内）式的民族识别等方面。某一个体是否被特定的民族群体（集团）所承认和接纳，还得由该群体自己决定。而群体在观念上的大小往往与具体的组织形式有关。在很多情况下，作为外族统称的“瑶”，与具体村落式的 nu^{55} mau^{22} 等并不是一回事。所谓“民族认同”，还有一个内外之分（这一点与美国印第安人、黑人相似。他们也是外称统一，内称有别）。

长期以来，无论是采用“过山引文”还是“碑文刻写”等哪一种具体的书写形式，在多语重叠且无已文的情况下，中国境内的瑶族较为普遍地采用了借用汉字的做法。而进一步看，瑶族的这种所谓借用汉字，不过是使其多语重叠中的汉语部分文字化而已。这就使得瑶族一方面与某些无字民族继续保持无字状态形成区别（如苗族“无字石碑”现象），另一方面又同能在石碑上同时呈现两种文字的水书现象有所不同。从世界范围的比较来看，与能够同时拥有本族母语和文字的少数民族（如东亚地区的阿尔泰语系民族）及二者都几乎完全丧失者（如美国黑人）相比，可称为“多语借文”类型的瑶族似乎正好介于中间状态。美国的黑人，在被迫远离非洲本土数百年之后，如今在语言文字上已快要被完全同化，也就是被英语化了。换句话说，在使美国黑人相互认同的因素中，语言（文字）已丧失了应有的功能。如今，以汉语言文字为主要工具的学校教育正在瑶族社区中普及起来。这无疑迅速加剧了瑶民对汉字汉文化的借用。需要研究的问题有这样一些：以现代学校教育为背景的汉字借用对瑶族母语（无论是瑶语支、苗语支还是侗水语支）的文字化将产生什么影响，其是否会完全地抑制瑶族母语文字化的进程？随着大量汉字（汉语概念、汉文化）的输入，瑶语本身会发生什么变化，是进一步增加外来词汇呢还是将逐渐被外来语取代？在这种情况下，研制、创建以瑶族母语为基础的瑶文，有何意义？其能够被广泛采用并适应于本族的对外交流吗？最后，没有文字甚至丧失母语的各地瑶族成员将以其他什么标志相互认同为一体？

作为尚无统一文字的少数民族集团，瑶族面临的时代困惑并非孤例。中国南方以及东南亚地区的诸多属于藏缅、苗瑶和壮侗语族的民族中，同样普遍地存在着语言裂变与文化整合的尖锐矛盾。因此，如何全面认识并正确对待这一现象，无疑具有十分现实的普遍意义。

三、双语教育与瑶文创造

作为一种“借语文化”现象，瑶麓汉文石碑的事例显然已涉及了语言运用中的听、说、读、写四个方面。从这种石碑文化的全过程来看，其实际上包括制作和运用两个不同的程序或部分。制作就是立碑前的写碑（文）和刻碑；运用则指立碑后的诵碑与听碑（文）。若加上两个部分各自的相关内容，其结构如下：

（立碑前）制作：议碑→写碑→刻碑

（立碑后）运用：祭碑→诵碑→听碑

前一过程涉及议碑者、写碑者和刻碑者，即碑文作者；后一过程则又增加了石碑文化的基本对象，即众多的听众、参与者。需要深入分析的是，既然最终是以汉文书写的方式出现石碑碑文（瑶民法规），那么在最初议碑阶段使用的是什么语言，瑶语还是汉语？如果是瑶语，到了写碑文时，翻译成文的任务由何人担任，请汉族先生还是瑶民自理？碑文定稿后，谁来书写刻石？看来两种可能都存在：有可能全由瑶胞自行完成，也有可能外请当地汉族先生代理。前一种可能说明的是，当地瑶民的多语重叠现象已达到了成文化的水准；而后一种可能则表明其远只是会“说”不会（读）“写”的（汉字）文盲阶段。这里有一个矛盾。据史料记载，瑶麓地区（包括苗、瑶族等民族）自古“不读书，未开化”，直至民国二十七年（1938 年）才始建一初级小学。可是前引“改婚易俗”碑及“减免赋税”碑，一个立于同治年间，一个立于民国九年（1920 年），都在当地办学之前。看来可能性较大的事实还是请了汉人先生参与协助，合作完成（这样的事例在其他地方并非鲜见）。合作的基础是参与议碑的瑶族头面人物已具有汉语（口语）的听、说能力；此外，不排除其中少数成员对汉文（汉语书面语）略知一二，即能够读、写一定的汉字。

主要的问题还在第二阶段，即因事聚众于石碑处（议碑坪）时，需要再次由人诵读碑文。这就要求具有相当强的汉字阅读能力。不过根据前面提到过的苗族“无字之碑”现象看，主持石碑仪式的头面人物完全可以靠记忆背诵碑文（条约）。如果已认识一定汉字的话，其当然也就更可以边背边认了。但除了主持人之外，又有多少听众能够认识、听懂汉字碑文呢？不可能是全部。根据实地调查，因妇女、儿童较少出外交际，所谓的“多语重叠”（即除本族母语之外，还能掌握一种或一种以上语言），大多只对成年男子而言，而这部分人中，文盲无疑占了大多数。

也就是说，瑶族乡村中的“石碑借文”现象，其覆盖面是很有限的。首先，作为“多语重叠”产物，它并没有完全取代瑶族母语，而只是将其“多语”中的汉语部分文字化罢了；其次，在一种语言所应包括的四种能力中，它更多占据的只是“听”和“说”部分，对于“读”与“写”，尚只局限在很狭小的范围，即只是一种上层“精英现象”，还不能视为全民行为。也正因如此，在瑶族聚居的广大地区至今还保存着仅使用母语和“多语重叠”并存的普遍现象。而这又使得现代的教育者们具有针对性地提出了在瑶族社区中进行“双语教学”的设想。

从多民族共同繁荣、多文化共同发展的基本方针看，如果说“双语教学”反映的是对各少数民族自身语言客观存在的一种尊重和保护的话，以瑶族口语为基础，努力创制符合瑶语规律的瑶文，则体现了在尊重和保护的前提下，进一步发展少数民族文化传统的积极态度。经过几十年的多方努力，现分布在世界各地的瑶族已有了几种不同形式的瑶文（主要包括以勉语勉方言和藻敏方言为主的文字方案，其中既有中国专家也有美国学者所作的设计[21]）。无论这些瑶文方案将来会以何种形式统一[22]，都体现出在多语重叠现象之中突出母语、发展母语的趋向。然而正如多年从事少数民族语言文字研究和设计的老一辈学者马学良先生指出的那样，现实的状况往往还不是无字民族是否开始拥有自己的文字，而在于文字创立出来后有没有读物，即有没有人运用这种文字去写、去读。以拼音文字的方案为例，马先生指出："拼音文字对于本民族（指原无文字的少数民族）来说很容易，短期就可学会。学会后若没读物，创定这种文字又有什么用？"[23]如今多种形式的瑶族文字方案已创制出来，而于瑶族本民族内众多的学者专家却仍普遍沿袭着当年石碑借文的传统，自觉而熟练地借用着汉文。最近一次荣获中国少数民族文学创作奖的瑶族诗人唐玉文，其作品不也是以汉文发表的《误过花期》么？这是瑶文面临的又一矛盾，即没有本族文字和不用本族文字的矛盾。

如果说以表意为主的方块汉字整合了汉民族内多言制（多方言土语）现象，以致于在很大程度上使不断分散的内部因子得以凝聚和整合的话，作为一种少数民族新创文字的现代瑶文，也可望达到同样的效果，然而条件至少应不仅包括在乡村文盲中推进双语教学，看来更应在代表民族精英的知识阶层中实现双文运用。一个民族，如果没有自己的文化代言人至上而下地运用本民族文字的话，这种文字的推广就更困难。而如今竟有那么多的本民族精英不能（不愿？）运用自己的文字，因此，或许需要倡导另一种意义上的“双语教学”和“双语文化”。

（原载于《贵州民族研究》1994年第3期）

注释

[1] 参见张济民等：《月亮山地区瑶语考察记实》，载《月亮山地区民族调查》，贵州民族研究所编，1983年。

[2] 参见徐杰舜，邓文通：《从瑶族支系问题谈起》，载《瑶族研究论文集》，广西瑶族研究会编，广西民族出版社，1987年；贵州民院调查组：《榕江县塔石公社瑶族调查》，载《贵州民族调查》（二），贵州民族研究所编，1984年。

[3] 盘泰福：《美国瑶族地区访问纪实》，广西瑶学会编，《瑶学研究》第2辑，广西民族出版社，1992年。

[4] 据调查，广西金秀的茶山瑶所操语言就属侗水语支。参见前引徐杰舜、邓文通文。

[5] 参见《瑶族研究论文集》，广西民族出版社，1987年，第240～250页。

[6]《月亮山地区民族调查》，第8～9页

[7] 最特殊的例子可举贵州黎平茶乡的陈姓子嗣。据当地群众称，其即原为汉族，因避难逃来瑶寨，被瑶民收留，后逐渐“瑶化”的。参见《贵州民族调查》（二），第182页。

[8] 汉语方言的存在，使得不少地区的瑶族成员在先学会了当地汉话之后，还得再花力气去学普通话。这样在对外交际上便又多了一

层语言的负担。

[9] 同注释 [3]。

[10] 参见张有隽：《瑶族传统文化变迁论》，广西民族出版社，1992年，第70～71页。

[11] 参见苏德富等：《大瑶山石碑制度析》，载《瑶族研究论文集》第102～105页，柏果成、史继忠等：《贵州瑶族》，贵州民族出版社，1980年，第80～88页。

[12] 赵崇南：《从江县孔明公村苗族习惯法、乡规民约调查》，载《月亮山地区民族调查》。

[13][14][15] 同注释 [11]。

[16] 参见《贵州民族调查》（二），第101页。

[17] 柏果成等：《贵州瑶族》，第159～163页。

[18] 参见《月亮山地区民族调查》，载《贵州瑶族》，第84～85页。

[19] 同注释 [17]。

[20] 参见《贵州民族调查》（二），第159～165页。

[21] 参见赵建伟：《中国瑶族语言研究评述》，载《瑶族研究论文集》，第240～250页。

[22] 由于方言众多，文字难以统一，有人在拼音方案之外提出了“反切表意文字”的设想。参见杨庭硕等：《反切表意文字是汉藏语系诸语言新一代理想文字》，载《贵州民族研究》No.2，1993年。

[23] 参见马学良：《谈谈民族文字与汉语教学》（中国少数民族双语教学研究会第5届年会学术报告），载《贵州民族研究》No.2，1986年。

七

生死两界“送魂歌”
——《亚鲁王》研究的几个问题

近来，贵州腹地的麻山地区正因苗族古歌“亚鲁王”而备受关注，相关的宣传和新闻发布会从地方一直延伸到首都人民大会堂[1]。冯骥才发表文章把“亚鲁王”的被发现形容为“横空出世”，称其价值“无论在历史、民族、地域、文化还是文学方面，都是无可估量的”[2]；刘锡诚视“亚鲁王”为“原始农耕文明时代的英雄史诗”，认为它的发现、记录与出版“是本世纪我国非物质文化遗产保护工作的重大成果”，从此将改写“已有的苗族文学史乃至我国多民族文学史”[3]。接下来引出的议论热烈而广泛，话题涉民族文学、史诗古歌及地方开发与遗产保护等多个方面，可谓一举成名、四方围观引出的问题驳杂繁多，还需深入辨析和探讨。

十多年前，贵州省民间文艺家协会发起编一套“贵州民间文化研究丛书”，主要的组织者是余未人。笔者作为执行主编本来负责的是“麻山实录”，后来阴差阳错没实现，选题改成了省城附近的布依族村寨，结果完成了以田野考察为主的《罗吏实录》[4]。要是选题没改的话，或许那时就会接触到麻山的“亚鲁王”了。

不过十分巧合的是，作为值得思考的对照，在当年的罗吏考察中，笔者遇到并描述了与麻山苗族丧葬习俗颇为相似的布依族“砍牛”“诵经”和“送魂”。现在索性就把二者联系起来，再做一点比较研讨。

一、生死信仰“送魂歌”

麻山苗族流传的“亚鲁王”被发现后，外界的命名有很多，最突出的是“英雄史诗”。这一说法得到国家级“非物质遗产名录”的认定和社会舆论的广泛传播，故影响较大。媒体向外发布的说法是《亚鲁王》所传唱的是西部苗族人“创世与迁徙征战的历史”[5]。余未人称它是用心灵记录、用口头传唱的“民族历史记忆经典作品”[6]。另有人认为《亚鲁王》是至今仍在民间口头传诵的“活态史诗”[7]。冯骥才则在把“亚鲁王”界定为苗族的“长篇英雄史诗”后，进一步指出其为“口述的、诗化的民族史”[8]。

据目前所见资料，特别与葬礼吟唱有关的实地调查，“亚鲁王”在当地的活态传承中谱系驳杂、功能多样、含义甚广，命名问题还值得讨论。“英雄史诗”不失为其中的一种视角和层面。结合与罗史案例的比照，笔者认为该传唱的最突出部分应称为唱给亡灵的“送魂歌”。所谓“送魂”就是送死者魂灵回归。通过经师诵唱，让亡灵离别人世返回先祖汇聚的地方，从而帮助逝者完成生死交替。在此过程中所唱的歌，听众并非在世的生者，而是将要离去的魂灵。因此它的基本功能是：起歌为死者，以唱送魂灵所以叫做“送魂歌”。

需要说明的是如今汉语指涉的“苗”有广义和狭义之别。狭义指 20 世纪 50 年代后经政府认定的民族群体即中华人民共和国境内 56 个民族之一；广义则与古代“三苗”“荆楚”“南蛮”及近代“苗夷”等含义相关[9]。这是在把“亚鲁王”界定为“苗族史诗”时需要明确的一点。

当由此谈到魂灵信仰和口头传唱等现象时，“苗人”的意思，在指涉上也会涉及广狭两面。

关于苗人的魂灵信仰及鬼神崇拜，文献记载是久远和广布的。《尚书吕刑》曰：“昔三苗……相当听于神。”《左传》说“楚人信巫”。乾隆年间的《楚南苗志》记载：“苗俗为鬼，祭名匪一。”[10]到了近代，民族学家们到黔中一带实地调查了解到当地苗夷信仰鬼神仍“甚为虔诚”，“举凡日常一切活动，农事、交易、疾病、婚姻、丧葬之类莫不均受鬼神信仰所支配”[11]。而依照石启贵的本土描述“苗乡鬼神类多，有谓三十六神、七十二鬼”。在这样的信仰背景下亡灵在当地湘西苗人的丧葬仪式里地位十分显要。与之相关的各种诵唱也丰富多样。其中不但有《探亡歌》还有“寻亡”和“安亡”仪式。《探亡歌》唱的是：

死了死了真死了，生的莫挂死的人；

丢了丢了丢开了，千年万载回不成。

从此今夜离别去要想再见万不能。[12]

这是表明生死之别人鬼两分。其中既有对逝者的惋惜之意，同时亦强调了彼此不再牵连。“寻亡”和“安亡”在苗话中叫做“土昂、喜响”，是针对亡灵及其与生者关系而分别在入夜和清晨举行的两种仪式。

举行“土昂”寻亡时要备两鼎罐饭敬亡灵和祖先。然后经“苗巫”做法，请“亡灵”现身且悲痛而哭。待次日天明鸡叫五声时举行“喜响”安亡仪式。目的在于“聚祖安亡也”。更值得注意的是，当地苗人以诵唱和法事对待亡灵并与之沟通的方式，不仅关涉男性“苗巫”而且还有女性“仙娘”。

政府组织编撰的《苗族简史》记载说各地苗族成年人正常死亡举办丧葬形式和过程，各地渐趋一致，只是在细节上有所差别而已。在这些渐趋一致的仪式中为亡灵开路仍是其中主要环节。书中写到：

出丧之前要请巫师“开路”，交待亡魂去处。这是一项很隆重的不可缺少的仪式，亡魂送去何方？一是“升天”，二是沿着祖先迁来的路线回到祖先发祥的地方去。[13]

可见，在如今麻山当地的活态传承中，“送魂歌”的存在及其特征与上述记载十分类似，彼此关系不说一脉相承至少也称得上文化同构。

据现今公布的资料，麻山地区的“送魂”诵唱大多伴随有两个主要的仪式环节：“砍马”和“开路”。“砍马”时唱《砍马经》，对象是将要作为牺牲的马。“开路”面对逝者亡灵，诵唱的即是《送魂歌》。二者表象不尽相同，体现的内在信仰是一样的，那就是：人神相关，万物有灵；生而有魂，死有所归。依照中华书局版的《亚鲁王》文本，苗人口承传统体现的信仰特征，是相信世界先有神灵，后有人类；人类由神创造。其中的主要创造者之一叫“董冬穹”，是他先造了天地、日月，而后才造出了人类。有意思的是，一方面被叫做“董冬穹”的创造神仍有其自身的创造者先辈，另一方面他对人类的创造亦非独自实现，而是由若干后代接替完成。为此《亚鲁王》中的“亚鲁祖源”篇先是记载曰：

在远古岁月，
是远古时候。
哈珈生哈泽，

哈泽生哈翟。

……

觥斗曦吩咐董冬穹去宽阔的下方造天，

觥斗曦吩咐董冬穹去宽阔的下方造地

……

董冬穹造人已是横眼睛的岁月，

董冬穹造人到了横眼睛的时代。

像这样描述了世间由来及远古演变之后，歌者们又继续唱诵到：

董冬穹说，

儿女们呀，

你们分别去造万物，

你们分别去造祖先……[14]

可见正是在这种由神创造的世界里，人类的存在不仅与神灵有关生死之间也因神和灵而紧密联系。也就是说正因为让众人——从唱者、听众到全体参与者——知晓了原本“从哪里来”从而便明白将会“到哪里去”。

另据已出版的其他相关考察报告描述“亚鲁王”流传的麻山一带苗人对于魂灵存在及其相关仪礼的传承纷繁而精细。例如紫云县湾塘村个案中老摩公操持的仪式类别就十分多样，其中的“隔魂”“牵魂”环节意味深长。据介绍，所谓“隔魂”是拿鸡蛋在棺木上砍为两半，意在把阴魂、阳魂分开，“阴的上山，阳的回家”。后一种叫做“牵魂”仪式，是通过摩公的引导和诵唱把亡魂牵到神坛使其不再游离人间[15]。

1990年笔者在罗吏村考察“砍牛”习俗时，当地民众对魂灵存在的普遍深信及相应仪礼的异常繁多令我印象深刻。除了口头诵唱的“非物质”话语外，还有一系列有关灵魂的物质性表达如“招魂幡”“纸经文”“符咒图”等。前者高悬在死者屋前，象征着与亡灵对话，让其知晓生命已死亡灵应归。后者用文字书写，直截了当地表明：奉……之令，好年好月，好日好时露灵出去！笔者当时所做的分析是：“为亡灵放幡，既希望其升天更盼望其万世不回……因此放幡就是放魂、送魂、辞魂。”[16]

这样的内容和形式在以“巫觋”著称的南方族群中可谓由来已久，绝非鲜见，除了麻山所见的苗族“亚鲁王”外，上自南方古国的楚辞，下至当代黔中布依族的摩公“砍牛”以及川滇黔彝语支民族由毕摩诵唱的《指路经》[17]。贵州黔西的纳雍一带因为相信“灵魂不灭”，人死之后魂魄将脱离躯壳而“存在”，故而在唱给亡灵的“送魂歌”里不但为其指路还特地替亡灵索要粮种、树种、麻种、鸡种、猪种、竹种、牛种进而重新传授农耕技艺。歌中唱到：

卯月你泡谷辰月你撒种，巳月你插秧……

打得三升谷子，舂得一升米；

拿一碗做你的衣禄饭，一升做你的供食饭；

拿一把米草来打成你的一双草鞋，你好穿到阿略地去跳花。[18]

在黔东南月亮山一代的苗族“牯脏节”祭典中，参与者通过“请鼓”“祭鼓”“吹笙”“砍牛”等一系列隆重仪式，同样也有对亡灵的歌唱，同样实现着对逝者的追思和悼念；只是与麻山苗民安葬初逝者时以歌送魂不同，在月亮山“牯脏节”的情景中，又还多了一层祖先魂灵与在世子孙间的生死交往、沟通循环[19]。

如今若从深层信仰的角度出发，再与流传于其他民族文化区域内《格萨尔王》《玛纳斯》及《江格尔》等与苯教、佛教和萨满教、伊斯兰教传统的比较来看的话，《亚鲁王》这样的苗族“送魂歌”无疑代表着与之有别的另一种谱系，体现着多民族中口头文化的另外类型：南方农耕民族的魂灵信仰传统。若结合中原文化的所谓“傩文化”传统一并考察的话或许还能发现彼此在鬼神信仰方面的内在关联[20]。

此外，若再把比较的目光扩大至世界范围，以“魂兮归去来”为标志的灵魂诵唱，堪称世界文学和文化中普遍存在的原型之一。无论屈原“招魂”、东朗“送魂”，还是在西方经莫扎特转化为室内乐形式的“安魂”[21]，都可视为“魂歌”原型的特定显现或变体，值得在人类整体的文学视野及诵唱功能之比较中进一步探讨。

二、万物相连“创世纪”

麻山地区苗族民众在死者葬礼上诵唱“送魂歌”时，期间要夹唱“万物起源歌”，也就是讲述生死由来的“创世纪”。在调查者记录的事例里，有对为何要做这种夹唱的解释，比如举行“开路”仪式前歌师对亡灵唱到：

我们要送你回家了
对于我们的祖先你生前没有人告诉你
现在我们就告诉你我们祖先的事情
你要记在心上，回去与他们同在。[22]

由此可见，在为亡灵诵唱“祖先的事情”，目的是为了使之记住来源，以便回归。至于此例提的“生前无人告知”现象倒不一定是常态，而有可能是因社会境遇变异而发生的脱落或转型。需要弄清楚的是在麻山地区“夹唱”于丧葬仪礼中的祖先故事和万物起源歌在平时的其他人生环节中是否出现？如有出现，这里便是提醒和复习，也就是让死者进一步“记在心上”；若无出现，就要了解为什么，也就是要弄清当地族群的世界观、生死观如何形成又如何传播和承继，如不弄清的话就无法解释此交往圈中族群成员对万物有灵的信仰如何形成，以及生者与死者间的世代沟通何以实现。

根据各地收集的材料和调查，苗族古歌中创世传说——祖故事和万物起源其实包括两种诵唱场景，为亡灵而唱只是其中之一。另外一种更常见的是面对生者，为在世的成集体传授以口碑方式铭记万物起源、承袭族群记忆。

类似的情景在黔省各地普遍存在，比如黔东南地区传唱的“仰阿莎”和“蝴蝶妈妈”，以及侗族大歌中的“讲款辞”“嘎萨岁”等。它们都以口头古歌的形式，描述并传递了族群认知中的宇宙观念和事物来源。此中最突出的是关于“天地创造”等古歌的成员对唱，如流传于苗族中部方言区的“造日月歌”。其中以歌手间的相互问答唱到（苗汉对照）[23]：

甲（Ot）：

Dib jangx juf ob hlat,	造了十二个月亮，
Juf ob hnaib bik ent,	天上十二个太阳，
Dib jangx dad mak bit.	造好给他们命名。
Dail hlieb bit gheix xid？	老大名字叫什么？
Dail ob bit gheix xid？	老二名字叫什么？
……	……

乙（Dliux）：

Dail hlieb mais bit said,	老大名字叫做子，
Dail ob mais bit hxud,	老二名字叫做丑，
Bit ghangb yenx bit hxed.	这个名字多么美。

湘西和贵州松桃收集的苗族古歌唱诵了对世界的二次创造。

歌中唱到本来的世界“开天立地，气象复明”，后又混沌不清，“陆地粘着故土，天空连接着陆地”。在被称为平地公公和婆婆两位神灵的再次开创下，天地才又重新分离，平地公公用平地婆婆的血肉为材料：

把她的心制成高高的山梁，
将她的肾做成宽大的陡坡。
这样天地就分开了，
下面的就成了陆地，
上面的变成了天空……[24]

在麻山地区，与天地起源相关的苗族古歌不仅为亡灵诵唱，而且还出现在砍马的仪式中。如调查于紫云县猛林村的案例里，歌师吟诵的《砍马经》就唱到：

马啊马……
听我唱古理
听我唱古根
很早很早前
棉轰王不歹
造了百种邪
造了亚多王……[25]

目前学界及媒体的多数说法把《亚鲁王》命名为“英雄史诗”，笔者认为不够全面。因为即便其中的确包括有史诗内容，也只是部分而已。宽泛些说，把已经考察到的“亚鲁王”视为口头传唱及仪式综合体更恰当些，若一定要标明为“史诗”的话，至少兼容了“英雄史诗”和“创世史诗”等类型，所以还可称为复合型史诗，不然会有损于它的丰富和完整性，并且还将卷入难以共识的文体分类之争。对于现代受西方分类影响产生的汉语“史诗”一词，以往的解释很多，如“叙事诗”“故事诗”或“诗史”“史话”等。在英语世界，史诗被界定为“一种长篇叙事诗，内容通常涉及英雄伟绩以及特定文化或民族的重大事件”[26]。现代中国的学术界也有多种多样的说法。《中国少数民族文学史》界定说，“史诗”指的是“民间叙事诗”的一类，属于“规模宏大的集体创作的古老作品”[27]。从这个意义上看，视苗族的“亚鲁王”为史诗也未尝不可。与此同时还有人主张将其归为“神圣历史”[28]。我觉得也没太大的错，关键看命名者各自的不同定义和取舍。

如今细读已整理出版的《亚鲁王》文本，再结合对当地诵唱过程的实地考察，笔者认为“亚鲁王”是结合了神话、史诗、古歌和历史、仪式的综合体。其中的内容既有“招魂歌”，也有“英雄谱”还有“创世纪”。而从彼此的关联逻辑上说，“创世纪”最为根本。因为它道出了万物起源、人类由来以及历史演变和族人命运，为关涉者自我的主体确认和文化的口承传递提供了最基础的构架和前提。有了这样的认识，再来看和听“亚鲁王”

中的创世吟唱，就无法不为其中的描述、场景及气派所震撼。东朗们这样唱道：

女祖宗们一次又一次造族人，
男祖宗们一次再一次造万物。
女祖宗造成最初的岁月，
男祖宗又造接下的日子。
造九次天，造九次人。
……
有了天才有地，
有了太阳，才有月亮。
……
有了月亮，才有黑夜。
有了种子就有生灵，
有了根脉，才有枝丫。
有了上辈，就有儿女。
……[29]

不过对于这些颇为壮观的排比式唱辞，整理和选编者十分负责任地作了说明，交代说它们“只适用于葬礼上唱诵”[30]，由此需要进一步探究“创世纪”在这里的特殊功能。对于麻山地区苗族诵唱的“亚鲁王”而言，为亡者送魂过程中“万物起源”及“古歌唱史”的出现，还担负着一个重要的功能，即用歌唱指路。

参加紫云县宗地乡一带实地调查的课题成员指出，当地在“开路”仪式里诵唱的内容包括五个部分，第四部分即为“开天辟地”和讲“祖先的历史”。歌师们介绍说这部分最为重要，因为“唱得好了，亡人才能够顺利地沿着祖先迁徙的路线回归到祖先曾经生活过的地方”[31]。

此外，在如今搜集整理出来的麻山古歌“亚鲁王”中有关万物起源的部分同样丰富，不但包括开创性的“造天造地”“造日月”和“造人”，还包括讲变迁的“兄妹联姻”和“洪水滔天”等等，从纵横面讲述了事物由来及生命演绎。马学良等编撰的《中国少数民族文学史》认为西南各民族的史诗普遍讲述“创世”神话和传说，“这与草原文化圈的史诗很不相同”，是一种“储存神话的复合型史诗”[32]。有学者把西南的这种现象概括为“南方创世史诗群”，认为其“不仅是我国其他区域所没有的现象，同时在世界文化史上也实属罕见”，堪称“值得中国人自豪的一座宝库”[33]。在这样的族群地域背景参照下，朝戈金较为全面地把《亚鲁王》视为“复合型史诗”，特点是它兼具了“在中国境内流布的创世史诗、迁徙史诗和英雄史诗三个亚类型的特征”[34]。

在笔者看来，虽然在“亚鲁王”里包含了大量的“英雄祖先”叙事，但正是以古歌诵唱的神话和创世纪内容构成了“送魂歌”的生成背景。换种说法，亦即奠定了苗族古歌的“话语场”。它的核心是“万物相关”“神灵创世”。这种表现为人神相连的信仰特征，与世界各地的“土著知识”连为一体，构成更为根本的超验类型，呈现的是人类整体精神史中与生态伦理及自然保护相吻合的类型，同时亦是自西方启蒙时代以来面对现代性危机重新开展“文明对话”的重要资源，需要从人类学和哲学角度深入总结[35]。

三、口耳相沿“英雄诗”

根据目前出版的材料，作为古歌传唱的主角，“亚鲁”（yangb luf）其人究竟是族长、先祖抑或“苗王”乃至“神灵”还可讨论。从已搜集汇编的唱本内容看，“亚鲁（王）”被传唱者视为某一类型的族群“先驱”“首领”，这一点是可以肯定的。由此也就突出了他在族群承继中的“英雄祖先”特征。不过，本文讨论的重点还不是其中曲折漫长的故事情节，而是作为特定的“英雄祖先”，亚鲁王在世代成员里口耳传唱的身体性。

麻山大地坝村接受访谈的歌师说，在唱“开路”的时候都要唱到“亚鲁”，“他是我们的老祖公，我们要唱到他”“李家唱到他，张家、罗家、我们杨家也唱到他……”最后，歌师用反问的语句强调说：“要是开路的时候不从‘亚鲁’唱来，我们怎么知道我们是从哪点来的？”[36]

可见，作为族群祖先“亚鲁”在诵唱中出现，并且只在诵唱中出现。“他”通过声音，以歌词和动作的形式存活于族群记忆中；经过诵唱，在口耳相沿的路上穿越世代成员的身体才成为四方共享的形象。在这样的传承中，口耳记忆就是身心记忆，是人类知识得以呈现和累积的特殊类型。在这个意义上，“亚鲁王”虽已在今天被整理印制成了文字文本，但在现实的生活世界，其特质仍是以身心传承的口头践行。它的习得和呈现，仍将依赖歌师的勤学苦练及听者们的现场参与。对此当地歌师表述说，我们苗族“是用苗话来唱的，没有字来看，都是用嘴巴来讲用脑子来记，有时候记几句话都要很长时间”，因此“要反反复复练习才能记住”“很难学会”而且“学不成总是忘记”。亚鲁王涉及内容很多。操办葬礼仪式时，光是诵唱“开路”送魂就忙不过来，要由“开天辟地”讲起，从下午一直唱到次日天亮，故而要多人协作，数位歌师轮流诵唱。歌师杨宝安介绍说：

我们唱开路就是要理天是谁来造的？人是谁来造的？洪水滔天以后，只剩下两兄妹，后来没有办法了就结婚才有后面的这些人。这两个兄妹的名字我们用苗话叫做“namu”，但是不知道用哪个字来写……[37]

从歌师们的讲述中可以看到，由于诵唱内容的口传性，“亚鲁王”在当地并无固定“版本”，其中的情节、结构及顺序、名称等时常不一，呈现为形态的多样和场景的唯一，也就是说在整体的分布区域里表现为多种多样，同时又在具体的葬礼仪式中因歌师的派系传承乃个人临时取舍而独一无二。

此外对于为何苗人只有口传而无文字，当地歌师也有自己的说法。紫云打拱村歌师杨光祥和格然村的梁大荣讲了内容相似的一个故事：

以前我们老祖宗和别个民族的人去学歌，学得歌回来的途中遇上一条河。别个民族的人把记下来的歌条放进包里，把衣服脱了放在头上过河来，而我们的祖公把得来的歌条放进嘴里，等到过河来后才发现歌条已经化在嘴里了。[38]

面对如此令人沮丧的后果，幸好苗人的祖公已把歌全都学会且已牢记在心，故而才得以世代相传。不过自那以后所有的苗歌都没有文字记载，只能用唱来学习和承继了。然而正因为不靠文字阅读而用口耳传递，“亚鲁王”的存在和呈现就具有了集体参与和现场互动的交往特征。那样的场景异常热闹，对族群凝聚和集体认同所起的作用，实不亚于清冷的文本。歌师们描述说，当哪家老人过世后，请歌师诵唱这些古歌时来听的人很多，堂屋中的人挤得满满的。有的是亡人的兄弟姐妹，有的是亡人的儿女、亲戚。

他们主要是来听你唱家族是从哪里来，怎么一步步走到今天的历史。因为各家从各个地方来历史是不一样的，所以那些客要来看你念到他家没有，念到念不到他家他都知道……念不到旁边听的人也会笑话你不会。[39]

根据人类学家所作的世界性民族志研究，“口耳相沿”的历史诵唱体现出族群记忆的身心合一。这种特征在众多的无字民族里表现得尤为突出。其中的意义和功能绝非后世带有傲慢和偏见的“文盲”二字所能遮蔽。长于仪式研究和阐释的维克多特纳甚至提出当今世界已重新变为“身体社会”，在其中“所有重要的政治和精神事宜都要通过身体的渠道来阐述”[40]。

乔健则在对北美印第安人的考察中关注过在拿瓦侯族“诵唱者”（singer）的传承行为里，知识与身体的不可分割联系。乔健不仅将此与藏族的“格萨尔王”颂歌相比，指出二者的共同点之一是都具有仪式和医疗功能，而且还同儒家经典中的类似表述做了深入比照。他引述荀子《劝学篇》的话“君子之学也，入乎耳，箸乎心，布乎四体，形乎动静”来做分析，然后总结说，在这种口耳并用的传承模式中，诵唱已融入参与者的身体成为了他们“呼吸与生命的一部分”，或一如儒家圣者所称道的“修身”和“体认”[41]。这种理解的重要之处在于把儒家相关的理论阐释与原住民族的实践传统连成一体，打破了后世将精英与底层对立开来的人为间隔，形成一种富有开拓力的诗学对话。

在这点上，其实从儒家诗论到原住民族的诵唱践行，在人类表述史上始终呈现着另一条世界性的“超文字”通道和路径。无论《诗大序》所谓“在心为志，发言为诗”和“言之不足故嗟叹之，嗟叹之不足故咏歌之”直至“手之舞之足之蹈之”亦或是侗族歌师信奉的“饭养身、歌养心”，莫不阐述了这种身心关联的践行道理[42]。

这是尤其值得当今因陷入文字崇拜而导致身心蜕化的现代

人倍加反思的大课题。1998年联合国教科文组织公布的《人类口头和非物质遗产代表作条例》呼吁，各国政府和人民应当行动起来，保护那些“以传统为依据”“通过模仿或其他方式口头相传”来表达群体或个体准则和价值的人类口头代表作。笔者认为，麻山苗族口头传唱的“亚鲁王”就是这种值得珍视和保护的人类代表作。

四、沟通两界“东朗”人

麻山地区的“亚鲁王”传唱中，歌师“东朗”是至关重要的核心和中介。余未人依据实地调查资料指出，流传于乡间的《亚鲁王》并非人人能唱，而仅只是“一部由东朗世代口传的史诗”。而成为东朗的人，不但要有学唱的愿望、天赋和优良记忆，并且必须通过虔诚拜师、艰苦学习以及长期参与方可出师[43]。

在麻山，与“东朗”类型相关的另一个名称是“Bot muf”。在现今整理出来的文献里有的译为“褒谋”“褒牧”，用汉语解释的意思是“摩公”或“巫师”“祭司”“鬼师”，有时也与“歌师”的称呼混用。1997年我在与紫云县毗邻的罗甸苗族村寨调查当地也有用汉语称为“摩公”的人物。苗语叫法与麻山近似，但我选择的汉译是“播摩”。后来在黔中布依族村寨罗吏选择的是“布摩”。有意思的是，麻山的“东朗”(摩公)不但能用苗歌传承古史，有的还可以用诵唱来治病[44]；罗甸的“播摩”同样如此，也能用苗歌请神、驱鬼和招魂[45]。在黔东南及广义的“苗疆”地区，类似人物普遍存在。有的叫“沟横”“神东”和“相”等，在湘西则称为“巴岱”（bax deib），还有女的叫“仙娘”……

结合这些地方的文化传统及信仰特征来分析，尽管名称多样，其在族群内部的作用和功能是共同的，那就是作为人神中介，完成生死沟通。这一类型在中国南方的巫觋文化里极为普遍。麻山苗族的“东朗”自称，令人想到云南纳西族的“东巴”。另外，麻山一带存在的“Bot muf”叫法又与黔中布依族的“布摩”（摩公）和彝族的“毕摩”颇为相似，并且各自承担的功能也颇为相同。这样的现象有可能意味着存在着一个范围广大的南方信仰共同体，或以沟通人间与灵界为特征的巫觋文化圈及其法事传播带。只不过在这样的整体格局中，各地间的关系是同源抑或共生？还需另做研讨。

在我看来“东朗”的存在对于理解《亚鲁王》至关重要。从生命视角看他们体现的是对生死两界的信仰和沟通；从文学层面看则代表与“世俗书写”极为不同的另一种类型，即不但诵唱万物起源、祖先历史，而且能连接生死、指引亡灵乃至促进教化、实现传承的“神圣表述”[46]。再者，从口耳传递的特点看，东朗们依靠各自的身体功能——习得、体认、记忆、诵唱、感染、传播乃至联想和即兴创作等，完成着民族群体的文化储存和认同凝聚，不仅堪称族群中的文学家、史学家和精神领袖，而且是民族传统的图书馆、信息库远古生活的“纪念碑”。

不过，若把范围扩大，拿“东朗”与西南地区藏铜语族“尼”“东巴”及其他跨文化体系的“格萨尔”“玛纳斯”与“江格尔”等史诗演唱者和传承人等作番比较，其中的联系和异同还值得思考。

“尼”是彝族群体中主要通过“神授”（病变、附体等）和传习获得通灵功能的人物。与“毕”（毕摩）不同，“尼”的男性叫“苏尼”，女性叫“嫫尼”。我们近年在四川大学组织的“藏彝走廊民族文化遗产研究”课题组对此做过专题调查。在实地调查的众多案例中了解到，“尼”的形成要通过更高一级的祭司“毕”的授予方可实现，由此才能拥有自己的“阿萨”。“阿萨”是能附体在“尼”身上予以护佑和协助的神灵。而正是借助“阿萨”的附体，“苏尼”和“嫫尼”便能践行“占卜”“招魂”和“治病”的多样法事。但与毕摩不同，“尼”不识字，也就是认不得彝文，故他们的仪式通常不用经书，而是击鼓、舞蹈和诵唱口传歌摇。此外，虽然“尼”因阿萨附体而在表面上看去更具神通，但毕摩却能经由世代流传的经书在主持丧葬仪式时向“东朗”为亡灵“指路”“安魂”。其中的内容、程序都与为送魂而唱的“亚鲁王”十分类似。

在藏族地区史诗“格萨尔”的诵唱者也被视为人神之间的中介。根据普遍流传的说法，最早的歌手是一只秉承格萨尔使命的青蛙，转世到人间后变成以歌诵史的“仲肯”。后来的众歌手是受神灵庇护、托梦而歌的能人。藏语称为“包仲”意为“托梦艺人”或“神授艺人”[47]。

新疆柯尔克孜族地区，演唱长篇史诗《玛纳斯》的歌者叫“玛纳斯奇”。在他们当中，有居素普玛玛依这类进入了最高级别的“大玛纳斯奇”。因能够记诵数十万行的《玛纳斯》以及其他十几种长度相当甚至更长的柯尔克孜和哈萨克族的长篇史诗，居素普玛玛依被誉为最杰出的艺术家、“活着的史诗库”和“当代荷马”[48]。通过学者们的调查发现《玛纳斯》的演唱者大都有过从事巫师、占卜的经历，而且几乎所有的玛纳斯奇都以各种神秘的梦授来解释自己怎么会演唱《玛纳斯》。有条件的会宰杀牲畜进行简单的祭祀，并在演唱前按伊斯兰教的教义小净后才唱。有学者由此见到了《玛纳斯》及其唱者体现的萨满教与伊斯兰教乃至摩尼教、袄教等多教杂糅的痕迹[49]。

与柯尔克孜同属突厥语民族的哈萨克文化中，也有和“玛纳斯奇”类似、被称为“阿肯”（Akin）的人物。“阿肯”是哈萨克语“诗人”的意思，但含义要广泛得多，意味着“智者的化身”，是人群里最博学、经验最丰富以及最受尊敬的人。与“东朗”所属的苗人一样，由于诗与歌这样的口头传统在哈萨克群体中具有不可替代的地位，“阿肯”的作用也十分突出是民族传统的核心。对此，人们的看法是：要了解哈萨克就必须了解哈萨克诗歌；而要了解哈萨克诗歌，首先就得了解阿肯。在这样的结构里，阿肯及其演唱就异常紧要，几乎关乎族民的整个一生。这一点，诗人们是这样表述的：“歌儿替你打开世界的大门，你的躯体又伴随着歌儿被埋进坟茔。”[50]

通过广泛的比较研究，今天的学者认为，尽管作为“山地游牧民族”和作为“草原游民民族”的柯尔克孜与哈萨克有所区别，但他们世代流传的史诗，无论在叙事结构、方式还是内容情节上都具有突厥语民族的鲜明共性且都受到早期碑铭文学的影响。在以《阙特勤碑》为名的文字篇章里，亦有关于创世论的记载：

当上面蓝天、下面褐色大地造成时，
在二者之间创造了人类之子。
在人类之子上面，
坐有我祖先布民可汗和室点密可汗……[51]

这就是说，虽然在史诗诵唱的实践上，突厥语民族的“玛纳斯奇”与“阿肯”都可归入口承文化和创世信仰的体系之中，但与南方的“东朗”及“苏尼”相比，却已体现着从口传向书写的转换或以书面向口头的延伸。相应的，前者的史诗演唱也随之出现了由宗教信仰到世俗娱乐的替代和变形。而迄今为止，麻山地区苗族东朗们诵唱“亚鲁王”古歌，除非面临特殊境遇，通常是不会在丧葬之外的场合呈现的，更不会轻易拿来娱人。这样的特点不知在他们的口传唱本被收集整理并以书面方式出版之后是否还能保持，这将是值得关注的问题。

五、余论“多语并置”再传承

2011 年通过中国民间文艺家协会的推动和组织，中华书局出版了装帧精美、苗汉对照的《苗族英雄史诗：亚鲁王》。在“后记”里，作为执行主编和汉译参与者的余未人提出了一个重要问题，对于如此浩瀚、特殊的民族古歌究竟该如何翻译，举例来说，读音为“勒咚”的苗语是《亚鲁王》的核心概念和关键词语，但汉语能将它准确翻译转达吗？根据了解，“勒咚”在苗语中有“天”的含义。但在译者看来无论译成汉语的“天宇”“宇空”还是“苍穹”都不足以体现苗语本意。最后，经过交流琢磨，决定采用双语并置来处理，即一方面用音译方法保留苗族母语的“勒咚”读音，同时选择用“天外”的汉译来加以补充说明。为什么要如此审慎呢？余未人写道：苗语的“勒咚”一词，“含义既丰富又模糊，体现了远古苗人的宇宙观”[52]。

在笔者看来这不但标志着翻译者对“异文化”的尊重及对“本文化”的认知，而且体现出对不同文化交遇、对照时应有的冷静和严谨。此类例子还有很多。在我看来，以往的相关研究在促进了文化交往和比较的同时也犯过错误，比如简单地用“萨满”（Shamanism）、“巫术”或“天人合一”来概指各地存在的超验现象和泛神信仰，遮蔽了“东朗”“摩公”以及“开路”“勒咚”等文化自称所具有的自身底蕴。

自地球上各个区域性文明不断靠近以来，人类便开始处在不同文化的多语并置之中。这里的“多语”既指日常交际的社会语言亦指包含信仰和价值体系的文明话语。

如果说汉语文献的《诗经》《乐府》开启了从大一统教化到移风易俗的社会改造传统、现代西方人类学的民族志书写发明出对文明“他者”的代言的话，在倡导族群平等、文明对话的如今再次面对“勒咚”一类的苗人语词时，就应当从任何“我族中心”的心态和观念中走出来。走向何处呢？目标之一是以我称为主位、客位及全位“三位一体”的视野重新看待自我和他者，以便在异同比较的基础上获得对人之为人的整体认知。

以这样的思考为前提，我相信对“亚鲁王”的考察研究还方兴未艾、任重道远。其中的话语分析和多方对话，不但涉及民族、历史和语言、文学，更关联到人类对宇宙与生命的普遍呈现和多元表述。

因此回头来看，就还应当进入“亚鲁王”的母语本体及其信仰语境，从最基本的语词、概念及仪式实践开始，回归这一正被汉语赋予“英雄史诗”及“非物质遗产”等他称的文化主体，重新认识他们本有的自我表述。让当地人说话，用他们的言辞、话语呈现生命本相和对世界的独特表述……

在那之后，与世界各地原住民族的文明对话方可开始[53]。

（原载于《民族文学研究》2014年第1期）

注 释

[1] 参见王小梅等：《一部民族的心灵追寻史——〈亚鲁王〉出版成果发布会在北京人民大会堂举行》，载《贵州日报》，2012年2月24日；《〈亚鲁王〉：新世纪以来民间文学的最大发现》，载《中国社会科学报》，2012年3月3日；《英雄的民族英雄的史诗重大的发现重大的成果》，载《中国艺术报》；《“亚鲁王”回归——苗族英雄史谛〈亚鲁王〉记略》，载《中国民族》，2012年第4期。

[2] 冯骥才：《发现〈亚鲁王〉》，载《当代贵州》，2012年第21期。

[3] 刘锡诚：《〈亚鲁王〉：原始农耕文明时代的英雄史诗》，载《西北民族研究》，2012年第3期。

[4] 参见徐新建：《罗吏实录：黔中一个布依族社区的考察》“后记”，贵阳：贵州人民出版社，1997年，第207~210页。

[5]《“亚鲁王”回归——苗族英雄史诗〈亚鲁王〉记略》，载《中国民族》，2012年第4期。

[6] 参见高剑秋：《发现和出版〈亚鲁王〉：改写苗族没有长篇史诗的历史》，载《中国民族报》，2012年2月24日。

[7]《英雄的民族英雄的史诗重大的发现重大的成果》，载《中国艺术报》，2012年9月3日。

[8] 冯骥才：《发现〈亚鲁王〉》，载《当代贵州》，2012年第21期。

[9] 人类学家凌纯声等在调查湘西苗族时就区别过“苗人”指称的广狭两义，指出广义的“苗”泛指所有的西南民族。不过他们持的是狭义观，考察研究的对象限于“纯苗”。参见凌纯声、芮逸夫：《湘西苗族调察报告》，北京：商务印书馆，1947年，第17页。而出生于黔东南的“苗人”梁聚五秉持广义说，认为苗族的所属有苗、夷、

蛮、荆、僚、瑶、黎、僮、水家、洞家……范围不仅包括东南和西南，甚至涵盖至越南、缅甸和暹罗一带。参见梁聚五：《苗族发展史》，收入《梁聚五文集》（上册），香港：香港科技大学华南研究中心，2010 年，第 10～12 页。

[10] 参见段汝霖:《楚南苗志湘西土司辑略》(四库全书存目丛书)济南：齐鲁书社，1996 年，第 664 页。

[11] 陈国钧：《贵州安顺苗夷族的宗教信仰》《边政公论》第七、八期，1942 年 3 月。收入《贵州苗夷社会研究》，北京：民族出版社，2004 年，第 198～205 页。

[12] 石启贵：《湘西苗族实地考察报告》（增订本），长沙：湖南人民出版社，2002 年，第 127～128 页。

[13]《苗族简史》，贵阳：贵州民族出版社，1985 年，第 334 页。

[14] 参见《亚鲁王史诗部分》，中国民间文艺家协会主编，北京：中华书局，2011 年，第 30～39 页。文中所引《亚鲁王》引文均出自该书。

[15]《〈亚鲁王〉文论集：口述史田野报告论文》，中国民间文艺家协会主编，北京：中国文史出版社，2011 年，第 130～131 页。

[16] 徐新建：《罗吏实录：黔中一个布依族社区的考察》，贵阳：贵州人民出版社，1997 年，第 174～175 页。

[17] 参见《彝文〈指路经〉译集》，果吉宁哈等主编，北京：中央民族学院出版社，1993 年。相关讨论见李列：《彝族〈指路经〉的文化学阐释》，载《民族文学研究》，2005 年第 4 期。

[18] 纳雍县民族宗教事务局：《纳雍苗族丧祭词》，贵阳：民族出版社，2003 年，第 22～23 页。

[19] 徐新建:《生死之间：月亮山牯脏节》，杭州：浙江人民出版社，1998 年，第 22～25 页、第 32～39 页。

[20] 徐新建：《傩与鬼神世界》，载《从文化到文学》，贵阳：贵州人民出版社，1992 年。

[21] 莫扎特谱写的《安魂曲》完成于 1791 年，是西方音乐史上最著名的安魂曲作品之一，内容包括“进堂咏”“垂怜经”“末日经”及“奉献经”和“牺牲祈祷”等。

[22] 参见唐娜：《贵州麻山苗族英雄史诗〈亚鲁王〉考察报告》，载《〈亚鲁王〉文论集：口述史田野报告论文》，中国民间文艺家协会主编，第 29～58 页。

[23] 参阅苗族古歌《铸日造月》，相关讨论见今旦：《苗族古歌歌花歌骨歌花对唱实例》，贵阳：贵州民族出版社；吴一文：《苗族古歌的问答叙事》，载《贵州民族学院学报》，2011 年第 5 期。

[24] 《苗族创世史话》，石如金、龙光学收集翻译，北京：民族出版社，2009 年，第 111～113 页。

[25] 参见王金元：《紫云县四大寨乡猛林村苗族丧葬仪式调查报告》，载《〈亚鲁王〉文论集：口述史田野报告论文》，中国民间文艺家协会主编，第 167～169 页。

[26] Michael Meyer, *The Bedford Introduction to Literature*, Bedford-St. Martin's, 2005，p.2128

[27] 马学良、梁庭望、张公瑾：《中国少数民族文学史》(上册)，北京：中央民族学院出版社，1992 年，第 128 页。

[28] 杨培德：《生命神话与神圣历史：神话思维叙事的苗族英雄史诗〈亚鲁王〉》，中国苗族网，2012 年 9 月 4 日：http:/www.chinamzw.com/wlgzreadnewsm p?newsid=2l88.

[29] 中国民间文艺家协会主编《亚鲁王 • 史诗部分》，引子“亚鲁起源”（杨再华演唱），第 57 页。

[30]《亚鲁王·史诗部分》，中国民间文艺家协会主编，引子“亚鲁起源”（杨再华演唱），第 30 页。

[31] 参见李志勇:《紫云县宗地乡湾塘村苗族丧葬文化调查报告》，《〈亚鲁王〉文论集: 口述史田野报告论文》，中国民间文艺家协会主编。

[32] 马学良、梁庭望、张公瑾:《中国少数民族文学史》(上册)，第 157 页。

[33] 巴莫曲布嫫:《南方少数民族的创世史诗》，“中国民族文学网”。

[34] 朝戈金:《亚鲁王:“复合型史诗”的鲜活案例》，《中国社会科学文摘》，2012 年 3 月 23 日。

[35] 徐新建:《文明对话中的“原住民转向”: 兼论人类学视角中的多元比较》，载《中外文化与文论》2008 年第 1 期，成都: 四川大学出版社。

[36] 参见李志勇:《马宗歌师杨宝安口述史》,《〈亚鲁王〉文论集: 口述史田野报告论文》，中国民间文艺家协会主编，第 173～187 页。

[37] 参见李志勇:《马宗歌师杨宝安口述史》,《〈亚鲁王〉文论集: 口述史田野报告论文》，中国民间文艺家协会主编，第 173～187 页。

[38]《〈亚鲁王〉文论集: 口述史田野报告论文》，中国民间文艺家协会主编，第 281～281 页、266 页。

[39]《〈亚鲁王〉文论集: 口述史田野报告论文》，中国民间文艺家协会主编，第 183 页。

[40]《身体》,(英)宵恩斯威尼等编，贾俐译，北京: 华夏出版社，2006 年，第 4 页。

[41] 乔健:《印第安人的颂歌: 中国人类学家对拿瓦侯、祖尼、玛雅等北美原住民族的研究》，桂林: 广西师范大学出版社，2004 年，

第 10～24 页。

[42] 徐新建：《表述问题文学人类学的起点和接心》，载《西南民族大学学报》2011 年第 1 期。

[43] 余未人：《世纪新发现的古老史诗〈亚鲁王〉》，载《中国艺术报》，2011 年 3 月 23 日。

[44] 杨正兴：《苗族英雄史诗〈亚鲁王〉歌师普查手记》，载《苗族文化保护与利用研究》，贵州省苗学会编，北京：中国言实出版社，2011 年，第 131～143 页。该文引用受访者的话说麻山诵唱“亚鲁王”的歌师分两种类型，一种负责“唱述”故事，一种专为治疗及其他。

[45] 徐新建：《苗疆考察记》，上海：上海文艺出版社，1997 年，第 1～57 页。

[46] 徐新建:《文学: 世俗虚拟还是神圣启迪》,载《文艺理论研究》2001 年第 3 期。

[47] 降边嘉措：《关于〈格萨尔说唱艺人的创作观》，载《20 世纪中国民俗学经典史诗歌谣卷》，北京：社会科学文献出版社，2002 年，第 360～369 页。

[48] 艾克拜尔米吉提：《歌者与〈玛纳斯〉》，载《民族文学》。另还可参阅阿地里居玛吐尔地：《世纪中国新疆阿合奇县玛纳斯奇群体的田野调查分析报告》，载《西北民族研究》2006 年第 4 期。

[49] 古丽多来提：《〈玛纳斯〉与柯尔克孜族宗教文化》，载《安徽文学》2009 年第 3 期。

[50] 张昀、阿里木赛依提、达丽哈：《论哈萨克民族的阿肯与阿肯弹唱》，载《青海民族研究》2003 年第 3 期。

[51] 参见《中国各民族文学关系研究（先秦至唐宋卷）》“突厥英雄史诗的叙事传统”一节，郎樱、扎拉嘎主编，贵阳：贵州人民出版社，

2005 年，第 400、411 页。

[52] 参见《苗族英雄史诗：亚鲁王》，冯骥才策划、余未人主编，北京：中华书局，2011 年，第 757~763 页。

[53] 徐新建：《文明对话中的“原住民转向”：兼论人类学视角中的多元比较》。

八

安顺“地戏”与傩文化研究

一、“地戏”与“跳神”

“地戏”一词，多见于近人文章之中，乃用以命名由古而今存活于安顺一带的某种民间现象。然一方面虽使用频繁，另方面却语焉不详。沈复馨的文章略有描述，其曰：“安顺地戏系指目前分布于安顺及邻近地区，即西起郎岱，东止花溪，北自普定，南迄紫云这片地区上的二百多堂面壳戏。”[1] 其又曰：“安顺地戏是指目前保存在安顺地区及其周围上十个市县的近三百堂傩戏。”[2] 二文互补，一曰“面壳戏”，一曰“傩戏”，试图对“地戏”进行界定，尽管尚看不出详细的分析，毕竟有所用心，表明论者对所述对象称谓的关注。不过倘深入考察便可看到，无论是古代史料还是现实民间，对论者们所论述的这一现象均有两类划分，多种称法。一类代表“雅文化”观念且所出较晚，如《安平县志》：“元宵遍张鼓乐，灯火爆竹，扮演故事，有龙灯，狮子灯，花灯，地戏之乐。”《贵州通志》：“岁首则迎山魈，逐村屯以为傩，男子妆饰如社火，击鼓以唱神歌。”另一类代表“俗文化”体系且流传久长，其一如至今民间百姓们仍自我称呼的“跳神甘”“跳神戏”等，其二如见于文人转述的篇章：“地戏，民间又叫跳神。每年跳两次，一次是正月初五至十五，也有的跳完正月，另一次是七月初十至十五，七月跳地戏又叫跳米花神，或叫跳七月半。”[3]“黔中人民，多来自外省，当草莱开辟之后，人民多习于安逸。积之既久，武事渐废。然四顾环景尚多苗蛮杂居其中，识者忧之，于是有跳神戏之举。迄今安顺普定各屯与归北部龙场，狗场、猫营一带，犹盛行勿替，简称跳神。”[4]此种反映在称谓取舍上的雅俗有别、官民相分的现象，在中国传统中比比皆是。黔西北的“傩坛戏”（其出最晚，且显然受到近年报刊宣传之影响）民间叫做“庆坛”，或“跳菩萨”“麻香灰”；黔东北的“傩堂戏”，民间叫“冲傩”“还愿”；山西曲沃的“扇鼓傩戏”，民间谓之“遵行傩礼，驱瘟逐疫”；晋北一带的“赛戏”，民间管它叫“赛赛”；而如今几乎被完全统一化了的“面具”，各地民间不是称做“脸子”，便是称做“脸壳”“鬼脸”“鬼脸壳壳”，等等。

为民间事象命名本是古今学者的权利和义务。不如此，往往无法描述许多复杂而陌生的东西，而且难以在相对一致的语言前提下相互交流。但依我之见，对于民间本已有名称者，当先以其为本，若因学术、学科之需，要使用别一名称，亦应该进行比较分析和理论说明才是。否则极易造成对象混淆和阅读迷误。分析起来，“地戏”与“跳神”在语义分类的性质上属于“异名异象”之类。“地戏”令人唤起的对象只是“场地演出”（以区别“高台戏剧”？），“跳神”则宽泛得多，包括民俗、宗教生存方式，还包括原始意义上的民间审美等多种内涵。二者相比，“跳神”比“地戏”更接近所述对象之本貌。“地戏”一词，充其数只能代表跳神的某一方面，某一特征或某一意义。

既然如此，近人（尤其是今人）为何多仅选择“地戏”而视“跳神”于不顾呢？原因不外三点：其一，文人化倾向，好以雅代俗；其二，艺术化倾向，好以审美代宗教；其三，官府化倾向，好以正统代“迷信”。这样，仅因一个名词的更换就把带有乡野之风的一种完整事象改造为能为官员士大夫乐意接受的东西，从而一方面为其进入大雅之堂开了绿灯，另方面又为津津乐道者增添了安全系数。殊不知此种做法恰恰扭曲了事物的本来面目，其最终结果说轻点，是使其面目全非（或官方化，或文人化），说重点则有可能导致其自我消亡。举一例述之：安顺蔡官的“跳神”班子中，其领头者为“神头”，然经过“地戏化”改造，变成了“导谏”。如此一来，“神头”中内含的大量信息便仅剩下单薄的戏剧（现代式，且源于西方美学范畴）因素。更惊人的是，当笔者在最近的一次采访中问其本人时，对方竟几乎忘记了“神头”这一本来的称呼，出现了我称之为“语言干扰”的现象。

毋容回避，在今日的社会背境下，谈论“地戏”显然要比谈论“跳神”高雅和安全得多。然而作为具有科学与民主良知的当代学者是否仅满足于高雅和安全？该不该反过来问一下什么叫高雅？什么叫“迷信”，什么叫“戏剧”，什么叫“宗教”？进而是否该再讨论一下以往的标准是否恰当并且根据这些标准所进行的划分及派生政策、条令是否客观、科学？我们在对“跳神”（地戏）这类民间现象进行研究时是仅采取“我主彼客”的旁观态度，从而让民间百姓作为单纯的被动对象来满足我们的观念及实用需要呢，还是应当增加“彼主我客”的进入态度，从民间角度出发以百姓眼光反思我们自身的失落与残缺？这些都值得思考。

二、“跳神”与“军傩”

对于“跳神”（地戏），目前阶段的学者多认为与“军傩”有关，且为外地传入。高伦的专著《贵州地戏简史》明确写道：“地戏是从傩仪中驱鬼仪式的傩戏演变而来。它传入贵州的时间不会晚于明嘉靖，上限可能推至宋时军傩的诞生和传播阶段。”沈复馨的文章《安顺地戏的形成和发展》及《略谈贵州傩戏面具》说得更肯定：“安顺地戏属于原始傩剧，它在明洪武二十一年前后传入贵州，前身是弋阳腔化的军傩”，“安顺地戏是明初征南的军队带到贵州的”[5]。

“傩”作为中国传统文化中普遍存在的活动，具有较为恒定的鬼神信仰、祭司媒介、面具装饰等特征。如今的学者用“傩”这一符号来泛指一切在功能上属于（或接近于）“驱鬼逐疫，祈神还愿”的现象，目的在于从更为宽泛的意义上把握此类纷繁驳杂现象背后的内在一致性，从而有助于认识中国乃至世界文化中的某些在深层上属于同构的东西。在这个意义上，把“跳神”（地戏）视为与“傩”有关，或更直接些说成是“起源于傩”，皆无不可。但断定其“来自军傩”且由“明代征南军队传入贵州”却还需讨论。

从古代文献和当代民俗考察来看，被我们称之为“傩”的这种现象在中国（乃至在世界）绝非一时一地才有的孤立存在。因此各时各地之“傩”均有两种可能，一是传播，一是共生。传播者，由彼地彼时传入此地此时；共生者，彼此之间并无干系乃独立发生也，介于二者之间则有另一种情况，彼此共生但相互影响。太初先民，各居一地，交通隔绝，彼此几无往来，但为何均有相同或相近的“石器文化”及“鬼神信仰”等出现？此即为文化之共生，说明在相近似的生存状态下，人类有创造文化的趋同倾向。文化既生，影响便起，砖木瓦房会流传到其发明地之外极远之处，稻种铁犁亦能世代相承，至于语言文字更会因兴办学堂等人为措施而不断“同化”若干本不相同的民族……此即为文化之传播，说明人类在彼此千差万别的表象底下仍有相互接受相互认同的可能。

贵州作为殷周时期便以“鬼方”等名出现于中原文献的一个特定地域，近代以来所出土的考古实物已证明其远在至少五六十万年前的旧石器时代就有了人类活动。学者们甚至认为以今黔西县沙井乡观音洞遗址为代表的“观音洞文化”，其年代“稍早于北京猿人时期”[6]。此后，大量的作为南方文化主要标志的古代铜鼓等器物的发掘，又为后人认识和追寻本土先民之历史面目提供了丰富物证。在这一前提下，我们不妨重新猜测一下已被不少学者反复引用的几段有关贵州古代“傩事”的史料：

除夕逐除，俗于是夕具牲礼，扎草舡，列纸马，陈火炬，家长督之，遍各室驱呼怒吼，如斥遣状，谓之逐鬼，即古傩意也。[7]

此段文字有三点值得注意，一是言其民间性（“俗于是夕具牲礼……”）；一是言其民俗性（“谓之逐鬼”）；再就是指明记述者的文人式解释（“即古傩意也”）。即是说当地民间有一种自称为“逐鬼”的，与古人所云之“傩”相似的逐除活动。又如：

巫师戴面舞差差，岁晏乡风竟逐傩，
彻夜鼓征材老唱，斯神偏喜听山歌。[8]

此段文字进一步提供了新的信息：巫师、戴面具舞、乡风、彻夜、神、山歌等等。并且其标题表明是对黔地少数民族（苗）的描述。至于刊载于《贵州通志》中的《土人跳鬼之图》更以图画形式记载了土著山民的“傩事”（跳鬼）场面。这些史料的存在可视为“贵州地戏自明代由军傩传入说”的反证。倘若再对照当今贵州各少数民族间普遍存在的多种多样的“驱鬼逐疫”活动，更难断定“外来说”便是最终结论。

“军傩”一词见诸史料且广为转述的是《岭外代答》中的一段话：“桂林傩队，自承平时名闻京师，曰静江诸军傩。”

此处“诸军傩”可作两种断句，一为“诸军”傩，一为诸“公介注”。前者强调“傩”之在军队，后者突出军傩之作为一种类型。上述引文之后还有与之相应的说明：“而所在坊巷，村落，又有百姓傩，严身之具甚饰，进退言语咸有可观，视中州装队似优也。”

这就把“静江诸军傩”与当地坊巷，村落的“百姓傩”并举，显示着二者间的差异。此段文字与出自其他史料中的所谓“国家之傩”“天子之傩”（孔颖达“疏”）以及“乡人傩”（孔子《论语》）等可说是异曲同工，其意皆在试图对“傩”进行分类，以利于在统一的含义下从不同的角度和方面加以识别和把握。但问题在于如何对这些分类作进一步的界定。在这方面古代史料往往只隐隐约约透露一些只言片语，有时干脆只有分类之词而无具体说明。对此，今人当谨慎待之才是。比如“国家之傩”与“天子之难”，孔颖达“疏”只提示出在举行时节上的区别：“言大者以季春为国家之，仲秋为天子之傩。”对于“国傩”与“乡傩”，《说文通训定声》则只交待二者在牺牲之物方面的不同：“国傩用牛羊，乡傩只得用鸡犬。”

而至于何为“军傩”何为“百姓傩”几乎未见有文字说明。今人叶明生在其论文《试论军傩及其艺术形态》里用定义方式称之为：“军傩，是古代军队于岁除或誓师演武的祭祀仪式中的戴面具的群队傩舞。”[9]

若以此为准，何以见得如今仍存活于贵州安顺等地的“跳神”（地戏）与之有关甚而断定是其传入演变之物呢？《岭外代答》出自南宋，就算当时有独立为一种类型的“军傩”存在，时隔一个整整的“异族统治”的元代，至明朝时是否还有相同的“军傩”存留？即或有，是否遍及朱元璋麾下的所有军队，也就是说所谓“调北征南”进入贵州的军队是否就有此“军傩”？这些疑问在今人论述中均未见有令人信服的说明。

“军傩”“百姓傩”“国家之傩”“天子之傩”“乡人傩”等名称的出现，倒是引导我们从更多方面去认识和理解“傩”的多种范围及多种功用，从而促进对“傩”之本体的探寻。比如我们可以分门别类地研究如下专题：1. 傩之用于国事（祭祀、天意）；2. 傩之用于军事（战争、征伐）；3. 傩之用于农事（祈获、避灾）；4. 傩之用于民事（驱鬼逐疫）等等。

从中原眼光看，贵州乃“南蛮之地”，古来归属不定，忽儿称“鬼方”“准阿”“夜郎”，自成一体，忽而划归云南、四川、湖广，四分五裂；其与中原政府的关系也是一阵羁縻，一阵征伐，一阵土司世袭，一阵改土归流，变换无常。以安顺为例，其于战国时为“夜郎邑”，汉为“夜郎县”，唐时属“淡州”，宋时属“普宁州”，明代改为“普定卫”，至清代才开始称为安顺府。其地居民，有土著有移民。若从“移民文化”的角度论证“跳神”（地戏）乃为明代军队带来也有诸多问题需要解答。贵州的移民，仅据史料记载远自秦汉就已开始，历代皆有，且并非“军屯”一种方式，民屯、商屯乃至逃难、避荒、发配、流放……应有尽有。此外、文化在空间上的传播，其方式多种多样，以人为载体者只是内中之一，别的还有兴办学校、张行教化，有时甚至一两位有影响的外来人物或本地土官进京朝贡皆可能起到同样作用。再者，若以今日民间“跳神”（地戏）中所唱之内容多为征战武事而判定其源于中原军傩亦不足为证。民间百姓根据不同条件、不同需要而改变或增添其“傩事”内容，本不奇怪。如今黔东等地的民间冲傩还愿法事中大量呈现儒、释、道三教合流等现象，只说明其自身结构的某种开放特点及诸多文化对其影响，并不能以此推断其就源于佛教或儒教或道教之中的何家何派。与此相似，今日安顺一带民间“跳神”（地戏）中的唱三国、封神等内容及所谓弋阳腔、侗话体等形式，极可能是“跳神”这一活动产生之后才派生的若干晚出现象之一。更重要的是，文化传播亦绝非仅指外来者影响本土者，相反的现象和互渗现象屡见不鲜。据《续修安顺府志·安顺志·叁·氏族之变迁》记载：“安顺地方原为土著所居，自楚顷襄王使将军庄蹻溯沅水出且兰以伐夜郎后，始有汉人之足迹……习俗移人，久即与土著同化。”如果以此为据，推断说“‘跳神’（地戏）纯属土著创造，后世移民乃模仿土著而后有之且将模仿之事带回故土，于是中原才有类似军傩”，学者们又该作何评价呢？

三、“跳神”与“跳花灯”

前面所引《安平县志》中提到“地戏”的一段文字，其还同时列举了“花灯”“龙灯”的详细介绍，如《续修安顺府志·礼俗志·贰·民间娱乐》：“唱花灯，演唱者化妆男女若干对，男执扇，女执帕，相对边唱边舞，以月琴、胡琴伴奏。词极俚俗，甚得一般民众欢迎。各对依次演完后，全班合演一场。演唱毕，接待之家酬以喜封。”花灯之在贵州，极为普遍，且有东、南、西、北四路之分，每路均有各自特色，或带脸壳，或面部化妆，或于场坝表演或于高台进行，或单纯歌舞演唱或杂演民间小戏等等，不一而足。西跻安顺一带的花灯，与“跳神”（地戏）的相似之处颇多，值得比较研究。

首先，在名称上花灯有“地灯”（亦为“敞子灯”）“米花灯”和“灯戏”等称，与“跳神”中的“地戏”和“跳米花神”接近。“地灯”主要指表演场所为场院坝子的花灯，与其相对的是搭台表演的“台灯”。“米花灯”之命名与所跳时间有关：“农历七月十五玩灯者，因为此时春耕、春种已过，而秋收大忙未至，花灯艺人们藉此闲暇玩灯自娱，并有祈祷五谷丰登之意。此谓之‘米花灯’。”[10]所谓“跳米花神”则指：“‘七月半’民间称为鬼节，又值稻米扬花，民间跳米花神祈祷丰年，祭奠先人，具有娱神性质……大忙间歇，通过跳地戏以自娱。”[11]

其次，在活动程序上二者皆显出与民间宗教仪式有关。试比较如下：

A：“跳神”（地戏）程序

1. 开财门：上庙祀神，迎请脸子，主帅带领，列队行进，主人献食，互祝大吉等；

2. 扫开场：村民围场，小童舞唱，双方大将，起跳入场等；

3. 跳神：演员出场，自报家门；演神故事，再现业绩等；

4. 扫收场：和尚土地，上场收尾，纳吉驱疫，万年兴旺……[12]

B：“花灯”程序（从略录之）

1. 亮灯，2. 散帖子，3. 出灯，4. 开寨门，5. 开山门，6. 开财门，7. 下敞，8. 搭上咐，9. 回（niá）白（说粗俗话），10. 参家神，11. 参桌子、果碟，12. 测盘子，13. 参门神……此外，“全年花灯演出结束后，灯班全体灯友执所有灯笼，至‘花灯菩萨’前或择一僻静处所，燃点蜡烛，烧化纸钱，将当年所有灯笼全部焚化。来年现灯，再行重新制作……”[13]

稍作比较即可见出二者都属于完整的民间现象，所谓戏剧表演（跳三国、跳封神或灯夹戏）的一部分构成因素，仔细说来，皆可归为仅为其中“傩”的范畴，只不过各自代表一种样式罢了。作为既有关联亦有区别的两种样式，特征上，“跳神”（地戏）突出面具的使用，甚至到了近于神化的程度：“一经举行了点将仪式，面具就成了神祇，受到神一样的膜拜。点将时，燃香点烛，戏班全体成员立于香案下首，一戏头用公鸡冠子血滴于面具上。每滴一个而具，封一个将帅名，小兵亦如此。封毕，然后逐用白皮纸包上放进专门的箱子里……以后每次开箱跳神，收场装箱均要杀鸡祝祷。”[14]“花灯”则强调灯具的制作，可谓之花样繁多，别出心裁，如《绥阳县志》卷一“风俗篇”所载：“上九后闹花灯，庆元宵……更有张灯之兴，灯上给人物花草，亭台殿阁，五光十色，花样不同，又有燃放水灯，光流泽国；并有走马灯，采茶灯之类，不惜巨资。此年节礼俗也。”第二，在活动时间上，“跳神”（地戏）仅限于正月与七月农闲之时，带有年节吉庆之意。而“花灯”除此之外，还另有随机应变之处，故因其时间不同，还有“春灯”“寿灯”“喜灯”“愿灯”“孝灯”“扽（den）灯”（即各灯班相互比器）等细微之分，也即是说“无论是礼仪、祭祀、祝寿、祈子、建房等都要唱灯”[15]。由此则产生了，第三，在鬼神观念和在作用功能上的彼此差异。“花灯”程序中之所谓“参神”一则，每每由灯友们根据所到之处原本信奉对象而临时选定，或为土地，或为财神，或为三清，或为五显，此外，唱灯之功能亦因主人家愿望而定，或祝寿，或贺喜，或驱鬼，或逐疫……总之比起受时间与目的限制较多的“跳神”（地戏）来，“花灯”更具有相对超脱的独立性，其似乎已向中性的“专业戏班”靠拢，变为与所到之处构成主客关系的职业性民间组织，并集宗教祭祀、群体教化及文艺娱乐等诸多功能为一身，故具有更为灵活亦更为旺盛的生命力。遗憾的是，当今的“傩戏”研究者们，因过多封闭在艺术化的“戏”之概念里，居然忽略了对与“跳神”（地戏）同在且似乎更具特色的“花灯”的关注和研究。

四、“活化石”与“活文化”

近年来，随着“跳神”（地戏）这一民间现象之被文人重新发现，各种评价纷至沓来，其中较突出者当推“活化石”说，例如，曲六艺先生在为高伦《贵州地戏简史》而作的序中就写道：“地戏的主要价值在于：它是至今仍然活跃在戏台上，并且仍有一定生命力的戏曲‘活化石’”。为何这样说呢，那是因为“对于研究中国戏曲发展史，戏曲剧种学以及中国傩戏的起源与流布，地戏可以提供一些珍贵的活资料”。钟敬文先生透露出：“最近一段时间，许多人在饶有兴味地谈论中国美术馆展出的一批‘中国戏剧活化石’，这就是贵州民间傩戏面具展览。”内中原因是“它打开了生活在现在都市社会的人们的眼界，启动着民俗，戏剧和宗教等多种人文学科研究者们的思路，也为如何办好各种民俗博物馆提出了有意义的课题”[16]。

我以为把局限于某一区域的跳神“地戏”乃至于遍及各地的“傩”这一至今仍存的民间现象视之为“活化石”，其不失为一种富有创见的学术看法，且在客观上起到了十分有效的宣传作用。它使得许多方面的人士（从政府官员到普通市民）对“跳神”（地戏），对“傩”产生强烈兴趣，从而引起普遍的关注和重视。但这只是一种思路。对于这类现象，认识和评价的方法应有两种，即“向后看”与“向前看”，向后看的意义在于“还原历史”，说通俗些即认识过去，力图重新回答诸如“傩是何时和怎样起源的”“中国戏曲发展史上傩怎样由傩祭变为傩舞、变为傩戏并对其他戏种产生了何种影响”等问题。这就是“活化石”观的学术导向。“向前看”则不把对象看作已死的“标本”，而是就看作与我们同在的、共时的活文化并由此而考察它的现实状态（个案、田野作业）及社会功能。其目的有二，一是更好地认识民间、理解民间，一是在另一参照坐标下重新反思我们自己，反思我们的艺术，反思我们的行为，反思我们的人生，反思我们的文化，看看至今仍存活于民间的、极具特色的活文化是否对我们有所启示。我以为此二种思路应并行不悖，互为补充。若过多倾向于向后看的“活化石”观，则一是将造成本来就不够充足的学术队伍一边倒，从而失去研究结构上的必要平衡，另一则还可能导致无论在理论上亦或是现实上皆必然是动态过程的民间文化的僵死。从语义学角度看，“历史”一词可一分为三，亦或说有三个“历史”。历史一即逝去的事件；历史二即残存的史迹（史料）；历史三则是永恒的古今对话。由于时间的单向性和不可逆转性，“历史一”稍瞬即逝，永不重返。“历史二”残缺不全，见仁见智，各取所需。唯有“历史三”才扮演人们所常理解的历史。那就是各代史家（包括普通百姓）根据残缺史料并从各自需要出发，尽其所能再创造出来的各类“通史”“专史”。在这个意义上，一切历史都是现代史。所以，学者所津津乐道的所谓“重写历史（文学史、戏剧史、民俗史、宗教史）”，皆不过是这种古今对话的一种继续，其所要改写的只是“历史三”而已。倘若是为了通过改写而体现和高扬当今学人与前人不同的“时代精神”，是为了向世间传播改写者们对若干历史定论的重新评价的话，这种顽强的努力在本质上与“向前看”的活文化观相一致，同样具有新鲜活泼的现实意义。而如果坚定地认为这样做是希望达到完完全全地还原历史（“逝去的事件”），找回唯一的客观存在，那么可以说其几乎近于迷信，结果只能是“缘木求鱼”，徒劳无功。因此与其过多地停步于“形而下”的史料追踪和事件还原，不如兼顾一下在永无止境的古今对话基础上的“形而上”的理论反思与现实重建。

倘若如此，安顺“地戏”与傩文化的研究便有了超越其自身的历史意义。

（原载于《贵州社会科学》1989年第8期，总第80期）

注 释

[1]《傩戏论文选》，贵州民族出版社，1987年版。

[2] 沈复馨：《试论傩坛戏和安顺地戏的异同关系》。

[3] 乔得龙：《长顺地戏漫谈》。

[4]《安顺府志初稿》。

[5] 同注释 [1]。

[6]《贵州古代史》。

[7]《贵州通志·卷三》。

[8]《黎平府志·张澎·黔苗竹枝词》。

[9]《中华戏曲》1988 年第六辑。

[10]《贵州花灯史话》。

[11] 乔得龙：《长顺地戏漫谈》。

[12] 高伦：《贵州地戏简史》。

[13]《贵州花灯史话》。

[14] 乔得龙：《长顺地戏漫谈》。

[15]《黔北花灯初探》。

[16] 参见《贵州日报》1988 年 1 月 28 日。

九

王阳明“龙场悟道”今论

近五百年前，中国明代大儒王阳明先生在贵州龙场悟道，由此开出了影响甚远的致良知和知行合一学说。龙场悟道的意义在于：在人类文明以多元轴心方式积淀成史的特定时候，于东亚地区将几大主流思想融汇于强调入世关怀的“儒”，并从政治文化边缘的角度为僵化停滞的历史注入了新的内在活力。

致良知与知行合一的关键在于返心性之本。只有扬弃和升华既有的文化传统，回归与天地万物一体的恒常本体，使心境自明，方可应照世间一切事变，并从根本上解决古今不二的善恶问题，并打通东西文化在物质、制度表层现象上的阻隔。而要达到此宏伟目标，依龙场悟道的启示，唯有依靠每一“吾性自足”的个体生命从明心见性、返璞归真的“功夫”做起。

一、

明正德元年（1506年），34岁的王阳明虽已身为朝廷命官（兵部主事），却不幸因“抗上”之罪而在遭“廷杖四十”的羞辱惩罚后，被逐出京师，贬至数千里之外的边荒野地——贵州龙场。其间，阳明先生“居夷处困”默想“圣人处此，更有何道”，而后“中夜大悟”，始知天地万物之大本不过“良知”二字，从而不但解决了个体生命的存在危机，并开出了三教兼容的心学一脉。

此番境遇，史称“龙场悟道”。在我看来，其可视为宋明儒学，乃至中国思想文化的一大转变。

阳明谪龙场之厄运的历史背景，就其个人的主观感受而言，涉及到政统不正、道统失传以及命无所归这三个方面。若依入仕为臣一类儒者“鞠躬尽瘁，死而后已”的尽忠传统，阳明先生本可以像古代众多的变法英雄或革新烈士那样反思朝政弊端，探寻革除之法，从而不但实现“天下兴亡，匹夫有责”的历史使命，还有可能由此改变自己的现实处境。事实不然。或许一半也因了“仕途断绝，报效无门”的缘故，阳明谪居龙场期间所悟之道，竟全不涉及王权政统，而是直指性命归依、道统根源乃至天地之本这类玄学问题。而这恰恰体现出其返本追问的深刻之处，同时也昭示了“龙场悟道”的意义所在。

首先，根据孔门儒教的观点，政、道之间的关系是有合有分，内外有序，先后有别。道统居内，政统在外，所谓内圣外王是也；道在先，政在后，所谓道开政出是也。因此，从逻辑关系上说，“政”出问题，唯“道”是问。从另一方面看，既然王权交替，因人更迭，而千人千面，德行不同，就必然是千差万别，各行其道，王道霸道，暴政仁政，不一而足。于是又引出“道本为何”以及“道由何开”这样的基本问题。在阳明先生看来，政统不正与道统失传有关。两相比照，复兴根本道统远比扭转一时朝政更为重要和紧迫。而论其时之道，仅就入世儒学而言，早已误入歧途，与圣人之说相去甚远，遑论更为根本、境界更高的“天人合一”！用阳明的话说：“‘致良知’之外无学矣。自孔孟既没，此学失传几千百年。”“世之儒者，妄开窦经，蹈荆棘，堕坑堑，究其为说，反出二氏之下。”作为治国之本的正统儒学竟跌落到连主张出世修行的佛道二门都不如的地步，哪还谈得上拨乱反正，重振人心！

万物一体，天人合一。人道与天道相通。人间正道只能从天地之本中开出。而天地之本从何求得证得？唯有心性。于是阳明先生于流放生涯中，远离朝政，跳出时儒局限，甚至越过圣人，直接设想并体验圣人与万物相通、直面天道时的情形，一切放下，复其本然，从而恍然大悟，惊叹良知永在，本体自足；本体不明，乃私欲习俗遮蔽之故也。去私破俗，方可返本复明，弘扬良知。

可见，阳明先生龙场悟道的深刻意义就在于，其能够由个人政治厄运中超越出来，见出并突破“世儒”（官学、官方意识形态）对道统的遮蔽，并能以体悟万物、返归本性的方式复其良知，为能经世致用的内圣之道重新找回曾润育圣人之说且万世不沽的源泉活水。阳明先生自己总结：

吾良知二字，自龙场以后，便已不出此意。[1]

自圣人以至凡人，自一人之心以达四海之远，自千古之前以至于万代之后，无有不同，是良知也者，是所谓天下之大本也。[2]

问曰：人皆有是心，心即理，何以有为善，有为不善？先生回：恶人之心，失其本体。[3]某于良知之说，从百死千难中得来，非是容易见得到此。[4]

这就是说，良知人皆固有，圣凡不二，其乃天地万物之本体，千古万世不变。然本体会失落，失落本体便生邪恶。失落容易，复得艰难。龙场一悟，天人所归。

二、

阳明先生出生在官宦之家，自幼在倡导修齐治平的儒学熏陶中长大，经过几番努力，于28岁时由科举之途进入官僚体系。然而尽管做了朝廷大臣，阳明先生却始终未曾忘却自己的儒者使命，一直在“为君之臣”与“为世之师”两种冲突角色之间承受着双重的重负。这在某种意义上，可说是中国儒学一方面信奉道统至上，另一方面又屈从政统权威所导致的根本矛盾。而当政统偏离道统，道统无以承载时，儒者兼济天下的使命便转向对学统——向社会传布“道”之学理知识——的投入和奉献，尤其在王权控制的缝隙里还存在着民间私学这样的自由空间时，更是如此。

早在入仕之前，阳明先生就在家学讲习的影响下，养成了与众论道、自由研讨的儒者风范，而后又周游四方，寻师访友，广开学路。做官之后，更进一步身体力行，广收门人，以授徒讲学的方式，守住了儒家学统之大业。并且其学还敢与“溺于词章记诵”的官学相对抗，宣讲倡导立圣人之志的体悟之学，体现了学以载道及学在民间的鲜明特征。

边做官，边讲学，做官仕君，讲学宏道，仕君受限，宏道自由——这种学、政合一表象掩盖下的学、政相分现象，构成了儒者入仕的历史特性。

从道、政、学三统同时集于中国儒者之一身这点出发，便不难理解阳明先生“龙场悟道”为何主要关注于道统与学统问题而宁可置政统弊端于不顾。其原因就在于此时的阳明先生是以“为世之师”而非“为君之臣”的儒者、学者身份，思考着道与学的复兴与重建，担当着“道之不存，儒者何用”这样的深刻责问。也正因如此，当其身心交困、命无所依时所设想的首要问题便是：“圣人处此，更有何道？”

以己比之圣人（而不是秦皇汉武唐宗宋祖），充分说明了阳明作为儒者，在个人生死紧要关头的价值取向。从政乃迫不得已，“君子之仕也以行道”，成圣人才是最高目标。因为尧舜之后，政教（道）分裂，道在圣不在君。圣为君师，君为圣弟。尽管这种主次分明的师弟关系在先秦之后久难实现，却一直作为后世儒者内心深怀的一大理想，对其入世（仕）行为起着重要作用。纵观阳明先生一生经历，其真心关注的宏伟事业乃在道、在学，而不在官府王权。官爵王位，皆身外之物。且“人各有能有不能。唯圣人而后无不能也”[5]，“圣人一言，世为天下法”[6]。正是由于胸怀成圣立言之大志，同时又愤懑于世学失道之时局，阳明先生才于谪龙场之际，一切放下，专心体悟着超越世俗的天地之道。得道之后，又于复出升迁的空隙之间，诲人不倦地传授其心性之学与致良知教。可见，为儒的阳明超越了为官的守仁（守仁为其名，阳明为其号）。或许这也便是后人多尊称其为阳明先生的原由吧。

话说回来，后世学者将官至兵部尚书且屡建武功的王阳明单单尊为承前启后的一代大儒，是否也流露出对“圣在君上”之儒家理想的一种赞许与期盼呢？在当今功利至上、其道式微的时代，这赞许与期盼，当视为对阳明悟道的承继与弘扬。

三、

龙场悟道，奠定了阳明心学的原创根基，亦促成了中国第二代儒家（新儒家）的时代转变。究其根本，龙场之道乃宇宙万物之大道而非一时朝政之窄道或世儒官学之偏道。

那么，如此精深恢宏之大道又为何独独在偏远龙场而非别处悟得？个中奥妙，当与龙场之“野”有关。龙场为贵州古代地名。贵州于明永乐年间（1413年）才正式建省，此前久属羁縻地带，或为其他政区分而治之，皆远在中原王朝牢固控制的正统之外。明洪武十七年（1384年），为便于与新建省区内的公文传递、粮食运输及商业交往，政府始在龙场等地设置驿站。阳明先生由京师罪谪龙场，充任的就是龙场驿之丞。彼时的情形，用其门人后来所记的《年谱》口吻来形容，乃蛮荒不已，其曰：

龙场在贵州西北万山丛棘中，蛇虺魍魉，蛊毒瘴疠，与居夷人舌难语，可通语者，皆中土亡命。旧无居，始教范土架木以居……

阳明本人则在其著名的《瘗旅文》中以歌慨叹：

连峰际天兮飞鸟不通，游子怀乡兮莫知西东。莫知西东兮维则天同，异域殊方兮环海之中。达观随寓兮奚必予宫，魂兮魂兮无悲以恫！

从今日眼光来看，龙场之野，含义有三：一为朝野之野，二为乡野之野，三乃荒野之野。朝野之野意味着远离王权中心，移入政治边缘；乡野之野意味着远离繁华都市，回到乡土人生；

荒野之野则意味着跳出文化屏障，重获心性自由。对此，阳明以诗唱道：

投荒万里入炎州，却喜官卑得自由……拟把犁锄从许子，谩将弦诵止言游。[7]

总体说来，阳明先生当年谪官龙场，正是由于政治边缘人的身份、乡土民间之环境以及超越世俗文化之自由这样三重之野的综合条件，方获得其中夜大悟的。其时的阳明先生，得失荣辱皆已超脱，“日夜端居澄默，以求静一”，动心忍性，连圣人之书也都放下，故才有可能直指心性，返本得道，乃悟“吾性自足，向之求理于事物者误也”。

“龙场居南夷万山中，书卷不可携……”[8] 这是边荒之野对文化积淀的客观限制。另一方面，龙场之地“结题鸟言，山栖羝服，无轩裳宫室之观，文仪揖让之缛”。这样一种自然古朴景象又令人感到“犹淳庞质素之遗焉”。并联想到“盖古之时，法制未备，则有然矣，不得以为陋也。……夷之民，方若未琢之璞，未绳之木，虽粗砺顽梗……然此无损于其质也”[9]！比之官场世儒的诡计权术与空洞词章，边荒之地的璞木本质，激发了阳明先生对返璞归真的内在期待。再联系人类古今思想文化史的缘起与发展来看，大凡具有原创性的伟大思想，莫不在此种“居贫处困，返璞归真”的精神原野中产生：耶稣之于十字架上，佛陀之于菩提树下，孔子乃于政治边缘的久困之中，老庄则陶冶于出世逍遥的洒脱之内……

当今世界，功利至上，问题成堆，资源枯竭。与此同时，尽管学科林立，流派迭起，然能够像阳明先生及古之圣贤那样出生入死，返本归真，达到“龙场悟道”式的境界者，寥寥无几。这或许亦正是全球信仰失范、心路渺茫的要害所在。引阳明先生的话说，即“见识之知”过多，而“德性之知”太少，词章之学偏盛，良知本体失落。究其原因，“中心”排斥“边缘”，功名取代大道是也。

四、

“龙场大悟”之后，阳明先生开创的心性之学渐显出其独特风貌，并始向世间宣讲。概其精要，阴明心学的独创独见之处在于三说，即良知说、功夫说与应物说。三说相互关联，且体现出在超越圣人（名括孔孟、老庄、佛陀）、直面天道时对诸教精华的兼收并取的融会贯通。

“良知说”的核心在于天人合一，万物同体。此说尽管早在几千年前就已被儒家先贤阐述过，但在阳明之时重新体悟却实属艰难。依阳明之悟，良知即天理，生而有之，乃心性，万物之本体，不待圣不待学而恒在。然本体之于世间犹生命之于自然，稍不爱护即会染病乃至亡失（这或许是天道对人道的考验？）。个体是这样，历史同样如此。照阳明先生的总结来看，其在“龙场悟道”之前，对自身良知的感知已处于岌岌可危或至少是暂被遮蔽的状态。而对良知的不知或误知本身就意味着良知的失落。因为良知与天理相通，良知体现，天理即明。并且知行合一，即知即行。既然连“良知即本体，本体即良知”这样的道理（天道、天理）都不明白，说明其良知本身已遭到损害和污染。以阳明所处的时代而论，“龙场悟道”之前，其良知失落既是个体的失落，亦是历史的失落。反之，后来其个体的重现亦同样意味着历史的重现。所以阳明曾感慨万分地指出“致良知之外无学矣。自孔孟既没，此学失传几千百年。赖天之灵，偶复有见，诚千古之一快！”[10] 其门人转述道：“先师始学，求之宋儒不得入……至龙场，再经忧患，而始豁然大悟良知之旨。”[11]

由于怀着拣回历史、复归本性的使命感，阳明先生倾其“龙场悟道”之后的毕生精力，把宣讲“致良知”的事业放在了压过一切的位置之上。而在良知前面再加上表示主观行为的一个“致”字，又包藏着对这一事业之艰难不易的深切感受和决意为良知体现竭尽全力的无限苦心。他的体会是：“人孰无良知乎？独有而不能致之耳。……致是良知而行，则所谓天下之达道也。”[12]

良知若致，天下达道。可见其重要无比。然如何能致？唯有功夫。这就引出了独显其见的“功夫说”。良知本在固有，不依习得。一切只是坎陷继而呈露而已。呈露之物乃固有良知而已，既不是四书五经，更不是科举八股，对被习欲久染的后世之人来说，最为需要的恰恰是一切放下、直悟心性本体的功夫。此功夫的本质在于：“去其私欲之蔽以自明其明德，复其天地万物一体之本然而已耳。”[13] 后世之人虽也津津乐道于知，于学，然却因与道相悖而反失其要。在阳明这里，知是良知，学乃心学。其曰：“以学为圣贤。圣贤之学，心学也。”“求之于心而无假于雕饰，其功不亦简乎。”[14]功夫的要点一是克服个人之私，二是摒弃历史之染。阳明指出“人心自有知识以来，已为习俗所染”，故需“教他在良知上实用为善去恶功夫”。此处的为善去恶就是自明其德、返璞归真。而功夫的强调，则与阳明自身对佛道二门的兼容修炼有关。进一步说，其“龙场悟道”看上去貌似豁然所得，其实乃得益于在静坐默养、修行悟道上对儒释道三教的果敢打通。对此前人曾有总结：阳明先生“究心于老佛之学，缘洞天精庐日文勤精修，炼习伏藏，洞悉机要……及其居夷处困，动忍之余，恍然神悟，不离伦物感应，而是是非非，天则自见。”[15]而在到了常德、辰州之后，阳明先生又“与诸生静坐僧寺，使自悟性体，顾恍恍若有可即者”[16]。由此可以说，阳明先生之于龙场，是“一悟通三门”，而又“过门返本心”。

此处之“通”，是指对三教的继承与融化，“过”则指对其的借鉴和超越。在这点上，阳明先生以其“返本应物”说，作过十分精辟的阐述。根据对个体良知及群体历史良知的体悟和认识，阳明先生一方面着重指出先圣与世儒、“大人”与恶者的差异，指出“大人之能以天地万物为一体也”，另一方面又强调在良知本体上圣恶不二。圣人只是良知的完美体现，而不是良知本身。“圣如尧舜，然尧舜之上，善无尽。”[17]良知的体悟全在自身的修炼功夫。所谓返本，乃返己之本，即心性、天道之本，而断断不可以具体、有限的圣人为本。为此，阳明特地举了明镜照物之例。当其门人问道：“圣人应变不穷，莫亦是预先讲求否？”阳明先生答曰：

如何讲求得许多？圣人之心如明镜，只是一个明，则随感而应，无物不照；未有以往之形尚在，未照之形先具者。若后世所讲，却是如此，是与圣人之学大背。[18]

这里，心如明镜之说显然有禅学意味且不多讲，其“随感而应，无物不照”的发挥及“以往之形”与“未照之形”的区别已体现出对先儒之学的极大拓展和深化。以明镜之喻为基础，阳明先生又进一步总结道：

周公制礼作乐以示天下，皆圣人所能为，尧舜何不尽为之而待于周公？孔子删述六经以昭万世，亦圣人所能为，周公何不先为之而有待于孔子？是知圣人遇此时，方有此事。学者唯患此心之未能明，不患事变之不能尽。[19]

依我之见，面对当今世界诸多精神问题的解决，仅以东方思想资源而论，不论儒家也罢，道家也罢，还是佛家也罢，最为需要的并不是对某家学派的系统复苏，而应是如阳明先生上述“返本照物”说所指出的那样，使每一个体自身心镜先明亮起来，复其与天地万物一体之本然面貌，然后再应对事变，从根本上开出符合人类现今精神之需的光明之道来。犹如当年尧、舜、周公、孔子等等先贤之于各自时代所做过的那样，此种光明之道既天人合一，又万变不离其宗，坦坦荡荡，诸教兼容。

孔子说过，“古之学为己，今之学为人”。当代新儒家所谓“返本开新”，其意直面当代，颇显入世关怀之心，然其“本”不明，未见“功夫”，有恪守祖训的“原教旨主义”之嫌；其“新”不定，吾性未足，有迎合西方“见识之学”及“后殖民文化”之弊。从今日全球百家争鸣、诸教复兴之局面来看，“轴心时代”之后的文明大交汇必将在原创性资源重现的同时再次派生“溺于词章”的学术泛滥。对此，值得不断重温龙场悟道的历史意义：学在民间、道在山林，悟在功夫。

（原载于《贵州社会科学》1995 年第 2 期）

注 释

[1]《王阳明全集》，上海古籍出版社，1992 年版，第 1575 页。

[2]《书诸守谐卷》。

[3]《传习录》。

[4]《文录序说》。

[5]《龙场诸生问答》。

[6]《论元年春王正月》。

[7]《龙岗漫兴》。

[8]《五经臆说序》。

[9]《何陋轩记》。

[10]《书魏师孟卷》。

[11] 钱德洪：《论年谱书》。

[12]《书诸守谐卷》。

[13]《大学问》。

[14]《应天府重修儒学记》。

[15]《龙溪先生全集》卷二。

[16]《年谱》。

[17][18][19]《传习录》。

第三部分

『贵州现象』论

一

贵州文学面面观

一、双向拓展：在文学与非文学的互动之间

文学研究在经历了较为单纯的社会学、政治学、文体学等阶段之后，出现了在更为开阔、更为综合的文化学范围内加以全面透视的新趋势。这里，我们将贵州文化作为研究贵州文学的宏观背景。当然，在其之外，还有更大的隐含系统——中国文化和人类文化。

贵州文化从表层特征看，有其显著的特征，诸如“地方性”（中央集权下的地方行省）、“民族性”（以汉族为中心的多民族杂居）、“多样性”（以经济技术相对落后为标志的文化

形态多样并存），等等。作为贵州文化的一个组成部分（或者说一种“形象的反映”），贵州文学有机地体现了这些特征，其自身亦呈现出颇为丰富的横向组合及纵向进程。因此由“贵州文学”所引出的研究自然便能因需要与方法的不同，而作出五彩缤纷的论述。本章仅强调其三个颇有意思的方面，即“内与外”“文学与文化”和“结构与功能”。因目的在于提供一种分析前提，故不过多进行价值评估而着重阐述形态性特征。

（一）内与外

人称视角

“贵州文学”作为整体，可以有由内及外和同外及内两种互补的审视角度。前者相当于文学描述中的第一人称（我、我们）；后者相当于第三人你（他、他们）。虽指同一对象，两种人称视角的差别却很大。

第三人称（他、他们）以中国文学为背景，使“贵州文学”成为远离京都的边塞文学，其特点便在于异土风光、异乡情调，在于与时代潮流若即若离的边远、古朴。正如被历代正统文学史书所不断载入的“边塞诗派”一样，“他、他们”为以京都文学为中心的中国文学增添了特质。这种审视角度的前提首先是对中国文化某一段历史阶段的“政治中心”的认同，其次是对与之相应的“时代主潮”的主动呼应。当年蹇先艾的作品被鲁迅先生界定为“乡土文学”，便是这种认同与呼应的典型例子之一。当代作家叶辛，若从其以“上海知青”身份“蹉跎”到贵州山区这面来看，其作品亦同样堪称“边塞文学”。此源头一直可上溯到清代实行“改土归流”的文学传播及其影响。

但同样作为一个整体，若换上第一人称视角，则又可以把“贵州文学”变为“我、我们”。于是便会出现另一番景象了。“我、我们”上接本土文化的远古史诗、神话，今日文学不过是在文化交流中特定的变体而已。随着文化交流、融合和文学自身发展的继续深化，“我、我们”的形态还将不断变化下去，但只要贵州文化尚未解体，所有这些变体都仍然是其中的有机部分。

可见，贵州文学既是边塞文学，也是本土文学。因此既需要参照贵州文化的地域坐标，亦离不开中国文化的宏观背景。也许只有这样，才有助于我们全面而深刻地认识和理解蹇先艾式的“乡土文学”与何士光、李宽定式的“黔北文学”之异同，以及郑珍式的“边塞文学”与叶辛式的“知青文学”的内在联系与区别，并且还可在中国文学统一构成的框架中考察延续至今的贵州少数民族文学现象，进而有助于在多种比较中把握各自的特殊地位及其价值。

民族构成

与“五四”以来分析中国文化时往往不重视其内涵的民族差异相似，当代的文学研究实际上也忽略了中国文学总概念中的民族成分。大凡提到“20世纪中国文学走向世界”或“印度佛教对中国文学的影响”之类的命题时，其通常主要指中国的汉民族文学。这是不该忽视的失误。它意味着封建传统所遗传下来的“大汉族中心”在文学研究上的延伸，其结果是造成了我们的文艺理论家、批评家长期对少数民族文学的视而不见。同时又在总结中国的文艺理论时，仅以汉民族文学为对象，提出了某些并不符合实际的文艺观点。比如，在进行所谓中西文学比较时，由于这种失误，总结出，“再现与表现”“主动与主静”“典型与意象”等不甚全面的结论。这些结论用于解释中国的少数民族文学（无论是北方、南方、古代、现代）都显得过于简单和牵强。

贵州乃多民族地区，除汉民族外，其他少数民族也都有着各具特色的文学活动。从民族构成上，我们可将它们分为贵州汉族文学、贵州苗族文学、贵州布依族文学、贵州侗族文学、贵州水族文学等等。从这思路看，又引出另一意义上的。内与外的问题。为了不至于使这种多民族文学并存现象变为支离破碎的杂乱组合，我们还需要借助于文化与地理方面的理论框架。

从人文地理的历史沿革看，贵州的汉民族文化属于一种“移民文化”，从而贵州的汉民族文学亦可称为“移民文学”。这时我们的参照坐标是在其之前便已存在的本土文化和本土文学——史诗、神话、故事。有了这样的历史眼光，我们便能顺当地找到从古代到现代贵州汉民族文学的发展线索，并顺着这线索理出从蹇先艾到石果，到何士光、李宽定、李发模、叶辛，再到赵剑平、姚晓英、周西篱等人的相对位置。

有了这样的基础，如果我们进一步承认贵州的现代文学在统一的中国文学背景下，已出现以汉民族文学为主体的历史趋势，那么就能在冷静指出其与其他省区文学的相对差距的同时，深刻理解其历史性成就。

从文化意义看，贵州的少数民族文学具有极为丰富的内容，其价值远未得到充分认识和挖掘。与汉民族文学相比，可以说，它们不仅在文学本身，而且在美学、哲学、宗教等若干方面皆可说属不同的系统，彼此的功能和意义不可同日而语，不可用固有的汉文化模式加以扭曲或剪裁。比如，在现代汉民族逐渐以“小说”作为其文学的主要样式的同时，贵州苗族、侗族等少数民族则仍然保持着传统的诗歌样式。二者在符号、功能等方面皆有着显著的差别，不可简单地以其中某样式为标准，否定或贬低另一样式；相反，倘若对此类差异加以认真比较分析，说不定还能促进我们对文学的全面理解，促进现代文论的完善，进而又在不断完善的现代文论基础上，加深对贵州文学的总体把握和评价。

作者身份

职业作家是文学活动的一种社会分工产物，却不是文学活动的唯一标志。研究文学应当把视野从狭小的作家圈子中拓展出来。在这个意义上，贵州文学可分为文人文学与民间文学两大部类。

文人文学向来颇受关注。这大概是由于文学史和文学批评通常都由文人所作的缘故。然而久而久之似乎又形成了文人文学就是整个文学的“主体”甚至于“全部”之类的观念，从而影响了对文人文学之外的民间文学的重视和关怀。正因为这样，一般来说，我们对文人文学谈得较多、较细，涉及的面也较广，收集的资料也较为丰富，研究起来似乎也要容易一些，而对民间文学则陌生得多。

贵州的文人文学主要指由少数职业作家和半职业作家，通过正式出版物发表作品的文学现象。其中包括汉民族作家和少数民族作家。不过后者较为特殊，其多为具有少数民族作家的身份同时又采用汉民族文字作为自己的创作载体的双重人物，值得深入研究。贵州民间文学与此不同，其主要以存于各民族生活中的口头文学为代表。如前所述，由于以往文学观念的偏狭，这部分丰富的文学内容，长期未能进入“贵州文学”的正统框架，乃至于无形中产生了与文人文学之间的一道鸿沟，双方缺乏对话、缺乏沟通、缺乏交流。如今，倘若把民间文学引入我们的框架之内，也许将是对传统文学观念也是对正统的文人文学的一次挑战。

此外，贵州民间文学之中还有另一被忽视了的重要组成部分，即广泛存在于社会各部门的业余创作活动及其体裁丰富的多种文学作品。它们包括大专院校文学社团自办的油印刊物，机关、厂矿、部队定期或不定期的文学墙报、文艺会演（诗歌、剧本）等：对这部分民间文学进行分析研究，理应属于“专业”批评家们义不容辞的职业范围。可以想象，只要经过认真而系统的考察，其中所包括的大量文学政治学、文学社会学、历史学、心理学等丰富内容一定能有利于我们更全面地认识贵州的文学面貌和贵州的文化面貌。

通过人称视角、民族构成以及作者身份这样一些角度，我们获得了认识贵州文学之“内与外”的初步框架。它远未完整，却是朝完整迈进的一种努力。

（二）文学与文化

从文学看文化

当我们把文学当成独立的审视对象时，角度的转化变成了极有意义的事情。若站在文学之内，以文学特有的方法、尺度和术语进行观察并将观察之结果加以表述，便是自然地归顺于美学研究的长河之中；而若是走出文学圈子，站在文学之外，用别的眼光和尺度观察文学，则可能获得更为广阔多样的发现。在我们看来，就作品而言，其一旦离开作者便成了独立存在的审视对象，如同自然界的一座大山、一片树林、一朵浪花、一条波纹，或像社会历史中的一个事件、一种现象、一个过程、一种结果一样。作品与其创造主体——作者纵然有不容忽视的内在联系，但其一旦独立存在，便进入了活生生的“阅读场”中，读者以其无限的自由，尽可以从中获得各自独到的感受和发现。马克思和恩格斯不就从《荷马史诗》和巴尔扎克的《人间喜剧》里读到（发现）了人类自己“不可企及的童年梦幻”以及比其时之经济学专著还要“丰富、生动得多”的社会资料么？文学的信息是可变的，加上读者的再创造、再发现、将会产生或激活出无比多样的自由对话：并由此引出无比多样的文学功能。对于同一部作品，可以是自娱式鉴赏，可以是印象式批评，亦可以是解析式研究，一切取决于阅读的目的、方法和角度。

不幸的是对于贵州文学，以往的角度显得过于偏窄。其中最缺乏的是解析式研究。批评者们过分拘泥于一成不变的几条标准，并习惯于用这些简单化标准对贵州作家的作品进行印象式的“点评”。相比之下，广泛深入的解析、阐释、挖掘和发现以及真正意义上的批评——不是“批判”亦不是“吹捧”——就薄弱得多。在我们看来，作为一种文化现象，贵州文学中蕴藏着异常丰富的资源。倘若能采用超越偏狭的文学标准的目光的话，观察审视的结果一定会大大多于作品自身。这样，文学评论还能再说只是创作的附庸、尾巴或倒影么？

过去也曾有过从文学看人生、看社会的审视角度，并由此扩大和加深了对文学功能的认识和把握——严格说这是文学评论的一大功劳。如今有必要再进一步增添一种新的角度：文化。与从“文学看人生，看社会”相似，从文学看文化的明显意义就是使文学的信息得到更大的充实和延伸，使作品的现实功能再度扩大，并使文学作为一种人类创造行为？在整个社会生活结构中的位置得到新的调整和确定。比如，面对贵州文学，从蹇先艾的《水葬》到石定的《公路从门前过》以来的 20 世纪贵州小说之主题走向中，通过文化的眼光，通过解析式研究，我们不难发现与贵州在中国文化整体框架中的独特地位相关联的某些地域性特征；而从何士光的《种包谷的老人》和《城市与孩子》、伍略的《麻栗沟》和《热风》以及唐亚平和陈绍陟的“高原诗”中，则又能对贵州文化在全球性现代化进程中所遇到的都市与乡村两种文明不断冲突所引起的种种困惑有所感知，有所理解。

从文学看文化，也许还能避免以简单机械的尺度将作家、作品按高低排队，人云亦云地贴上“一流”“三流”或“不入流”的标签，相反能够冷静地在看到贵州作家作品的种种客观局限的同时，揭示其独到的贡献。

从文化看文学

反过来，在通过解析式研究认识到了贵州文学中蕴含的丰富独特的文化价值并由此拓展出新的审视角度及批评模式之后，便能以新的目光重现贵州文学的风貌，揭示其不仅止于史学、美学或社会学方面的独特属性和价值。

比如贵州的少数民族文学，就其正统性看，几乎都是“无字文学”，其主要以口头语音和仪式动作等符号作为赖以存在和传递的媒介，并由此形成与汉民族文人文学以大量印刷符号——分离于作者与读者之间的“冷血动物”的体系极为两样。相形之下，后者更靠近都市文明。由于文学的独立，其更带有创造的个体性和过程的分离性，而作为一种都市分工的产物，还更带有商品交换性及其所派生的种种现实功利性。与此不同，少数民族的“无字文学”保留着相当程度的巫、傩文化特征，若干无名作家自生自灭，而在广大群众中口头传递的无数“名著”则似乎对各种名目各种层次的“文学奖”始终不屑一顾，默默地完成着自身对本民族文化的聚合、认同、强化和传承等固有作用。

在这样的背景比较下，贵州文学的构成所显示的色彩是极为斑斓的。对其所进行的分析研究决不会像“夜郎自卑”者所担忧的那样“先天地逊色于”省外、国外所谓一流作家作品的研究；从文化反思文学，还将有助手文学创作本身的再突破和再发展。又比如，在贵州当代的文学格局中，“通俗文学”总是登不上大雅之堂，尽管其发行量之大早已超过了正统的“纯文学”，却始终不得不躲躲藏藏地在下里巴人中扮演灰姑娘和丑小鸭的角色。从文化多元的框架来看，这种现象除了实在不太公平外，似乎更暴露了既有文学观念的陈旧和古板——在大众文化已不断向全世界喊出自己响亮声音的今天，继续龟缩在传统边界内一本正经地以所谓“纯文学”为圈子划地为牢的做法难道不有点不合时宜了么？

倘若同意上述观点，那么在客观地审视贵州文学现状的时侯，当然就不应忘掉相当一批通俗作家如刘守忠、袁浪、王黔生等人的名字。

当然，这都是从文化看文学所带来的启示。

变化冲突中的文学选择

文学要寻自己的“根”。这是中国文学进入 20 世纪 80 年代中期后的一个引人注目的动向。“根”是什么？寻根文学的发动者们宣称“根”就是文化。尽管这引起了普遍的争议，内中却的确透出了深刻的见解。

文学作为文化的一种特殊构成和表现，本身就体现着文化的变易和演化，其所传达出来的表层意义不论多么不同都不过是其所依附的特定文化之深层价值的外在表现罢了。作为总体的特定文化有其独特的深层价值，这价值的核心成分。往往就是某一社会群体赖以存在、赖以安身立命的人生终极根据。而每一民族都无不是借助于各自的终极根据才得以自我认同、自我聚合，从而在不断变化的时空结构中不断延伸和扩展的。从这个意义说，离开了文化的深层价值，文学便成了无“根”的漂浮物，成了徒有其表的人生幻影。

作为一种转机的标志，中国文学开始了各种式样的寻“根”。与此同时，在扬弃了大一统的“社会—政治”单一模式之后，时代的多元化要求又使寻根文学很快就朝地域性的多样化方向发展。正是在这样的背景下，贵州的当代文学便面临着“既是挑战亦是机会”的新的选择：寻找自我、寻找自我之“根”。

再从文化的角度看，贵州的地域背景似乎较为复杂。完全可以说其所面对的是好几种性质迥异的文化形态的相互渗透和相互冲突。这些渗透和冲突一方面为贵州文学提供了难得的（尽管是潜在的）文化资源——素材和心态，另一方面也造成了各种各样的现实障碍。贵州作家们所面临的首要问题可说就是如何在文化冲突中进行自己的文学选择。比如说，就较为突出的几种模式看，贵州文化中至少有这样一些形态在互相渗透和冲突着：作为封建传统的“儒教文化”；作为本土产物的“巫、傩文化”；以及作为代表现代经济社会潮流的“新教文化”（商品经济文化）。正是在这些颇为不同的文化形态的冲突之中，文学之根出现了自觉不自觉的或断裂或游离或交织的现象。作家们在选择何样的“终极根据”作为自己作品的内在支点的问题上，表现出十分明显的现代困惑。这困惑预示着贵州文学或许会发生突变，或许会在文化冲突的紧张感中产生出新的“终极根据”。尽管在目前来看，这仅只是一种“现实的可能”，然而只要不是在冲突中丧失自我而是主动发现和主动创造，那将其变为“可能的现实”却不是不可能的。在我们看来，从世界文学的发展线索看，贵州文学在现状上有着自己的特殊价值，在趋势上有着可喜的未来。而这正是我们对其进行这番“现状与构想”的多角度审视和展望的基本出发点。

（三）结构与功能

作家及其队伍

人类的文学活动基本上皆由三大部分组成，即作家、作品和读者。三部分构成一个总的系统，其相互关系则因文化背景的不同而滋生出各种结构形态并由此产生不同的文学功能。“作家”有知名和无名，专业和业余、个体和流派等之分：作为文学活动的第一创作主体，这支队伍的构成每每是颇为复杂多样的。远的不说，若将目光集中于现代，可反思的问题有：进入20世纪80年代之后的贵州作家队伍有何构成特征？此特征对贵州文学的总系统及功能有何影响？深入一步还可再反思：目前由一个以近似于政府职能部门的“作家协会”为核心聚合而成的创作人员和另一支由无数全凭命运支配结果、几乎皆是自生自灭的业余作者大军对峙而成的队伍是否就是最佳组合形式？换句话说，当代贵州的作家群之存在究竟处于何种状态？自发，自觉还是自由？一个真正意义上的作家的出现究竟是靠培养，竞争，还是听天由命？在今天，现代教育不断普及、科学技术不断向人类各领域渗透，以小说为主体的20世纪文学之基本符号逐渐被加以数理式的分解和破译，从而似乎可以像音乐和美术等其他艺术门类那样产生出可科学有效传授的学科，如文学叙事学、结构学、类型学、语义学、主题学等等，在这样的背景下，是否意味着此后的作家皆将经由高等院校像自动机器装配线那样，源源不断地向全社会输送了呢？就此而论，“作家学者化”之类的域外呼声是否已成为对贵州现有的作家们的一种尖锐挑战？

当然，上述反思其实已含有超前预测的意味。从现状看，贵州当代作家队伍的组合实在是值得认真研究的。与前面论及过的“民族构成”“地域特质”等因素相关联，这支队伍的组合形态有着独特的风貌。在都市文化中心，职业作家似乎象征着创作主体的最高位置，而达到此位置的路可以是组织培养、个人奋斗亦或是命运与机缘的恩赐，至于某个具体的个人能否在这已达到的位置上长期呆下去并保持绝非虚假的名声，则往往受到时事政治之变幻莫测的暗中左右。与此同时，在贵州少数民族的文学活动中，在乡村、在山野，所谓作家通常都是些或才华横溢的歌手，或德高望重的长老，或世代传承的祭师之类的特殊村民，其或自发产生，或村民推举，或靠血缘传递。相比之下，后者既无都市作家们为之倾心的各种名利和特权，同时亦少有难以逃避的政治苦闷和风险。

总之，从这样一种多元组成的作家队伍中，通过深入的比较和分析，必将获得深刻的理解和启示，至少有助于打破长期以来自觉非自觉形成的以汉族都市文化为中心的狭隘文学观，从而有利于在较准确把握贵州地域特质的基础上，建设有特色的贵州作家群落。

作品及其传播

作品作为主体活动的凝固化产物，是文学得以存在和传播的必要媒介；由此便可进一步分析比较“都市文学”中以各类文学期刊和出版机构为圆心而聚合为一体的一连串相关部门：编辑部、出版社、印刷厂、书店等等。反之则是“乡村文学”中在游方、冲傩、赶表、跳花、祭祖等各种民俗活动中所临时构成的各种群体组合及人际关系。这时可反思的问题便是：相比之下，今日的“都市文学”，其作品形成的横向过程是否显得过于繁杂和琐碎？面对活生生存在于自己身边的“乡村文学”，就作品形成和传播的及时性与普遍性而言，“都市文学”是不是能发现不少可学的东西？从文学的生态系统看，各种模式、各种形态之间只有横向的结构和功能之分，而没有纵向的历史阶段的差别。若以这样的气度来调整我们的审视角度，贵州文学的现状就将显现出其特有的研究资源，挖掘这样的资源，不仅对文学创作而且对文学理论也将不无益处。

此外，从作品的符号特征入手，可派生出两种体系——文字文学与无字文学——的对应分析。在“都市文学”与“乡村文学”不断碰撞、不断互渗的今天，贵州文学中已出现了许多值得关注的现象，如苗族作家伍略以汉文字为符号所创作出的小说、散文和剧本；又如由一大批民间文学工作者搜集整理并已陆续翻译为现代汉语了的贵州少数民族神话，史诗对于都市汉民族作家作品的渗透，再如汉语影片被译成现代苗文等其他文字再经由口头配音输入到边远的乡村文化之中等等，这些极有意思的现代组合难道不值得关注？

读者及其反馈

离开“读者分析”而谈论贵州文学的研究，不说是理论的残废至少可说是审视的残缺。把“读者分析”引入我们的视野，能使我们站在更广阔的角度把贵州文学——作为一种社会活动——视为宏观整体，从而跳出就创作谈创作，就作家谈作家或就作品谈作品的圈子。并且也只有通过若干具体的“读者分析”才可能对贵州文学已经和即将产生的社会功能作出客观的判断和正确解释。比如，贵州当代文学中一部叫做《乡场上》

的短篇小说被评上了全国优秀创作奖，这无疑属于读者反馈的一种类型。与此同时，其他刊物发表了有争议的批评文章以及许多也许永远不会发表的。民间议论一则属于另一类型的反馈。不过严格说来，就现状面言，贵州文学所显示的是一种对读者反馈颇不敏感乃至颇不重视的情形。贵州文学评论的不活跃就是明证。这也许与贵州的文学评论事业长期得不到应有的重视有关。其队伍零散、力量薄弱、园地稀少、系统的研究更是不多。

再次，通过“读者分析”还可以反过来判断和评析作为文学活动之“第二创作者”——读者们的审美能力。自进入20世纪之后，随着所谓“纯文学”与“通俗文学”之争的不断演变，整个艺术界都面临着“叫好”（艺术评价）与“叫座”（商业评价）的双重搅动。阳春白雪与下里巴人的矛盾似乎愈演愈烈，结果造成了新的分化、新的组合，进而引出了对固有文学观念的尖锐挑战：究竟是文学选择大众，还是大众选择文学？若是前者，那么文学要发展，大众必须努力与之同步，不断陶冶和提高自我的审美能力，否则将被逐出文学圈外，沦为无文学感官的新盲人。若是后者，则要求文学不断调整自身，以满足大众的需求。

在我们看来，将这两种角度同时运用于贵州文学研究，则能够产生极有意思的张力。一方面从大众的审美现状可以提醒作家们不至于在沉湎于充分拓展自己的艺术个性之后全然忘却了贵州文学特定的时空坐标和特定的对象；另一方面则时刻提醒评论家们，在客观地指出贵州作品的创作局限的同时，还必须关注到目前为止贵州总人口中仍有数以万计的文盲、半文盲存在，以及全省每人的年平均文化消费金额在 1984 年时还不到 0.20 元（居全国倒数第二）等这样一些令人尴尬的现象。

二、二级演绎：缺乏终极根据的文学批判

贵州作为一个行省

进入 20 世纪的中国，是一个打破了“中央帝国”之梦，在世界列强冲击和挑战下不断强化民族自我意识的共同体。在自觉不自觉地服从于民族救亡与国家振兴、文化重建的现实需求呼唤下，文学出现了新的时代特征：强烈的批判精神。在此意义上可以说 20 世纪的中国文学就是批判的文学。20 世纪初，梁启超等人以“批判文学”——批判以不伤大雅的抒情言志的形式对旧秩序予以认同的旧文学——为口号，拉开了文学新时代的序幕，接着便转为“文学批判”——以白话文文学为武器对旧秩序进行笔战。“五四”运动继而掀起更为壮观的“革命文学”和“文学革命”，将这一“批判的文学”推向第二阶段。第三阶段以延安文学为标志，其内容发展为“战斗的文学”和“文学的战斗”，文学成为“团结人民、教育人民、打击敌人、消灭敌人”的有力武器。这一阶段一直延续到“文革”十年，最后被极“左”思潮蜕变为“阴谋文学”，先是搞“阶级斗争的文学”，然后是“文学的阶级斗争”。至此，文学的批判对象和批判根据都发生了极大变化。20 世纪 80 年代是第三阶段终结

和第四阶段显现的过渡时期，文学开始向新的广度和深度拓展，出现了“民族化的文学”和“文学的民族化”以及“现代化的文学”和“文学的现代化”等历史走向——时代似乎绕了个圈。由最初的列强重围中的民族意识觉醒又回到世界性现代化挑战中的民族意识危机之中，文学的反思与批判对象又在新的时代精神观照下重新由表层的阶级矛盾指向民族的文化深层结构。

然而，尽管其纵向阶段不断交替，20 世纪中国文学的总体特征始终如一。20 世纪 80 年代的中国文学仍在此整体框架之中。批判的文学和文学的批判依然在向自己的深处继续顽强地渗透和发展着。这也许是 20 世纪中国文化的一种反思结果：经过几千年的传统积淀，世界已显得如此拥挤，旧的不去，新的不来。

贵州作为隶属于统一的中央集权网络内的地方行省之一，不可避免地打着 20 世纪中国文化的总体印迹，承受并反应着 20 世纪中国文学的诸多骚动。从“民国”到“五四”，到“抗战”再到“解放”，再到“文革”，再到“新时期”，贵州文学的整体轮廓不过是（也只能是）“中心文学”的地方翻版。因此它理所当然地成为 20 世纪中国文学的一个组成部分，同样属于“批判的文学”，因而其主要功能自然地也就是“文学的批判”：对旧传统、旧世界、旧文化进行不懈的批判。

在这样的历史前提下，由于小说自身的叙事性与可读性等有利因素，20 世纪的贵州文学便形成了以小说为主体的现代格局，从而使读者和评论者们的目光不得不主要地集中于小说的范围之内。也正因如此，本章的分析思路才自然而然地由小说及其主题特征出发，逐层展开。

正如其他形式的批判一样，文学批判的一个存在前提便是必须具有特定的批判根据，即以何样的理性价值作为自身的参照坐标。对于作为总体的20世纪中国文学来说，其根据便是反帝反封建，便是“五四”前后的新文化思潮，便是“十月革命”后的马克思主义学说。但由于地方依附于中央，边塞远离于京都等先天原因，20世纪贵州小说的理性批判一开始就属于被动的“输入式”，放弃了对终极根据的独立创造和深刻反思，从而成为已有根据的二级演绎，以至于使其自身面貌显得被动和生硬并时常有被发展了的时代甩在尾后的趋势。

民国取清王朝而代之，伴随而来的是军阀割据和内外战争，统一的中央集权网络中不断出现各种各样的“现代夹缝”。作为地方行省的区域文化发生了观念形态上的不平衡波动，涌现出一批批并非二级演绎式的政治家、思想家和文学家，以至于文学的批判不时转向对人生、对世界进行深刻反思的终极探索。然而，随着中国的重新统一，这种终极探索式的文学批判又重新收缩到新的“中心文学”圈内，地方文学仍又是缺乏终极根据的二级演绎。这固然有助于中国文学在宏观上的统一与完整，同时亦助长了地方文学本来就惯有的依赖性，发展为放弃独立思考，一切以上级文件为准则，作家们只顾照葫芦画瓢，把小说写成标语口号式的“故事图解”，最终导致20世纪文学的批判功能的解体，导致文学自身的消失。直到新时期“创作自由”的重新提出，作家们的独立思考得以恢复，状况才又逐步有所转变。

在这一有趣的历史过程中，贵州的小说便愈来愈在地方化的外在面目（题材、人物、语言等）陪伴下，变得更加“二级化”起来，作家们越写越被动，读者们越读越乏味；前者是“英雄无用武之地”——独创的空间越来越小；后者则是“似曾相识燕归来”——审美的功能越来越弱。

粗分起来，20 世纪贵州小说的主题走向，大致有这么一些阶段：《贵州道上》（蹇先艾）→《风波》（石果）→《乡场上》（何士光）→《凤乍起》（王剑）→《山峄口的汉子们》（尹光中）……作为第一阶段代表作家的蹇先艾，其作品的批判根据与“五四”革命文学基本同步；主要是反思世界的不合理与旧文化的愚昧和落后，它的主题可以说融进了当时的“改造国民性”的宏大呼声之中。有点令人遗憾的是，在整个“五四”革命文学时期，贵州文学界几乎没有出现任何一个堪称“一级决策”式的文学大家，其文学的批判；只不过是在新文化浪潮冲击下反弹而起的几朵浪花而已。从社会政治的结构看，此亦未必然。放眼世界文学，在远离所谓时代中心的地方，俄国出了伟大的托尔斯泰等一大批文豪，挪威出了杰出的易卜生——从马克思关于文学艺术等政治经济发展之不平衡规律来观察分析，此中也许大有文章可做。

“五四”之后，中国文学逐渐进入阶级战争时期，红区白区相互对立，文学的批判出现了新的分化。作为边远山区的地方行省，贵州出现了较长时期的小说空白，直到红军长征，直到抗战，直到解放，才不断在中原的、北方的诸多“外来文学”的影响和启动下逐渐恢复了一支文学队伍。在此期间，“联大”学者们所进行的新文化传播，巴金等著名作家们在贵州的文学创作活动以及各种文学出版物的流入和创办，都对贵州此后的小说创作产生了不可低估的作用。最突出的标志便是20世纪50年代所涌现的一批新中国型的本地作家及其作品。石果以其较广泛的影响堪称代表。他的《风波》和《铁马乡跃进曲》极典型地体现了这一阶段贵州小说的主题走向和这种主题走向的二级演绎性质。《风波》以中央制定的《婚姻法》为根据批判了盘踞在山区农民意识中的落后观念，表达了作者对新的社会道德准则的由衷信赖和真诚赞颂。《铁马乡跃进曲》跟着当时的政治斗争中心走开始转为对无产阶级内部的“右倾”代表的批判，其根据同样来自中心，来自当时那种“连谈恋爱也专谈政治标准”的阶级斗争模式。这时，贵州小说的二级演绎性质已由不自觉和自觉的隶属关系发展为“理不理解都得执行”的服从关系了。再往后，到了“文革”时期，则进一步变为狂热而盲目的“步步紧跟”和“照本宣科”阶段。直到三中全会打破了现代迷信，倡导新的思想解放，恢复文学的创作自由，贵州小说创作才又出现较有个性的转机。何士光的《乡场上》和《种包谷的老人》应运而生，改变了对既定模式的简单盲从，提出了有独到见解的现实批判。然而由于现实机制的约束，由于理论反思之不足等缘故，这时期的作品在主题的构成与开掘上仍缺少应有的创见，缺少自我的终极根据，作品所给予人们的启示，仍未超越

20世纪50年代以来的基本框架。《种包谷的老人》及李宽定的《良家妇女》皆已把主题的指向转朝人生和人性，露出某种新的思考，但终因没有从根本上重构自己的理性框架，而失却了突破性机会。也许这是一代人的困惑在小说创作上的显现：长期丧失独立地直面人生、直面世界进行创造性反思的基本能力，一旦获得自由，则难以找回自我，凸现自我并发展自我。如果用一句话概括这阶段贵州小说主题走向的特征，不妨这样说：以20世纪50年代的理想秩序来批判60年代的现实疯狂。

只是到了尹光中的《山岈口的汉子们》，事情才起了某种质的变化。尽管表面看去其似乎是以过于含混过于模糊的象征意象表现出来的，你却不得不承认这篇作品不论在所批判的对象和批判的根据上都显示了一种新的突破和超越。最为显著的是，它开始从长期以来大家皆习惯的主题模式中走了出来，开始从批判不正之风，批判阶级敌人，或批判落后意识等方面走向社会、走向人生、走向历史、走向文化。也许作者本人并未自觉意识到这些突破，他只是凭生活本身所赋予的感受，凭一个有个性的艺术家的独立观照，经过自己的反思把真实感受表达出来而已；对此，作家阿城曾说过一句妙语：“尹光中好就好在没有文化。”这实在值得作家们深思。尹光中来自民间，来自生活底层，他的所谓创作，说到底便是将生活的馈赠打上自己的印迹再奉还生活，其过程是直接而真实的。而许多作家却将这过程复杂化，拿自己的感受去对应别人的观念，然后再演绎为千篇一律的样式，于是岂有不“二级化”之理？

当然，也应当看到，《山岈口的汉子们》的出现得益于20世纪80年代中国文化的总体改观。又一次思想解放运动的宏观背景使作家的个性发展成为可能，面向现代化，面向世界，面向向未来的战略转变则使得中央与地方的简单从属格局变得有“有所松动”，作家的思路不仅可以超越地域边界而且能够超越民族、超越时代，在人类文化的总系统中反思现实生活中的一切困惑。这是一次新的机会。贵州的作家们面临一次新的挑战。作为作家自身的生存空间，地方行省的地域性局限不可改变，然而一旦有了独立的、全景式的反思，地域性局限便会转化为求之不得的现实宝库。只有在直面整个人类文化的前提下，才可能“越是地方的，便越是世界的”。否则只能是，越是地方的，便越是二级的；越是二级的，便越是重复和抄袭的。

文学作为一种政治

贵州作为一个地方行省，是否便决定了贵州作家们的作品在主题走向上必然地从属于中心文学呢？从文学的自身规律看，回答显然是否定的。但从现实状况看，回答却又是肯定的。这便涉及到文学与政治这样一个更为广泛的问题了。

纵观20世纪中国文学，可以发现其中交织着三个基本主题：反帝反封建、改造国民性和建设现代化。这与其说是文学的主题，不如说是政治的主题。中华民族的现代命运，以政治主题的形式在现实生活的各个领域渗透着、贯穿着，构成了20世纪中国文化的潜结构。而“文以载道”的古老传统和民族救亡的现实背景相融合，更使文学与政治牢牢地粘连为一体——文学成为政治的一个部分，或言之，文学成为一种政治。这亦是20世纪中国文学的另一总体特征。而这也就导致了文学在总体上受制于政治的“二级演绎”性质。在实践中，政治不断演变着：论争→斗争→战争→运动→斗争→论争……而文学则跟随其后并主动进行演绎，进行强化，进行传播。

严格说来，文学作为一种政治，对20世纪中国文化的历史进程，起到了不可低估的促进作用。但另方面亦带来了诸多问题。首先，由于文学作为一种政治，现实社会的政治问题极不充分地被具象的审美形态所转换，于是便在肤浅地满足了社会启蒙的暂时需要的同时，抑制了现实政治本身的展开和发展。它造成一种错觉，似乎政治问题是可以通过文学创作加以解决的，从而夸大了文学的社会功能，并因此酿成许多现实悲剧。其次，由于文学从属于政治，便逐渐丧失了自我。文学的批判变成了政治的批判，变成了口号的图解。在这种背景下，作为一个地方行省的文学，不可避免出现“二级演绎”的性质，其公式是：

A 文学从属于政治

B 地方从属于中央

———————————

C 地方文学从属于中央政治

这样的格局有利于政治的统一操作，却不利于文学的自身发展。如果说，在“五四”之后，作为一名卷入革命文学中心的“外省作家”，蹇先艾在其作品中还显示了一定程度的地方特色，后来的石果、何士光等贵州作家却一个接一个地变成了颇缺乏真正地方特色的“普通化”作家。其原因之一，亦在于简单地听命于观念形态的政治，而忽略了文学自身的美学功能。

文学与政治的缠绕，一方面固然使前者在20世纪中国文化进程中获得异常显著的地位，另方面却又使其在丧失其他许多特征的同时，逐渐变为简单的现实批判工具。实际上，文学毕竟不是政治；政治主题毕竟不能取代文学主题。二者不可简单互换。相比之下，文学对人生的反思，在广度和深度和强度上都远远超过政治。在这点上，文学更接近于哲学，接近于宗教。比如文学主题中的永恒焦点：生与死、爱与恨、存在与虚无、真实与荒谬等等就远非现实政治所能全部囊括的。文学直面人生、直面历史、直面自我，更多表达的是作家主体对现实世界的一种深沉反思，抑或是对可能世界的一种主观想象。政治则有所不同，政治关注的更多是社会结构与人际关系的具体控制与调节，二者完成着不同的社会功能。同样对于不合理的现实社会，政治可以满怀激情地进行系统地变革操作；而文学则可超越它，进入自我创造的第二世界，以理想否定现实，以想象弥补现实。反之，对于歌舞升平的稳定时代，政治往往以各种现实手段加以维护和巩固；文学却从和平中窥到危机，于欢乐中感受到悲哀，从而通过文学主题的主动传达，促进社会向新的阶段发展。总之，政治的对象是现实结构，其目标是改造世界；

而文学的对象是第二世界，其目标是超越现实、丰富现实，因而相比起来，文学更接近于对“终极根据”的思考和表达；当然，与哲学和宗教相比，文学的批判又低一筹。哲学和宗教是人生“终极根据”的出发点和归宿处。只有哲学才最为充分地体现了人类文化的一切核心前提和结论。在此意义上，文学似乎更应靠向哲学和宗教才是。

什么是人生的“终极根据”？对此问题，我们只能从方法论角度加以回答。因为若从价值论角度自然要引出众说纷纭的争论。

如果可以在理性反思这一前提下把文学视为一种人生批判的样式的话，那么它同样逃不脱这样一个事实：一切批判皆来自于对终极根据的思考和认同。自从人类逐渐告别动物世界而进入文化的社会网络之中后，其一切现实行为都源于两种混合的动力——本能与理智。对此，生理学和心理学提供了关于人类本能方面的分析与解释，而哲学和宗教则完成了对人类理智方面的概括和总结。在理解了人类的动物属性之后，哲学超越了生理——心理学范畴，把问题指向文化的最深层——你为什么而活？

这便是哲学和宗教之终极根据的原发点，一切人生的理性根据皆由此引申而来。只有回答了这问题，才可导出全部社会行为（包括政治）的“理”之所在。《圣经》主张为上帝而活，于是滋生出整个基督教信仰；儒教倡导为仁义而活，于是启动了中国“正统”文化。当然，由终极根据到表层结论（行为准则）

之间通常存在着若干中介，但二者的内在关系却是十分严密的。在世界文学史上，西方文学中之所以不断涌现出一个又一个著名的作家，内中原因之一就在于他们的作品主题大都包含了独立的具有鲜明个性的“终极根据”，甚至于在不少时候超越了哲学与宗教，完成了思想史上的一次次重大转折。（难怪罗素会在编写西方哲学史的时候，要把拜伦列为黑格尔之前的伟大思想家。）

在对终极根据的反思意义上，文学的批判可分为三种类型：为社会的文学，为自我的文学和为文学的文学。“为社会的文学”从属于社会变革的外在需要，发挥的是文学的传播功能，突出了文学作为工具的外在作用，淡化了文学的审美特性。“为自我的文学”服从于创作主体的审美需要，保持的是文学发生学意义上的初始真诚，但局限于“小我世界”，难以同社会整体联系起来。“为文学的文学”似乎刚好是前二者的结合，其中既包括着创作主体的自我实现、自我完成、自我满足和自我发展等因素，亦体现着对社会人生的现实交流，同时又超越了作为别的文化形态（如改治等）替代物的局限，直接以文学独有的特殊方式，把握世界、直面人生，表达并发展着人类自身行为的各种“终极根据”。

“五四”运动为中国文学划出了一道分水岭，其之前基本属于第二种类型——为自我的文学，其之后则转为第一种类型——为社会的文学。至于“为文学的文学”由于各种原因，可以说始终没有在中国近、现文学史上扎根。相比之下，欧洲文学的主题走向极为不同。从古希腊神话和悲剧到但丁，到莎士比亚，到巴尔扎克、狄更斯，到托尔斯泰、陀思妥耶夫斯基，再到波特莱尔、艾略特、乔伊斯、卡夫卡、福克纳……在其漫长的过程中，始终体现着一种文学的自主性和独创性。他们的作品为人类提供了广阔而深刻的理性反思：普罗米修斯的献身精神，俄狄浦斯的恋母情结，哈姆雷特的生死犹豫，直到“恶之花”中的辩证效应……全世界的读者之所以承认他们的伟大，就在于除此而外，人们不可能在其他非文学的世界里获得此种审美享受。

可是，20 世纪的中国文学由于过分与政治缠绕，却在彻底“反传统”的同时，否定了中国古代文学传统，失掉了文学自身的特殊功能。在这样的前提下，贵州小说的主题走向趋向于“二级演绎”的确是难以避免的历史必然了。这里，我们之所以反复指出这点，目的是力求通过这种一般与具体的比较分析，为作家们提供一个第三人称式的反思角度。应当欣慰的是，我们之所以能够在今天提出这样的观点，又取决于 20 世纪 80 年代的政治进步，一取决于对“文学从属于政治”之类口号的废除。

也许这本身已标志着中国文学的新转折。贵州，作为一个地方行省，有可能出现并非“二级演绎”式的大师级作家。当然，这又需要另一个关键的条件，于是引出了本文的下一段思考。

作家作为一种共振

文学从属于政治、地方服从于中央，这是导致贵州小说主题走向呈现“二级演绎”特征的两个因素，而从创作主体的自我意识上看，作家作为一种集体共振则可说是第三个制约性因素：文学不是个人的，而是群体的、阶级的、集团的、圈子的；作品不是独立的自我创造，而是简单地顺从于现成的流派和方法。不论在主题构成或主题表达方面，贵州的小说家们始终没有取得具有划时代意义的独创成就。比起同时期的贵州美术创作来，差距就十分明显。近年来的贵州美术创作，不论是否用“高原画派”之类的流派名称加以概括，其成就早已突破了贵州的省界，超越了美术的边界，其影响可说是一个时代的审美原则。蒲国昌、董克俊、尹光中、田世信这些美术家们提出的是“要改变人们以往的审美惰性”，“要让人们换一个角度观照世界”。这时，他们既是时代群体中的一员，更是具有鲜明特色和饱满的艺术创造力的自我。他们的成功在于较好地解决了个性与共性的微妙关系。

贵州小说呢？较少独创，较多模仿，习惯于在公认的创作规定下“戴着脚镣跳舞”，不过，公平些说来，文学的独创比起美术界来，似乎要困难一些。文学是语言的艺术，它的媒介符号比起色彩和线条来要明白易懂得多，传播力也更强，因此较容易受传统中固定化了的各种规则所制约，大众通常不愿意费力去接受自己所不习惯的东西，而由于表面上似乎人人都读懂小说，人人也都能成为批评家，一旦感到作家稍有不轨，便容易引出一阵口诛笔伐。因此，小说最容易靠拢固有的保守水平。美术则不然，面对一幅陌生的作品，人们一般只能说“看不懂”

或“不喜欢”，很少说“这不好”，因为他讲不清那作品究竟表达了些什么。

这种审美习惯，在强调集体的中国文学传统中作用甚大，它极大地限制了作家们的胆识——刚有突破，立马就担心是否招来脱离大众、标新立异、离经叛道、孤芳自赏等吓人的罪名。这是问题的一方面。另一方面，从20世纪中国文学的整个进程来看，却并非没有出现具有独创性的作家、作品。鲁迅的《狂人日记》，郭沫若的《女神》，茅盾的《子夜》，巴金的《家》，钱锺书的《围城》，丁玲的《莎菲女士日记》等等，我们不是还可数出一大串被时代承认的名著来么？从这点来看，问题似乎还应归结到作家的自我意识上了。不客气地说，除了文学的政治性、地方性因素外，作家自我意识的匮乏，正是造成贵州小说难有时代建树的内在原因之一。

让我们来稍微分析一下，看贵州小说的主题走向中，作家提出了自己的独创见解没有。《贵州道上》创作于20世纪30年代，用作者的话说，主要是“想通过一些平凡的人物和生活的某些侧面，揭露统治阶级的反动本质和滔天罪行来发泄我的愤怒”[1]。很显然，这主要是受到了“五四”以来革命思想的影响所致，从积极方面说，其顺应了历史发的潮流，故得以流传至今。从局限性上来说，则应归为其在主题的开掘上仅止于与当时的先进思潮发生了一种自觉的共振，而未能在此基础上有所突破。鲁迅先生在写了同样揭露统治阶级的吃人本质和滔天罪行的《狂人日记》之后，为什么又能写出更为深刻的《阿

Q 正传》呢？原因恐怕正在于他并不满足于“发泄我的愤怒”，不满足于一味去与已提出了的各种思潮产生共振，而是努力去发现、去创造、去开拓吧。遗憾的是，近 50 年之后，蹇先艾在总结自己作品的局限时，并未意识到这一点，而仅简单地按照通常的说法，以为是“停止在对旧社会腐朽黑暗的憎恨和无情的抨击，却没有指出前进的道路”。以及“调子就往往显得有些低沉，使人读后感到沉闷和压抑”等这样一些方面。《阿 Q 正传》同样“没有指出前进的道路”，而且可以说更令人读后感到“沉闷和压抑”，但为什么恰恰这篇作品的成就远远超过《狂人日记》了呢？这问题看来仍值得今天的作家们深思。

石果的《风波》写于 20 世纪 50 年代早期，《铁马乡跃进曲》作于 50 年代后期。30 年后，作者自已总结说出一段很深刻的经验：“我的这一些东西，差不多都是应时之作，即应当时的需要而作——遵命文学能不能产生好作品呢？答复是肯定的。有鲁迅自已的作品，有从 30 年代以来许多革命作家的作品可作证明。但我却只能出一些这么样子的东西。这除了艺术修养上的差距，还有一些较为复杂的因素。文学需要遵命，立场观点、政策水平等相当重要。但既是文学，就必须遵循文学是写人、文学是社会生活的反映这些基本原则；就必须从生活出发，不能从理论概念和本本条文出发去编弄。”[2] 这段既深刻真诚又充满矛盾的话，说明了 50 年代贵州作家的某种变化。一方面意识到文学要同时代主潮共振（遵命文学），另方面却又不能简单地依照本本条文去编弄。可惜直到这时仍旧没有强调作家自我的主体独创性，结果便逐渐变为“大跃进”年代的奇特产物。“尽管发觉有了问题，甚至认识到问题不小，但却不敢说，不敢写，不仅不敢写成作品，甚至在内部参考的东西上也不敢如实反映。怎么办呢？要么不写；或者‘顾左右而言他’，写点别的不关痛痒的东西。要么仍然跟着模式大写特写，搞假大空，既不脸红，也无所谓‘良心的责备’。”[3] 在这种经验教训的基础上，作者本人终于得出了自己的结论：“既要老老实实按源于生活、高于生活的创作原则办事，又要有相当强的观察分析能力。”[4] 这里，所谓“相当强的观察分析能力”大概也就相当于本文所说的作家主体独创性吧。那么，到了 70 年代后期的何士光、这情形又发生了什么变化？《乡场上》的成功，显然是一种与时代合拍的共振结果，但除了对新时期政策放宽后农民状况有了改善这样的生活现象的由衷歌颂外，作品在主题的挖掘还难说有超越性突破。这时，支配作家进行创作的内在心态是。“我们正在参加这一场建设，所用的又不过是一支笔，本来就微弱得很。感到了这一点，忠诚于这一点，我们就不能不考虑怎样来选择作品的内容和形式，怎样来表现困难和阻碍，怎样来写出希望和力量[5]。另外，他又说：“你和别人可以作出一百种复述范围内的解释，但不论你或者别人，都从来不曾说清楚过，好像永远也不大可能说清楚，也会在什么时候，以这样的内容和形式的方式，刚好在你而不是别人身上产生。”[6] 由此可以见出作家身处于宏大的思想解放潮流之中的某种转变和新的困惑。50 年代的教训使他们从盲从的迷信中走了出来，满怀激情地投入了新时代的群体共振；与此同时似乎又隐约感到应当为这重新开放的时代提供点作家自我的一点独创，却又一时找不到合适的内容和形式，于是甚至出现一度的自我怀疑。应当说，这是有价值的裂变，和有价值的痛苦。只有经过这种痛苦的裂变，具有独创性的作家主体才会苏醒，而贵州文学若要想走出贵州，走向世界，没有这种苏醒是难以做到的。世界文学不接受不具共性的文学，同理，文学世界不承认无个性的作家。这里，所谓的个性，除了众多的艺术方面的内涵之外，独立自主的“终极根据”便是其中核心因素之一。

也正是在这样的分析思路下，我们把尹光中《山岈口的汉子们》的出现，视为 20 世纪贵州小说主题走向的新阶段标志。此后，状况或许将还会有所变化，有所发展。当然，事情只能由作家们自己来做，评论不过是纸上谈兵，况且还极可能与真实的未来相去甚远也说不定。

三、二重心态：矛盾于都市与乡村之间的现代困惑

一

都市是什么？尽管在人类文化进程中都市的诞生已有几千年的历史，这问题却始终如疑云般萦绕在文学的世界里，久久不散，成为作家们竭力描绘却似乎又不得其解的母题之一。从《荷马史诗》和《史记》等开始，都市仿佛就是社会舞台的中心，人类文化的标志，到了狄更斯、巴尔扎克、曹雪芹等的笔下，

都市忽又一落千丈，沦为文明堕落的象征，世界末日的通道……

20 世纪是都市的世纪。全世界都市化的程度达到了空前的水平。在欧洲、北美，在大部分发达国家，半数以上的人口被工业革命、后工业革命的浪潮赶入都市，蜷缩在近于千篇一律的公寓，拥挤在密密麻麻的市街：凶杀、车祸、污染、绝望……形形色色的都市病席卷而来，迫使现代作家们不断发出声嘶力竭的呼喊，企图阻止文明的倾斜，恢复人类心灵的平衡、宁静。

中国是世界最大的农业国。直至 20 世纪 80 年代，十亿多人口中有百分之八十以上仍生活在贫瘠的乡村、田野。与此相适应，中国的文学便成为全世界乡土文学之最：有最多的作家来自乡村，有最多的题材描写乡民，有最多的主题拥抱乡土。然而不管是否愿意，现代都市化的热风已无情地掀翻了这古老农业大国的屋顶，冲决了其破旧的土墙，接着便把一个又一个的作家从乡村诱惑到都市，迫使他们用新鲜而不习惯的都市眼光看待人生，观照世界，于是出现了摇摇晃晃的《家》（巴金），出现了似明非明的《子夜》（茅盾），出现了静穆中不无凄苦的《边城》（沈从文）、《为奴隶的母亲》（柔石），更出现了虽介于都市与乡村之间却非此非彼、亦此亦彼的《阿 Q 正传》（鲁迅）。

文学最早诞生于何处？问这问题不如问人类源于何方。在远古的世界里，人与自然同在，天人合一，一片混沌。文学一开始就降临于广袤的荒野之中，后来——为了求其自身之发展——才逐渐离开田野，进入庙堂，进入高台，进入大殿，进入集镇，进入都市，进入沙龙。若以此为规律的话，不妨说：都市，唯有都市，才是文学发展壮大的最佳温床——只有都市，才有如此周密的社会分工，才有如此充分的闲暇时间，才有如此繁多的出版机构，才有如此专业化的作者、读者、评论者。

进而看来，中国文学的都市化有点像不可避免之必然了。可是作家们是否意识到这点并甘愿如此且自动作好了充分的精神准备？评论家们是否亦开始以此为背景，增添出另一种标准来审视中国的现代文学？读者们又是否乐意自觉地对本身处于其中的都市或乡村进行现代意义上的再认识、再评价，并以此作为观照文学的审判前提？

这些都是极诱人的问题。循着它们，或许有助于获得对中国文学的新的理解，新的领悟，新的把握。不过，都市只是问题的一面。我们还可再问：什么是乡村？尽管带着难以摒除的贫穷和愚昧，可其作为一种完整的人生方式，难道必然也应被都市化潮流一冲而尽么？难道中国文学也非得像西方文学那样直到陷入种种都市病的泥潭后才重往回走或再无出路不可么？

看来，全然的乡土化是难以维持了，简单而被动的都市化似乎也前途莫测，那么，对于现代的中国文学来说有没有第三道河岸？

这便是我们考察贵州文学的另一条思路。

二

何士光的《种包谷的老人》之于1982年获全国短篇小说奖，

实在是件值得在贵州当代文学史上大书特书的新事。这篇作品把人们从社会舞台的中心、从错综复杂的都市一下子带到偏远的乡野，领入僻静的庄稼地。人们眼中不再晃动着都市里拥挤而陌生的行人，不再充塞着令人目眩的大厦高楼；耳里也不再钻进喧闹不堪的各种噪音；肺里也不再吸入四面卷来的尘土和令人窒息的难闻气味。相反，在“低矮而茂密的青冈林中”，在“长满刺丛的岩石之间”，在“洁净的石板小路”，在“溪水潺潺的田畴之中”，在“带着鸦巢的老梨树下”，在“一个没有遮拦的、用来堆放柴草的棚子旁……”，在这样的一个世界里，地球仿佛停止了转动。连生命也好似静止了。但就在这好似静止了的生命中，人生开始显示出另一种情趣，另一种意蕴，另一种价值。

这里只有三十来户人家。世界好小，此中还有一个更小的世界——刘三老汉和他的那间瓦房，那块土坝，那几畦菜地、几株桃李和一株枇杷。他只是独自一人，却已是完整的世界。对于他，作家的描绘是颇有几分寓意性的：

许多年了，他似乎总是一个模样，仿佛他不曾年轻过；也不能变得更老。终年穿一件布衫，在头上缠一块很长的白布帕，在腰间束一根揉皱的白布带，似乎这样很自在、很好，不希求别的了。仿佛他满意日子，感谢人们和土地之外，就没有别的心事了。在家里，在地里，他不能很敏捷，于是就不急躁，也不多停歇。日子既一直不太平，田土里没有收成，乡亲们也没有多少能分给他的，好在他吃得很省、很少，掺和着菜叶，也就一天天过来了……

这不活脱脱是一幅中国古老乡村静中有动，动中有静，天人合一，知足常乐的自然景致么？

作为一种语言的艺术，作为一种文化的符号，在现代，文学似乎已成为都市读者——至少是都市化了的读者的专利品。作家把作品创作出来，不论写何样的世界，中心似乎只有一个：都市价值。不论他站在何样的角度，他总要把读者拉出来同他一道对这个都市价值作一番情绪上的认同或否定。从这点看，何士光的这篇作品是否是想要人们于恍惚之中渗入刘三老汉的世界之后，唤起一些远古的记忆，激起一些对土地、对田野、对山林、对河水、对大自然的深切眷念呢？的确，倘若你一向自认为早已摆脱了乡村愚昧，坚定地崇尚理性之力量，相信科学之进步，且每日孜孜不倦地埋头于文山会海，苦思苦干，并坚信在理性奋斗的背后有一个全体公认的完美价值——现代文明带来的欢乐和幸福，那么，你当然就会由衷地赞美在坦荡无垠的田野奔驰着的联合收割机对面朝黄土背朝天的低效率的人力的无情取代，并举双手拥护“先进的”都市文明对“落后的”乡村文明的改造和清洗了。可是假如你能够静下心来，仔细地品味几遍面前的这被作家象征化了的乡村风情，又会产生什么样的感受呢？你瞧，大三伏天的，烈日当头（城里人早已是墨镜、遮阳帽外加电风扇之类的全副武装了），刘三老汉握着水瓢极耐心、极细心、极专心、极忘我地浇着烈日下一株株渴望着被淋浴、被灌溉的包谷苗……对于他，世界已净化得只剩下这些成长着的生命。这时，你或许会或多或少或深或浅地重新反思人生的意义，重新比较不同的生活方式吧。

还有，当你平时在都市匆匆忙忙从单位上下班回家，拼命朝眼看就要挤不上去了的公共汽车门边赶时，你多半没法留意街旁那些被尘土涂得灰溜溜的树木，更无法注意树干上是否又被锋利的尖器刻下新的疤痕。它们与你有多少相干呢？它们不属于你，不是你栽不是你养，不刻由你管你问，你只是亿万市民之一，你变得那么渺小苍白，对于无限膨胀着的巨大都市，你所拥有的越来越少得可怜，你再也无法做到同任何对象之间的“天人合一”，连大自然也开始褪色，开始远离而去；或许你的心灵深处还残存着对绿色植物的依恋，而你到处碰见的却是越来越多的被踏平的青草地和被随意弃置的垃圾……久而久之，也许你索性也就麻木了，分不清什么是鲜花什么是纸花，什么是森林什么是盆景，什么是警铃声什么是群鸟啼；你戴着最新式的眼镜却看不见都市的荒芜，你拥有最先进的助听器却听不见大自然的旋律。倘若这样，当你走进刘三老汉的这片静寂的包谷林后又会作何感想？你再瞧——

炎阳炽烈地在落溪坪的顶上照耀，把田野持久地置于它的光照和灼热之中……斜坡上和坝子上是沉睡一般的宁静。田野是因为紧张才寂寂无声。在寂静之中，简直可以听到须根切切地吸吮，叶片嚓嚓地伸长，四下里是一片细碎、繁杂而艰难的轻响，沙沙地搔爬着人的心。

仅止于此，已够你心动的了。可作家精细描绘的却并非自生自灭的无人世界，而是“有我之境”，是“物我同一”的自然。

刘三老汉独自一人，伏在斜坡上的一片包谷林之中。茂密的叶片完全把他遮没了。他的长衫的前景撩起来，掖在腰间的布带上，佝偻的背脊深深地躬着，握了一只水瓢，一步步往包谷林的深处挪动……

如果能充分调动审美想象，你便可切身体会到以下诸种细腻的感觉——

乱纷纷的、油绿到发黑的包谷叶，在他的身边像刀剑一样交错，笼罩着一片静止不动的、叫人心慌意乱的闷热。每移动一步，衣襟都把包谷叶牵擦得窸窸作响，同时有更猛烈的溽热扑到人的脸上。那些伸到面颊上来的叶片，是无法撩拨开的，尖梢刺着他的干枝桠一样的手背，叶齿从他的瘦黑的脸上划过，茸毛粘上他的细细的脖颈；汗水跟着就沾湿了那些碎屑，并深深地浸到划出来的细小的口子里去，让人的脸和手都火辣辣的……

这些想必产生了移情作用的田野感觉，令人联想到的不是艾略特的《荒原》，亦不是卡夫卡的《城堡》，而多半是海明威的《老人与海》，或杰克·伦敦的《热爱生命》，或屠格涅夫的《猎人笔记》——在孤独的个人面对整个世界的氛围中，这世界便会变得宏大起来。你已将全部身心投射于你的对象，你所潜在的所有情怀亦统统外化于物，外化于与你同在的境界之中了。于此，你还会再要什么呢？于是，作家何士光才会让他的刘三老汉感到一切似乎都“很自在、很好，不希求别的了”。而这是否正好反映了作家自己的某种理想？

奇怪的是，在同一作家笔下，在同一个乡村世界里，其另一篇获奖短篇小说《乡场上》中的冯幺爸却引出另一番感叹。在那条乌蒙山乡的小街上，唯唯诺诺挤夹在有权有势且仗势欺人的恶人当中，这个正正派派的乡民哪活得像个人样？虽说才四十多岁，且长得高高大大，在众人眼里却不过是个“出了名的醉鬼，一个破产了的、顶没价值的庄稼人。尽管乡里依然是那么狭小，但没有任何人会关心他，记起他。“一年三百六十五天，他是怎样过来的，只有鬼才知道。”恶人们一旦想起了，便可随意欺侮他，耻笑他，捉弄他；而他的存在似乎也正是为了让人欺侮，供人取乐，以致人们因需要而把他找来——强迫他作伪证——时，他竟“越来越不知道怎样站才好了”。当然，或许靠了新政策撑底，他后来倒也拍着胸膛吼出了正直之声，可仔细想想，就在其愤怒的吼声中，不恰恰让人听见许多难言的凄凉么？况且，在那天高皇帝远的山乡里，冯幺爸式的孤小人物，一旦作出这种反常的反抗而开罪了惯于称霸、惯于欺凌弱者的恶人们之后，等待着他的又该会是什么样的下场？这么一想，你难免会为冯幺爸们的命运战栗。末了，你说不定便会为自己身处于有法可依、文明进步的现代都市而暗自庆幸吧。你可以试着设想一下沦入冯幺爸式的这种境遇里会有何样的感受——

“我冯幺爸，大家知道的”，他心里不好过，向着大家，说得慢吞吞的，“在这街上算不得一个人……不消哪个说，像一条狗……！我穷得无法——我没有办法呀！……大家是看见的……脸是丢尽了……”

倘若是都市的冬日，你大概会合上小说，站起身来往温暖的火炉里再添入几块亮亮的煤，然后点上一支烟，不无感慨地说：这哪里是人呆的地方！倘若是都市的夏季，你则可能走出书房，站在风儿拂面的凉台上，望着极远的山峦，愤然地下了结论：落后的乡村一定得改造！

就这样，仅此两篇作品，经过随意地比较，我们便窥视到了作家本人的内在困惑。一方面，他由衷地眷恋如诗如画、有声有情的乡间原野，另一方面却又对滋生于同一块乡土的种种苦难和不幸深感哀伤。对于这乡村世界，作家弃之不舍，爱之不能。他矛盾，他困惑，你不见就连他以满腔深情加以塑造的刘三老汉不也在秋收之后落入一片凄凉之中，如同走到了人生尽头？

三

与何士光由都市贬到乡村刚好相反，贵州另一位现代作家伍略则由乡村走入都市。自第一部因被改编为电影而广为人知的《蔓萝花》发表至今，伍略的作品同样体现出类似的二重心态。作为一个苗族作家，他虽也写过工业题材和城市生活，但却以写乡村为主，尤其是以写本民族的生活为主。其短篇小说《绿色的箭囊》曾荣获全国少数民族文学作品奖，为作家赢得了较大声誉。后来他又当选为贵州省的作协副主席。这位作家及其作品具有一定代表性，可视为介于都市与乡村两种文化之间的某种象征。在此所要提及的是其“初稿于北戴河，修改于陶然亭”——好一个都市里的乡村——的中篇小说《麻栗沟》。

故事的背景是黔西北弥勒山半山腰一座已荒芜的小寺庙遗址边的一条叫麻栗沟的穷山沟。在伍略的描绘下，这里呈现的是一片“贫瘠而荒诞的山间场景”。“沿沟而上，两岸偏坡，满眼是巴茅和蕨草，灌木丛丛，间或也有一些青杠，更多的则是那麻栗树。越进沟里，越显得荒僻、冷落……”在这里，人生被扭曲变形了。尽管这儿的几户人家老实本分，终年辛勤劳作，可到头来仍逃不脱凄惨的命运。干农活，土少石多，天不是旱就是涝，一年收不了多少能填肚的东西；去挖煤，洞小坑深，累得骨头散架是小事，弄不好就会被塌方例下来的乱石砸死在黑洞里面；编草鞋，两眼昏花，结果被没收不说，还被加上一连串听都听不明白的罪名，几耳光打得个鼻子口来血；平时呢，还要被派义务工，常年吃老腌菜，“吃得牙齿都变黑了”；女孩子长大，便在惶惑中度日如年，时时担心遭到恶人的凌辱……最后，当你读到主人公之一、正当年壮的富老大因对自己心爱的姑娘爱得太深、爱而有罪，被迫叫亲兄弟把自己活埋于屋后荒土坡时，你会有何感受？你设身处地想象一番吧，那时——

天色煞黑煞黑，乌云密布，没有月亮也没有星星。树影幢幢，死一般的沉寂。坎上坎下，既没有虫子叫，也似乎没有风声。在黑沉沉的夜色中，脚底下的路面，只呈现出模模糊糊的一道灰白。（之后，兄弟俩三杯别离酒下肚，）富老大跳下土坑，躺到棺材里。富老二立即盖上棺材，接着又拿起钉耙……

孱弱而愚昧的山民竟似这种愚昧而孱弱的方式“反抗”现实，结束自己惨淡的人生。再后来呢——

富老二步履踉跄，跌跌绊绊离开那山窝窝……他走进富老大的房间，伸手一摸床上，床上空空，没有了他的阿哥。他双手哆嗦着把灯点亮，只见阿哥平日盖的那床旧被和几件旧衣物，叠得方方齐齐，搁在床上。他转身回到堂屋，失神地坐到一张小桌边。过了一会，他忽然“噢”的一声哭起来……

这只是富老二一人的哭声么？不，是整个山窝、整个乡村在痛哭，哭山民的不幸，哭乡村的不平！在这样的乡村世界里，你见不到丝毫诱人的农家之乐，见不到半点如画的田原诗意。

在这里，古朴、敦厚、诚实、善良的传统余辉，无法照亮一道道流血不止的灵魂创口。

此情此景，你可以在贵州文学中，从李宽定《良家妇女》中的疯女人身上，从石定的《水妖》《天凉好个秋》，从赵剑平的《穷人》《巨人》以及叶辛的《蹉跎岁月》等文学作品中见到。如此乡村，如此愚昧、荒蛮，如此贫穷、凄苦，令你望而生畏，不寒而栗！远古的神话，迷人的旷野，苍老的岁月，一切都在现实梦魇之中化为一个泡影、一阵疾风、一段残骸、一滴枯水、一块碎片，可又偏被作家们揉进了那么复杂韵深情，一切就如另一位年轻诗人陈绍陟的那句强烈而刺眼的诗——

夕阳在三千万座山上碰得头破血流……[7]

四

山泉流进了都市，山民涌进了都市，文学则凸现了都市。都市是生的希望，力的象征。不是么，都市有数不尽的高楼大厦，有道不完的人生享乐。石定的春妹子从乡间失踪了——去了都市，寻找新的前途（《水妖》）；李宽定的山雀儿对自由恋爱的乡间情人变心了——去了都市，发现了新的价值(《山雀儿》)；何士光笔下的“我”在都市里焕发着全部的童心和智慧（《城市与孩子》）；而伍略笔下的“我”却在都市里倍受着脑细胞凝固后的种种灵魂折磨（《热风》）……

唉，都市又是怎样的一个世界呵。

1986 年第三期的《山花》刊出了一位城市青年作者的“意

识流”小说《那个巷口，没有灯光》。在此之前，另一位刚从大学毕业不久的女大学生在《花溪》上发表了“新感觉”小说《恐慌》。两篇作品，两双眼睛，使我们换一种角度窥视到都市巨大躯体背后的阵阵颤动。前一篇写的是一群又一群从中学校门溢满出来的少男少女。由于现代都市的职业匮乏，他（她）们变成了“待业”青年，于陡然间跌入人生的空白地带，成天晃荡于街头巷尾，追逐、斗殴，甚至调戏女人或作弄男子……从这角度看去，都市显得好恐惧好荒唐——

冬天的城市，沉着一张冷脸。半空中不时冒出几团灰白色的气雾。偌大的空间看不见多余的生命力。路灯那本来应该柔和的灯光也像被冻僵了。

注意，作者用了“本来应该”这样的带感情色彩的词语，表明她心中对都市原来是有一番理想憧憬的。可惜现实中却是——

户户都紧闭的大门将屋内红色的火焰和屋外的寒流隔开来，谁都惧怕着没有人情味的冬天。

看来，也许是因为户户都紧闭着大门，是因为冬天没有了人情味。好像又不然——

自然是这样，人也是这样。谁软就欺谁，谁凶就怕谁。谁都明白在路灯下面做下流的勾当是不行的。但又没有办法。青春的躯体内有不可估量的非迸发不可的热血呵。

哦，原来还因为失却了人情味的都市助长了人性中丑恶的一面，以致于青春的热血一旦受到阻碍便要找“下流的勾当”来迸发，而且如此做了，还可找出一大堆振振有词的道理来为之辩解以宽慰已经倾斜的灵魂。

不故意把衣服拉开，不有意无意亮出肚脐眼处的刀柄，不随口骂出自己也有的老娘，别人就会赠送白眼，而且不论是什么人，反正本是想做好人的但由于没有找到位置便在别人眼里成了当然的坏人……黑夜中夜行到一条没有灯光的小巷里，如果眼睛的瞳孔同时也没有了亮光，生活在黑色的眼里就成了黑色。

于是就去干心安理得的杀人勾当。

那姑娘很肯笑。当她把笑洒在路灯下的时候，先跟她搭上话的那个男子动气了，上前一步便封住了蟋蟀的衣领，接着便递过五记响亮的耳光。蟋蟀只听见那姑娘尖叫了一声，便把裤腰上的那把刀刺过去了……

写了这些之后，作者发出一声“怎么办”的无力呼唤，同时又把一切归罪于那光明与黑暗之间的象征：没有灯光。可有谁能够回答作者的另一潜在疑问：究竟是因为都市里没有了路灯瞳孔里才没有了亮光，还是倒过来，因为瞳孔里没有了亮光都市里才没有了路灯？

作为都市或都市化了的读者，我们是难以回答这些问题的。因为我们几乎都是“不识庐山真面目，只缘身在此山中”。所以或许还不得不默认作者在作品一开头所提示的那微妙的观点：

无论怎么样，这也是求生的一种方式。

比如：还有人在街上无所事事。

如果说《那个巷口，没有灯光》写的是一部分失落的中学生眼中的都市，仅代表都市文化中的某种缺憾，《恐慌》则描绘了从中学毕业，直接步入高等学府的年轻大学生——都市的幸运儿们的另一种心态。怎么样呢，有趣得很，作者为你提供的竟然是对都市的恐慌和对乡村的缅怀。应当说，在所谓的“新技术革命”“信息革命”“经济变革”等一系列现代浪潮面前，作品中的“我”之感受是颇有代表性的。对于都市节奏的不断加快，对于都市生活的不断演变，对于越增越多以致于快要使人崩溃的种种信息，“我”晕了，“我”不明白，“我”惶惑，“我”恐慌。于是：

思绪纷乱又散漫，脑子里一直晃着黄的、红的公告——全是贴在食堂那儿的——犹如白天随处可见的景象：初冬没有一丝风，然而树叶一片又一片地飘落。我很想睡，像小时候那样无思无虑的酣睡。

这里，“小时候”似乎象征着人类童年的记忆，象征着和平宁静的自然状态。于是，沿着这“小时候”的思绪，使我总算得以从纷乱的现实之中逃避开来，而目光移至窗外，望见了也许是内心里的美好景致：

明媚的阳光，洗照出微动的黄绿错杂的丛丛树梢。呵，这个秋季一般温静的初冬！天空是永恒的安宁，是半透明的灰蓝色，是无限的柔软。目光一点一点的触摸去，思想也一点一点的渗透，叫人感动得涌出泪水。这阳光下的世界！

然而，孤独的个人，终究抗不过强大的外界。待暂时的逃避消逝，“我”又能够做点什么？我的心是那样虚渺，又是那样的抑闷……

我心中没有主宰。我的思想没有着落，我们没用。我们读书读痴了。（于是我们怀念）在黄昏里散步，在安宁的夜晚互相倾吐心中的秘密……

可是这一切究竟是为何突然改变，变得如此令人困惑了的呢？我苦思苦想，终于找到了似是而非的模糊答案——

现代生活的节奏是不容许消磨黄昏的漫步的……

作为同样身处于“现代生活节奏”之中的读者，你有过类似的感受么？你同意这样的答案么？不同意，为什么？若同意，又是否联想到“我”所代表的其实只是一种软弱的古典主义类型的乡村情怀，而“我”对“现代生活节奏力的无条件投降，意味着对都市文明的现有秩序机械的、被动的、盲目的、麻木的认同和顺从，意味着对古老的、含义丰富的“黄昏下的漫步”式的文化的轻率否定？

这又是一种困惑，或困惑的一种表现。

五

“夕阳在三千万座山上碰得头破血流”——陈绍陟的这句诗真值得评论者们反复玩味。可以说，这就是充分体现了矛盾于都市与乡村之间的现代困惑的典型意象。“夕阳”，在汉语词汇的语义场里，通常代表着饱和的美景（夕阳无限好，只是近黄昏）；或失落的惆怅（夕阳西下，断肠人在天涯）。比起初升的朝阳来，它显得更厚重，更威严，亦更悲壮。只有它，才会使诗人感到那洒向满山遍野的晚霞竟如同喷射流淌的红血（也许受了另一首著名诗的启发吧：苍山如海，残阳如血……）。夕阳是美的，然而是否因不堪于接近黄昏的迟暮（黄昏过后是黑夜），便做出了壮烈的自我毁灭，将自己整个地碰撞在坚硬的山岩上，使全部余热余辉与大地同化？这是何等悲壮的场景。由此你难道感受不到诗人异常激越的心情？其中饱含着赞美、慨叹、惋惜。倘若我们把夕阳引为某种传统文化——乡村文明的象征呢？

“三千万”，是虚数也是实数。实数暗指贵州土地上的父老乡亲（全省总人数约三千万）——他们像大山一样具有着乡村文明的古老特征。虚数则以夸张的语调形容着屹立在贵州高原上数不清的绵延山峦。如果说“夕阳”在海岸，在平原，固然也能映出令人感伤的黄昏晚景，那么其在这群山交错的高原则激起格外强烈的冲突和对比。这里，“夕阳”的光被割碎、被肢裂了，而在连“夕阳”之光也无法照射到的山谷洼地，则现出无比昏黑的阴影。也许只有“夕阳”碰出来的血才能够无声无息地流到那些地方。也许正是这样，诗人才在另一首诗中低沉地唱道：“那么多人在山的影子中倒下了。”（陈绍陟《山里人》）。

可尽管如此，这位从黔西北威宁高寒地区走来，在中国西南都市之最成都受过五年现代文明洗礼的医科大学生，在黔之首府贵阳谋到专业牙科医师的都市饭碗之后，却时刻忘不了深深印在童年记忆之中的那些高山，以致于一旦山里有了乡亲来访，便情不自禁地倾吐出满腔的思恋之情——

你的眼睛是点不燃的山火……

幺狗弟，别抡起你的长烟杆

我也是山里人啊！

它会认得我的

走，带上它我们到那边的山林去吧

和陈绍陟相似，另一位青年女诗人唐亚平也是从高原的深山里走来，也在现代都市的高等学府里熏陶了好几个春秋，其诗作同样体现着类似的困惑。稍有不同的是，或许因为唐亚平学的是哲学，在学校里还写过《论萨特的存在主义人生观》和《论庄子的人生观》之类的深奥玩意儿，她的诗显出了一种都市与乡村的混合，一种碰撞，一种交织，一种对话。在她的诗歌世界中，都市如同村庄，村庄则倒映着都市。

我的面前是一道绝壁
除了冷峻的高度
甚至没有一清水没有一条道路……
我的背后也是一道绝壁
我呆在峡谷中
只有浑浊如血的河流倦慵地流过
我才知道真的没有路，除了冷峻的高度

你当然不可简单地把这当作诗人在高山前写景或是机械的都市寓意。诗人心中有一个恒定的世界——乡村、山地。她从那里眺望世界，世界便成了群山峡谷。穿过扭曲绵延的峡谷，她看见的“浑浊如血的河流”或许正是在灯火辉煌的都市大街上哗哗地流淌。是什么？没明说。

然而对于给她带来荒芜童年的现实乡村，诗人决无造作的赞美，相反，她用语言为自己建造了一座理想的高原，并真诚地向其致礼——

我的心和高原一起带着海拔的高度耸立
带着海洋的广博和气势神圣地汹涌高傲地起伏
我的憧憬和高原上的云彩一起美妙地
把湿润的浓荫倾泻在坚硬的岩石上
我的赞歌和高原上的山泉、瀑布在一起合唱
激越地把灿烂的花朵和闪烁的歌词奉献
奉献给被风吹得加速流动的太阳和神秘中
我向高原鞠躬，顶礼！

相对而言，贵州当代文学中的诗歌界是较为活跃的。较为活跃的诗歌界中变幻着多种多样的情绪组合。以长诗《呼声》闻名于全国的李发于1986年底在《花溪》上发表了几首短诗，其中竟也表达了身陷都市市俗之中的苦闷——

我的内心的面容是块难看的旧麻布片
是被香水和雪花膏粉饰过的语言
我的纯真已被莫名的墓坑吞噬
我是一个笑盈盈的乐天派女人
——我是登上舞台的演员

诗人竭力想保护自己的“纯真”——天然状态——然而却

不得不为其吟唱被墓坑吞噬的挽歌。他不愿当登上“舞台”——都市文化之最常用的象征——的演员，一心想恢复内在的“本色黔——这与中国古老的乡村文化传统恰好契合——可四周已再不有正常的环境：

我像海贝把自己闭合
卸妆去粉，天啦，竟有人视为发疯的脱衣表演

这是一种现代都市文明的紊乱，在紊乱之中正常的价值判断已失去了固有的功能，一切均以超常的节奏变幻着，分不清孰是孰非，谁优谁劣，连龟缩到贝壳里把自己闭合都得不到安宁，于是剩下的，只好是：

我不得不继续扮演角色
每个场次都安排得如此周密

从此，不再有角色与自我的统一，不再有进入角色后的快乐，亦不再有自我的实现，自我的复归。灵魂分裂了，躯壳散架了，乡村回不去，都市安不了身，像幽灵一样随风飘荡，悬在了空中，找不到归宿。文学表达着现代的无形痛苦。

六

都市与乡村作为两极对立的存在，有时的确显得势不两立。

从古罗马亚历山大帝的武力征伐，到英国工业革命时期的“圈地运动，乃至中国漫长封建社会中的历次农民战争，都市与乡村几乎无不在为各自所代表的独特利益、独特文化而进行着殊死的斗争。到了20世纪的今天，由于科学技术的发展，由于种种尚未揭示出的复杂原因，这斗争似乎已接近尾声。在今日世界，已不断有专家学者站出来，挺身宣布都市的最后胜利；欢呼继“农业革命”“工业革命”之后又一次改变人类进程的历史性变革——“城市革命”的到来。都市的胜利意味着乡村的溃败，意味着人类文化的裂变和又一次倾斜，意味着全社会的心理大振荡。于是，在理性至上的浪潮簇拥下，高高飘扬着一面朝气勃勃的旗帜：“城市生活方式能使人自由！”教科书里则一字一句地写道：经济发展因素被看成文化发展变化综合过程的一个组成部分。从这个意义上说，在社会的旧的形式的总崩溃面前，社会的任何组成部分都逃脱不掉；而不论的传统形式的瓦解，还是新的价值准则的确立，都必然经过城市发挥的作用和影响来最后完成。总之，城市文化作为一种生活方式，已经渗透了整个社会。

不过，在世界版图上，东亚大陆的都市化水平只达到百分之十至百分之二十五，属于第四等级（北美和北欧：百分之五十五以上；西欧和部分南美：百分之四十至五十五；东欧、日本和北非等：百分之二十五至四十）。在位于东亚大陆内的中国，百分之八十以上的人口居住在乡村，百分之八十以上的作家生活在都市。于是，面对席卷而来的现代都市化浪潮，他们笔触的抖动，心态的困惑，就不是什么太奇怪的事了。

贵州更甚，它远离海岸，更远离欧美。遥远的都市化浪潮千里迢迢赶到这里已成为强弩之末，进入更偏远的深山峡谷则化为毫无反响的泡影。因而它就像一座巨大而顽固的岩石，孤单地屹立在这里，忠实地坚守着古老乡村的最后几片圣地。偶尔，远眺着山外喧闹的都市世界，它也会滋生出几丝被抛弃、被遗忘的惆怅和悲哀。但很快就会因强大的心理惯性而恢复固有的宁静。在一片广袤的荒山野岭之中，它也有几座零零散散的都市，但与其说像新价值全面进取的先兆，勿宁说是自古有之却无关宏旨的点缀。这儿的人们乡村化了，这儿的都市也乡村化了。在这里，乡村的威力太强大，强大得融化了一切，即便是在车水马龙的都市大街，只要留心，你便可发现所见到的依然是古老宗法式的文化，一切均打着小生产农业社会的印迹。

也正因如此，你在这里找不到深刻揭示出商品交换式的、代表大工业生产和自由竞争秩序的巴尔扎克、狄更斯式的长篇巨匠，找不到精心描绘了在真正意义上的“城市革命”冲击下分崩瓦解的乡村之景象的哈代那样的小说大师；亦找不到像艾略特、卡夫卡、福克纳那样将现代都市的脓疮血淋淋揭开来向世人展示的天才。若要与之较为接近的俄国——另一个宗法制农业古国——以及哥伦比亚、阿根廷等拉丁美洲国家——另一些都市化程度较差的地区，与它们相比的话，这里又缺乏当年俄国托尔斯泰那样的一批修养颇深的世代贵族或像赫尔岑等那样一批敢于为偏执的信仰去死的“革命党人”；亦缺少马尔克斯那样谙熟现代都市文化，身处于枪林弹雨般的魔幻现实之中却又保持着异常清醒的现代意识的一代文豪……

总之，在这古老的农业国度，自曹雪芹的《红楼梦》——最后一部中国封建文化的百科全书——以降，中国的文学已是被裹胁在世界的都市文学缝隙中，不得不开始艰难的“现代化”进程的了。这是艰难的历程，因为其被动；这是苦难的历程，因为其布满悲剧。我们的作家在举起双臂热烈拥抱都市文明的时候，双眼往往蒙着主观的玫瑰色彩；而在痛斥和否定乡村的愚昧与荒蛮时，往往带着充血的目光，把一切都看作流血的创口；要不就是在惊恐地逃避都市振荡的时候拖着长长的乡村尾巴，或是在眷念田原诗意的同时麻木了对遍地贫困的切肤之痛。

从鲁迅、茅盾、巴金、沈从文等开始，中国作家一直想摆脱这种内心的困惑，然而终未摆脱，并延续到了当代一批批作家之中。或许这困惑所波及的范围远非作家圈子所能概括，而是漫布于每个国民的潜意识之中？

可是与上一代作家相比，当代作家们在对这种困惑的敏感程度和揭示的深度上，显示出的是一种负面的落差。比如，与20世纪30年代相比，当代中国的都市化进程是大大改变了许多的。原有的都市业已发生了“现代化”意义上的无数变化。可是，在贵州当代作家作品中，你却很难读到这种变化。他们的描写似乎始终未超越上一代作家所开拓出来的空间。青年作家叶辛在发表了轰动一时的一系列以写知青生活——另一种类型的介于都市与乡村之间——为主的作品后，开始向读者提供了描绘现代大都市场景的中篇《家教》《发生》《欲》等。然而与同样以大上海为背景的《子夜》比起来，未免显得黯然失色。为什么？如果说何士光的《种包谷的老人》在艺术表达的许多方面完全可以说超过了沈从文当年的水平，但从总体上说，其作品所内含的广度与深度却让人觉得仍逊一筹。为什么？至于其《乡场上》的冯幺爸固然也体现了中国乡村文化中固有的愚痴与不幸，但在鲁迅笔下的阿Q面前，又怎能相提并论？并且，就算回到当代的同一地平线上，倘若把目光由贵州引发开去，翻阅一下韩少功的《爸爸爸》（写乡村文化的苍凉与恒定）、《女女女》（写都市人的笨拙、乡里人的诡秘），莫言的《欢乐》（写都市文明冲击下，乡村旧价值崩溃中的山民悲剧，从而让人在惊悚之中反思人生之路是否越走越窄），刘索拉的《你别无选择》《蓝天绿海》（典型的都市喧嚣与骚动）、《寻找歌王》（写找不到山精的苦闷和找到山精的痛苦），李陀的《七奶奶》（写失落在现代都市中的古老乡民及其百无聊赖的孤独），以及王安忆的《小鲍庄》（写令都市人望而生畏却又依依不舍的荒凉境界），《荒山之恋》（写交织于都市与乡村之间的心理冲突和超越悲剧的人生归宿——自杀），还有贾平凹的商州系列，扎西达娃的西藏纪事，张承志的草原牧歌，高行健的都市荒诞剧……总之，即便在当代的中国文学格局中，贵州的作品似乎果真有点后劲不足了。为什么？

有句老话说，文如其人。我想，产生出这种文学落差的原因，除已另文论述过的“批判而缺乏终极根据等外，作家自身主体意识的构成及其与外部环境的互动关系便是重要的制约因素”。作家们越来越生活在极狭小的天地之中，上不了解重大的社会变迁——政治经济决策机制决定了作家们的二级属性，使其难以产生《静静的顿河》或《战争风云》那样的鸿篇巨制，下亦不了解底层的芸芸众生——传统的士大夫式的清高决定了作家们的偏窄视野，使其难以描绘出甚至像《教父》《愤怒的天使》那样的形形色色的都市社会。他们仿佛生活在真实的世界之外，越来越像是一群孤独的隐士，一群愤世疾俗却又终不得要领的现代漂泊者。再瞧瞧伍略《热风》里那个“我”痛苦不堪的精神状态吧：为了还各种各样的稿债，勉强把自己关在屋里（闭门造车），面对着空白的格子纸自我折磨，一天两天，一次两次数次。然后就是各种可怕的精神幻觉。到头来一看，“那些写在格子里的词句，竟是那样空泛、苍白、枯燥、干瘪，陈辞滥调，废话连篇，不由不叫人寒心”。最后的感觉是什么？自己似乎已经没有什么形象思维了，从此也许再也写不出什么东西了，那写作生涯也许走到尽头了？

也许这是一种自我醒悟的表现，表现的是一种尚未麻木的危机感，而危机感往往是转折的先声，它促使作家反省自己，追寻问题的所在，从而突破自己。然而这需要主体意识的超前改变。在这点上，中国当代作家的发展是不平衡的。有的往往满足于一时的成功而放弃了自我批判、自我反思，不久便远远地落了伍，有的则“每日三省吾身”，并把视野扩张到整个的文学世界和世界文学之中，勤于比较，勤于进取，从而不断有所创新——尽管步履迈得仍很艰难。在此，引一位被誉为长于写乡村生活的高手的作家的创作谈是很有意思的：

现在的作家毕竟进入了文学的轨道上了，相当一批作家已不再就事论事地对待自己的生活和写作："寻根"的出现——他们将目光深视到民族的、历史的深层，哲学的思考——他们又摈弃了公式的、概念的说教，作品中所描写的已不是某一地的生活，已不是现时期某一地的生活，已不是现时期中国某一地的生活，而是全人类、全宇宙的光照之下的某一地，而作家视角点的改变，即时时想到了未来的世纪的变化可能，必然使作品出现中国三十年代以来最大的一次飞跃……

——贾平凹："一点感悟"（《写作参考》1986 年第 6 辑）

请注意那三个"已不是"和一个"而是"所概括的内容是多么深刻，并且，最后的那"必然"又包含了何等的信念。这位作家已对三十年来的中国文学进行了自我比较，同时自信地找到了突破的关键所在。也许正是这种内在的自觉使其作品那么耐读吧，还有一段作家的对话值得引来比较。在 1986 年 5 月的一次小型座谈会上，李陀表述了这样的看法：

湖南作家群的创作使我想起美国南方文学来了。为什么后来南方文学不发展了？就是因为落后文化不存在了。这是美国文学的一个灾难，却是美国社会生活的一个进步。而中国好在哪呢？文化落后的地区太多了。这可能是文学的大幸。拉美就是……所以它可以在中国形成张力最大的冲突。比如两种文明形成的张力场。在这种张力之下中国作家变得非常紧张。这种紧张可能就是好的文学重生的一个条件……

——李陀、李欧梵等："文学：海外与中国"（《文学自由谈》，1986 年第 5 期）

这段话中，一个"紧张"，一个"灾难"和一个"进步"表明作家已用文化的眼光审视文学，并预言在中国将可能有好文学的产生。由此看来，前景是可观的。贵州的文学显然越来越处于这种文明冲突下的各种"紧张"之中。倘若这果真是好文学产生的条件之一，余下的问题就是看贵州的作家是否能敏感到这些"紧张"并自如而深刻地将其表达出来了。

一边是难以回避的都市革命，一边是难以复归的古典乡村，我们被夹在了二者之间。我们的心态呈现出典型的"极端共存"。困惑是难以避免的。这困惑使得我们的文学既不像真正的都市文学，亦不是彻底的乡土文学，说穿了，只是摇晃于二者之间的"乡镇文学"，或"县城文学"。

也许，这正好吻合了普遍的读者心态。

也许，这照样能在文学的密林里独树一帜。然而，难。

注 释

［1］《蹇先艾短篇小说选·后记》，人民文学出版社，1981 年。

［2］石果：《喜风集·后记》，贵州人民出版社，1983 年。

［3］石果：《喜风集·后记》，贵州人民出版社，1983 年。

［4］石果：《喜风集·后记》，贵州人民出版社，1983 年。

［5］何士光：《要有一颗赤子之心》，《山花》1981 年第 1 期。

［6］何士光：《点滴的畅想》，《花溪文谈》1980 年第 1 期。

［7］陈绍陟：《生命的痛处》，贵州人民出版社，1989 年。

二

地域与文学：关于“贵州文学”的思考

1996年9月，首次以省政府名义设立的“贵州省文学奖”在贵阳隆重颁发。其标志着20世纪90年代在更权威之层面上，本地文学界与政界对“以行省划分文学”的进一步认同和强调。从获奖者全属“贵州作家”（省作协会员）这点看，这种认同和强调更多是对作者身份之“地域—行省性”的肯定与张扬（故已调回外地的客居作家便不在此范围内）。按此种划分，包括台湾在内，中国现有31个平级的省市自治区，自然也就派生出与之相对应的31个地域文学单位。在此当中，“贵州（省）文学”虽只是一个实力薄弱的部分，却已占有不可缺少的一席之地。

不过，面对贵州，这种以行省划分文学的方式，既带来不少分类上的现实便利同时也引出了许多有待探讨的理论问题。首先，从首届“贵州省文学奖”的设立来看，其突出的是作家之省籍身份，而不是作品的省区特色，即鼓励的是行政隶属关系上的“贵州作家”，而非地域文化意义上的“贵州文学”（相比之下，跨国界之诺贝尔文学奖的宗旨就不在作家的国别身份而在作品的价值类型——即倡导和激励一种“诺贝尔奖文学”——当然其实际操作中不可避免的种种地区歧视及语种偏见又当别论）。获奖的作家当中，总体而论，也极少有把贵州行省作为别具特色之地域单位来进行文学表达的。即便以行省为单位，严格意义上的地域文学也不等于一省之内的文学。作为一种有特定文化内涵的类型，地域文学的产生取决于地域意识的形成。然而，在很大程度上，可以说贵州作家中的贵州地域意识至今尚未成型。

有意思的是，也许是理解上的歧义或编排上的疏忽，报上发表的消息，把“贵州省文学奖”变成了“贵州文学奖”。去掉一个“省”字，倒似乎表达出了行政划分之外的地域期望。在贵州，最早将行省之称与地域文学联系起来的突出标志之一，可追溯至清代名儒莫友芝等人对《黔诗纪略》的集体编纂。该书采“黔人诗歌”2000 余首，又名《贵州诗纪传证》。此举既与其时贵州已在前朝便有了行省建制的省情有关，亦可归因于《诗经》以来中国文学中地域观念地域与文学的传统影响。《诗经》在中国文学的正史体系中占据着重要的地位。其一方面开创了文教“范本”的正统先例，另方面又以“国风”之名，使文学与地域紧密相关。时至清代，文人学士选编和评述作家作品，仍承继着以地论文的传统，并常常进行地域比较，例如：

吾阅近诗选本，于吴、越得其五，于齐、鲁、燕、赵、中州得其三，于秦、晋、巴蜀得其一，于闽、楚、粤、滇得其一，至于矜贵则全无。虽天之生才，其聚散多寡之数不可得知，大抵诗之所在，即才之所在也。（孔尚任《官梅堂诗集序》）

大约正是由于外人眼中的这种区域偏见，才促使身为黔人的莫友芝等奋发来编纂并集资刊印洋洋数十卷的《黔诗纪略》吧。不过，作为对中原漠视的一种回应，这部堪称最早的贵州文学史所体现的地域文学观，仍只是主流的延续和补充。《黔诗纪略》共录作者 200 余人，均为黔籍，以行省为单位，从总体上开了“贵州作家”之划分与“贵州文学”之论述的正史先例。全书首选之人王训，贵州卫城人，其乡试中举的年代为明中宣德十年，即 1435 年。在其之前，贵州已于明永乐十一年（1413 年）建省（贵州布政使司）。从后世残存的明《黔志》《黔书》及《黔游日记》等来看，历任流官和客籍文人并非无所诗作，但《黔诗纪略》仍以“黔籍作者”的身份标准，将王训称为开草昧之功的首推之人，而把建省之前的郭子章、王士性和徐霞客、王阳明等排在了其外。这应当说是贵州文学地域意识觉醒的一大标志。不过，若与《诗经》十五国风向民间广泛采集的传统相比，其全然无视同为“黔籍”的本土山歌（土著地域文学）之作法，却表现出一种不及古人的倒退，而这恰又与编纂者自身对地域体认的局限有关。在《黔诗纪略》卷一的开头，莫友芝写道：

黔自元上而五季皆土官世有，致汉唐郡县，几不可寻。英流鲜闻，安问风雅。逮有明开省增学，贡士设科，文献留诒，乃稍可述。故是编甄录，断自胜朝……[1]

这就是说，《黔诗纪略》心目中的“贵州文学”，并不包括“土官世有”的时代和“文献留治”之外的类型。当然，对于一个与张秀眉起义同时代并将后者视为“苗叛”的正统儒士，要求其以客观态度深入苗乡去进行“田野作业”，然后将搜集到的苗族作品与文人之作并行刊印，是不太容易的。莫友芝与郑珍这样的贵州文人在当时所能做到的只能是通过对地方府志（《遵义府志》）及地方文学（《黔诗纪略》）的编撰整理获得“西南大儒”（章士钊语）之称，同时亦靠自身的文学实践（如《巢经巢诗钞》《郘亭诗钞》等）为“贵州文学”进一步扬名。

相比之下，真正从创作观念上自觉体现出“贵州文学”之地域意识者，应为20世纪前半叶在中国现代“乡土文学”逐步兴起并受到普遍关注的背景下产生出来的一批新式作家和作品。其中以屡被提及的蹇先艾为代表。他的突出之作是《贵州道上》。可以说，在蹇的影响下，贵州文学作为一种地域性存在，至今仍可见出近半个世纪的传承。这就是从蹇先艾到早期何士光、李宽定然后再到石定、龚光融及赵剑平等人的“黔北流派”。之所以称为“黔北流派”，是因为他们的作品尽管已多以“贵州文学”相称，实际上其所传达出的地域内涵却并不包括遵义地区之外的毕节（黔西北）、铜仁（黔东）和安顺（黔中），更少有黔南、黔东南及黔西南这样的民族地区色彩。

推衍起来，以蹇先艾为代表的贵州地域文学的出现，其实还以晚清以来全国各地变法维新、倡导自治的图变之风有关。还在辛亥革命以前，贵州地方人士就已创办了《黔报》《贵州公报》《西南日报》《自治学社杂志》等这样的地方性报刊，并成立了“贵州自治学社”一类的地方团体，提出“以个人自治说为起点，以地方自治说为延长线，以国家自治说为最终面积”的学说主张[2]。辛亥革命期间宣布独立的“贵州军政府”称贵州乃西南之中心，同时也意识到“黔中向名山国，风气之开，每落人后”这样的地域特征[3]。

但总起来说，在同为中国现代早期乡土文学的创作实践中，地域意识之觉醒和地方文化之表达更为突出、更有成就和影响的，并不是贵州的蹇先艾，而是湘西的沈从文。用当代研究沈从文创作的美国学者金介甫的话说，沈从文是堪与美国南方作家福克纳相比的中国乡土文学代表。沈从文的贡献在于进行乡土描写的同时，表达出对地域性和普遍性的关怀。“他的湘西成了国家问题背景下的乡土中国之代表以及考察人类心理和宗教问题的微观世界。”[4]

很明显的是，与蹇先艾等力图表现尚未在地域文化上取得一致性的“贵州”不同，沈从文集中观照、思考、认识和描写的，是他基本上能够认同并把握的较小区域：湘西。尽管那里苗汉混杂（沈本人就同时具有苗汉双重血统）、军人割据（沈本人曾长期在当地各种军队中任职）、习俗甚“野”（沈自幼对此熟悉并在成人后多次深入考察探访），但沈从文还是通过一种由内及外的感性积累和由外及内的知识眼光，熟练自如地驾驭了自己笔下的奇特地域湘西，并使之成为中国现代文学史上的一种乡土象征和一个有别于都市化区域的“外地”符号。

20 世纪 50 年代，在贵州境内，黔东南苗族侗族自治州和黔南布依族苗族自治州等相继建立。到 60 年代后，一套采自贵州世居民族苗、布依、侗、水、仡佬等群众之中的数十册民间文学资料陆续整理印制出来。这标志着“贵州文学”的范围开始扩展至作为移民的汉文化与作为土著的少数民族文化之间的一种结合。尽管两者长期处于并行存在、难以交融状态，但这种结合毕竟开始较为客观完整地反映出贵州作为多民族行省在地域文化上的二元性质。值得注意的是，在文学的显现形式上，整理出版后的土著民歌已采用新近创立的罗马式拼音文字（有汉文对照），从而形成了与蹇先艾所代表的“黔北（后来又包括黔中）流派”截然不同的别样风格。可惜这种具有本土特色的“别样风格”并没有通过其现代传人发扬开来。后来称得上贵州少数民族现代作家之代表的伍略（苗族）、苏晓星（彝族）、弋良俊（布依族）及刘荣敏、潘年英（侗族）等，几乎没有谁坚持以自己本民族的文字发表作品。像满族的老舍、回族的张承志及藏族的扎西达娃等一样，他们都加入了以汉文写作的中国现代作家大军。因此，以刚获得新生不久的民族文字为形式的本地土著文学，仅能停止在《苗族古歌》《张秀眉起义歌》以及彝族《梅葛》《勒乌特依》等古典文本的固化形态之中，难以发展延伸。此外，由于苗、侗、彝等大都是跨省民族有的甚至还跨国，如苗、瑶等，其分布并不为贵州一省独有，故以单体民族为主线的各“少地域与文学数民族文学”也不能视为“贵州文学”的标志或象征，而只是其中的一种构成部分。在这一点上，当年沈从文之作为“湘西”一地的文学代表，其地域所属上的意义是十分深远的——因为其既不标志“湖南（文学）”，也不等于“苗族（文学）”。他所源自和所表现的就是湘西，一个包括了自然风貌（沅江流域）、民族风情（苗汉杂处）与历史风气（军阀混战）的综合地域。沈从文的表现是那么的出色，以致于在很大程度上，当时的湘西就是沈从文，沈从文就是湘西了。

可惜对比之下，“贵州作家”中还没有创造出与其称号相吻合的“贵州文学”，其笔下描写的地域，也还没有出现与沈从文之湘西类似的“贵州”。

从世界文学范围来看，将民族与地域完全统一在一起的，恐怕只有日本、朝鲜（韩国）这样的单一民族的国家。在这样的国家中，从民族到语言、文字到领土都是互为一体的。从古典时期的《源氏物语》到刚获诺贝尔奖不久的大江健三郎的《个人的体验》，人们不难从同是日本人（大和民族）、同用日语、日文并反映日本社会等这些统一要素方面，追寻出一条“日本作家”与“日本文学”的贯穿线。而若对“中国作家”和“中国文学”，就难以作出同样的概括。即便是对新疆、内蒙或西藏这类以少数民族为主的自治区，你也很难下结论说代表其地域文学的究竟是维吾尔文、蒙文或藏文的典籍或民歌呢，还是张承志与马丽华等以汉文创作的作品。结论之所以难下，最主要的一点在于中国是一个多民族国家，其辽阔疆土之内已兼融了许多既有联系又有区别的民族群落、语言、文字和复杂多样的地域空间，以及多重不定的作家身份。张承志是自由撰稿人，他由于具有回族血统和长期在内蒙生活的经历，故既写茫茫草原的地域风貌，又写穆斯林的宗教情怀。而虽在西藏长期生活并已具有西藏作协副主席身份的汉族作家马丽华，其一部接一部的雪域作品如《藏北游历》《西行阿里》等，尽管影响广大，却仍没摆脱未与本地融合的“客家眼光”。

贵州作为一个行省，本不是自然形成的结果，而是明代中央王朝为治理西南而从临近的川、滇、湘、桂诸省割地拼成。从那以后，大量移民以军屯、民屯、商屯等形式不断进入，与本地世居土著形成交错同处局面，并在清代“改土归流”之后，在数量上超过土著，从而使后者在其本土上变为“少数民族”的同时，亦将贵州视为被中原开拓出来的一个新“移民省”。数代之后，移民逐渐本土化，在远离中原的边缘山区，演化为独具特色的“屯堡人”。其既与本地土著明显不同，又与中原祖辈日趋疏远。这种形成中的“贵州人”特征，在明代黔籍文人的作品总汇《黔诗纪略》里其实已初露端倪。民国以后，“移民本土化”与“土著中原化”这两股支流日益合拢，在共同的贵州“省级”行政区划领域中一起创作人为的“贵州文化”，力图将自然地理与政治地理乃至文学地理统一起来，于是便出现了由不同民族作家组成的贵州省作家协会和试图代表全省各地的省级文学期刊《贵州文艺》（即现在的《山花》）、《新黔文学》（即后来的《贵州日报》副刊《娄山关》），以及后来由政府出面颁发的“贵州省文学奖”。

可是作为一种以省划分的地域文学，“贵州文学”与众不同的独特之处在何处呢？由于其至今未能在民族、文化等方面取得统一的认同，也许只能说其特点就在于“多元”与“多样”上了。在地理地貌上，以苗岭为分界，贵州的河流北部以乌江为代表，属长江水系；南部以都柳江、盘江等为代表，属珠江水系；山地切割，交通不便，自古以来，每每是五里不同宗，十里不同俗。迄今为止，完全走遍贵州的作家寥寥无几，而能全面深入认识和把握其文化全貌者更为鲜见。故如果有以行省划文学之必要的话，贵州的地域文学还处于呼唤大家的预备和过渡阶段。

说到行政建置，上海就比贵州还晚得多，但“上海文学”作为一种地域性存在，显然就比“贵州文学”更为成熟。这一方面归因于其都市化带来的人口集中和文化统一，另方面则与其同“上海作家”彼此认同了的“上海市民”充当了具有积极呼应和反馈意义的读者群相关。统一的“上海方言”“上海文化”

塑造了相对统一的“上海人”，因此也就滋生了具有统一地域意义的“上海文学”。而这些都是“贵州”所不具备的：这里既没有统一的贵州话（贵阳话与遵义话、铜仁话、毕节话都彼此不同，更不用说苗语、侗语、彝语与汉语的相互区别了），也没有特征一致的“贵州人”。所以，除了行政区划上的表面一致外，作为行省，“贵州”还不是一个独立完整的文学单位。这一点，我想中国的许多省区也一样。放大些看，尽管有着其悠久漫长的发展史，但由于如今多元一体的国家格局，加上又拥有分布众广的海外华裔作家，一个完整统一的“中国文学”。是否已经出现都尚可讨论。而在俄国，从屠格涅夫到托尔斯泰到高尔基、肖洛霍夫……“俄罗斯文学”却显示出其语文与话语上高度的地域与民族性之统一和贯穿。作为北方民族和强悍大国，他们的作品无不对森林、草地、冰雪、寒冬和兵骑、战争等加以一脉相承的描写和再现。

回到篇首，报上对“贵州文学奖”的提法毕竟是种失误，而其原称“贵州省文学奖”的初始考虑中对“省”字的行政忆划与级别的强调，看来并非多余。因为真正具有地域文化特色的“贵州文学”尚未出现，其赖以诞生的前提在于：先有特定的地域体验，然后有共同的地域认同，继而才可能出现自觉的地域表现。而现在，日益迅猛的都市化潮流正以千篇一律的住房、交通乃至生活方式消抹着地域间的相互差别：空调使人们感觉不到不同地域间的温差，地铁掩盖了地形上的区别，“信息高速公路”更是令全球各地的人们感到生活在“同一村落”之中。

也就是说，从都市人类学角度看，遍及世界的现代化变迁已使地域文学越来越面临考验。并且说到底，今日的文学趋势似乎已越来越发展为一种独立自主的个体行为了。

（原载于《贵州社会科学》1997 年第 4 期）

注 释

[1] 见《黔诗纪略》，关贤柱点校，贵州人民出版社，1993 年版。

[2][3] 转引自冯祖贻等著《辛亥革命在贵州》，贵州人民出版社，1992 年，第 54、120 页。

[4] 参见（美）金介甫：《沈从文乡土文学在现代中国文学中的运用》，载《现代中国文学》1985 年第一卷。

三

在庄严与孤寂之间：“贵州文学丛书”初读

那天，走出隆重而盛大的会场，带回10部精美新著。面对初冬难遇的晴空，是让人重又感到文学的“一份庄严”了。

是不是有意暗示一种两极的对位呢？丛书“总序”的作者，在开篇之首强调了这份文学庄严并列举东西方各家名著及其“为人类的智慧和文明锲而不舍地作证”之后，又在篇末坦然道出了写作的“孤寂”。这就是说，无论怎样地结集渲染、兴师动众，面对忽阴忽晴、离合悲欢的大千世界，写作终究是孤寂的。在孤寂中庄严，在庄严中孤寂。

回到家中，未经细想，先拣最薄的三本读了。它们虽同被归为文学，却皆非小说，而是纪实写真的散文作品。三人三代，三种风格；各见其见，各抒其情。老报人刘学洙的《热肠冷语》冷热相间，语短意长，在时间跨度上差不多包括了一位从文为业者自求学、就职直到退休的全部阶段，从笔力所指看，又主要凝聚于对社会时弊，尤其是新闻得失的检讨和反思。其中，最让人读而难忘的是对过去年代几桩旧案的再采访和再追叙。再采访是为了再核实，再核实则是为了再分析和再比较。比较的结果是，那时“从文风看，公开批评报道及内部报告，均直截了当，尖锐泼辣，少有吞吞吐吐或官样文章”。原因何在？“（20世纪）50年代初期，报纸十分重视批评报道，尽管其中批评可能有过头之处”，并且当时身负重责的主笔者都仅三十上下，生气勃勃，敢为敢当。相比之下，“后来尽管稳妥成熟得多，但锋芒与朝气却不如初了”。另有两篇写及黔史旧事，不过年代更远，追溯到民国、晚清。晚清之事是写当年梁启超之师贵筑李端棻在不同史笔下的不同“处理”。令作者感慨的，倒不是这位曾发现梁启超之才、并密荐过康有为、谭嗣同“堪大用”，官至礼部尚书的李大人是否开明激进，有何伟绩丰功，而是“正史”“野史”在同一对象前的鸿沟与差异。末了，作者还特别提出李氏之子在一贯以“文字狱”著称的大清专制气氛下，不怕株连，不怕“划不清界限”，独选待罪海外的变法叛逆梁启超为父作铭，称赞“其勇气尤属难得”。如果说虽同为往事，在“正史”和“野史”的笔法之下就会大不一样，因而让人禁不住连全部二十五史也得怀疑一番的话，对讲真话的那些文字又该如何看待？《热肠冷语》列举了民国贵州省主席吴鼎昌撰写的《花溪闲笔》为例："吴鼎昌为宦多年，深谙其中滋味"，其写下的反腐败言论，"除文笔半文半白带有旧文风之痕迹外，所谈内容,移用于今日,似亦相当精当"。由此作者联想到的是"吴氏的文学也不完全是说假话"，"好像国民党高级官员对官场恶习也极痛恨，有一种真想整饬一番的味道"。但"知"与"行"毕竟不是一回事。知道自己的病情，并不等于可以治好它。如果说这里还仅透露出几丝对言论无用的慨叹，在另几篇写退休后参与政协活动的感想中，则进一步表达了对讲真话的失望。当然、作为一位冷语热肠者,这种失望又是以期望的方式呈现的。在引述和分析民间顺口溜"不说白不说，说了也白说，白说也得说"的同时，作者依然写道：如果政协委员们这些有血有肉、有情有据的慷慨陈词"能让省里领导同志直接听到多好啊"！可惜的是，在官僚主义未亡之际，政协委员们的真话不是"说了也白说"，下情不能上达的话，就是"整成简报后大都只剩下干巴巴几条，简略而委婉了"。并且在如今连文学自身都似乎更加孤寂的"下海"大潮中能够静下来翻阅作言这些铺陈之辞的，又有几人？如此看来，尽管"新闻主义""新新闻主义"等文学的流派和手法已在域外日盛一日，可因国情不同、在这里是行之不通的。就连超期服役的"批判现实主义"看来也差不多得办理病退了。

那么文学又为何而存在呢？《我的雪天》的作者，在写作上与刘学洙相隔两代的潘年英，以其张扬的个性和苦涩的激情作出了自己的探寻与回答。

对我来说，读潘年英就像在读自己。这不仅因为我们同操一业，同住一院，更因为他笔下所写的，大多是我熟悉的真情实事。与抚今追昔的成熟相比，潘年英的文笔显得更执着气盛。你见过有几位上了年岁的人会把自己的恋情、婚变乃至婚变后对家人的呼唤像公开的情书那样发表出来呢？你知道又有几位笔下生花的文人敢在沟通领导的正常渠道失效之后，在自己宿舍门上贴出“我操官僚主义他妈！”这样的门联？还有，如果不亲自读到这些坦诚冲动的文字，你是否会理解这位从遥远乡村闯来，上了大学，留在城市，出了书成了名的青年作家，会在黑夜里独自忧伤，在文字中哭泣，忍受寂寞、叹息故乡，忍不住才提起笔来哀伤地写道“沿着日落的地方走啊，我们苦命的侗家”？潘年英就是潘年英。他就敢把阴暗潮湿的宿舍起名为“黑风楼”，并且公开声称要告别文学。他还敢把文章的标题就起叫“想你儿子”和“夜夜失眠”。在记述远在侗寨的父辈时，他也全然不顾亲属长者的回避与忌讳，道出了自己对“没有到过城市并发誓这辈子绝不跨出村子”的父亲那身道场功夫及以酒为命、狂喝猛饮的困惑不解和束手无策。说到底，在连自己切实身份都不能确定的人生孤寂中，除了将心中一腔愤怒诉之文字以外，你还能做什么呢？于是潘年英写了《我的雪天》一字一句，如同家乡冬季见不到的雪花，飘融在文字的幻象之中，与青春同在，与生命共存。“我的雪天，其实是美丽的遁词，是孤独无助的情绪。它来自遥远的故乡，来自苦难的童年和久已失传的神话……”然而虽说是神话，虽然无助而孤独，毕竟保留着一种情绪，因而也就有了不停地寻找：“我决心去寻找你，风吹得厉害，你走过的地方脚印很深，我所到之处都流行你的传奇，我想你就在附近不远了。”潘年英用诗支撑着他的寻找。我想他会这样一直支撑和寻找下去，不论南方是否降雪，也不论寻找的过程是否孤寂，不论所写的文字是否还会出版，也不论出版是否更意味着对母语的背离。反正杨曦已在“序”中替你总结过了：故乡有山，故乡有河，“当你疲惫，你同故乡”。

如果说《热肠冷语》以剖析现实的议论见长，《我的雪天》以困惑青春坦露动人，《何士光散文选》则因对生命价值的终极追问而更显深层。《日子》以及《日子》续篇由祖母到母亲的世代交替而引发的对“今世”“来世”“善根”“轮回”这类佛门用语的引述就不用多说了，《黔灵寻梦记》里那实为“文眼”的对联“大慈大悲靠菩萨现身说法救苦救难在众生自己求心”也可留给读者诸君去再三品味，因已写了另外一篇表达读感的文字，这里我只想对之再作补充的是作品最末篇章《夏天的途程》。

不知为什么，一读《夏天的途程》就会促使我回头重看书前的“总序”。“总序”写得很特别，明明是为“贵州文学丛书”鸣锣开道，却偏偏从头至尾述说大洋彼岸的故人海明威；明明是一举就推出了10位作家10部作品，却偏偏皆无提及，而是大谈《老人与海》，大谈悲怆搏斗以及诺贝尔文学奖对这搏斗的崇高颂辞。这无疑拔高了我阅读前的预期导向，也使何士光对读者视野的进入增添了几分艰难。然而，当我读完面前这个何士光，尤其是读完《夏天的途程》，我感到海明威不过只是海明威。《老人与海》亦不过只是一幅生命过程的虚构场景和人为象征，如此而已。《夏天的途程》全无虚构，以实化虚。其由与友人张贤亮的一次同行出游写起，引出对人生之道的因果剖析，内中的心物同体、我你兼容、入秋述夏乃至以行喻“道”等等，诺贝尔评委会的评委员们未必就能读懂。你看，那位被叫做桑蒂的虚构老人，耗尽全力，最终以一具大鱼骨架不过换回的是评委们对“在失败中获得道德上胜利”的几句称赞。对于这场命运搏击的奥义，“他”又知道了多少？到头来不是把“他”虚构出来的那位海明威本人也因活下去的烦恼而提前一枪结果掉自己了吗？可见，海明威同他笔下的人物对命运之道和生命真相都是未能悟透的。而在以东方传统为底气的作家笔下，对于即或是一次平常的出行，却也能大加追问，情随景生。而且一旦追问开始，又会引出一个又一个超越自身的人生难题。“我们到底又不知道我们是怎样浮沉在这人世上，天地间的。”追问之中，光直面现实场景还不够，还得把问者自身也放置进去。于是便又有了以我为“你”的自我对话。“就连窗外的灯光你也依旧看不真切，那遥远的因果，你又哪里看得透呢？”可你不仅要问，而且要思要想。在想过为什么会同友人张贤亮有这段相遇，相识到相知和相约的因果之后，“你看见你不仅是现实关系的总和，更还是宇宙关系的总和。你们那一辆在山路上盘旋着的客车，就不仅是从世上驶来，而仿佛是从茫茫的天宇里驶出来的……”这又能引出什么呢？领悟了因果，识得了缘分，你便回归了自知，复原了自信，相信“闹静皆可，冷热相宜”；于是对自己说：“随缘从分地走过去，并不猜测和畏惧那结果，到了明知不能不下火炕的时候，似乎也会少一些犹豫。”这样的心境就跟桑蒂老人大不相同了。桑蒂同大鱼不断搏斗，最初的期望难道就是带回一具空鱼架向评委们展示斗志的可嘉？完全不是这样。骨架的象征只是惨败之后无可奈何的拔高而已。相反，面对实实在在的火坑照样能随缘从分走下去的自我选择，就不能不说更显得从容和坚定。当然我这里不是想挑剔海明威写作的不是，也并非要证明桑蒂象征的浅薄，我只是想说，《夏日的途程》本身就已是一个标志，标志着何士光人生之途与写作之道的跃进与超越，也标志着当代贵州、乃至中国文学的一种新的复归。因此我不禁要为能及时见到《夏日的途程》这样的文字面世深感欣喜，更为能通过对其的阅读而获得又一份“孤寂的庄严”由衷快慰。

那天，在盛大而隆重的会场上，众人兴高采烈，鼓掌庆贺。何士光却没有露面。他又独自出门去了。在那陌生的途程里，他是否仍将拥有并满足于自己一份“庄严的孤寂”？我不知道。

（原载于《山花月刊》1994 年第 1 期）

四

“贵州现象”再思考
——多重比较中的省情研究

前不久，在艺术界由一批贵州美术家连续在京展出引起关注而提出美术中的“贵州现象”之后，中国科学院国情分析小组的胡鞍钢博士经过对改革开放十多年来中国东西部发展差距进一步拉大状况加以对照，又提出了不仅是单纯经济问题而且还可说是政治问题的另一种“贵州现象”。他认为：

贵州现象是一种特殊的自然地理环境、发展环境和体制背景条件下产生的中国最突出的欠发达现象。

贵州现象最重要的特征是人均国内生产总值水平过低，且长期居全国后列。

结论是：“贵州是中国最贫困、最落后的地区”；因此“‘贵州现象’呼唤（国家的）重大政策调整”，“中央应把解决欠发达地区问题放在优先位置”[1]。

紧接着，在由胡博士参与主持的中央电视台“焦点访谈”有关西南扶贫问题的节目中，“贵州现象”这一提法进一步在广大电视观众中传布开来。

联系新时期以来有关“发展问题”的研讨背景来看，胡鞍钢的论述不但是对前一阶段中国东西部差距讨论中“梯度理论”及“反梯度理论”等的继承，并且在以小论大，由微观论宏观并呼唤国家重大政策调整这点上，标志着一种新的强调与拓展。它再次提醒人们，省情也是国情，地方关系着国家，认识和解决中国问题的方法只能是一级决策（中央）与二级决策（地方、区域）的结合。

然而，就被作为“现象”特例的贵州而言，当如何全面、准确地解释和把握其自身独具的一省之情？换言之，“贵州现象”这一提法究竟该怎样分析，才更符合其过去、现在及未来的客观实际？单一的经济学模式能够完全胜任这一任务吗？

看来还需要在多重比较中加以进一步研讨。

一、现实比较：坐标是单一的吗?

近十年前，东部的两位青年经济学者在对包括贵州在内的西部省区加以考察分析之后，出版了影响较广的专著《富饶的贫困》。其中除了冷静列举出西部诸多客观存在的贫困事实外，充满激情地描绘了同一地区“令人震惊的富饶”，比如云南的植物王国、贵州的煤、磷、铝矿及丰富的水能资源等等。

十年之后，在“贵州现象”的提出人——另一位东部青年经济学者的视野里，西部(贵州)却只剩下了单一的贫困和落后。尽管这种单纯经济学角度的贫困分析或许会有助于引起高层决策的关注，但从全面认识作为一国之内特定区域并具有自身多重特质的贵州来说，这样的分析又不能不说带有明显的片面性，并且可说是从“富饶的贫困”这种虽有局限但毕竟留有余地的二元模式那里的倒退。

首先，从与人类生存相关的基本指标看，富饶与贫困永远是相对的，并且贫困的尺度也绝非仅限于国民生产或消费水平的高低这样的狭小范围，而还与该地区环境污染程度、社会治理状况以及个人心理健康等一系列“非经济因素”相联系。从后者看，发达地区未必就比欠发达地区更富饶。现有的经济模式并未很好解决人类生存必需的平衡与协调问题。以这样的模式去强行改造、同化 GNP 意义上的欠发达地区，大规模推行千篇一律的工业化、城市化，难免会使其付出沉重的社会代价和生态代价，重蹈发达地区另一重意义上的“贫困”(城市病、文明病）覆辙。相反，如若能从社会协调及天人合一等高度，更为全面地认识和评价贫困与富饶的深刻含义，欠发达地区的所谓“落后”就不但不会被简单地判定为发展的包袱，相反会被看作朝向更符合人类自我完善目标迈进的另一种起点。

在这点上，国际社会自“罗马俱乐部”提出“增长的极限”[2]以来，直至1992年全球首脑会议正式倡导人类“可持续发展”新模式等一系列理论与实践，都值得认真关注和参照。中国现阶段的东西南北差异问题不应当成为前进的负担，而应变为模式转换的持续发展的动力和资源。在此意义上说，正因有不同区域的种种差异，方显出大国之路的广阔空间与回旋余地。

1949年后，中国的问题就是扶贫。但几十年来的经验教训证明，单纯以某种异国、异域模式为基准的种种“仿效”“赶超”战略，都不符合自身特定的国情和省情。而此种“仿效”“赶超”战略的选择与制定，在很大程度上就导因于对“贫困”“落后”的片面认识。在以粮食产量为尺度时，导致的是不顾自然环境特性而进行的大面积毁林开荒，结果引起水土流失，生态恶化。当转向“以钢为纲”思路时，又一刀切地引发出不切实际的“重、轻、农”模式大转移。殊不知自古以来，中国范围内的农耕、游牧、渔猎乃至半农半牧、半垦半荒等诸多区域方式，不仅各具形态，各显特色，而且彼此依存，互为补充，在和平与战争的不同年代里，为大国的政治、经济、军事和文化的长久发展提供了多元广阔的空间。以天下为己任的孔子之所以能够既带有预言色彩又充满信心地提出“礼失求诸野”，就正是因为在地大物博的中国境内，不但有彼此互动的“朝野”交替，而且还有一礼之外、环境中心的众多“乡野”。长期以来，南北农耕与游牧方式的屡次互动，就为发展到某种极限的单一文明模式注入了新的活力。而抗战期间，国民政府向西南之“野”的战略转移，则又显出了此地重重高山的军事意义……

可见，对中国领域内的不同省区、省情，应作从政治到经济、到军事、到文化的多重如是观。单一的现代经济学眼光，不足以全面透视其复杂多样的特性。

二、历史比较：行省是僵化的吗？

尽管现在时兴以经济为中心，以行省为单位来认识和研究省情，但贵州（以及中国的许多其他省区）之所以建为一省，最初动因却并非源于经济。

中国的行政结构，历代不同，但大致上却呈现出“中央—省—县”这样一种三级模式。中央代表王权所在，是支配全民命运的最高权力象征——令从天子出。县以下基本自治，为民间发展留有充分余地。而居于中央与县之间的“省”，则起到承上启下，治理一方的重要作用。所以“省”的设立至关重要，其虽也体现出一点自下而上的地方区域共性，但却更多地代表着王朝自上而下的统治目的。简言之，行省不是“选举”出来的，也不是自然产生的，而是特定时期的中央政府根据全国的宏观格局需要而设立或确认的。这就使“行省”的含义，从区划到职能都带有明显的“一级决策”痕迹，很难就事论事，独立自主地确立其一省之情。

贵州在明代始为一省。当时的原因主要是中央王朝以宋时南诏独据一方及元时蒙兵由滇抄宋的史实为鉴，以防滇患为主，动用中央行政命令手段，从川、滇及湖广的属地中，各划一块，组成贵州，自此开创了黔作为新兴省份在中国格局中的历史命运，并再次展现出王权至上的传统魄力。

贵州行省的组建，以邻省几方的边缘地带拼成，主要起因于一级决策在政治、军事上的考虑。为巩固其一省之省力，中央以多种手段往此境内调拨和填充了大量内地移民，使其原有的“苗夷相居”之貌变为了“汉夷杂处”格局，并在清代、民国之后，逐渐在汉夷比例上完全改变，成为名副其实的“移民省”，当地的土著居民遂变为新格局中的“少数民族”。移民人口的增加并不是生产力发展结果。于是中央政府在采用军屯、民屯以求尽可能使移民自给自足的同时，主要采用国库补贴办法维系作为军事边疆的此方开支。用今日学者的话说，此举称为“代偿性开发”；中央以自身财政作为支出，该地以政治稳定及军事戍边作为回报，至于经济上创收或赶超向来不在王朝考虑之列。从某种意义上说，这倒符合贵州的实际状况，减轻了其盲目“与中原争胜”的不必要负担。

也就是说，以历史过程看，贵州并非经济上的开发省，而是政治、军事上的补贴省。问题在于时过境迁，王朝更替，当年戍边支边的移民已融和为新的“土著”。因政治、军事原因人为造成的人口密度压力不断突破着本土生产力水平和传统生活方式所能承受的特定界线。中央财政的“代偿性”补贴又因种种缘故紧跟不上。于是贵州与历史上本来就发达的中原地带以及自国门开放以来后来居上的沿海地区相比，其“贫困”差距就越拉越大。在这样的情况下，再高谈单一赶超战略式的“现代化发展”，对贵州这样的“补贴省”来说，无疑是历史的讽刺。

那么，将现实的经济问题上升到政治问题，以国家安全、民族团结等宏观大局相提示，进一步呼唤国家“重大政策的调整”是否可行呢？这要看现实的国情如何、国力如何，还有国家资源（物力资源，政策资源）的分配体制如何。当年在“战争不可避免”“晚打不如早打”等判断支配下，西南三线建设的宏观举措，一下为贵州山区增设了无数中央级军工厂矿，同时也为后来的“军转民”生产铺垫了特定基础。尽管其在今天看来有点歪打正着的意味，但体现和代表的仍是由上而下的国情、国力以及国家资源再分配的历史状况。在今日改革开放、与国际经济接轨、力争在冷战后的国际经济新秩序中不被逐出局外的条件下，现实强力的国力有限，地方需求甚多。在嗷嗷待哺的众省之中，贵州既无传统魅力又无争取中央大规模援助或投入的希望实际很小。

那么，出路何在呢？

看来还得先跳出既定行省的认识框架，从历史比较的角度，以未来走向的眼光，探讨今日贵州的现实变革。首先，得将作为以往戍边行省的贵州重新定位，确认其在经济开发时期的区域功能。而这样做的前提在于对今日中国的国情、国力进行重新评估和预测。在对外开放的沿海沿边战略及对内搞活的特区发展模式背景下，贵州还能作为一个经济上的独立行省吗？或者说其能称得上独立的经济单位而非单一的政治、军事单位吗？如果扩大来看，西南地区突破行省区划的“四省五方”纵横组合，能为贵州提供什么样的机会？还有无其他新的宏观可能，比如云贵并治（其地貌相连，资源相近）或以本世纪初的南方格局为鉴，组建包括珠江三角洲在内的大西南经济共同体？

再从贵州行省的内部看，在既有的以城镇中心为依托的移民社区和以山区乡村为屏障的土著社区这种二元并立结构中，能否寻找各自不同的发展模式，而又何必强求行政表象上的“一刀切”？（此举可用学术的术语称为文化上的“退耕还林”）这样做，既能减轻政府的财政压力，又可为本土文化的自我发展提供更为多样和活跃的空间。在这点上，类似于贵州现状的国外许多事例，值得参考和借鉴。

三、国际比较：“落后”是绝对的吗？

从全球背景看单纯经济学模式以 GNP 等现实统计数字为依据，直接将“贫困”与“落后”划等号，把不同的社会发展类型和区域分成了进化论序列上的高低等级：“落后”意味着向“先进”靠拢，“贫困”则期待着“富饶”的救济。基于这种模式，全球南北对立格局中的国家关系便易彼理解为“发达”对“欠发达”的赐予和后者对前者的仿效与回报。

但本世纪以来的实践证明，首先，“贫困”并不是一个单纯的经济学概念，而含有复杂的社会、历史内容；其次，以文化人类学及文明的生态史观来看，所谓西方经济学范畴内的“贫困”概念，也仅具有很狭小的相对意义。人类尽管有着理论上的大同目标，在现实中却呈现出千差万别的理想境界。也就是说，不同区域内，人类共同体（国家、民族、文化）的具体价值体系是各不相同的，不可能以强力加以统一。西方殖民者从前几世纪持续至今对世界的瓜分与掠夺已难在21世纪重演下去。贫富悬殊的南北对峙格局已在冷战后国际秩序重组中呈现出多元、多样化趋势。在这样的背景下，国际性的“贫困”问题正得到新的理论解释和操作更新。

一方面，对“贫困”的理解，已获得从政治到文化，从现实到历史的全方位分析。现存国家体系对全球资源占有的不合理及相互争夺造成的生态恶化已激起人类对自身共同命运的关注。“贫困”已成为超出穷国边界的全球问题。另一方面，对纳克斯“穷是因为穷——贫困陷阱恶性循环理论”的历史学延伸，[3]必然又导致对当今贫富悬殊原因的一再追问，从而引出发展中国家对富国的道义声讨：如不再次爆发以资本原始积累和生存资源无偿占有为目的的新一轮殖民战争，人类怎样合理解决彼此之间的资源、财富再分配？

从这样的角度认识作为中国区域内的贵州省情，其所谓的“贫困”与“落后”也具有了宏观的全球属性。最近十多年来从亚行、世行到联合国粮食开发署等国际机构和组织对贵州“扶贫”问题的双边或多边介入，已使贵州的发展直接面对并走向了世界。但就目前的状况看，其操作模式还多限于对以往经验的沿用和较为偏窄的范围，并未与整个地区的宏观发展目标融为一体。

相比之下，同样是“发展中国家之发展中地区”的泰国北部农村，在类似于脱贫问题的发展方面，就出现了值得参照的“正大模式”。其主要特征在于，以公司行为参与农村发展，在市场经济基础上，借助政府行为功效，通过产品、技术和管理把农户与市场连接起来，在开发式的多方受益过程中，完成较为稳妥的产业转变。另外还有一种王室参与的“栽花效应”。即在尽可能保存山地民族原有生活方式的前提下，为村民组织鲜花栽培并运送到曼谷出售，以商品交换的形式，实现经济获益，从而反过来促进其自身传统文化（信仰、习俗）的巩固和发展，由此进一步保证了市场经济冲击下的多元文化格局和不同文化类型之间的互敬互重。

可见，与“贫困”并非仅仅意味着经济滞后相对应，“发展”也绝不只等于一种类型对其他类型的简单否定。对于已处于此国与彼国相开放、传统与现代相交融时代的任何区域来说，选择的余地是很大的，发展的途径也很宽广。在此意义上，面对由中央部委、高等院校及地方政府共同立项筹建的“中国21世纪西南示范工程”[4]这样的开拓性项目机会，就应当引起高度的重视。因为其把握住的不但是全球《里约宣言》后，发达国家对世界环境与全球经济发展协调关系的承诺和中国中央政府的相应保证，而且标志着国家决策与地方区决策两种不同的政府资源在非政府组织的广阔空间内的新型组合，并为企业行为的介入开创了的途径。

总之，对“贵州现象”的认识，就是对多重比较中一省之情的认识，其关系到从经济到文化的全方位分析，关系到从现实到历史的深度评估，并且还关系到在世界宏观背景中对不同区域类型和发展模式的相互比较。只有这样，才可能全面理解“贵州现象”；而只有全面理解了“贵州现象”，才可能更为深刻的认识中国的国情。

并且，这既是一个方法论问题，又是一个价值论问题，同时更是一个有待操作的实践问题。

（原载于《贵州财经学院学报》1995 年第 3 期）

注 释

[1] 见胡鞍钢：《“贵州现象”呼唤重大政策调整》，载新加坡《联合早报·言论版》，1995 年。

[2]“罗马俱乐部”：跨国性民间学术团体，成立于 1968 年 4 月。该俱乐部以提出全球性问题及“警钟意识”而著称，代表性作品《增长的极限》等。

[3] 关于纳克斯的理论，参见沈红等：《边缘地带的小农——中国贫困的微观解理》，人民出版社，1992年版，第178~192页。

[4] 关于该项目的具体情况，参见《中国21世纪西南示范工程》项目委员会各期简报，中共中央统战部、北京大学、贵州省人民政府编发。

五

贵州境遇：明代以来的历史变迁

作为中央治理下的一个行省，贵州的创建源于明代永历年间的王朝举措。600 年来，其由“苗疆”腹地列入帝国边缘的政治历程值得反思和总结。结合当时的背景分析，这个明代第十三行省的产生动力关涉诸多方面，首先是“开边拓土”的帝国政治需要；其次与收复滇地、削弱川、湖的军事需求有关。在建制上，由于历代王朝的开发尚浅，贵州的建设，主要依靠军事和民事的屯集完成，也就是通过朝廷武力为后盾，在战略通道的沿线设置屯地（军屯和民屯）：屯堡、汛塘，由各地涌入的军队和移民在苗疆故地遍布“飞地”式的营盘，驻守繁衍，逐步蔓延。由此，贵州堪称一个“兵团省”，类似现代的新疆。

但在很长的历史时期内，由于外来移民与本地“土著”在文化与经济方面的不相容，贵州维持的其实是二元并置的社会格局，以致在清代推行“改土归流”的官吏眼里，还被称为与内地有别的西部“苗疆”或“蛮夷”边地。

到了近代以后，特别是在抗战时期国民政府向西南的战略大转移及新中国“三线建设”阶段，贵州的内地化程度才迅速增强，在国家整体格局中的地位也日益上升。正是在这样的历史演变进程中，贵州迎来了国家于 2012 年对于进一步促进全省经济社会发展的文件发布，同时也引起了对“贵州境遇”或“贵州现象”的新一轮关注和讨论。

首先，在我看来，讨论“贵州境遇”问题首先需要重视多学科与多标准的结合。目前一般谈得比较多的是经济和政治两个维度、两种标准，就是只以经济学和政治学的眼光看贵州。这是不够的，还需要历史和文化的视角，这是因为“贵州境遇”原本就是由历史文化产生的，有着复杂丰富的历史文化内涵。此外，如若仅从单一的经济眼光看问题，就看不到问题的完整性，而会只谈“贫困”，不谈“富饶”，或只看当下，不看谈历史和未来，以及只看一个省和地方的局部，不看全国乃至世界的整体。这是需要避免的。“贵州境遇”既是一省现象，同时更关涉着全国的整体。就国家层面的全局决策来说，自 2009 年以来，国务院就先后下达了促进广西、内蒙等西部其他省区社会经济发展的多个文件。它们同样由国务院颁发，强调的总体要求和指导思想也基本一致。其中的一些语气、用词甚至重于贵州。这就是说，与广西、内蒙等地一样，同时也与明代以来的国家化进程关联，开发贵州并非孤立现象，而早已列入了中央构架的总体部署。也正因如此，在 2012 年的国发 2 号文件里，才针对贵州省情出现“民族团结进步繁荣发展示范区”的提法；而针对广西提的是“富裕文明和谐的民族地区”“国际区域经济合作新高地”，对内蒙是“北方安全屏障”与“边疆稳定的民族自治区”，等等。

第二，关注“贵州境遇”一定要协调好外来文化与世居民族的兼容互补。自明代以来，中央政府通过设置土司、“改土归流”及移民垦殖等手段不断加强对贵州的开发治理，但由于对土著民众的过度压迫剥削，引起过无数次激烈冲突。新中国成立以后，国家实行民族平等的建设方针，从根本上改善了外来文化与本地传统的关系，为多民族行省的协调发展打下了良好基础。如今面临国家主导的新一轮开发，如何在尊重本土传统的基础上，促进各族人民的共同发展，仍将成为贵州各界不可忽略的重要问题。

第三，面对国家与地方的互补格局，研讨“贵州境遇”还需同时关注理论和实践两个维度，一定要使这两个维度协调并进。所谓实践维度，处理的是现实民生和经世致用的问题，也就是动员大众参与对贵州现状的改造和提升。与此同时，另一个更重要的方面是，为何与如何实施这种改造和提升，本身就是重大的理论问题。长期以来，贵州发展滞后的一个重要原因就在于理论不足，也就是在观念和认识上没有总结出与历史基础和现实需求相适应的理论、方法。长期以来我们都是“跟跑”，我们的发展观是跟跑型的，社会观是跟跑型的，评价标准和体系也是跟跑型的，缺乏自己的发展模式和发展理论。这样，发展理论滞后，实践就一直滞后。这是值得反思的。我认为无论在“欠发达地区的扶贫”还是“多民族地区的开发”上，“贵州现象”都具有人类社会的转型意义。当今世界已有关于“发展中国家”的诸多理论，有“发展经济学”“生态经济学”等等。如今面对贵州实际，我们是不是也应该透过现象看本质，从“贵州表象”的历史演变中研究出一套不仅适合于贵州、适合于西部，而且对世界的发展中地区都有利的创新理论？

总之，在讨论贵州问题的时候，实践的维度当然重要，面对差距，需要积极地去争政策、争资源、争投资；但一定不可忽视理论的意义。历史证明，离开正确的理论支撑，把发展的方向弄错了，实践的进程非但难以长久，甚至会付出沉重的代价。反之，有了正确的理论支撑，社会转型便可顺利完成。这就是今天重谈“贵州现象”的关键所在。

（原载于《贵州民族报》，2012 年 6 月 18 日）

第四部分

苗疆考察录

一

黔山黔水

已有那么多的诗人、画家描绘过了贵州的山山水水。美丽辞藻和夸张的色彩使这块土地涂上了一层层人工的装饰。然知者不言，言者不知。有谁能够真正地通晓此山此水“大道无言”式的自白呢？于是我伫立在“苍山如海，残阳如血”的霞辉下，云游于“八山、一水、一分田”的迷雾中，倾听着那句朴实厚重的古话：天无三日晴，地无三里平，人无三分银。

忆往昔，仅二座叫做王屋、太行的土山横在愚公先生门前就使他日日夜夜地折腾了一生，还险些累及其子孙后代。可在贵州，又有多少座石山、土山、矮山、高山，有草木的山和无草木的山横在门前，躺在道上，抑或是手挽手肩并肩在日月之光下翩翩起舞，缓缓而行？三千万？五千万？无人数过。用不着数。数也数不清。可当你放下人的傲慢与偏见，虚心地面对着这连绵起伏、数也数不清的群山时，你便不得不承认，唯有它们才是这块土地上名副其实的主人。这是一个山的国度。“地无三里平”是对这山国恰如其分的赞美。

孔子有言：“仁者乐山。”何以乐之？后人释曰：山者万物之所瞻养也，草木生焉，万物殖焉，飞鸟集焉，走兽休焉，吐生万物而不私焉；出云导风，天地以成，国家以宁（《韩诗外传》）。可见山之于世，其德深矣，亦可见国人之于山，其情重矣。昔日的君主帝王也要在名山面前俯首膜拜，奉献牺牲。古老的神话则把山视为连接人神两界的幽幽通道和顶天立地的神奇大柱。今日的贵州，不就还有被响当当叫做“天柱”的一县之名保留着这远古神思么？至于流传在“香炉山”“雷公山”等地的民间传说中有关山之意象、山之情节和山之颂赞的美丽故事就举不胜举了。一首流传甚广的苗族山歌至今仍以其高昂悠远的声调在高山深谷里回荡着。歌中唱道：

你见过——

雷公山的山顶么？

哦……

在我们现今称为“地球”的这个世界上，人类是晚到的客人。在人类降生的很久以前，这世界就早已有了生命，有了万物。

同理，在我们现今称为“贵州”的这块土地上，人类也是晚到的过客。早在人类在这里出现之前，此地就已有了无数的山山水水。后来，大约在能被我们确定为“旧石器时代”的那个时期，这里逐渐印下了人类的足迹。于是再后来，在黔山之间，也就有了诸如“猫猫洞文化”一类的考古发现和后人对过去的模糊追忆。而在从那时到现在的漫长年月里，黔山黔水中不仅留下了耕作者尊山敬水的世代痕迹，还留下了读书人归隐自然的山水游记。明代学者、浙江籍的王阳明先生因冒犯在朝权宦，由中原贬发黔地。谪居期间，心归自然。尽管一方面感叹此地高山“连峰际天兮飞鸟不通”的异常气象，却仍在题为《月潭寺公馆记》的文章中道出了“天下之山萃于云贵”的真情。清代画家邹一桂由江苏入黔，虽官至一省提学使，却依然放情山水间，对这里的山、这里的水做出了独具一格的评价。他写道：

天下奇特山水甚多，惜游人观后往往迅速忘却。而黔中山水，格外有情：人不观山水，山水却起而观人。（《山水观我•序》）

好一个山水“起而观人”，活脱脱一语道破了此地山、人之间主客同乐的“天机”！另一位清代文人梁玉绳（杭州人）的评语亦妙不可言。在先陈述了一番此地奇景被埋没在“僻壤”之中的不幸之后，其又指出：

然使以兹山之胜，置之中州佳丽之地多则必增饰台榭，穿凿池沼，游人杂沓，滓辱崇崖；想亦山灵所不愿也。是又不幸中之幸矣。

好一个“山灵所不愿”，好一个“不幸中之幸矣”。在我看来，这样的感悟，这样的情怀，才称得上深得黔地山水之三昧者也。

俗话说，一方水土养一方人。黔地的山水同样培育了黔地的山民，滋养了他们的天然禀性，塑造了他们的本土人格。他们唱的是山歌，住的是山寨，行的是山道，敬的是山神，并且与这些亘古屹立的原始大山一样，素不以身居边外为耻，相反是甘于寂寞，安贫乐道。不是说此地“人无三分银”么？其实这是在说在这无边无际的山野中，自然的条件似乎事先就已规定了此地不可聚财，人与人之间难以出现中原沃土中“朱门酒肉臭，路有冻死骨”那样富贫悬殊、有悖天理的反常现象。人们顺应天道，辛勤劳作，粗茶淡饭，见素抱朴，不怀非分之想，只求与万物同在，保存了一种天人合一的人生方式。由此看来，道家的“小国寡民”思想只在南方的崇山峻岭间滋生出来，可谓是天意所然也。相比之下，后人在见异思迁、贪求一律的心态下所派生出的“劈山截水、自我放逐”行为，就显得有点反其道而行之了。

不是么，在山的面前，人类是那样的渺小，人世是那样的短暂，一切人际间的区分差异，都不过是浮云梦幻。由此我不禁联想到了著名的《甲秀长联》。在其刻写于几个世纪前的数百言长句中便有“难与神州争胜概”“拟邀仙侣话行踪”这样的坦然自述。我想，这或许正是黔地山水的内心独白在黔地山民脑海深处的某种回响吧。

我的故乡在山野之间（那里有祖辈们不知从何处来到何处去的遥远踪迹）。我出生的地方是座山城（城四周有望不尽不知何时生又何时灭的座座山峰）。我从小记得最牢的地名是山城北面的黔灵山。在那里，我和童年伙伴度过了人生第一次集体野营生活。山里面的参天大树和树林间的欢声笑语从此构成了我记忆中的永恒意象。后来我第一次参加工作的地方是城东面的螺丝山。山上有王阳明留下的历史遗迹。我们每日的琴声环绕山崖，飘入石壑，与山风林语融成一曲天然合唱。在两株据说是阳明先生当年植下的老桂花树前，我们还排练过一位现代作曲家创作的交响音乐《苗岭素描》。而那时，透过一根根跳动不已的琴弓，我眼前望见的是对面的东山在朝霞映照下古老而年轻的雄姿。再后来，我随父母搬到了相宝山的半山腰。在那里，推窗可见的是另一座同样有名的狮子山。相宝山山姿雄伟，绿树成荫，巨大的山影几乎遮蔽了我们的整幢楼房。深秋时节，山上的枯叶随风飘舞，降落在房前房后，屋顶道旁，在一条不起眼的环山路上飒飒地响。这时我喜欢走出房门，站在露天的过道上，仰望山顶，仰望孤鹰在山顶上盘旋，盘旋……最近的几年中，由职业和兴趣的促使，我又多次有机会漫游于黔山黔水之间，先后去过靠近湘西的梵净山，伸向滇北的乌蒙山，威宁的草海，织金的溶洞，黔西的百里杜鹃，兴义的马岭峡谷，还到过清水江、都柳江、南北盘江。此地的水同我的人生结下了不解之缘，此地的山在我的心中刻下了永恒记忆。

于是，当我有一次读到作家张承志那部令人难忘的小说《北方的河》之后，禁不住在心里涌出了一个由衷的呼唤：谁来写写《南方的山》？

应当有这样的一部传世之作。它不是装饰，不是旁白，而是对话，是人同此山此水的对话。这对话没有开头，没有结尾。一旦进入，便会永生永世地述说下去。

（原载于《花溪》，1991 年 5 月）

二

梦回酒醒古州行

题头话：

1987 年 7 月，贵州社科院经济研究所及贵州财经学院一行数人受托于国务院有关机构，深入黔东南黎平、从江、榕江一带考察。我应邀为伴，历时半月，记下一些思绪，断断续续，忽古忽今，整理出来一看，连自己也不知道还算不算“田野记录”之类。

1

木船沿江而下。

山寨逝去。

世界融化于静默之中。

太阳尚未露面。天气且凉。空中散开去的云层却已在预告又一个酷暑之日的到来。W 君在舱板上摊开他那份时刻不离身的军用地图，并把一个据说价值百元的微型罗盘置于图上，摆弄着，比划着，不知究竟在寻找什么地方。木船另一头，船公独自站立着，摇着橹，嘴里念念有声。两天来，老头一直这样，只是无人听懂，也无人敢去听懂他到底在念些什么。其他几位同伴似醒非醒，不时发着都市牢骚，咒骂乡下蚊虫可恶，叮得众人遍体鳞伤，终日不得安宁。

我醒了，却不想起身，躺在舱板上，两眼盯着糊在顶篷上褪了色的陈年画报，回想着昨日在船上度过的难眠之夜。是昨夜做梦了么？还是压根就还没醒？时空全然错乱，我迷失了记忆和判断的方位。外面，摇橹声和鸟啼还有牛哞时隐时现。眼前，画报上的李玉和穿着破旧的戏装，手提红灯朝我亮相，姿势甚是威风，然而看不清是忧是喜是怒是气——其双目已被蛀虫一类的东西啃吃掉了。

船往下行，江面渐宽。两岸青山绿树，一派生机勃勃的景象。可惜前日一场暴雨，搅浑了一江清水，浑浑沌沌，晃晃荡荡，令人记起先民们的洪水神话。同伴们望水兴叹，开始大谈水土流失、生态平衡、经济发展以及科学进步等在老船公听来犹如天方夜谭般的时髦话题。W 君另有所好，以神秘莫测的语调高声背诵本地古志：

瘴气四时皆有，八九月尤盛。人中瘴毒辄病，太阳穴痛，发热不止，眩晕呕吐。误服发散凉剂，多致不起——

众人个个吓得目瞪口呆，惊慌失措，似乎瘴气已窜上船来一般。W 君面露讥笑，继续诵之：

唯饮酒微醺，取日即愈。早晚酌饮醇酒数杯，可以避瘴！

这时，众人一阵惊呼钻进舱里，然而，酒壶不见了。

2

由州委秘书长领头，各局、室负责人准时在州委四楼会议室一排坐好，开始进行情况介绍。

我们这边也是整齐一排，全是青年，全是眼镜，先摆出红头文件，再拿出钢笔本子，边记边问，历史现状未来，经济社会文化，煞有介事，俨然一副省城战略家气派。电风扇呜呜叫着，仿佛在竭力吹散这在本地官员看来不过是第 x 千 x 百 x 十次例行公事的所谓座谈会的严肃气氛。简单开场白之后，秘书长进进出出，不时在门边同其他人谈话，坐下后，连头也不抬，只顾忙着审阅面前的一大堆文件，偶尔也朝这边看看，可目光却显然未在这间会议室里聚焦。

又有一位局长发言了。他介绍的是本地乡镇企业的情况。

我实在佩服他不用稿子就一口气背出一串又一串各种精确数据的才能。不过，作为“随军记者”，我尚不习惯这种过于严肃紧张的场面，注意力老爱分散，稍一放松就走了神。此刻，我的目光停留在发言者的脚上，映入眼眶的是一个极有表现力的特写镜头：一只拖鞋歪歪斜斜摇晃着，眼看就要掉下来了，不料主人的脚趾拇一勾，又滑了上去，接着又悠悠闲闲摇晃起来。

从窗口望出去，这座新建的自治州首府景观一目可见，豪华宾馆与低矮草房同在，皇冠轿车与耕牛并行，冷饮厅里，迪斯科舞曲震耳欲聋，老城小巷，乡里民歌情意绵绵。

会议似乎到了高潮，一位主任情绪激动，站起身来，历数本地发展现代化的诸多障碍：

别的不说，陈旧的意识形态就是一大制约因素。对于还停留在自然经济阶段的山区农民来说，根本不可能具有商品生产的观念。在他们的生活中，男耕女织，自给自足才是最合理的方式。女人若不自纺自织自做，而去买衣穿，就会被人耻笑。男人不耕田种地而去做生意跑买卖，则天地不容……

他讲得振振有辞，我们亦记得汗流浃背。会议将毕，W君重申了此次考察的重要性：了解经济发展过程中的文化问题，为有关决策提供客观依据。末了，自然又是一番已成惯例的客套话。

我则庆幸会议散得正是时候：食堂要下班了。

3

木船转着急弯。

船公神色不对。

险滩？！

4

我和W君都迷了路。军用地图标出这里叫加帕，罗盘表明河就在西面。可我们还是走不出树林。刚才分明是沿着石坎上来的。这会儿，石坎不见，连寨门也消失得无影无踪。我们在刺丛里乱窜。W君的拖鞋坏了。他把鞋拎在手上，赤着脚，像遇到危险的野兽忽东忽西奔跑着。我的裤腿挂烂了，皮肤被刺得到处是伤痕。天下着大雨，光线越来越暗。恐怖中，我们开始感到懊悔，刚才根本不该受这片原始森林的诱惑，冒险离开河道，钻进这个寨子里来的。万一在这让人连眼也睁不开的大雨中，碰见毒蛇猛兽或落入山民陷阱，我们呼救会被听见吗？听不见，那船还会等我们吗？

遇到一处陡坡。下不去了。我坐下来，喘着气，对W君说，会不会是刚才我们在寨子里给几位妇女拍照（那时还没下雨），未能满足她们极合理却又办不到的要求；当场把照片从相机里取出来送给她们（我们带的不是“一分钟”相机），从而犯下过失，才遭此番惩罚的吧。W君面色大变，马上提起船公讲过的一件奇事。

上月，阴历六月六，船公的一位朋友，也是江上打鱼人，上岸拾柴，误踩某寨“龙脉”，被鬼师念咒，上吐下泻，大病缠身，至今卧床不起，形同枯木……

“那咒如何念法？”雨还在下，我强装镇静，边抹脸上的雨水，边追问道。

“倒也简单。”W君立稳身子，比划起来：

鬼师找到打鱼人踪迹，沿着他进山方向，一个足印一个足印地蹲下来念。每念一次，就在其足印中间插上一根木签，直到挨着“龙脉”为止。咒语念完之时，便是打鱼人病愈之日。

我想这当然更是天方夜谭，更是迷信。但又一想这种事信不信由你。他们又不是搞文学创作，为几块钱稿费花精力编造什么故事。只因好奇的城里人一再追问，才吐露一二，个中底细，不得而知。根据W君的介绍，就在我们困在雨中转述猜想的同时，船公的朋友们正实实在在地沿江奔走，四处寻找那鬼师，为搭救打鱼人性命，央求他尽快出山，再念解咒……

雨好像停了。我们也不知怎样终于奔出山林的。带着隐隐的余悸，我们来到一座新盖的木楼前，不由多说，钻了进去。

主人是位年轻小伙，腼腆而热情。见面时，我敢保证决不会是他吓着我们而是我们吓着了他。从外貌衣着看，他更接近天然，我们倒更像鬼师：又是眼镜，又是相机，还有罗盘、望远镜。他请我们坐下，并同我们交谈，不，严格说是回答我们的提问——他根本就不知道我们来此地的目的，也不知我们的身份，只晓得是从“上面”来的，彼此往来并不平等，他被动，我们主动，实在谈不上是交流。谈着谈着，我甚至感到问心有愧：他为什么就不问我们点什么呢？又一想这也许是自作多情。是我们大老远跑来找人家，不是人家找我们。看样子，人家也尚无此需求。

于是无话，只是请我们坐，回答我们的问题，问一个答一个，来一个答一个。只要有兴趣，事情也就会像这样问答下去。可是，我们并不了解他，他也永远无法了解我们。

他是谁？……我又走神了。

他姓贾，祖籍广东，移民到此地已有五代，祖上也是庄稼人，至于为何远离故乡已记不清了。他已成家，且有后代。一家几口围成一团，正忙着为新盖的木楼制作家具，其气氛甚是和谐。他的妻是本地人，不会汉话，把头埋得低低的，不知是害羞还是害怕。

“这房子是你们自己的吗？”

“是。”

“是你盖的？”

“唔。还请了亲戚朋友。”

“花了多少钱？”

“不多，几百块。”

“才几百？！”

“木料是自己的，只是用点酒菜钱。”

我们开始吃惊了。这间木房，一楼一底，大小四五间，虽谈不上豪华壮丽，却宽敞明亮，清新自然，与都市里挤得密密麻麻的“鸽子笼”相比起来，足以令人羡慕不已了。最妙的是，登上楼去，临江面还有一长阳台，人依栏前，两岸景色尽收眼底，一江清水流过，消融人世悲欢。我好不感慨，连连对 W 君说，嘿，下次开会，要是能在此楼相聚，该有多美！ W 君没多语，转身又开始了提问。

你们的山林是承包的吗？每户多少？每人多少？何年种植？收益如何？上不上税？栽不活怎么办？能让你们运出去卖吗？

……

5

船又过了一道险滩。两岸还是青幽幽的山林。

日正当午，炎热已极，除了船公敢暴晒在阳光下外，其余众人皆如烤蔫了的树叶一般，蜷缩进舱内呼呼大睡。世界一下又变得简单起来，只剩下船、太阳、山林和人，其余都隐没在虚无之中。

我想睡睡不着，欲起起不了身，索性眯着眼读《古州记事》。读着读着，眼得浮现出许多奇奇怪怪的景象。

景象一：神话时代——（依据古歌）

我面前是一片昏暗。昏暗中，一支古歌像幽灵一样在四面八方飘荡，其所唱之词乃永恒之困惑：

天地从哪来／日月从哪来／人类从哪来／
人类来做什么／要到哪里去／我们在哪里……

我没有获得答案，因为这回只有提问人而无回答者。于是四方八面又是古歌飘荡：

盘古开天地／地上起洪水。
没有日月／没有人类。
是女神造人／是男神治水。
人类遭劫难／仅剩兄和妹。
兄妹开亲／生团肉蛋。
切肉蛋成碎片／撒东西南北。
祭天地鬼神／子孙生子孙／繁衍众氏族。
相互争斗／血流成河。
选长老／大分家。
老大留守／其余出奔。

粮不够吃／屋不够住。

爬山涉水／散到各地。

占山的打猎／占水的种地。

只知春夏秋冬／不知朝代更替……

景象二：民国年间——（依据史料）

乙丑年，军阀混战，久不降雨，古州一带面临饥荒。

转眼到了丙寅（民国十五年），米贵如珠，且有钱无市。城内几乎皆以稀饭度日，乡里饥民则挨户乞讨。村寨炊烟几近断绝，路上行人稀少，饿殍载道。体弱饥民，死者必十数乃至数十起，掩埋不及，"死尸竟有被秏子啃噬者"，惨不忍睹。

面对如此凄凉景况，古州各界仗义之士成立赈饥委员会，拨米救济。一时间，饥民数万拥挤而来，争先恐后，老弱者竟在喝稀饭时死去，有的则在领取救济的队伍中突然倒下气绝身亡。卖儿鬻女之事常见，弃家出奔的更不计其数（田土荒芜，几年之后始由政府从外乡迁移农户来垦种，谁种谁收）……

同一年间，滇军与黔军混战于古州。土匪横行，百姓苦不待说。一日，土匪宋部在码头行凶，竟将一船家拖到沙坝上活活砍死。后被当地农民擒获，用煤油烧死。另一军阀沈某，为报杀子之仇，生擒"敌军"团长袁、杜二人，剥光衣服，并在头、肩处插上香烛、活祭其子之灵。祭毕开肠破肚。围观者无不毛骨悚然。

抗战年间，日军逼近古州。国民党20军杨森部奉命溃逃。

一天，三架美军飞机盘旋于古州城上空，见杨森部在地面仓促行动，误认为日军，于是又是扫射又是投弹，弄得满城一片惊慌。可惜投弹不准，两枚掉入水中，一枚落在凉亭坳，只炸死一人，且是无辜的卖水果商贩。转瞬间，美机又盘旋而来，准备再显身手。惊得杨森匆忙命令部下将对空联络符号摆在国师大操场上。于是美机看出是场误会，绕了几圈，悠悠而去。

另一天，古州境内的山民突然见到一架三个头的美军飞机从天而降，坠毁在从来连汽车的影子也没见过的山沟沟里。机上人员三人，死一个，葬在沟内，伤两个，用木船运进城里。于是满城贴出欢迎标语，百姓们则拥出城去，围机参观。古州政府还为死亡飞行员立了块五尺墓碑，上有中、英文字刻出的碑文“美国抗日空军 x x x 之墓”。约莫一年，又来了几个美国盟友，将遗尸运走了……

古州古州古州，何古之有？天下大乱，小国寡民岂能独自生存？

6

我睁开两眼，看见另一双眼睛：船公正恶狠狠盯着我看。他头顶是眩目的烈日。一股寒气袭上我头部。我忽然提出一串问题，问他是否还记得古州旧貌，是否认得城墙遗址，是否到过今日的新州首府，是否见过那座新兴城市的繁华景象……船公沉默不语，眼光益发凶狠了。我浑身发麻，倒头睡去，正欲合眼，却听见一声缓慢的回答：

“兴得快，败得也快！”

我觉得船公并未张口，很怀疑这话会不会是悬在我们顶上的太阳钟哼出来的。

7

天怎样黑的，船怎样靠岸的，我们怎样见到丁区长并与之摆谈的……我都记不清了，只记得船公揭开船头舱板为我们生火做饭，记得上岸后沿街而走，走进一片山林，看见一座新垒的坟头，记得是夜明月东升，星光灿烂。我和 W 君坐在船上胡思乱想，说古道今，从屈原《九歌》一直说到“后现代主义”，一时间，二人离得近了，像从未见过的故友，世界离得远了，像天天见面的陌生人。

后来的一天我翻开日记，关于这晚，本子上有如下记载：

六时许抵停洞。一问才知已进入从江县境内。船公让我们上岸，他烧饭等候。在岸上找到区长并约好晚饭后座谈。

停洞一条街。来往皆青衣农民。迎面来者，三五成群，匆匆赶路，像是远道而来。一问才知住在对岸，今早到江这边三十里外的高坡看斗牛。有的还拎着笼子，说是也斗雀。

街上很静，决无汽车干扰。一家关了门的铺子，门上贴着褪色告示，谈及树种保育法之类。另一处则留着不知何年月选人民代表时的唱票“正”字符号。候选人姓名用草书体写成，写得极熟练，比我的“鸡脚叉”体强多了。

在一小店买了根游泳裤带子。老板边找零钱边摇醒身旁正打瞌睡的老伴，她照看的水果糖，瓶内已爬满了苍蝇。街头有两个青年坐在家门口石坎上下象棋。对面是一山坡。坡上有座新坟。坟上立着一只从未见过的纸天鹅；体形巨大，昂着长脖子对天长啸。很吃惊。拍了照片。回来饭已做好。船公太吝啬，原定七人吃的饭，却只准备了半个小瓜，一小罐砂锅饭。江水浑浊，他竟毫不在意，随便舀来倒在锅里就煮饭做汤。几位同伴目睹此状，皆言已饱，并决定上岸住宿。我和 W 君鼓足勇气，饱餐一顿。之后，夜宿木船，只等肚子闹革命。

是夜，明月高照，江水渐退，四周一片安宁。古道、清江、木船，明月、晚风、河滩。真是难得的夜晚。我们聊得全无睡意，然后又下河洗澡，天快亮时才进舱躺下。无奈蚊虫甚凶，许久未能入眠。船公倒有本事，既无蚊帐，又不盖被子，仅将长袖衣裤一并套上，把口子扎紧，再用毛巾盖在脸上，晃眼看去，像只演完戏的木偶……

8

黑夜。船公爬进舱来，口中念念有词。我和 W 君几乎同时惊醒，但皆不敢动弹。船公瘦长的手在我们身边摸来摸去，像刀，像剑，更像蛇。我双目紧闭，大气也不敢出，犹如中邪了一样，等待着厄运降临。终于，那两只手离我而去。我听见W君好像哼了一声，心想他不是被放了血就是放了气。然而没有，他胆子比我大，翻了个身，把船公唬住了。

船公又爬出舱去，听声音似乎摸走了我们的水壶，那里面还剩下大半壶酒。“咕咚、咕咚、咕…咚…”我听见船公把酒大口吞进喉咙的声音。但不知为什么又全吐了出来，吐进了口缸里。

又听见了唠叨之声，莫非他是在祭天、祭江，祭鬼魂？我刚松下的心又提紧起来。

9

宣统三年，辛亥革命爆发。古州厅同知罗大人弃官而走。一时间，天下又变了。在此之前，贞丰人傅某（绰号傅和尚）东渡日本，就学于东京帝国大学并加入同盟会。归国后在古州城区创办“开明学堂”。罗弃官走后，地方绅耆父老公举傅为代理知事。

民国二年，局势动荡，傅乃自动辞职。

10

后来说是要搞“大跃进”，动员山民们砍伐树林，大炼钢铁。乡长们还像模像样地说是要“超英赶美”。古树倒下，山林毁了，然后就是泥石流像魔鬼般扑进寨来。

11

又记了一则日记。

天气甚佳，不雨不晴。一路可泳可眠。在下江区吃午饭，又遇到街上一老人。同样准备得有一只巨形纸天鹅，停在街中间，还未送去放置于坟头。到处都是前来吊唁的人，到处都是摆好的酒席。孩童们头缠白布，面无悲色，你追我赶地在人群中窜来窜去。被太阳晒得半死不活的狗就在你胯下纠缠着，等待着将要从你口中吐出来的大小骨头。没有去区政府，去了也白搭，显然已无人上班。治丧班子的名单就贴在墙上，从主管到值夜密密麻麻长得吓人。我们打开水壶盖，走到保温桶跟前灌水。守保温桶的老头同我们谈起了当年红军过境之事。老头声称该部队纪律甚严，唯有一憾：放火烧了衙门和学堂。问为何遗憾。答曰，房屋无罪，且皆为百姓捐款所盖也。

12

20 世纪 80 年代，中国到处是改革开放的气象。理论家们南征北战，说东论西，天下似乎显得十分热闹。《走向未来》丛书出了一本又一本，各界人士争相购买、阅读、谈论。其中有一本涉及到了古州。作者来自京都，血气方刚，激情洋溢，深入山民村寨考察，声称见到了“令人震惊的贫穷”，并指出若不立即奋起直追。这无数个类似于古州的“幼稚社会系统”极可能每况愈下，以致于在全国构成惊人的“马太效应”：穷者更穷，富者更富。后来，作者之一又到筑城，与当地青年座谈，再次强调了经济发展的重要性和商品生产的深远意义。当然，与会者们的话题中心仍然是围绕着这本影响颇大的书——《富饶的贫困——中国落后地区的经济考察》。

不管是否有人提出了异议，反正这书已对古州（及其类似地区）下了判决：落后地区。而其标尺就是：经济增长。

13

船过恰里。两岸稀有山寨。烈日当空，江面一片亮色。酷暑之下，自然之中，众人恢复了野性：一丝不挂跳入水中，然后爬上船来，享受日光之沐浴，好生痛快。此时我们开始庆幸两位女同胞半途而归，赠与我们几日来在这江上、船上的天然之乐。

船公望着我们，先是不动声色，后来大概是受了感染，竟也乘我们不注意时“扑通”一声跳下水去，待爬上来一看，与我等一样，精赤条条，全然无一丝牵挂！

14

县民委主任不在家，到州里开会去了。一位姓王的年轻人接待我们。他谈我记，东拉西扯，倒也了解到一些情况。

小王是中国社会学函大学员，已兼职学了几年，正在准备毕业论文，题目颇有意思，《论城市与乡村中的邻里关系》，听其口气主要是称赞乡村，贬斥城市，认为城市才是现代的“老死不相往来”，城市里，同一辆公共汽车上，居然也能见死不救，任凭歹徒行凶，真不可思议。他到过州府、省城，还到过北京、上海，觉得城里人的邻里关系现在是越来越差，远不如乡村里这么和睦。一个村寨住着，你来我往，我帮你助，亲热得很，既不会为争几分钱的水费而大动干戈，亦很少有什么孤独之类的城市病。他还说幸好交通闭塞，要不乡村也很快跟城里差不多了，从民俗学、文化学的角度讲，闭塞也有闭塞的好处。接着他提到在当地最闭塞的一些地方，还保留着远古之风，男子蓄发挽髻，甚至戴耳环项圈，完全自成一体，与县城里都大不一样，极有研究价值。但当我们追问具体地址时，这位小王却又守口如瓶，听那口气是不愿我们“抢先”把资料弄走。因为他透露过，干他这行，就靠不时整理些地方风俗资料增加些收入。

公职人员，清水衙门，若光凭工资的话，干得很，云云。

这时又进来一位民委干部，跑得满头大汗，连声说情况紧急，下面打起来了。

“什么打起来了？”

“区里面的两个寨子打起来了。”

“什么原因？”

“争山界！”

我回头望着小王。他的那篇论文看来也有漏洞，乡村里的邻里关系也并非天堂一般呀。他聪明过人，不等我发问就先开了口，只一句话就堵住了我的嘴：

“那一带恰恰是本县发展最快的地方，商品观念极强。”

15

自 1985 年起，由省城分期分批派来了“扶贫队”。在城市自身财政开支紧缩的情况下，大量的扶贫资金投向这里，投向县城，投向乡村，投向山寨。

7 月 15 日，我们走进一家小吃店，同县乡镇企业局的几位领导共进午餐，其中便有一位省里来的扶贫队员——刚毕业不久的工科大学生。我们问他感受如何。他只喝酒，不吭气。冷不防又答非所问地冒出一句：

“还有半年就可以回去了。”

旁边的老局长告诉我，小伙子下来已半年，挂职担任副局长，负责两个小型采矿厂的筹建。

“建成了么？”我问。

“……”摇头。

我想起了《富饶的贫困》中的另一论断：越输血越贫血。

矛盾，却似乎是事实。然而，又为什么要输血呢？难道就一点儿也不担心是否会因血型不符而引起恶性反应？

16

总算有了辆吉普车。

驶进高增寨；我们在鼓楼前同斗牛“无敌王”合影。这样壮实的水牯牛我还是头一次亲眼见到，于是连声询问有关情况。它从外乡买来，价值超过一般耕牛，由全寨出资，并雇专人喂养，不耕田，不下地，吃饱喝足，每日还由喂养者精心清洗几次，连住房也与众不同：单独住在大会场里用砖木隔成的特殊圈里。唯一的缺憾是，24 小时皆被照看得严严实实，既不得随意与任何同性相斗，亦不得同任何异性相爱——不怕别的，就怕伤了元气，在关键之时败下阵来。

“关键之时怎么样？”随着我们的提问，曾在寨子里做过“罗汉头”的乡秘书津津乐道地讲起来。所谓关键之时就是俗话说的“斗打架”。斗牛就是喂来相斗。平时精养，秋收之后逢亥日便斗。那场面比过国庆还闹热得多……我一边听，一边开始了想象：亥日前夕，主持的村寨和相约的村寨，男女老幼，吹笙放炮，闹寨通宵。亥日清晨，整装离寨，直奔专门的“打牛坪”。近者几分钟，远者走半夜。围观者成千上万，四面八方闻讯而来。少女们身着盛装，佩戴银饰，三五为伴，含情脉脉。小伙子们兴高采烈，成群结队，又唱山歌，又是调情逗笑。参赛斗牛一对、两对、三对不等。背上戴着二龙抢宝雕鞍，上插雉尾和五彩小旗，角钉铁尖，颈系铜铃，迈着威风的步子，发出叮当的响声，在众人的前呼后拥下奔进场内。

即赛，各方首领先入场中，仔细察看对方斗牛。有无疑问？没有。好，那就向斗牛灌饮米酒，喂食糯饭和腌鱼。片刻之后，斗牛们喝得眼红耳竖，四蹄刨动。主持人一声令下，铁炮三声震响，笙鼓齐奏，万众呐喊，斗牛冲向对方，撞成一团，呜呼，真乃天堂之戏也！

“胜败有无赏罚？”我们又问。

“当然有。胜方全寨拥入场内，男放鞭炮，女夺战旗。败方垂头丧气，息鼓而归，返寨后即宰杀败牛，之后再重新集资，另购斗牛，更精心挑选，更仔细喂养，待来年秋收，再来雪耻……”

可惜这时既不是秋收，亦不是亥日，我们无法亲眼目睹这壮观场面。我只好怀着满心遗憾，走到“无敌王”的圈前，一笔一划地抄录寨老们为它题写的颂赞之辞——

此牛号称无敌王　威风凛凛震三江
胆大力壮如猛虎　赛过当年关云长
过五关来斩六将　五湖四海早名扬

大武来到污略寨　不得哪个谁敢当

打通天下无敌手　真正是个好牛王

抄毕，我禁不住感到几分惆怅；相比之下，我们这些城市人的日常生活看来是益发苍白了，每日除了上班、吃饭、睡觉这千篇一律的“三部曲”外，似乎只剩下傻坐在家中电视机前看那些木偶式的节目了，测验答题演讲，然后是“去掉一个最高分，去掉一个最低分”……也许倒是城市需要来点精神上的“扶贫”了吧。

17

船公抽着我们给他的香烟，终于有点与我们沟通了。

他姓杨，祖辈也是外乡人，在这江上打鱼贩运已有几代。过去是运米运粮下扛，再载盐巴铁器上来。据他说当年这儿的码头繁华得很，“古州米”“古州棉”远近闻名。来往船只每日竟有两三百之多。城里商号林立，烟馆、茶馆、娼馆，无所不有。如今，唉，败喽！公路铁路一通，水路岂不衰落！下游再筑坝修什么电站，隔断航道不说，连鱼类也大为减少。船家们一代不如一代，出奔的出奔，转行的转行，只剩下稀稀拉拉、老弱病残了……

他终日住宿船上，1958年老伴得水肿病身亡之后，立志不再续娶，独自一人，漂泊江上；看日月升落，望潮涨潮退。他有一侄，在上游码头，也是船家，从不怨天尤人，倒说这日子好过，既不缴款纳税，亦无需读书看报动脑筋，天下大事，听凭岸上能人料理，反正不管谁入主事，人生不外乎还是穿衣、吃饭、享乐。

我问老头为何不想法多挣点钱，增加些积蓄，以防不能撑船之后得以方便。这回他答得倒蛮干脆：

以后的事谁能讲得清！想那么多做哪样哦！

18

这儿叫什么村，什么寨？我找地图，地图丢了，罗盘也不再转动，唯有吉普车在不停地上、上、上。真是上不到头的高山啊。考古书上说，“萨满文化”的特点之一是信仰“通天柱”之类的神话。可这儿的山民呢，他们与我们是同类么？在寨老家，记不清是哪天了，身材矮小的村长找来一群少女，叫我们同她们玩。不通，语言不通。只好彼此望着傻笑。有一位直对我比划。村长解释说是要我把眼镜取下来给她看，又问能不能送给她的老婆婆织布用。这是近视镜不是老光镜。还是无法沟通。我们面对的是另一种文化。总算接触到了完整的家庭分工，完整的生命形式：男耕女织。姑娘们脸上见不到愁容。种棉、纺纱、织布、染布、剪裁、绣花、缝纫、冬装、夏装、男装、女装、便装、盛装全能，还有生育、饲养、做饭。男人呢，上山去了，耕田、种地、狩猎、盖房、采药。相比之下，我们会些什么呢？

傍晚，孩子们聚集在场坝上尽情嬉戏。男孩子呼啦一下冲过来，又呼啦一下奔过去。不敢靠得太拢。没见过省城来的人。女孩子全是“超短裙”，黑土布，绣着花，身材苗条，黑压压一排站在面前，惊奇稚气的小脸像天上的星星。男孩子们从后面使劲掀搡，把女孩朝我们身上推，成功了就高声欢呼，像打赢了伟大战役。只有一个听得懂我们的话。12 岁，读书了。问他是否知道贵阳，想了好半天才用夹生普通话回答。

“贵阳是我县的省会。”

“北京呢？”

“北京是毛主席住的地方。”

“美国呢？”

“……”

讲不出，全体孩子失望，眼巴巴盯着他。终于，想起来了：

“美国在台湾。”

“哄！”我们笑了——为孩子们天真可爱。他们也笑了——为了最后的胜利。接着开始排队，急切地等待能举起我们的那架望远镜望望星空。星星也像孩子，有自己独特的世界，有时并不需要谁去打搅。我们已不是孩子，是流星，飘来飞去，没有着落，自以为高明，却找不到牢固的根。

黑夜来临。没有电，也就没有电灯。时间在这里与自然合拍，生命听从自己的节奏。月光下，四处是走动的人影，还有远处晃来晃去的火把。村长已去通知，村民们正忙着为我们准备山歌演唱。像过节一样，全寨子都惊动了。有客自远方来，不亦乐乎。不是传统，只是习惯、是本能。少女们又来了，手上还拿着电筒，嬉笑着，直朝我们脸上照射。村长解释说，她们是要叫我们和她们手牵手同去。我们像白痴一样呆站着，无人敢上前半步。男女授受不亲。我们都受过极全面的良好教育。姑娘们主动上来，伸出手，等待着。月光下的树影好黑暗啊。一阵欢笑，姑娘们抓住了我们的手。朝前走，朝人群里走去，就着火炬之光，去戏台，去唱情歌。

戏台上挂着明亮的汽灯。县民委的干部走上去讲话，接着又是村长和寨老。我们都不懂，只听懂台下一阵阵笑声表示友好，欢快和兴奋。然后就是大声起哄，呐喊。吃晚饭时也这样喊过，那声音像山魂。W 君刚主动喝了一口米酒就被姑娘们接二连三地举杯相敬。每喝一杯，总要先为他唱一首动情的酒歌。那歌词多大胆多热情啊：

你们贵客来远方／带着的眼镜明又亮

在家日子富又好哟／一定已娶了好姑娘

贵客若是不嫌弃／我愿嫁你做后房

平时做活伺候你／来客就为你妻把忙帮

远方的客人哟／请把这酒尝一尝……

我们听得着急，民委干部为我们翻译得满头是汗。他也醉了。村长更是兴致高涨，同身边的姑娘们你拉我推，以歌调笑……戏台前后，屋里屋外，青年们三五成群，亲亲热热，不像情侣，胜似情侣。我们目瞪口呆，以为进入梦幻世界。相机总算掏了出来。刚拍两张，闪光灯坏了，其实拍下来做什么，语言不通，无法交流。村长说她们问我们为什么不和她们玩，是不是瞧不起她们。不是，当然不是，瞧不起的只是我们自己。

情歌开始唱时，大约已快到深夜，那歌声真了不起，无伴奏合唱。多声部，三、四、五、八度皆有，由和谐到不和谐，又转到和谐。妙不可言。可惜我们大多听不懂。W 君在打瞌睡。在这些山民面前，我们成了文盲。我们也是“富饶”的贫困。

我们的考察点看来得选在这里。可目的又是什么？还是居高临下的指导别人如何改变 “落后”面貌吗？谁来改变我们？

19

吉普车一直在山路上兜圈。我觉得它仿佛就要变成那条木船，而四周就要变成大海了。我们将在海底航行？

船漂进省城。我们又沦入固有的怪圈：又争先恐后地挤进书店把各种畅销书一本接一本的往家里搬，往大脑里塞，又起劲地谈论关于世界的前景是不是能源耗尽的“热寂”结局以及举行“中国东西部发展问题比较研究对话”的事情。与此同时还读到了作家们《苦寒行》之类的新作，了解到“朱老大”式的山里人物仍继续在作为忧国忧民的知识分子笔下“哀其不幸，怒其不争”的典型形象而存活着，并且也听到不少从京城传来的不少关于改革和发展的最新消息……与此相应，每日清晨，苏醒的大街上，总是有人或在为延年益寿而耐心锻炼，或在为几角钱的买卖争个不休，要不就是在为通过出国英语考试而死背外语单词，或是躺在床上为昨夜打错的几张牌郁郁不乐……洒水车驰来驶去，喷出的自来水在地上又溅起一团团水雾，水雾升空，网织成奇妙的图案，来往行人又开始在其中窥视到各自美好的想象。

然而木船还在漂流。

山还是山。

太阳还在顶上。

我们都没改变。

写于 1987 年 9 月

三

小黄歌节考

一、前记

小黄是黔东南自治州的侗族村寨，相传以侗族大歌最为著名。

当我们赶往小黄的时候，翠兰或许正在家中练歌。她并不知道我们要到村里去，住她家中，一起过节。日子一如既往，照样干活，照样唱歌，照样热闹，只是村里通知，今年除了保持在家里和鼓楼的“传统”歌唱外，又要像去年前年一样到戏台上去赛歌，还要发奖。

秋天。黔东南的原野，山清水秀。从州府凯里去往从江的公路沿途，不时能感受到收获来临的气象。稻谷在田里一点点、一片片地由绿变黄。城里的人们开始议论着去乡下访亲过节。

小黄离从江县城约30公里，1987年我第一次去的时候就有了一条简易公路，但至今不通班车。通过事前老早的联系，几经折腾，我们终于在县旅游局朋友的帮助下，搭上了一辆驶往小黄的专车，按计划去参加并考察一年一度的当地节日。

二、旅途　进寨

（2000年）9月7日乘贵阳至玉屏的列车开往凯里，中午12点达到。在车上看了关于小黄的资料并作了一个简单的计划。凯里到从江每天有晚间长途班车，票价50元。下午7点发车，第二天早7点到。尽管中途坏了一个轮胎，班车还是提前了一个小时到。

到达从江后，在县委招待所联系到了旅游局的石局长。我们一块坐一辆旧的伏尔加车去小黄。途中车出了问题。我们只好返回高增。天色已近黄昏的时候，重新找到了一辆吉普车去小黄。在此期间也有去小黄的敞篷卡车，车上坐了不少回家过节的小黄人。从江到小黄的路程有20公里。路不好走。好在换的司机技术不错，路况也熟，后半段路用了一个多小时。

到小黄正好碰见村里开干部会。会议在三村办公楼的底层召开。1987年我来的时候，小黄还是一个小乡，此楼是当时的乡政府机关。现在已变成了小黄三村共同所有。

会由乡派干部主持。“乡派干部”指的是乡政府派到小黄的驻村干部。此人姓吴，穿西装、打领带，原在乡财管所工作，现派到小黄任新全村村长，去年到小黄，任期 3 年。据说为了加强当地的扶贫工作与经济发展，整个从江都实行了这样的制度。

我们进去的时候会议已经开了一半。陈德光作为乡人大主席参加了会议。陈是历届节日的主要筹划人和组织者。参加会议的有小黄 3 个行政村的村长、支书、民兵连长、会计等。共有 13 人。县旅游局的石局长和我们一同进去旁听。会议稍稍停顿了一下，然后继续。讨论的主题是定论讨论这次歌节比赛的安排和评奖。其中有一个很重要的内容是商量如果停电该怎样调整。村干们的理想方案是先定在阴历的八月十四晚上举行，万一停电再改成八月十五的白天。

我们问为什么要这样定。白天、夜晚有什么关系？既然过节赛歌，白天不是更好吗？石局长介绍说因为传统节日大家要来做客，晚上比赛完后还可以恢复到传统的走家串寨习俗之中；而且白天要做活路，人员不好集中，因此在白天是不得已的方法。

经了解，小黄在 1985 年通了电，但用的是小水电发电，所以电的供应很不正常。最近当地正并入国电网。这几天是因为国电网的改造而停电。1985 年我来小黄的时候也没电。村民们是用蜡烛、煤油灯和松明照明。

陈主席说，他已经将小黄的情况向上级做了汇报，估计会在 8 月 14 号将电网抢修好以供电。石局长因为同时担任了县政府办公室的副主任，所以表态说第二天回后向县政府汇报，争取县里支持。

石局长是侗族，在高增乡工作过，同当地的干部很熟，现在主要负责县的旅游开发。他认为从江的主要旅游资源就是民俗风情，目前的民俗旅游中，小黄已被列为重点开发项目。

会上，村干们对参赛歌手的服装要求很严。规定所有歌手必须穿民族的节日盛装，否则不许上场或处以罚款。我猜想这样做的目的，是要抵御目前民族服装正在消失的趋势。

会间休息时，我们来到了陈主席家。陈主席作为乡领导和小黄人，节前赶回小黄筹备。他回来后抓的第一件的事就是规划小黄的防火隔离带，然后才是“歌节”的安排。小黄在1999年春节不幸失火，被烧毁房屋的有100多户。经过一年的抢修，好不容易才修复部分民居。近100年来，小黄多次发生重大火灾。在这样的境遇下，“防火”与“歌节”，很难说哪一个更重要。

晚饭前，我们同村里的干部交谈。话题集中在小黄的行政以及“歌节”方面。在许多重要问题上，人们的说法都不一样。

刚进寨时，我们在车上见到有人在剖牛，以为是节日仪式的一部分。后来才知道那是提供给寨上小市场上出售的“商品牛”。

村长说小黄这次过节至少要杀80头以上的牛。杀牛的数目与客人的多少以及节日的天数有关。杀牛地点多在河边。每天都杀，连杀几天。村干们讲，杀牛在以前有仪式，鬼师会来念词。现在这些功能都没有了。以前的侗族杀一只鸡或鸭都有仪式，说起来带有一点“杀一回百”的意思。如今杀牛只是为了接待客人和自己享用。一次他们说“吃新节”的主要意义，就在于劳动一年，大家一起很痛快地吃一顿。这也难怪，对于常年做强体力劳动的农民们，肉食是很宝贵的。

三、在玉娇家

翠兰和玉娇从学校回来了，请我们去她们家吃晚饭。去的时候村长、支书和会计都在。玉娇的父亲是歌师。翠兰的母亲也是。女孩子们一起唱的时候，翠兰的母亲不断在一旁纠正。翠兰还教我们唱“秋蝉歌”。吃饭的时候，大家都喝了很多酒。姑娘们一次次地敬酒、唱酒歌。歌词都是即兴编的。内容因人而异。你是纳汉就夸你聪明能干，是干部就说你吃穿不愁；对远方来客则表示假若不嫌弃的话，愿意跟随去到你的家乡……总之，歌声不断，敬酒不停；喝得尽兴，唱得开心。每唱完一首“敬酒歌”，就要齐声高喊一句“咿呀——呜！”气氛越来越热闹，彼此越来越近。

晚饭后，我们到寨上采访，回来的时候家里人已经睡了。今晚没有纳汉来“闹姑娘”。村里传来歌声。有几户人家还有歌班正在练歌，不知是男女玩闹还是在为歌赛准备。

白天在村里看见不少人走路摇摇晃晃，想来都是喝醉了。

四、村里的情况

下午，先去查看位于新全村的“总萨坛”，然后到寨外寻找“银发老太”的墓碑。在“总坛”处碰见了负责管理坛的吴荣玉。总坛就在他家的门口。我们拍了相关照片，并请吴的父亲吴大安老先生和我们交谈。吴荣玉约有30岁，家有8口人，负担很重，所以没有去过从江以外的地方。他的妻子不是唱歌认识的，是母亲请人说媒娶来的。

吴大安是村里的老歌师。可能因为年纪有点大了的缘故吧，说起话来思路显得不太清楚了。关于祖母坛的情况，他的说法与后来我们在贾福音家听见的很不相同。

离开后，我们去了新全村的后山。见到了一处古墓群。其中有“潘学海”的墓。该墓修得非常讲究。吴荣玉说此墓很有名，墓顶上圆形的石盖表明主人是出去读过书的人。

在贾福音家，采访了小黄村的来历和各房族的落寨情况。从贾家出来，村里传来唢呐的吹奏声，吴说村里有老人过世了。我们到现场看了一下，返回时，刚过小桥，又听见芦笙响，见一匠人正在制作芦笙，很多人围着观看。工匠是贯洞人，40来岁，侗族，做芦笙已多年了，经常被请到这一带的侗族、苗族村寨服务。我们了解到，做一套大约要用5到7天，此间就住在寨上，由主人负责食宿。制作芦笙的竹子需要专门准备，本地没有的话，得到黎平去买，一般也由主人提供。做一支芦笙，收费20元；小型一套8支，大型12支。芦笙制作也要讲究音高音准。原以为全凭经验。其实不是。工匠自有一套专门的校音器材，就是用竹子、分别具有不同固定音高的12支“母管”。这些“母管”基本按12平均律排列，各有其音，并且还有各自的侗语俗名。匠人就靠这套传统器材一支支地为全套芦笙校音，其影响所及的各个村寨，随之便形成了一个音高音准相同的芦笙圈。黔东南地区的芦笙乐器通常是“六管六音”，即每支都具有和声效果。这种特殊乐器在侗族村寨的普遍存在，对其“多声部民歌”的形成无疑有着潜在的作用。寨上的孩子从小就在芦笙的音响中成长，不可能不受到其音高、音程及和声方面的熏陶影响。就在我们观看的时候，早有一群村里的孩子等不及拿起刚做成的芦笙吹响起来。

小黄现在还是以家和户为基本单位。其中大多是三代之家。“家”以外的其他单位一个是“姓”，另一是“村”。现今的小黄包括三村，主要姓氏大约5到6个，同一姓氏通常住在同一村里。日常生活中，“家”是主体，凡遇大一点的活动，则就要由“同姓”或“同村”出面组织了。比如说“祭萨”，小黄三村各有一坛，祭祀活动也按惯例相互分开。但在一些特定需求出现时，“家”“姓氏”和“小村”的界限都会打破，形成的一个更大的组合范围。这种情况反映在小黄的“歌”上，也是如此。平时，所有的歌手都有自己的“家”，都只是家庭一员和普通农民；参加“歌班”后，开始具有新的集体身份，然后可以在歌节比赛等活动中代表自己的“村”或“村民组”；而一旦外客到来，她/他们便又通过“拦路对歌”的方式，形成内部认同的更大共同体。

关于当地民俗，不少材料介绍说当地的侗民喜食腌鱼和腌肉，而且是过节中的主要美餐，接待客人也自己食用。可是我们去的这段时间并没有见到哪户人家有这样的食品。为了感谢我们在他们家住，翠兰的父亲专门捉鱼烧来做菜。据说稻田里的鱼比他的鹅还要珍贵。鱼有两种食法，除了新鲜食用外，还可以制作成腌鱼长久保存。这样的习俗同当地生活条件有关。由于没有冰箱，食肉的储藏是一个很大的问题。黔东南地区民众的习惯大多是通过烟熏的方式来防腐，作成熏肉、腊肉。侗族村寨的办法用坛子来腌，做成腌鱼、腌肉。小黄还有一个现象值得考虑，就是它现在并非一年才杀一次猪和牛。在600户人家的规模内，每隔三五天甚至每天都会有人杀猪，以保证村里的住户可以经常买到新鲜的食肉。在这样的情况下，村民对腌制肉品的需求逐渐减少，从而使得传统的腌肉习俗发生改变。

五、来客 对歌

9月12日。

中午去了潘歌师家。去他家之前，他说因为去年家里遭了火灾，现在还没有恢复好，对不起我们。去年失火的时候，家里只剩他一个，火把家全部烧光。新的房子与潘翠兰家的格局不太一样，楼上还没有用木板全部封起来，所以吃饭都在楼下。

潘歌师家的客人有伦洞的姑娘，后来又来了朝里的。他的儿子和村里其他 4 个小伙子在与姑娘们谈天。姑娘是被他们邀请来的。

晚上在房东家吃饭的时候听见有人敲鼓，据说是通知大家客人来了，要分配客人去吃饭。小黄 3 个村，每村鼓的音高不一样，村民很容易区分。翠兰立刻知道是高黄的鼓在响，就带我们到花桥边。火光、电筒在鼓楼里外闪闪烁烁，姑娘坐在楼内，有几个寨老正在分配。今天来的是朝里的 19 位姑娘，由高黄村负责接待。

翠兰说，她们也去过朝里，离这里十里路，去的时间是七月七朝里的吃新节。那次她们去了很多人。这次是对方回访。我问她这几天在她家做客的是哪里的。翠兰说有黎平和广西的，是第一次认识。

回来后，小黄村的哆耶堂上已坐满了人。据村干介绍，小黄自己的鼓楼在 1999 年春节火灾中烧毁了，现在来了客人只好请到哆耶堂聚会。哆耶堂就在翠兰家楼下，是一块大约 100 平方米的空地。地面刚由政府出资用水泥铺过。上面还镶有碎瓷片拼成的几行字：

政府关心赠水泥
群众无偿出劳力
造成小黄哆耶处
四季常听侗歌鸣

“哆耶堂”是用来举行大型“踩歌堂”活动的地方，平时可供老人聊天、孩子们玩耍，秋收季节又是晒谷子的好场地。

晚上10点过了。聚集到哆耶堂上来的人越来越多。虽然没灯，但月光明亮，人们围圈而坐，相互还是看得清楚。不过对歌开始以后，又有人找来一盏汽灯放到场地中央，使亮度增加了许多，气氛也变得更热烈了。

参加对歌的客队来自伦洞。他们来了一支纳汉队和三支姑娘队，分别与小黄的一支纳汉队和两支姑娘队对歌。对的方式是“主对客”“客对主”和“男对女”“女对男”。也就是说，不找同性，也不找本寨。随便哪一方，商量好了就可以起头。如果是先由主方女队开始，她们找的对象就是客方男队。如果客方女队起唱，应和者就是主方男队。反过来，男队也可“挑战”对方女队。这样相互交叉，此起彼伏，每一轮都要持续很久。唱着唱着，其中一方的男女队还会来上一串高声吆喝助兴，村民们紧随着就爆发出欢快的笑声。小黄当晚参加的女队是翠兰和燕姣各自所在的两支少女队。她们分坐在圆圈两边的长椅上，唱的时候各自应答。翠兰这支唱的时候，燕姣那支是不参与的。反之亦然。彼此间无形中似乎还存在着一点竞争。这样的对局一下就把村寨歌班平时分散组合的特点显示了出来。

歌手们唱的大部分是情歌。但不管主、客还是男、女，多以平时练会的“老歌”为主。曲调都是现成的，只是唱的时候会在内容上作一些即兴发挥。这使我想起一位广西三江朋友的比较、评价。他说小黄的侗歌最出色之处在于它的“多声部”

合唱，不足的地方是唱的基本都是“老歌”，而且差不多全是平时就背好了的，成段成套，显得过于冗长沉闷。广西三江那边的对歌就不是这样。虽然没有这么好听的多声部合唱，但对歌时歌手们基本上都靠即兴创作，你来我往，唇枪舌剑，情真意长。相比之下，应当说后者更能显示歌手的才艺和表达出实在的感情。这样的评价是有合理一面的。不过细说起来，似乎还有值得进一步探讨的地方。小黄歌手唱的这些“老歌”，其实已经过了大量筛选和长久加工，变成了具有代表功能的情感“类型”。男女歌手们根据一定的现场需要从中挑选，有时要比即兴创造更有功效，并且也显得委婉含蓄一些。当然这跟古代“十五国风”的词句被编纂后任人引用截然不同。还可以比较的是近代以对歌著名的“刘三姐”。两种方式，各有短长。

当晚，小黄三村同时都在对歌。高黄和新全的对歌地点都在自己的鼓楼。鼓楼中间燃烧着篝火。火的作用一可照明，二可取暖。两村的客队都是来自岜扒的姑娘。主队便分别是高黄与新全的纳汉们。具体的情况跟小黄村这边大体相同。

在新全鼓楼遇见歌师贾福音。他邀我进去一块看。我问他伦洞这次据说来了100多人，算不算“吃乡思”。他说这种规模比较大，应该算。我又问要当晚新全的对歌要搞多长。他说可能不会太久，因为纳汉们唱得不太好，对不起来；如果对得好，可能会对到天亮。

从接待来客的情况看，各户情况不同。大体上平均每家每天要接待5至10人，也就是每天的两顿饭都要为客人准备两桌。

米饭、猪肉、牛肉和米酒，每天花费折合成钱的话，差不多要化三五十元；加上油灯、柴火，连续几天下来就有好几百。这对小黄村民来说，是一笔不小的开支。有人评价说这是浪费，有人说是慷慨，彼此都能找到论证的理由。

过节接待客人就要宰杀牲畜。几天来，小黄处处可以见到人们忙着杀猪宰牛。各家自行安排，时间地点均无特殊限制。宰牛的方法与月亮山地区相似，也用斧头。场面不大，程序也很简单，前后就五六人参加，既不鸣炮也不念经。轻轻松松，不到十分钟就完成了。接着再慢慢剖开分肉，准备美餐，完全是一副世俗的生活场景。所以虽然这次小黄三村据说总共杀了100多头牛，比1998年我在月亮山见到的苗族祭祖还要多几倍，却已见不到任何古老的仪式，感受不到想象中的那种神圣壮观。与之相关的一切，看来将只留存于文献的记载和村民的传说了。

六、“拦路歌”及其现代“表演”

农历八月十四日，节日的头一天。

今天下午的一个重要活动是唱拦路歌。拦路迎接的宾客不是其他村寨的“维嘿”伙伴，而是邻县的文化局长。陪同到来的有高增乡的女乡长和被录取到邻县文工队工作的两位小黄姑娘。由于来者特殊，村里安排的“拦路”仪式显得像走过场。仅两位“拦客”（小黄姑娘一到寨们就自行进入，加入到旁观的人群中了），又不唱歌，所有的过程就有点一厢情愿，或曰

“孤掌难鸣”。尽管这样，村里安排的拦路队伍还是按程序进行，先在村口，然后在进村后的半道上，拦路对歌，敬酒迎接，接着再一路吹奏芦笙，把两位来宾迎到鼓楼前的歌坪上。最后又点燃土炮，热情欢迎。

到了农历八月十五这天，由于省电视台一班人马的突然到来，小黄又意外地重现了一次“拦路歌”场景。由于明显的人为、刻意，这一场景可视为本地民俗与外部文化接触后的变异，或者说是小黄“拦路歌”在外来力量影响下演变出的“现代版本”。

高黄鼓楼的鼓又敲响了。鼓手踩着一根木头做的梯子，爬到鼓楼的内层上面，一边敲鼓一边吆喝。鼓声传遍了整个村寨:要迎客了。

电视台的车载来了编导、摄影师和为拍专题片特意在几县挑选组成的男女歌队，其中还有在州歌舞团聘请的音乐顾问。歌队中的“纳汉”都是小黄人，他们被训练夹在队伍里面扮演“客人”，然后装着互不认识，同小黄的姑娘对歌。当然拍成片子后，这些细节一般观众是不会知晓的。

据村里的干部介绍，小黄寨上凡被选来参加拦路“表演”的人，事后都会得到报偿，以误工费的形式计算，每人给 5 块钱。这样说来，所谓的“热烈欢迎”就有了水分。假如不这样安排，还会不会有人去欢迎？这种安排对传统的“拦路”习俗有什么影响？按当地习惯，“拦路”习俗是和“吃相思”联系在一起的。村寨交往，彼此对等互动。如今这种由上面“安排”的拦路，怎么去对等呢？显然小黄人是不会去电视台“吃相思”的，即使去了也很难受到这种对等接待。

当然想归想，眼前的“拦路”程序还是照样按步进行。与欢迎邻县文化局长的那一版本有所不同的是，“电视版本”增加了“对歌”和“哆耶”。

小黄的歌队把“客人”接到了鼓楼前，开始“哆耶”。“拍摄组”的音乐顾问化装成“客人”带头领唱，并且还在编导和摄像师的指挥下，把同样的动作和歌词一次次地重复。场面很大，但翠兰和燕姣她们的歌班夹在当中并不自然。村民们在一旁围观，就像在看节日里增加的一出表演。

就在“拍摄组”在鼓楼前不断重复“哆耶”场面时，人群中一位柳州来的工人激动地向我描述了他的感受。他说自己早已在媒体上了解到小黄。这次趁休假专程赶来见识。他总的感受是汉民族的文化已经变质了，小黄虽然很穷，但这里有真诚的歌唱和真诚的人。当芦笙在面前不断奏响的时候，他说感动得眼泪都要吊下来了。

与之对照，另一位来自广州的摄影者，他的观点和态度却让人难以接受。他认为要发展经济，大搞旅游，传统的东西该丢就丢，没什么好可惜的，并且就是要让外面的东西影响这里，改变这里的落后。关于究竟什么叫“落后”，什么是“发展”我们发生了争论，结果不欢而散。小黄小学的校长在一边旁听，对我们的争论不置可否。

七、歌节赛歌 河边斗牛

农历八月十五。下午3点20分，我在赛歌场作现场记录。比赛地点设在村办公楼旁边的戏台上。台前有一个水泥地面的广场。场内渐渐围满了人，但大多是老人、妇女和孩子。原定2点开始的比赛，到3点还没开始。来参加比赛的歌手们在3点钟陆续进入场。

广场大约有一个篮球场大小。周围停了几辆汽车，包括电视台送演员的车。歌手们在球场上等候，戏台上坐着村乡干部。老百姓都在台下围观，场坝上是人，汽车上是人，连办公楼的屋顶上也全是人，数量大约有一两千吧。为了视线好一些，我也赶到了楼顶上。

在此之前，下午2点左右，我在河边看了场斗牛。斗牛很随意，由主人将自己家养的牛赶到河滩上，让它们去相互“打架”。牛都是黄牛，每次两头上场。人们站在河的两岸观看。村里人说这只是“圈牛”打架，程序比较随意，场面也不像专门的斗“水牯牛”那么壮观。河边的观众基本上是男子，本村外寨的都有。很显然，作为一项同样具有魅力的传统娱乐，“斗牛”把歌赛的观众几乎“夺走”了一半。难怪一开始筹备的时候，村干们要力争安排在夜晚赛歌。

人们说“斗牛”的时间要持续整个下午。凡遇节庆都要搞。牛打得越厉害，看的人越开心。我看的这场大概持续了半小时，一旦打输的牛往后败退，牛主人就上去把它牵走了。不久，新的一头牛又被牵上场来，接着和场上的胜者一比高低。

看歌赛的以女性居多，看斗牛的主要是纳汉和小孩。哆嘎为文，斗牛为武；唱在室内，斗于旷野。一柔一刚，缺一不足。提到小黄，恐怕不能只从“歌”的一面来加以概括。

大约到了4点，芦笙队进入场地，后面是分班排列的各村歌手。姑娘们都穿着节日盛装。高黄的队伍上场了。他们的芦笙队吹奏的是我看着做成的那套新芦笙。一共8支。最小的一支高音领头，后面还有打击乐，两支锣、一个鼓、一个叉。三村的队伍排在一起，服装略有不同。

歌赛终于开始了。第一支上台的是潘翠兰队。担任报幕的是头天赶回小黄的吴培建。歌手们只唱了一曲就下来了。没有扩音器，四周太闹，在台下几乎听不清上面唱了些什么。台上的评委开始打分。与此同时，第二支歌队接着上场。参赛歌队共有15支，按男、女分为两类，然后再以年龄段分开。翠兰母亲以及母亲的“行嘎”老歌师奶奶都相继登台演唱。老歌师奶奶70多岁，精神抖擞地坐在台上,脸上还化了淡妆。

在北京专家的建议下，今年的比赛全唱嘎老（大歌），小歌和侗戏都不上。因此评判的项目就主要是大歌的演唱。评委主要由当地歌师、寨老组成，其中也邀请了外寨客队的代表。我们记录了评委们的评分标准和最终结果，从中可见出他们欣赏和鉴别嘎老演唱的习惯眼光。

6点钟我来到河边，牛打架还没有结束。现在是一头花牛被牵到场中。围观的人比刚才更多。村民们对我说先前已斗了十头。这回上场的牛打得很凶，把站在河滩上的观者都吓跑了。有人准备用绳子去套牛，想让它们分开，以免斗伤。这种"圈牛"打架，并不论正式的输赢。无论输赢都不会有什么奖惩。把它们牵出来斗，只图娱乐，好玩。

又一头失败的斗牛被牵走了。剩下的一头站立在那里直喘粗气。它身上没拴上缰绳。一个小孩在它肚子上轻轻挠挠，就使刚才的凶猛胜者乖乖呆着，听候安排。

八、侗戏表演 送客

八月十六，"吃新节"过后的第二天下午，客人们陆续离去，手上拿着主人送的礼品。礼品很简单，就是一些用叶子包起来的饭和肉。但礼轻情重，表示着今后的继续来往。

村里不时响起鞭炮的声音。姑娘们说，这表示纳汉要买糖请姑娘们吃了。

在村口遇见一群离寨而归的客人。他们邀请我们去做客，说当地在农历九月十二要过每5年一次的"牯脏节"，过3天，到时比小黄还热闹。那里也过"吃新节"，时间是每年的农历七月十三到十五。还说那里的姑娘和纳汉唱大歌，不唱小歌。

农历八月十六的晚上突然来了电。整个小黄换了一个面目。原来并不引人注目的电灯像精灵一样一下发出很亮的光，使得从远处看去，电灯成了这个小黄村寨的主角。有电无电的差别很大。电灯底下，人的感觉与蜡烛、煤油灯是不一样的。此外音响方面也马上出现了机器的鸣响。电视录像的伴音和录音机里的歌声立刻传遍了全寨。有电与无电的小黄骤然间划出了明显的界限。晚上在翠兰家，有一会儿我独自坐在天天听歌的长廊上，来电的时候忽然有一种莫名的惆怅，仿佛刚熟悉的东西一下又看不见了。

晚上的对歌照样进行，但已没有头几天那么热闹。许多年轻的歌手和小孩都走出家门，到明亮的外面玩耍去了。放映录像的地方拥挤不堪。传统的“行歌坐夜”看来敌不过现代文明的吸引。

不过来电以后，村干们很高兴，说原定的歌节活动之一——侗戏表演可以顺利举行了。农历八月十七日，节日第三天晚上。在小黄村的戏台上演出了侗戏。演员由伦洞和小黄两地组合而成。戏的内容讲的是孝敬老人。无论剧情结构还是人物表演，都比较简单，基本是在原有的侗歌演唱基础上加入了一点台词和动作，再就是添上逗引观众的笑料。尽管如此，前来观赏的村民还是不少。大家挤在戏台底下，看得兴致勃勃。毕竟这是在听他们自己的侗歌，而且唱的又是自己生活中的人物故事。

戏演完了。主持人代表乡村两级班子大声宣布了本次歌节的比赛结果。

节日第四天，该走的客人都走了。小黄又恢复了往常的平静。

九、关于歌俗

小黄的侗歌都说很早就“远近闻名”。自 20 世纪 90 年代成为省级“侗歌之乡”和国家级“民间艺术之乡”后，其以“歌”为主的民族风情更是被各级部门一再宣传称颂，甚至通过出国参演的渠道，传播到了遥远陌生的欧洲。20 世纪 50 年代以来，主要包括文学、音乐和民俗专业在内的外界学者陆续来到小黄调查采访，并发表了不少各有侧重的报道、论述。目前，在政府、民间“发展地方经济”和“弘扬民族文化”的双重推动下，小黄的传统“歌俗”正在成为各界关注的焦点和旅游开发的对象。人们热衷于把小黄、小黄侗歌和小黄歌俗向外推荐。有的文章干脆把这里称为“歌的世界”和“音乐天堂”。

我最早接触小黄的侗歌是在 1985 年的北京“侗族鼓楼·风雨桥展”上。1987 年的夏季，因参加一个农村经济方面的课题考察，我又有机会来到小黄。那时它的名声还不怎么“热”。之所以专程前往，是因为县里的干部把这里推荐为“贫困”典型；而课题组的计划则是打算将考察范围扩大到当地的“闹姑娘”习俗，看看此类“非经济因素”对现代化发展有着什么样的正、负影响。十多年后再度重返，我又先后去到小黄一带的多处侗寨。然而时过境迁，课题改换：非但“歌俗”成为中心，所谓现代化“发展”也被议论为导致传统严重“流失”的主要因缘。

无论如何，通过几次直接间接的考察，再辅以其他材料的补充，对小黄的“歌俗”总算有了大致的认识。需要交代的是，“歌俗”之提法，并非出自小黄本土。但如今这里的地方文本已在经常使用，用以指代同侗歌相关的种种民俗事项。如有的材料进行村寨对比，指出小黄的优势在于拥有自己的独特“歌俗”；有的材料则强调当前的艰巨任务，是要在不可阻挡的外来文化冲击面前，“让侗族大歌和歌俗延续下去”。

据不完全统计，如今的小黄三村，男、女、老、少的歌班不下 40 个。

十、潘翠兰一家

都夜里 12 点过了，翠兰仍没有睡觉，还在和同伴们唱歌玩耍。小黄年轻人的夜生活持续得很晚，尤其是在过节的时候。9 点至 10 点才吃完晚饭，然后开始串门，聚会唱歌。

翠兰所在的歌班现在有 13 人——有两人在前年离开她们到外地打工去了。歌伴中除一位姓刘和一位姓梁外，其余都姓潘，平均年龄 12 岁。家长都是小黄村第二和第三组的村民。各家相距不远，几分钟就可以汇在一起了。

翠兰 5 岁参加歌班学歌，歌师就是她母亲乃翠兰。母亲原有自己的本名，生了翠兰后才按当地习惯叫乃翠兰，意思是“翠兰的妈”（同理，父亲叫做普翠兰，意为翠兰的爸）。乃翠兰 30 多岁，歌唱得很好，如今一方面继续参加自己（中年）歌班的活动，一方面做翠兰她们的歌师。“歌师”是汉译名词。当地一般不用，而是用侗话称为“行嘎”（hangl kgal）。乃翠兰的“行嘎”今年 70 多岁了，但还在唱歌。这次中秋歌节又和翠兰她们三代同台、以歌竞争了呢。

翠兰在歌班里担任“赛嘎”（Saix kgal）。小黄的“嘎老”由两个以上的声部组成。“赛嘎”就是“高音”（或高声部），是合唱中最重要的部分， 也含有“歌头”的意思。低音叫“所梅”（Suo mei）。十几位歌手组成的歌班里，唱高音的只有一至两名。翠兰之所以能够被选中唱“赛嘎”，条件当然是声音好，记的歌也多；但也不能把“行嘎”就是其母这样的因素排除在外。果真如此的话，本地歌师传承的重点便可理解为：才华加血亲。

翠兰去年小学毕业，如今在 20 公里外的县民族中学读初中。在还没去县城之前，小黄村里的小学为了吸引孩子们上学，尤其是要提高女孩的入学率，专门开办过增设侗歌教唱的民族班，同时教孩子们学习国家统一制定的课本。可是民族班没办多就停了，原因之一是老师和学生之间缺乏配合。一些老师不赞同孩子们把时间都花在对歌玩耍上，对女孩参与“闹姑娘”一类的活动更为不满。女孩们则觉得学校课本深奥难懂，还要交学费；而学唱侗歌，在学校又和在家里完全不一样。因此大部分孩子上学多年，也没有多大变化。翠兰的好友、邻居玉姣长得乖巧伶俐，歌也唱得不错，可如今六年级了，还说不了几句清楚的汉语。假如遇到汉人来访，她总是默默无语，害羞得脸会发红；然而一旦参与同“纳汉”们对歌，她却又变得热情大方，好比挣脱了束缚的鸟儿一样。

几天来，翠兰和玉姣一直耐心地教我们唱《蝉歌》。惟妙惟肖的“蝉鸣”从她们的清脆嗓音传出，一高一低，时缓时急，真是让人感动无比。

十一、歌师贾福英

采访录音：（2000 年 9 月 10 日上午，小黄新全村）

……

徐：贾老师您现在还在侗研会吧？

贾：还在。

徐：您哪年出生的？

贾：65 岁了。属鼠的，丙子年。

徐：您的名字用侗话怎么说？

贾：喊也不同。看情况有区别。我给你讲一个例子：陈家生一个崽，没有米吃，吃三两米。就叫那个孩子“三两”。

徐：你的名字有没有意思？

贾：大哥叫老一，我就叫老二。

……

徐：现在小黄有多少个姓？

贾：吴、潘、陈、刘、贾、蒋。6 个 .

徐：每一个姓大概有多少人家？

贾：潘家人最多，那边全部是潘家，我们这边还有。

徐：吴家分为上、中、下吴，贾家呢？

贾：4 户人家。

徐：陈家多不多？

贾：起码一二十户。刘家有 18 户、蒋家有 18 户。

徐：贾家从哪里来的？

贾：我们原来由从江上来的，我们在……那个地方。从那地方分，一部分去丙梅，我们就上来。丙梅一个寨的寨头都是贾家的。

贾福英的家在新全村。住房是建在半山坡上的一幢木楼。他脸上的肤色黑黑的，表情变化不大，会很耐心地听你提各种问题。不过在他显得忠厚诚实的神情后面，你又能感到一股倔劲和自信。贾福英的大儿子贾元金现在是新全村的副支书。1987 年我来小黄时，他还是一个年轻小伙子。记得那晚村里点着煤油汽灯为我们演出侗戏，贾元金还主动到台上来当翻译。

关于贾福英的事迹，当地“侗研会”的材料列有专节介绍，称他为著名的“歌师”和“戏师”，叙说之中流露出明显的表彰赞许：

新全村歌戏师贾福英——他出生于一个农民家庭，仅读了两三年书，于今具有初中文化水平，自学成才。他的天性聪明好学……因“单干”自动离职。后来一直在民族戏剧上狠下功夫。70—90 年代，他的侗歌侗戏作品确实最多，是难以统计的……于是在农村成了著名的戏师。

他经常组织侗戏班巡回各地演唱。80 年代他就地取材，编了一个侗戏《奶宁》（破镜重圆）是当地历史真人真事故事。这是他的代表作，能流传于侗乡，成为保留剧目……

他还着重培训自己的子弟。他的三个儿子，大儿贾元金，现是村干，也是侗歌头；次子贾贵德曾参加县文工队当演员；三儿贾元培近五年来在上海、广州、深圳城市旅游点上的民族村搞风情演出……孙女贾木兰女声歌班在1996—1997年两次侗歌比赛中均获得冠军。

十二、“行久”吴大安

小黄的侗话里，“行久”（Hangl Jiux）是个特定名词。“行”指“师”或“匠”，“久”指“鬼”。所以有人便把“行久”译成“鬼师”。不料这又弄得“行久”们感到十分不自在，因为“鬼师”之名在很长时期内是个难听和危险的标志。谁要是牵连到它，难免就会惹上麻烦。直到最近有外来学者为之正名，“行久”才被重新解释为“歌师”的特殊类型，而其所进行的“哆丢”活动也才被重新纳入“侗歌”的范畴之中。

吴大安约莫六十五六岁，是小黄为数不多的“行久”之一。他对我们说，50年代他出省表演侗歌，见过周恩来总理。只是或许因时间长了，具体地点被他一会儿说成北京，一会儿说成昆明，弄得他儿子在一旁越说越不清。

但是吴大安会唱很多侗歌，会吹芦笙、笛子和唢呐，还会“哆丢”（Dol Diu）。“哆丢”在以前被解释成“念词”。它的原义是“讲故事”“摆古”或“讲道理”。实际上当地侗话“哆丢”“哆嘎”用的都是同一个“哆”，意思相当于“唱”。若觉得翻译不准，不如直接音译为“哆丢”。关于这点，后面还会提到。令我印象最深的是，这天中午，坐在新全村吴氏“祖母坛”前面的坝子上，吴大安为我们“哆丢”，即断断续续讲述了圣祖母“萨岁”的故事。

不过更让人吃惊的是，第二天村里有老人过世，吴大安和他的乐班组织起来，用锣鼓、唢呐和竹笛，十分熟练地完成了一整套为丧事服务的音响操办。抬棺上山后，重返家中，还反复吹奏一只又一只哀惋悲凉的乐曲。令人在一刹那间感受到小黄民间音乐和传统“歌师”的另外一面。

十三、“主持”陈德光

陈德光是家住小黄的干部，以前是“唱侗歌纳汉出身的”，现任高增乡副书记兼乡人大主席，所以人们有时叫他“陈书记”有时又叫“陈主席”。

他能写会道，组织力强，1995 年“小黄文化基金会”成立以来，就成了本地开展“嘎老”研究的核心人物，同时也是历届“歌节”的总主持。我们的此次成行，多亏他的关照。可由于整天忙来忙去，来访亲友络绎不绝，他几乎没闲下来和我们说上几句话。尽管这样，为了过节，他还是挤出时间把家里的堂屋装饰一新，并且没忘给儿子和女儿从镇上带回一双新鞋、一套新装。

陈德光的家是一间砖房，有新式的卫生间、自来水。这样的住房在村里为数极少。据县里来的干部介绍，近年来州里面对小黄老百姓修砖房有严格的限制，以免破坏传统侗寨的风格。现在小黄村民修房子一定要经过土地主管部门的批准，其面积、结构都有要求。如果硬修砖房，可能被罚款或拆除。

1999 年春节的时候，小黄村发生了一场火灾。村里近三分之一的木房毁于一旦。县里立即组织在小黄召开现场会，提出要在村里规划“防火隔离带”。具体负责此项工作的陈德光遇到了不小的阻力，因为要在村里十分密集的现有住房当中划出一条宽约 10 米左右的空地，就得涉及不少住房的搬迁与拆除，其中少数已盖砖房的住户更不情愿。陈德光作为小黄人和乡里面的领导，自己有砖房，抓这项工作就更加为难了。据说当年他抓计划生育时，也曾和村民发生了激烈冲突。

在来去匆匆的访客眼中，以优美歌声闻名的小黄如同理想的“世外桃源”。其实，与人类居住的其他地方一样，这里也有自己的矛盾冲突、离合悲欢。

9 月 8 号中午，陈德光专门杀狗招待我们，说他有点空了，可以给我们讲讲小黄的侗歌……

作为乡干、歌头和“基金会”负责人，陈德光的才能还不只是讲述点歌师故事。这些年来小黄的每次歌节活动，从筹划、设计到宣传、操办，几乎全都留下了他的痕迹。1995 年，小黄以三个村委会的名义向上级部门递交报告，要求把小黄批准为“省级民族保护村寨”。陈德光参加了报告的撰写。报告写道：

小黄保留古老民族文化较为完好。人人善歌、能唱。常年歌声不断，是歌的海，戏的洋……我寨民俗风情丰富多彩，具有民族古朴典雅特色，条件具备。故特申报省文化厅批准公布小黄侗寨为省级民族文化村寨加以保护。可充分利用我寨这一民族文化优势，发扬光大，使小黄得到开化发展……

实际上，自从出现了像陈德光这样能干的内外沟通人物后，小黄的“歌俗”便已结束了传统的“自给自足”。

十四、尾声

小黄的“歌节”就这样结束了。至少在笔者当时的记录里，它没有想象和期待的那么完整、精彩。作为一个外来的观察者，尽管你事前就有过充分准备，在现场也舍得不停地奔忙，但所看到的依然只是自己眼中的有限片段。从这个意义上说，过去人们曾经为之感叹的“民族志”读本，其实都是考察者重新加工整理的产物，与事情的本相离得很远，和文学创作或科学分析倒是离得较近。不过问题恰恰在于，事实上读者们似乎就喜欢有文学性或条理性的读本，而不愿意接受“杂乱无章”的生活本相。于是，考察者们不得不对所获材料自行处理，从而又派生出“见仁见智”现象。这是有必要提请注意的。

四

沿河走寨“吃相思”
——广西高安侗族歌会考察记

一、相关情况

事由与背景

去高安考察的时间是 2001 年 1 月下旬，农历辛巳年（蛇年）的春节期间。年前接到当地友人的邀请，利用寒假中不长的几天赶往那里，参加村里组织的侗歌赛。

高安是都柳江下游的侗族村寨，与上游黔东南苗族侗族自治州的从江、榕江一水相连，文化定位上同属学者们划分的“南部侗族”范围。不过它现今的行政关系却有些特别：隶属在广西壮族自治区、三江侗族自治县的富禄苗族乡统辖之内。仅由包含在“区”（相当于省）、“县”和“乡”三级归属中，民族称谓的不同命名，就足以见出这里的族群多样与关系复杂了。

获知高安举办春节歌赛这事并被邀请前往的由来也饶有意味。1998年的秋天参加全国侗族文学年会，地点在广西三江。那时还不知道高安，只抽空去了比它出名的程阳。后来定点考察贵州小黄，从小黄人那里听说了高安，并在小黄的打印资料上很粗疏的了解到两地间近年来“以歌为媒”建立起的跨省联系。2000年底的时候，通过互联网在创建不久的《侗人快讯》上，见到高安将举办春节歌赛的消息。考虑到此类活动所关联的诸多可能，我在发出的简短贺信中顺带提了一点相关建议。不料之后就接到了歌赛主办者之一潘永华先生从广西打来的长途电话，诚恳并坚决地邀请我前往参加。他对我说是通过《侗人快讯》见到我的“贺信”，并查询到我通讯地址的。

时代不同了，与20世纪50年代《三江侗族民间文学调查报告》所标志的上世纪对侗歌予以关注之情景相比，无论考察者还是被考察对象，彼此所掌握的知识和凭借的手段、以及各自的思想观念和相互关系方面，都发生了极大变化。只不过对于此种变化及其深远影响，或许有人还没来得及做出反应。他或她的意识大概还停留在仅把“少数民族”和“农村”“农民”简单地限定为“落后”“边远”以及“贫困”“淳朴”等套语的习惯使用上。当然，之所以能够这样说，是因为这里的所谓“他们”，其实就包括了未做深入考察前的我。

经过几次电话交谈，我对高安的活动有了初步了解，于是决定春节动身，去参加当地的这次歌赛。等到着手把考察提纲列进侗歌研究的课题时，我意识到在高安人的热情宣讲中，其实最让我心动的只有一点，那就是跨省往来的“吃相思”。

“歌会”概况

高安是个侗族聚居的村寨，在行政上被划为富禄乡下面的一个村。村里包含了上寨、下寨、鸟寨、吉考等好几个大小不一但相互毗邻的自然寨，如今共有600多户人家，3000多人。在都柳江一带的侗族地区，这样的规模已不算小了。最近以来，因受到邻省小黄的“榜样”激发，高安自1999年起连续举办了两次春节歌赛。创办者们所立志要达到的目标，是借助拓展“侗乡新民俗”，实现继承“侗歌老传统”。

前两届歌会的范围主要限于高安本村。到了筹划2001年的第三届时，主办者决定向外扩大：邀请邻省贵州、湖南等地的侗胞歌队以及南宁、北京的相关宾客一同参与；来宾人数预计在200至300人左右。此事一定，一个表面与歌会主旨无关但实际上却非妥善考虑不可的问题立刻派生出来，那就是：怎样接待？

与临近的侗乡大多数村寨一样，拥有600多户、3000多人的高安至今仍以农为业，虽然有不少年轻劳力外出打工挣钱，但在本地以自然经济为基础的家庭式自给自足生活方式上，目前还尚未分离出餐馆和旅店这种专门的社会化服务行业。平时的亲友往来，通常还是沿袭古老古代的办法：各寻己友，各进各家。那么对于以全村名义邀请并且人数之众，显然超过了任何单户人家接待能力的“集体宾客”，又该如何对待呢？

经过商议，决定是采用“吃相思”。这办法同样沿自传统，并且体现着主客双方的对等意愿。当然这里的“客”，在“吃相思”的传统含义上，只限于能与“主”方循环交往的侗胞。

“相思”由来

1999 年夏天，高安的歌会组织者之一、在北京音乐院校学习的侗族青年潘永华受托到小黄所属的高增乡转交捐款。潘的到来及其传递的“高安歌会”信息激起了高增歌师和寨老们的关注。后者表示要加强两地间的相互来往，建议彼此都派出歌队到对方村寨进行交流演唱。当时考虑的具体安排是，小黄歌队去高安慰问演出，目的在于“观光歌会”；高安歌队到高增（高增—岜帕—小黄）“传经送宝”；双方之间的接待方式均“按民间习俗办事”，即客人的差旅自理，食宿由主寨负责……

2000 年农历七月中旬，贵州的高增借一年一度的“吃新节”之机，向广西的高安发出正式邀请。高安派出 22 人组成的客队参加。其中包括村里的主要领导和歌师头。用当地组织者后来总结的话说，由此“拉开了桂黔两省侗寨以民间互相走访‘吃相思’的序幕”，并“结下了歌缘情深”[1]。到了冬天，高安歌会即将举行的头个月前，高增侗寨也收到了由专人送达的“回访”函件。函件以高安村委会和老人协会的名义，分别送到高增的小黄、岜帕和占里等地。其中特别指出：“宿食按以往接待侗戏形式招待。”然后用括弧补充说明“由高安民众承担”“来回差费由歌手（群体）自负”。

高增方面做出了积极的反应，不仅成立了有专人牵头的活动小组、在乡里的民办刊物上登载有关信息和计划、陪同高安代表参观到各寨去查看准备派出的歌班情况，而且还派人先去高安联系，实地商讨具体的赛事和行程安排。虽无都市官办活动那般正规、张扬，却也进行得紧张有序，彼此配合。众人齐心协力，不计酬报，图的或许不过是发起者们所强调的那句话[2]：

同饮一江水，文化交流友谊重；
共族两侗寨，观摩歌会意味长。

此中体现着一种朴素而深厚的激情。民间的力量往往就隐含在这种藏而不露的激情之中。

跨“省”交往

高安村位于三江侗族自治县西部与贵州黔东南苗族侗族自治州交界的边缘地带。其南面与融水苗族自治县接壤，东邻洋溪乡的波里村，西面是富禄乡政府所在地，北与贵州黎平县的地坪乡仅一山之隔。都柳江（融河）自西向东，沿村寨的北面流过。村子至县城三江的公路距离比到邻省贵州的从江还稍远些，大约 70 公里左右，搭车需要三四个小时。而在公路未通的时候，沿河上下，乘船来往十分方便。同“邻省”的联系或许较后来还要密切。

这里所说的“后来”，主要指强调黔、桂等处的行省分界之后。“省界”的设置，如同一道无形的鸿沟，显然减弱了这一带原本存在的民间往来。下游同上游的传统交往，开始需要克服诸多从事务到心理的“跨省”障碍。

历史上，都柳江沿岸的侗族民众关系紧密。至今上游的许多村寨还流传着内容相近的“祖公落寨歌”，记述先辈如何由梧州艰难跋涉，沿河而上，然后逐渐分布于同一流域的情形。并且，也显然由于民间歌手“走乡串寨”式交往的存在，不少带有地域特征的侗歌才可能在方圆数百里的范围此起彼伏，交错呈现。例如“嘎小黄”“嘎占里”和“嘎停洞”“嘎银良”等等[3]。

这种情况非但仅限于都柳江沿岸的侗族之间，其实在黔桂、黔湘边界的众多族群当中也十分普遍。长久以来，他们的认同并不以省、县划界，而更注重语言、习俗或房族、姻亲等方面的关联。这次在高安和小黄，两地的跨省交往中就包含了“潘姓相认”并“互结歌缘”的内容。先是小黄人对高安来客潘永华“一口乡音”且“同姓相承”欣悦认可；然后由本姓寨老出面组织了同宗会见：

（小黄人）听到潘永华用侗词创作的新歌，从录音机里播放出来，感到十分亲切。歌声高亢谐和动听，大家非常敬佩。

于是潘显泰为同宗家门组织了一伙男声老年歌队在鼓楼里唱了一番，又座谈很久。最后大家鼓掌欢迎小潘唱歌。盛情难却，他唱了一支“嘎芽”（河歌），唱得十分够味，证实了这位小伙确实地地道道是侗家的“罗汉”。

这段已载入小黄史料的记述，内容丰富，意味深长[4]。

潘姓在高安和小黄都是大姓。大姓相交，在一定程度上可以牵动一村一地的大体意向。小黄潘显泰是寨上的歌师头之一，两个儿子都送到省城艺校念书，是本村有影响的人家和有出息的代表。潘永华家则是高安的世代歌师。父亲潘友良，歌、戏皆通，还会胡琴、侗笛。兄妹三人全都已成为村里的文艺能手：小妹在村里唱歌，大妹在南宁演出，潘永华本人考进了京城院校，见多识广，前途远大，由他出面引出的同宗感情自然带有一种特殊的分量。

同宗相认，以歌为媒。鼓楼围坐，识别沟通。侗家的歌和侗寨的楼，近来不断被媒体宣传为民歌“奇葩”和建筑“瑰宝”。其实这独特高楼和动人歌声内的族群深意与文化“玄机”，外人又何尝得以觉察？小黄人以歌传讯，然后又借歌识人，终于把远道而来的潘永华认可为地地道道的侗家“罗汉”。而熟知其中底细的潘永华显然有备而来。他播放和唱出的新老侗歌，不但标志了他和众人一致的族群身份，而且体现出自己独具的现代实力。当然与此同时，亲临远近闻名的小黄大歌演唱现场，无疑也使他深受触动。难怪他在后来发表的文章里会专门提到小黄侗歌对高安歌会的影响，也难怪我们这次在高安见面时，他还又一再说起一年多前的小黄之行……

那么，上面提到的“河歌”[5]（嘎芽）呢？倘若能对所谓“南部侗歌”的类型和分布有所了解的话，你肯定就不会忽略这样的特别提示。因为它关系到此次黔桂两地间以歌为媒、“跨省交往”的另一层重要歌缘。简单来说，大歌（嘎老）与河歌（嘎芽）都是南部侗歌中的重要种类。大歌是集体多声，和谐响亮；河歌乃单人应对，轻缓抒情。小黄和高安，一个以大歌著称，一个以河歌闻名；彼此相邀交往，正好能够补短取长。于是小黄的同一份记述进一步总结道：“融河上下两岸侗寨最盛行唱河歌，特别以广西沿江侗寨人民唱得最好，最擅长。”正因如此，高安的歌会才“早就引起我们的向往和羡慕……”

对此，高安人的看法是：“河歌单人单声无伴奏演唱，歌词具有传统性、即兴性，具有可比赛性；但全是此歌，难免单一化。”因此考虑以后的歌会除了唱河歌外，还要“大力提倡用其他歌种参赛，特别是大歌”，甚至强调歌手如唱大歌的话，“评议时可加分”云云[6]。

歌缘结下，“相思”萌发。作为即将应邀远行的客队一方，用筹划者之一以文学方式形容的话说，就是：

大家听到这样的好消息，无不鼓掌欢迎……小黄姑娘与罗汉闻知，梦中早已飞向广西，日夜都在盼待有机会到高安走访，以见世面。

至于现已存在的分省界限，打算筹划两地交流的人们也不是不知道。恰恰相反，双方都一再表示出要突破省界，“增强黔桂两省区的民族友谊”，继承传统，共同为弘扬民族文化而努力，特别是要让侗歌演唱“世代传承下去”[7]。

也许是基于同样的考虑，高安的主办者才为他们的活动取了个特别的名称：“侗乡歌会”。以“歌”相会，以“侗”为乡……或许可以作这样的理解吧？

二、沿河行程

主寨迎宾

2001 年 1 月 28 至 31 日，农历辛巳年的正月初五至初八是高安第三届歌会正式举办的日子。由于今年请了远道而来的客人参赛，主寨侗家显得比往年更加繁忙。

为了早做准备，我带川大的一个考察小组提前从柳州方向赶到高安。经过实地观察和对采访寨老，我们对高安的情况有了初步掌握。目前的高安村分为 8 个自然寨、23 个村民小组，635 户人家，人口 3030[8]。村子位于都柳江下游的一段弯道上，坐南朝北，沿山而上。木房依山傍水，道路顺势修建；整个寨子远看犹如一只停靠江畔（船头向西）的大船。因此高安又有“船型寨”的别称。

除了河对岸公路边的“桥头寨”以外，高安的其余寨子紧密相连。下寨靠着渡口，是高安与外界相连的主要通道，村委会和在小学都设在这里，高安目前最热闹的“商业一条街”也在这里。相比之下，上寨不仅离河边渡口较远，而且到了下寨，还得再爬一道很陡的山坡；可是组委会安排的赛歌地点却是上寨。我想其中的原由多半是村里最大的戏台在上寨，最重要的“萨岁”祭台也在上寨。仅根据这种对照，就不难发现目前的高安具有两个不同的生活“中心”。一个“中心”体现的是现代和世俗；另一“中心”则代表传统与神圣。两相并存，各有其用。我们抵达的第一天，欢迎的队伍把我们首先接至的地方是村委会，在那里介绍高安的基本情况，还由专门组织的少女歌队唱了迎宾歌。但接下来的几天里，除了具有时代色彩的“侗族民俗风情、工艺展”也还在位于下寨的小学举办外，其他各项重大活动便差不多全都集中在上寨范围。

都柳江一带侗族村寨所处的西南山地，在地理特征上被称为喀斯特地区。村寨的道路通常崎岖不平，民居建筑以木结构的杆栏式楼房为主。这一点高安村也不例外。

村民的住房以户为单位，一般都是多层。下层饲养牲口或堆放杂物，上层住人。除了正中一间用做火塘和靠外敞开的长排檐廊外，其余都能作为卧室，数目可以是三、四、五间不等——视家里平时的人口多少而定。木楼的檐廊十分特别，一般都不装窗户，既通风透亮，又便于应答；靠户外的一面是一排宽大的长椅，可坐可躺，来客多时，还可兼做卧床。这样，一户人家正常情况下接待四五位来客毫无问题，遇到盛大交往——比如以寨为单位的“吃相思”，利用多层木楼的布局条件，每户扩大两倍三倍也不足为奇。何况都柳江沿岸地处亚热带，常年气候温和。若是春夏秋季，不用被子，大家和衣而眠，一家一户住上他十几二十也没什么了不起的。

了解了这一点，就不难明白既无宾馆也无旅店的山区村寨，何以凭空生出惊人的接待能力。在这意义上，山寨如同一个具有巨大弹性的空间，关键就看什么人才能当得上宾客，又由什么人来安排指挥了。

在高安，实际掌管和支配民众生活的相关核心包括三个层面：1. 以村委会为代表的基层政权；2. 根据传统习俗和特定威望公推出来的寨老；3. 从实际活动中无形产生的自然领袖。第一层面包括村委会、村党团支部、妇代会、民兵营、治保会、调解会和计生协会。其规模最齐全，结构最完整，并且掌有国家认可的公章大印，因此至少从表面看，处在核心中的最上一层。“寨老”一层，现在的正式称呼叫“老年协会”，平时也简称“老协”。这种改变，一方面使其获得了一定意义的合法性，似乎有利于巩固其在现代社会日益减弱的号召力；另一方面，则又因在关系上被隶属在村委会等的领导之下，处于在名誉上与妇代会和计生协会几乎同等的地位，从而失去了传统结构中原有的权威。通过调查比较，使人感到最值得关注的倒不是上述二者，而是在实际生活中无形产生的各种“自然领袖”。以本次歌会为例，从发起、组织到联络、接待，始终起着关键作用的是潘家父子、韦氏兄弟和杨姓歌师等一批本地“能人”。

客寨响应

远道做客，高增这边的组织者也并不轻松。

高增为贵州从江县的一个乡，下属七八个行政村、数十个自然寨。这次应邀准备去高安参赛的村寨有高增（村）、湾里、小黄、占里和岜帕等。所谓“应邀”，其实包含着主、客两方的意愿。据介绍，依照侗乡的“吃相思”习俗，以往当过主寨的村子，肯定首先被请。用当地话说，这叫“回请”。回请是必须的，否则就破了规矩。对于还没打过交道的，就由邀请方来选，理由很多，可以是族缘、姻缘，也可以是情缘或歌缘；但同时又可由应邀方自荐，因此是一种相互的协商。2000 年的 7 月 14 日“吃新节”，高安的歌队已经到过高增（村）做客，那么，高增自然成为首请对象。小黄大歌名声在外，不请不足以体现歌会水平；从江湾里的侗戏很不错，值得请去演上几出，于是二者都被最早列进了客队名单。后来，经过高增方面的反复考虑，又增加了岜帕、银良以及最后补上的县城关“老年女歌队”……

如果不做深入了解，外人很难明白这些烦琐细节后面所包含的多种原由与深意。例如，高增方面之所以要增加岜帕，是因为寨老们认为“岜帕本来是侗族‘嘎老’（大歌）潜在力极深的侗寨，解放以来，很少接触外界，少参加侗歌比赛，近些年才兴起追赶小黄”，因此对其来说，“这次赴广西参赛，是百载难逢的大好机会”。也正是出于这样的考虑，不仅乡上的寨老主动推荐，岜帕本村的上下民众也积极响应。村委会特地做出决定，所有参赛村民的车船费用，一律由村里开支[9]。

高增的乡所在地离县城十来公里，不通班车。底下的村寨大多也是有路无车，许多地方——比如小黄，甚至没有电话；民间办事通常既没有开会地点，也无文件往来，联系召集都不方便。那么，遇到筹划村寨间的集体行动怎么办呢？一靠爬山步行、口头传递，二靠自备烟茶、火塘议事。就是说全凭民众的自发热情，再通过村寨头目们的对等商议来定。其中不断发挥作用的，无疑还有相互间早已形成的社区联系以及这样那样的传统规矩。

春节之前，高安代表杨友军、韦玉祥二人到高增送邀请书。高增方面由陈春园老先生等陪同走访相关村寨，使大家对相互情况有了大致了解。之后陈春园等又专程赶往高安，报告高增方面的准备情况，同时落实歌赛与接待方面的具体安排……

日子越离越近，事情也就这样逐渐明确起来。最后做出的决定应当说是细致而周全的：

1. 小黄“侗歌之乡”的高黄和新全50人、村小学侗歌班女童声歌队8人（另加护送妇女2人），岜帕30人，高增23人，（从江县）城关8人，总数100左右；

2. 全体人员自备行装，分头出发，正月初四赶到县城汇合，距离远的，如小黄、岜帕，最好提前在初三晚上住宿高增、银良；

3. 家住乡里和县城的吴玉珍、陈春园等负责包车、包船事项，来回费用每人16元，提前交付，以便预定；

4. 凡集体去20人以上的村寨，今后逢节日是有往有来，互相做文化交流……

事情在后来发生了一些变化：小黄歌队据说在春节有接待外宾的任务，弃权不去了，队伍人数一下减少了将近一半；原通知每人交付的16元车船费，因春运涨价，上浮至22元，令不少村民焦虑不安；计划中上午9点正出发的开船时间，又因要等县领导请（其实就是同去高安的）北京专家吃饭，延误到中午以后，以至影响了下游高安早已准备的拦路礼仪……

然而无论如何，队伍总算出行了。鸣炮起航，不畏艰辛，顺流而下，开启着侗乡村寨的“跨省”往来。船行江上，歌手们唱起了带去参赛的情歌[10]——

弹琴唱歌串寨我把情妹来寻觅
姑娘群里我没见过哪人比你更美丽
今晚你去约会有幸让我和你得相遇
希望让我陪你同坐火塘话情谊
不谈不坐会生疏
只有时常陪坐相互谈心才能成夫妻……

拦路—祭萨

迎过南宁等地的几批来宾之后，天色渐渐晚了，白日的晴空忽然变得阴冷起来。但高安的迎宾队列还久久不愿撤离。

起风了，衣服单薄的小歌手们站在河滩上开始微微发抖。很久很久才过来一只船，停拢一看，却不是要等的客人。大家有点急了：高增的队伍怎么还不到呢？

高增的队伍，分散在方圆几十里的地方。若以居中的岜帕来做估算的话，首先是步行走到县城汇合，平均就要花大约三四个小时；由县城去高安，本来可以乘车，但村民们嫌费用较贵，宁愿乘船。从江至高安的水路向来有之，且顺流而下，原本只要四个小时。不料冬季枯水，人多满载，使得船因吃水过深，行走困难，故而拖延到天色近晚才缓缓抵达。

傍晚六点过钟，天上飘起了毛毛细雨。然而主客终于相会，悬念落了下来。就在客船缓缓靠岸的时刻，从河滩到寨上，爆发出阵阵的热烈欢呼。

高安的迎宾，筹备了很久。尽管因客船晚到、天黑人杂，弄得一下有点措手不及，原先的安排不得不有所打乱，但忙中有序，基本的仪式步骤还是可以感受出来。据我的观察和了解来看，大致包括以下内容：

1. 设门迎宾 前面提过，高安靠山面水，村寨沿山脚到高坡相差上百米，与外界相连的主要通道是河边渡口，因此渡口就有了寨门的意义。为了表明本次歌会的隆重，同时也体现对外乡客人的尊敬，歌会组织者特地在紧靠渡口的河滩上用树枝扎了一道彩拱门。上面挂着“侗乡人民欢迎你”的红色横幅。从崎岖不平的河滩远远望去，用几根枝条临时充当的“寨门”显得有些单薄孤立。然而对于完成迎宾礼仪，“门”的存在却是必需的。一方面它象征着内外之别，划出了主与客之间的原有界限；另一方面，它又能帮助空间转换，使被迎进门的“客”由此和主寨融为一体，进而得到全寨的接纳和款待。

2. 拦路对歌　可是对于拥有自身文化传统的侗家来说，这“门”却没那么轻易就能进去。“门”早早就被人墙拦住了。人墙就是少女组成的歌队。歌队身后还有寨老、锣鼓和芦笙队。正月初五这天，客船还没靠岸，鞭炮就鸣响了起来。芦笙队奏出一首又一首迎宾曲。有人迅速赶回寨里报告。这时，换一个角度，以客队陈春园老先生形容的话来说，只见——

男女迎宾队由寨里直奔向河岸。芦笙声、锣鼓声鞭炮声齐响，顿时人群挤满河坝上。我们（高增的客人）下船后，由岜帕罗汉吹笙击鼓在前，姑娘队列后跟，各个歌队随行。刚好到寨脚不远处，高安姑娘身着五彩盛装，在彩拱门下拦路唱歌，不让进寨。于是岜帕男歌队领头还歌，此起彼伏，往来对答唱了好几首。吼声阵阵，震撼了山河……

结果如何呢？结果是令人感到——

“显出侗家‘吃相思’迎宾式的礼节风趣。”[11]

对答过关，开门迎客。芦笙、舞狮把客人领进了山寨。与贵州的高增一带不同，这里的迎宾增加了“狮舞”和“秧歌”等内容。或许这就是潘永华所说的“高安受汉文化影响较重”的表现之一吧。

3. 祭祀萨岁 进寨之后，队伍没在位于下寨的村委会停留，而是直奔上寨萨坛和歌台。天黑路滑，山高坡陡，众人以电筒照明，鱼贯而上，沿路吹笙不断，锣鼓喧天。上寨中央有一处二百平米大小的大坪，南面靠山的一头是木方搭的歌台。

歌台正对面是砖泥砌成的萨坛。萨坛上摆着鲜果和肉类祭品，正中是一把茶壶和三只茶杯。主寨的寨老和坛主点燃香纸蜡烛，开始祭祀。这时……

“岜帕芦笙队有寨老跟后，一经见到高安祖母坛，立即指挥罗汉们疾步跃上，大叫三声连吹三支敬祖笙曲后，大家于坛前站成一排，向坛主老人及插炉处行三鞠躬。东道主老人立即献平安茶。每人用嘴唇抿湿，表示喝了神茶与高安结成一家人。男女唱歌不再有什么忌讳，万事如意……”

入乡随俗。我们这些外乡客人也被招呼着排在队列里，走向萨坛，接过主人递上的“神茶”抿了一口，感受到侗家传统的神圣庄严。对当地习俗了解深入的陈春园先生事后总结说，相比起来，高安这边已经有点简化了。在途经富禄时，见到那里的社坛更加威严，两侧还写有长幅对联：

祖宗立坛护村岁岁平安

尊神显灵佑民家家快乐

陈先生强调指出，坛中敬奉的是侗族女神。其在侗语中至少有四种说法：“萨”（Sax）就是“婆”或“祖母”的意思；“萨丙”，指“掌兵婆”；“萨堂”，指“坛中婆”，还有“萨岁”——“为众牺牲婆”和“萨玛”——“至高无上婆”。按照侗家规矩，侗家无论到哪里居住迁徙，都要设立萨坛；并且凡有外出狩猎打仗或演戏唱歌这样的集体活动，也必须先祭萨岁，以保四境安态，众民吉祥。贵州黎（平）、从（江）、榕（江）交界的“九洞地区”流传的一首古歌就这样唱道：“未置门楼（鼓楼），先置地头（萨堂）；未置门寨，先置地柄（萨柄）；未置三间堂屋，先置木堂门守（祭祀萨玛的殿堂）。”[12]

对“萨”加以四层分述的提法以及相关传说不知高安与高增是否一致，但无论如何，同一祭祀传统的存在显然构成了“有缘千里来相会”的根基。

祭萨之后，在各自的罗汉头带领下，主客双方在大坪上围成一圈，男女交叉，里外数层，手拉手开始“哆耶”。“哆耶”是侗话，指一种集体性和室外性的“随歌起舞”，也有人译成“踩歌堂”。岜帕的歌师首先领唱了三支“敬祖歌”。接着高安主寨也不示弱，由歌师杨友军领头，用本地的广西调即兴编答。两边一来一往，接连对了几个回合，直到天色黑尽方才罢休。

都柳江畔，绵绵山岭，雄浑高昂的歌声在远离都市的村野间久久回旋。身处在如此亲密无间的人群，我再次深深感受到置于生命的民歌力量。

主：你们到来没有哪样敬

鼓楼还未打扫凳未抹

板凳未抹随便坐
喝口凉水当杯茶
客：我们来到请你莫要敬
莫把我们当官家
我们都是单身汉
喝惯凉水不用茶
……

4. 客人分流 对歌之后，全体客人集中在上寨的大坪里，等候主人安排食宿。只见几位高安的寨老登上台去，按照商定好的名单，开始朝着台下大声宣布起来。到此时为止，客人来了一百数十人。其中除了高增各寨近一百外，还有贵州榕江的少儿歌队十余人，广西南宁、桂林和三江县里的干部教师十多人，以及北京、四川、上海、台北不少专业部门的考察采风者又是十多人。连前面提到在船上偶遇的两位“老外”也增加了进来。所有这些不分亲疏，都要接待。

这时，高安各户的家长也和我们一样等候在大坪里，待寨老念完具体的安排分配后，就走上前去把分到自己名下的客人领往家中。原先已结识的便各归其主——也就是所谓的“回请”；初次见面者则听从分配。这样，高增的村民分散开来，在忽然静下来的夜幕里，安心随意地跟随主人，走向陌生而又亲切的“家”。陈春园等去了杨友军家，榕江的少儿歌队被安排到下寨。我想是沾了“吃相思”习俗的光，夹在正中的客队人群里，我们川大来的师生也按男女界别，被安置在上寨韦玉全等家。韦玉全就是发起高安歌会的本地自然领袖之一“韦氏兄弟”中的大哥。说起来是“安置”，其实是“硬拉”——寨老的宣布还没出来，韦大哥就守着我们，以不容分说的口气反复叮嘱道：“已经定了，你们就到我家！”而在此之前我们已在下寨潘永华家住了一晚。他妹妹老提醒我们别忘了“来家吃饭”……

接下来的日子里，我们同韦大哥一家朝夕相处，顿顿有肉，天天饮酒，一起挤进人群听歌，一块参加亲戚婚礼……几天过去，彼此已感到难舍难分。

5.“坐妹”、辞别 几天几夜的“吃相思”活动中，有一个重要的传统项目必须提到，那就是男女青年以歌相会的习俗——“坐妹”。“坐妹”是高安这里的说法。相似的习俗在高增的小黄叫“闹姑娘”。而且对比之下，两地间也有许多不同。高安的“坐妹”中，小伙子上门找姑娘，先要在门外吹笛“招呼”，用笛声打动对方后，才能进门对唱。这样的规矩对高增来的远客就不大适应，需要有所变通。原因很简单：在高增一带，“侗笛”大多已经失传。不过尽管如此，一旦开口对歌，所有的情缘就会接上。你起我应，情深意长，唱到天亮，歌至鸡鸣——而这可说正是“吃相思”的另一重要动力所在。

高增情歌：《嘎匀阳》（长相思歌）

我每天上坡，时常想你

心乱如麻，两眼昏花

酸楚的泪珠，滚滚落下

活也懒做，躺在树阴下

想来想去，不觉睡着了

醒来时候，树梢已挂月牙

……

最后，几天过去，“为也”结束。初八上午，吃过早饭后，客队向主寨辞行。双方聚在上寨大坪上再次对歌(唱“大歌”和“牛腿琴歌”），然后在萨坛前举行告别仪式，全体手拉手“哆耶”踩堂，吹笙鸣炮，情谊难忘。

按照初步约定，高安的歌队将于夏季回访高增。从此“为也”生根，“相思”绵绵……

据资料介绍，按通常惯例，“吃相思”活动结束后，主寨会送一头牛或马作为礼物让客人带走。民间把这称为“安尾巴”，即留下尾巴继续往来的意思[13]。有的地方，客队返回以后，要在本寨鼓楼公布礼品数目，然后集体聚餐分享，并且共商今后同对方的联系[14]。如果遇到不愿再交的情况，则献出一头牛或猪，然后“会两寨人士，聚于中途，宰而分食，谓之‘断相思’，从此以绝往来矣。”

以歌相会

客队基本到齐以后，赛歌会的议程便分两头进行。初四当晚先请从江湾里来的戏班演戏庆贺，剧目是《天仙配》，从晚饭过后开演，一直演到次日凌晨才结束。初五下午在下寨小学操场举行欢迎仪式，由高安和榕江两地的少儿歌队表演民族歌舞，芦笙队在一旁轮奏助威。接着是参观已布置在小学教室里的“高安首届民俗风情、工艺美术展”。晚上 8 点开始，主客歌队的代表集中到上寨戏台，按排好的顺序参加赛歌会“开幕式”演出。“开幕式”有专人主持，男女两人用侗汉双语分别向观众介绍。戏台上，不，此时应称“歌台”上，灯光明亮，正中间的幕布上设计有特制的“会标”。会标以交叉的芦笙、琵琶图案构成，并用美术体写着“高安村侗乡赛歌会”几个大字。开演之前，扩音器里不断播放出 90 年代的都市流行音乐。我去问过掌管音响的小伙子。他是上寨人，这些设备是他为歌会专门购置的。他去广东打工好多年了，喜欢玩音响，对市面上的主要品牌型号都了解，春节回家没别的好玩，就参加歌会。

台下，除了前排被照顾的外地专家安排了“专席”座位外，村民们无论主客都自由随意地簇拥在大坪里，有的坐有的站，有的呆在两旁的木楼里，爬在廊檐上围观。孩子们在人群中挤来串去，胆大一些的奔跑着去抢地上没炸的散炮竹；然后又学着大人的样子，吸燃一支烟，把炮竹点爆，“砰！啪——”几声，把自己的节日弄得无比开心痛快……

随着主持人对着话筒的高声宣布，演出终于开始了。广西贵州两省包括三江、从江和榕江三县四乡十多个村寨的 20 余支代表队，陆续登台表演献艺。大家以唱会友，一展歌喉，各地不同的“嘎老”“嘎芽”、新歌、老调，乃至原本只存在于日常生活中的“坐妹”习俗，都在“侗乡歌赛”的旗帜下聚集起来，变成了相互观赏、彼此切磋的舞台节目。不管坐在台下的专家是否接受，眼前的景象已表明侗歌的古老传统既在远离都市的乡村里顽强地延续，又在村民自治的交往中发生微妙的变化……

侗族大歌：《融河源头古州歌》（演唱者：贵州从江县城关代表队）

（汉译大意）：
富禄河水无浪波
滩涌水激只有龙额归养河
夜里隆冬思想你
早晚朦胧更想哥
天天想哥难如愿
好似黄雀爱猫鹰——飞到你们的竿上落
……

侗族男女大合唱：《嘎王勉》（演唱者：从江高增代表队）

丢久不见心彷徨
叫我怎么不思量
我像呆子独闷坐

怎得绕到妹身旁

呆站走廊难平静
日日夜夜把妹想
哥见情妹看不厌
因妹长得太漂亮

你像纱转座子在家等
我像纱转转到妹月堂
俩我有心来相爱
只想得妹共炉塘

蔡江出大将
兰洞出侗王
我寨我是头罗汉
你村你是第一好姑娘

吴勉不成王
我俩难成双
赶山酿海失败了
我俩心机也冤枉

敌众我寡勉败走

我俩难成最心伤
生不得哥妹愿死
死去阴间二世再转阳
……

吴勉是明代侗族起义首领，造反失败，被朝廷杀于京城。如今的民间歌师解释说，侗族情歌里“借用”历史人物作比喻，表示受阻不成功的爱情就像侗王吴勉一样——男女不能如愿结婚，如同事业不能成就，因而失望叹息。

融河是都柳江下游榕江、从江和三江地段的别称。侗语叫“芽融”。“芽”是河，“嘎”为歌。与“嘎老”——大歌的汉译形式相似，“嘎芽”就是“河歌”或“河边歌”。据歌师们介绍，大歌和河边歌原本融河沿岸的侗寨都能唱，后来不知什么原因，大歌逐渐只盛行于上游的从江和榕江，而河边歌也更多的保留在下游三江等地。或许正是基于这样的历史背景，如今黔桂两地的这种跨省交往便有了某种寻根认祖的意义。

对此，贵州方面的新文献资料解释道：

在侗歌里，特别（是在）河边歌（里），常听道“古州”（榕江）、“娃引”（怀远）、“芽融”（融河）即都柳江和“芽歹年”（大年河）等地名，可知侗歌的历史背景较久远。广西、贵州交界的都柳江上下侗族同饮一江水，感情最融洽，风情习俗有共同特点。“嘎芽”即河边歌最流行于都柳江——融河两岸侗寨。

接下来，同一文献进一步提到另一个相关的侗语古词“款”。其以“注释”形式介绍说：“侗族最大的侗款——古代农民武装自卫同盟组织。款有大小，最大的逆江而上，可到古州；沿河而下，可到怀远（或柳州）……”[15]

“款”是什么？它与如今侗乡民间保存的这种“吃相思”习俗又有没有联系呢？

1999年，高增“侗族文化研究会”派人以侗汉对照的方式，记录整理了当地著名歌师吴仁和（69岁）承传的一首古歌。此歌长达二百五十多行。据编者介绍，其所流传的“二千九地区”，即为今天的“高增、小黄及丙梅为中心的各村寨”[16]。歌中提到的同款之内可以“不受禁寨忌怪限制”等内容，当有助于理解如今与“吃相思”有关的“跨寨交往”及“拦路对歌”习俗。

文化存在于世代相沿的纵向进程中，传统则通过人们的“历史记忆”承载和迁移。但记忆并非静态残留，而是呈现在民众生机勃勃的行动里。每一次记忆都包含着对“过去”的继承，同时也体现出对“现在”和“将来”的肯定与憧憬。因此具有历史记忆意味的日常行动，绝不仅仅是对前人往事的复原，而是充满了有意无意的“遗忘”“突出”乃至“改写”，因此更像“以传统为旗号”的重建和创新。

古人讲，老人谈
一代一代往下传
树有根，水有源

好听的话儿有歌篇
汉家有文好记载
侗家无文靠口传
……

注 释

[1] 石廷章、陈春园：《从江高增、岜帕、湾里、城关四个歌队参加了广西高安村第三届侗乡赛歌会的实况纪录与观感》（打印稿），2001年2月18日。

[2] 参见从江侗歌采录组：《小黄、高安两侗寨互相观摩赛歌会的设想》，《采录通讯》，高增乡侗研会编，2000年第2期。

[3] “噶”（gal）是侗语的“歌”。“噶小黄”“噶占里”即为“小黄歌”和“占里歌”之意，指“小黄”或“占里”这个地方的歌。

[4] 参见从江侗歌采录组：《小黄、高安两侗寨互相观摩赛歌会的设想》，《采录通讯》，高增乡侗研会编，2000年第2期。

[5] “嘎芽”，侗语读为“Gal Nyal”。“芽”是河的意思，读音接近Nia，有的汉译也写为“孑”旁的“孖”。

[6] 参见潘永华：《侗乡新民俗赛歌会随感》，《中国音乐》，2000年第1期。

[7] 参见从江侗歌采录组（石庭章等执笔）：《关于从江侗寨赴广西高安参加“侗乡歌赛”的初步落实情况》，2001年1月15日。

[8] 资料来源：高安村委会2001年1月27日提供的统计数字。

[9] 参见从江侗歌采录组（石庭章等执笔）：《关于从江侗寨赴广西高安参加“侗乡歌赛”的初步落实情况》，2001 年 1 月 15 日。

[10] 由于本次跨省交流的“吃相思”活动同时在广西高安与贵州高增两头进行，我们考察组就分出一位成员跟随贵州客队，其余都在高安主寨迎候。本处有关高增队伍的出行情况，即为该成员所记。据说贵州的歌手一路还唱了不少，以至引得偶然同船的两位欧洲游客一同去了去了高安。

[11] 参见石廷章、陈春园：《从江高增、岜帕、湾里、城关四个歌队参加了广西高安村第三届侗乡赛歌会的实况纪录与观感》（打印稿），2001 年 2 月 18 日。

[12] 参见向零：《从江县九洞侗族社会组织与习惯法》，《从江县民族志资料汇编》，从江县民族事务委员会等编，1986 年 10 月印行，第 40~67 页。

[13] 向零：《从江县九洞侗族社会组织与习惯法》，《从江县民族志资料汇编》，从江县民族事务委员会等编，1986 年 10 月印行，第 40~67 页。

[14] 参见杨树清：《广西三江侗乡习俗三例》，黔东南苗族侗族自治州文学艺术研究室：《民俗》，第 93~104 页。

[15] 资料来源：《河边歌“古州河头村”》，高增乡侗研会编印，2000 年 11 月。

[16] 资料来源：《山乡》，贵州省从江县高增乡文化站、高增乡侗族文化研究会文艺组编，孟凡云侗文记录、翻译，1999 年总第 2~3 期。

五

开发中国："民族旅游"与"旅游民族"的形成与影响

——以"穿青人""银水寨"和"藏羌村"为案例的评述[1]

1999 年 5 月至 10 月在昆明举办的世界园艺博览会规模空前，人满为患，为滑向低谷的中国旅游业注入了新的动力，更使后来居上的云南旅游风头出尽，应接不暇。促使这一景象出现的原因，一是自 20 世纪 90 年代以来中国政府加大了对旅游业的重视，明确将其列为"国民经济新的增长点"及"有利于推动区域经济特别是中西部地区经济发展"的措施之一，并围绕世博会等专题进行了一系列自上而下的宣传促销[2]；二是云南作为中国西部边疆大省自身所拥有的自然生态优势和多民族文化资源对各方人士产生了较大的吸引，加上昆明近年来在全国创办“优秀旅游城市”的评选竞争中环境改善、形象突出，也为其在客源市场的分割占有中“异军突起”起到了推波助澜的作用[3]。

中国宏观发展变革背景中云南旅游的迅猛发展，既说明了中国经济社会在世界性现代化浪潮冲击下的新转型，同时也显示出旅游产品在中国大陆由自然山水（如桂林）、历史名胜（如西安、苏杭）向民族风情拓展的新态势；而这一态势所导致的结果之一，是在开发“民族旅游”的过程中，改变了被开发对象的固有身份，使之变成了模棱两可且值得关注的“旅游民族”。

本文以中国西南地区贵州“以那”、广西“三江”和四川“阿坝”等几处不同“景点”的被制造现象为例，分析“旅游民族”的产生及其影响。

一、他乡期待：旅游启程前的“异者幻象”

贵州在云南、四川和广西之邻，是现行标准中属于“落后”与“待发展”的中国中西部省区之一。改革开放以来（1978—），在中央政令的引导、规范和旅游市场的效益吸引下，贵州也逐渐把发展旅游当作了实现本省“兴黔富民”目标的重要途径。“九五”期间又进一步将其纳入了全省6项支柱产业当中[4]。为了确保“旅游兴黔”理想的实现，在对旅游产业给予大力扶持的同时，加大了对旅游资源宣传促销的力度。1980 年以来，各种各样有关贵州“省情”的旅游宣传品相继面世。其中的宣传重点与云南相似，也在于把自身作为高原山区和多民族省份来强调的自然风光与民族风情。1997 年，为了配合对贵州“旅游省”“公园省”形象的塑造，由该省的“五大班子”之一——政协牵头，又组织推出了一套规模巨大的“贵州旅游文史系列丛书”。该丛书第一期工程就浩浩然 40 卷，内容涵盖了贵州全省几十个县市的山川河流、人文地理和历史。出书的目的，用组织者的话说，是鉴于贵州丰富独特的旅游资源“养在深闺人未识”，如今在力争把贵州建成“旅游大省”的现实需求中，有必要扩大宣传，让文化服务于经济，提高本省在海内外的知名度和旅游市场中的竞争力；而具体做法和要求则是在特别提出使“民族风情与旅游相结合”的同时，力求“使每篇文章能够向读者提供对旅游探奇览胜、了解环境历史、获得现实审美体验有导向性意义的文化信息”[5]。

此处对“导向性”一词的使用十分关键。其不但体现了宣传出版者对资源促销的主动、自觉，还表现出面对本省纷繁众多、可供开发的旅游资源，作为“旅游地”之一方自身的特定眼光与水准及其对“客源地”之另一方的预期和引导，值得深入分析和评说。丛书“织金卷”《溶洞王国》以介绍有贵州乃至中国“第一洞”之称的织金“打鸡洞”为主，连同宣传了当地独有的历史和民族旅游资源。其中特别提到了穿青人的庆坛戏。

穿青人是织金县境内的一支特殊族群，在中国目前的官方民族识别体系里，没有纳入已有的56个民族当中而是被划进了“未定民族”之列。1997年贵州出版的这本《溶洞王国》介绍说，织金县位于贵州的中西部，地处乌江中上游，总面积2868平方公里，人口82.36万，其中包括仡佬族、彝族、苗族、布依族和水族等在内的少数民族占40%以上，而在少数民族的统计里，又专门用括弧注明了含“未定民族”在内。这里，穿青人既被作为“未定民族”而又统计到当地少数民族当中是饶有意味的。其在表象上体现出在分类上把穿青人往“少数民族”归属倾斜的态度，深层里则暗示着统计者为适应旅游宣传之需要而突出当地旅游资源中民族特色这样的考虑。有意思的是，同一书中的穿青人作者却明确强调了穿青人作为一个“与其他民族不同”的族群身份，并依据史料叙述了他们从明代称谓中的“土人”到清代的“里民子”最后又因其衣尚青故又曰“穿青”的演变历程。这种同一书中融入不同声音的做法，从读者接受的方面看，似乎容易引起理解上的困难；可从社会变迁的角度看，却又显示出“旅游兴黔”战略中当地官方与民间的某种合作或妥协。这一点在对庆坛戏的介绍中体现得尤其充分。穿青人之所以能被写进旅游宣传的《溶洞王国》一书，在很大程度上，可以说便是因为他们拥有并保留了自身富有“民族特色”同时又可被开发成旅游产品的传统资源——民间庆坛。

穿青人把他们的庆坛活动解释为一种祭祀“五显”的民族信仰（民族宗教），其特点及名称来历是“每岁或间岁酿酒杀牲，沿善歌舞者至家醮禳，跳跃如演戏状，曰“庆坛”。从旧时史料到今日宣传、从官府文本到民间自称，该事项经历了一番多重作用互动下的变化过程。按穿青人自己的习惯说法，此活动叫做“兜兜坛”（或“篓兜坛”），原因是当地信奉“五显”神灵的穿青人家，大都“在堂屋西北隅以竹篾编如小兜形悬壁”；另一种称呼突出的是其动态特征，叫“跳菩萨”。相比之下，“庆坛”之称显得比“兜兜坛”和“跳菩萨”要文气一些，却代表的是旧时地方官员或史书作者一类精英人士的角度和判断。1949 年以后，这种带有（庆、祭）“坛”或（跳）“菩萨”字样的社区活动被视为封建迷信而逐渐清除。当地穿青人中原本存在多年的这一传统习俗也随之由显而隐，乃至讳言莫深；直到 1978 年“改革开放”后才因政府的文化与民族政策调整宽松而重又恢复。不过在 20 世纪 80 年代以贵州为区域性代表的中国傩戏、傩文化研究影响推动下，当地原本的“跳菩萨”“兜兜坛”“庆坛”转身一变，获得了一个全新的现代称谓——“穿青傩戏”（或“庆五显的傩戏”[6]）。这样一来，曾经一度被长期当作封建迷信的该项民俗终于经过被纳入“傩戏”“傩文化”范畴这样的文化和艺术化过渡而获得合法身份，既而又有可能在往后的旅游资源开发时，顺理成章地进入具有地方特色的“民族文化”范围。

实际上，根据研究中国民间信仰习俗专家的有关论述，“五显”庆坛事项并不是穿青人的独创，亦非贵州织金的本土“原产”。追本溯源，其起于内地（江南一带）流传久远的“五通”信仰，一度家喻户晓，兴旺异常，只是明清以后因受到官府主流权威的排斥，才逐渐消落退隐[7]。如今贵州织金穿青人所“独有”的此一习俗，不过当年迁入黔省的内地移民带进并存留的中原遗迹而已。可是在最近的旅游宣传营造下，一方面由于“原籍”消隐，另一方面因史实不明，大多数读者难免会将贵州织金的民间庆坛与傩戏连在一起，同时把其视为当地穿青人的独创及其“民族身份”的标志性载体从而产生出前往观赏、考察的“旅游预期”。这种预期的动力便是远距离“客源地”未来的游客心中因“旅游地”发出的“引导性”宣传而激活成的“异者幻象”。这样，在双向诱发的“民族旅游”需求驱动下，穿青人被预先增添出了一层新的“旅游民族”身份。游人们到此一游的目的，已包括了满足既深入了解“穿青庆坛”这一地方文化又亲自接触拥有此文化习俗的“穿青族群”之愿望。就日益将旅游视为本省发展的重要途径并力求把自己建成“旅游大省”的贵州而言，这样的情形在业经“开发成功”的黔中安顺一带“屯堡人地戏”景点中得到了充分的展示，并且波及到黔东南“僅家”文化身份再认同等现象产生[8]。照如今的趋势推断，织金的“穿青人庆坛”看来也正步“成功者”之后尘，由演变为当地吸引游客的又一种“民族资源”而促使另一种类型的旅游族群形成。

1988年秋天，我到贵州织金县的以那考察，当地的穿青人家办了一次庆坛。用当事人的话说，所谓“傩戏表演”其实是有着具体内涵的家族法事，目的是为了补还多年以前向五显菩萨许下的愿。那一回，以那街上同时有两户人家庆坛，两出仪式遥相呼应，各自师承不同的掌坛师班子操办得都很投入。入夜时分，祭辞声声鼓锣齐鸣，时而庄严时而谐谑的装扮仪式惹得参与和围观的乡亲们既深沉又开心，全然一幅自兴自怨、自满自愉的社区情景。同一年的秋季，省城贵阳出版了《贵州文化旅游指南》一书。其中在黄果树瀑布所在的“西线”景区里特地介绍了比穿青庆坛更早出名的安顺地戏。尽管文章中也提到地戏在其主要流行地——屯堡人村寨叫做“跳神”，其原本功能是在春节期间以戏祭神娱神，驱鬼逐邪，祈祷丰年同时又达到自娱自乐的目的，但作者（亦即自我认同的本土宣传者）仍努力向读者（也就是潜在的游客）诱导说，若能在享受黄果树瀑布的自然之美时，“顺便一观”这种原始古朴的“戏剧活动”，将会是“极美的精神享受”；并且还进一步透露出由于搞旅游开发，当地的习俗已为之做了适应性调整，许多地戏班子已可以“应中外游人之邀，临时开箱即兴表演”，而“不必等到传统的节日”[2]。这就是说，传统中满足乡土祭祀和自娱需要的“内部活动”，变成了旅游需求趋势下专事展演的“外向行为”。

二、现场观赏：展演互动中的身份转移

1998 年 10 月，我到广西参加全国侗族文学学会年会，地点在龙胜侗族自治县和三江侗族自治县。会议分两个阶段召开，在从龙胜转至三江时，主办者安排了一次风情考察，内容是到位于两县之间一处叫“银水寨”的地方，观看当地侗族歌舞表演。“银水寨”就在公路边上，但不是行政区划中的自然村寨而是

人为修建的旅游景点。几间仿造侗族民居风格搭成的木楼围着一处二三十米见方的小院，四周毫无乡村里寻常见惯的忙闲生机。芦笙响过，一队经过挑选训练的职业化侗家男女演员便在我们面前表演起来，节目基本是种类不同的侗歌吟唱。表演开始时有领头的女孩用汉语普通话报幕，结束后则响起观众们表示满意和鼓励的掌声。原本主要用于“行歌坐夜”（男女交往）、具有倾吐心扉、相互朝贺之魅力与功能的“双歌”（噶苟），被用作在游人面前博取一乐的“文化消费”；而乡俗中只有举行婚礼时才出现的“抹锅灰”，也变成了让游客出丑开怀的“噱头”好戏——即从观众中挑一位小伙子出来充任“新郎”，然后让歌舞队里扮演“新娘”的女孩往他脸上冷不防抹几道锅灰，以示对其输掉竞赛的惩罚。

侗族自称 Gaeml（Jaeml、jeml 或 jenl），如今主要居住在中国中西部的黔、桂、湘、鄂四省区境内，山乡毗邻，主事农耕；1990 年第四次人口普查时，共有 251.4 万多人。由于过去长期没有文字书写，侗族文化中保存了种类多样、功用不同的口传民歌。旧时由外入境的官僚文人对侗家民俗的这一特征有过描述，称所见之处，其“善音乐，弹胡琴，吹六管”，并能达到“长歌闭目，顿首摇足为混沌舞”[9]的状态；“醉则男女聚而踏歌”；农闲时，“至一二百人为曹，手相握而歌”[10]，给人的感觉是“男弦女歌，最清美”[11]。民国时期的《三江县志》则还对侗歌的多声部演唱方式作过具体深入的记叙，曰：“侗人唱法尤有效……按组互和，而以喉音佳者唱反音，众声低则独高之，以抑扬其音，殊为动听。”

关于侗族的族源及早期迁徙历程，至今尚无定论。但有学者依据侗族自明清至今数百年的居住区域状况，视其为封闭、半封闭类型，并考证侗族自称之一“宁更”（nyenc gaeml）的含义就是“隐匿之人”或“藏匿之人”。他们生活在过去封建王朝鞭长莫及和交通不畅的溪河交错山地，处于“有款无官”“不相兼统”并极少与外界往来的原始村社自治状态。在这样的状态中，侗族民歌也便同其作为整体的传统文化一样，基本保持着“自生自成”和“自唱自娱”的族群特征。不过与安顺地戏之被“发现”和穿青庆坛之被“开发”不同，侗族民歌走出乡村、进入主流是在中国社会全面兴起和推进旅游产业以前。1953 年的全国民间音乐舞蹈汇演把侗族民歌请进北京，并且为其颁发一等奖，从此开始了其与外界交往并不断为他人所知和从不同角度被宣传强调的变化历程。到了 1986 年 10 月的时候，一支由侗族少女组成的“中国侗歌合唱团”应邀赴巴黎演唱，又使这样的交往拓展至国际范围。随之激起的反馈是将侗歌誉为“在纯朴中表现出高度的幽雅”“清泉闪光的音乐”以及“在世界上也罕见”一类的他者称赞。

或许正是在这种外部荣誉的激发下，在侗族这边，主动进行自我弘扬的宣传介绍也越来越多出现在各种出版物之中。其中最为突出代表之一的是 1995 年 8 月广西人民出版社出版的《侗族通览》（汉文）。该书由数十名侗族学者集体撰写，以洋洋 70 万言描绘侗族历史、文化和风情，通篇充满民族自尊、自信与自豪，几乎用尽了汉语中所有的赞美之辞，其中“富饶”“美丽”“善良”“和睦”“优雅”“古朴”“真切”以及“独特”“别致”等形容一再出现。在谈到侗歌时，作者们强调的是“侗乡处处是歌堂”“侗家人人爱唱歌”以及侗族音乐古老悠久的历史及其在走出国门后的“饮誉世界”。

分析起来，侗族内部将自身文化对外宣传的动机大致包含三个层面。最初是为了纠正旧史偏见，提高本族地位，恢复平等自尊。如《侗族文学史》在举出过去外界对侗族曾经使用诸如“獠”之类的“贬称”事例之后写道，“在漫长的岁月中，侗族同其他兄弟民族和睦相处，相互学习，共同创造了灿烂的祖国文化”；接下来便是希望走出过去长期的自我封闭，宣传本民族的独特文化，增强与外界的交流，并争取参与到与其他民族共同发展的时代行列之中。如 1991 年 3 月汇编出版的《侗学研究》，就阐明了开展侗学研究对促进侗民族自身的繁荣进步和对整个中国民族研究事业的发展乃至各民族共同繁荣昌盛所具有的双重价值和意义。到了 20 世纪 80 年代，整个中国社会自上而下地把重心转移到经济建设方面并开始大力发展国内外旅游。这时，侗族自身的对外宣传则引申为力求通过对本民族形象的再塑造，带动侗乡经济社会的新发展，即所谓一度流行的“文化搭台，经济唱戏”，于是也便有了大力突出侗乡民族风情与文化特色的各类介绍面世流传。或许是经过了同其他民族加以对照比较后的结果，这些介绍不谋而合地突出了侗族文化风情的两个特点，一是民居建筑上的鼓楼、风雨桥，再就是音乐文化方面的侗族民歌。

自20世纪80年代初期起，四川民族出版社接连推出了一套介绍各民族文化特色的系列“风情录”。其中，《侗乡风情录》属于最早面世的品种之一。全书以大量篇幅和散文笔调描绘了鼓楼、风雨桥和侗族民歌，还介绍说侗家有多种节日和各样礼俗，而这些节日和礼俗“往往和‘歌’‘舞’‘乐’紧密联系”，由此又很自然地带出到过侗乡的外来客人赞叹“侗族真是个富于艺术才能的民族，懂得用艺术来美化、丰富生活”这样的旁证，似乎在于对读者产生心理诱导。同书两篇“外族”学者所写的序言则称赞作者们写得有声有色，情深意长，使人看过之后，不仅“有身历其境的逼真感”甚至于“令人向往”!1998年夏天，在中国发行量很大的专业性旅游杂志《旅游天地》约我撰写有关侗乡的文章，因杂事耽误，我推荐了一位侗族作家。不久以后，其文刊出，写得很美，题目就叫《侗乡如歌》。读后感到虽然作者主旨在于倡导从人类多元文化中把侗族文化当作一个整体来加以看待，但在旅游宣传的引导性“语境”里，其落笔也不得不受制于激发读者“到此一游”这样的渲染之中。文章写道:

在一些介绍少数民族的文字中，我们时常可以看到诸如“勤劳、勇敢、智慧、质朴、善良、多情”或“热情好客、能歌善舞”之类的形容。如果不是身历其境亲自目睹和接触，或许这样的文字也还是使我们感到抽象，但一当真正走近和进入，那感觉自然就大不一样了。

接下来的文字便是鼓动读者：倘若有朝一日来到侗乡，“你肯定会觉得这样的形容其实一点也没有夸张”。

然而此时如果用本节开头所举的三江“银水寨”旅游景点作为对照的话，上述这些“形容”便会显得不是“夸张”而是“失实”了。究其原因，其与宣传文字的关联不大，而是主要由于旅游景点的经营方式。如果说宣传介绍性文章只是与所写事象本身产生出“文本”与“本文”的某种想象性距离的话[12]，开发式的旅游景点则导致了在表演与观赏的人为过程中，形成以虚假民俗为基础的“旅游——被旅游”互动关系。其一方面借民族资源及其宣传促销之利制造景点，另一方面为了便于批量接待而进一步对本土原生的文化传统进行改造。在这种改造中，本来与喜怒哀乐、因声传情紧密相连的侗族民歌变成了游离在自身习俗之外、移花接木式的“文化盆景”；而被挑选出来训练为专事表演的侗族歌手则成了文化盆景中的“旅游民族”和外来观光客们的消费对象。这种改变在由本乡到异地、从乡村到城市的远距离表演生涯中体现得尤为明显，例如贵阳著名景点红枫湖“侗寨”里的侗歌演唱队，请的就是黔东南黎、从、榕一带的侗乡姑娘；其他诸如深圳“中华民俗村”乃至南方不少城市的商业性“侗家酒楼”里的侗歌表演，就被开发利用和变异得更为厉害。结果是形成了从最初的“民族宣传”引出“民族旅游”的兴起，然后使旅游地民众派生出“旅游民族”这样的新型身份，继而在市场看涨的刺激下又回到新一轮“民族宣传”这样一种开发模式与社会循环。而在这样的模式与循环中，旅游者见到并与之接触的并不是原本的族群自身，而只是其悬浮在旅游产业之上的文化幻影和人造身份。

从当今中国全面开发旅游的宏观环境来看，侗歌演唱及其所派生的身份变异并非个别现象，其可以在傣族歌舞（以纵情“泼水”为标志）、苗族吹芦笙以及蒙古族摔跤、藏族面具戏等其他景点事象中频频见到。对于这种改变，已经有人表示出忧虑和不满。新近以长篇小说《尘埃落定》一举成名的四川藏族作家阿来就不愿意接受目前在更广层面上形成的把中国少数民族单向度宣传、塑造为“田园牧歌”或“奇风异俗”类型的习惯做法，而主张恢复他们文化传统中的“同样严酷”和在严酷中的“生命力张扬”，因为“即便是少数民族，过的也不是另类人生”。其实在阿来的故乡四川阿坝，同样的事例已有出现，只不过体现的是另一种“走进村寨”和“融入家庭”样式而已。

三、村寨旅游：客人进门后的日常变异

阿坝在川西北部靠近青海和甘肃的地方，全称叫“阿坝藏族羌族自治州”，面积 8.3 万多平方公里，约为今四川全省的六分之一和成都市的 7 倍，平均海拔 3500 至 4000 米，境内的主要世居民族为藏族、羌族和回族。1990 年第四次人口普查时，全州的总人口有 77 万，由于自然和历史的原因，如地处边远、气候恶劣、交通困难以及工业起步晚、投入不够等，当地水平长期处在全国平均线以下（1988 年的人均总产值仅有 761 元）；

改革开放以后，其工农业总产值的增长速度与国内发达地区间的差距不仅没有缩小反而越拉越大。为此，从省到自治州一级的地方政府便在加速发展经济、尽快改变当地面貌的举措中把开发旅游提上了议事日程，强调说其对于促进区域经济发展，尤其是“改善投资环境、创收外汇等方面具有重要的战略意义”。1993年，作为科技攻关项目列入四川全省重点研究计划、并被视为具有对策和操作性的课题成果《四川省民族自治地方发展研究》正式出版，一百五十多位专家学者撰写出了长达70余万字的课题报告。其中专章论述四川民族地区的旅游开发，评估认为包括阿坝在内的全省民族地区人文旅游资源，尤其是藏、羌、彝等少数民族独具特色的宗教、民俗文化，优势突出，“前景非常广阔，开发潜力不可估量”，因此“必须全面开发”，并且力争使这些地方在将来成为“国内旅游重点”和“全国重要的旅游发达地区”。1996年11月，四川省人民政府招商引资办公室印制的对外宣传物《四川概况》(Sichuan Briefing)在将四川自豪地称为“资源大省”的同时，把“旅游资源”与“鼓励投资项目”并为一体，突出列举了阿坝自治州内“九寨沟”沿线的旅游区[13]。

不过早先出版的《阿坝藏族羌族自治州发展研究》在分析当地“州情”时，重点突出的是其作为四川重要的林、牧、水能及矿产基地、全省第二大藏区和全国唯一的羌区以及发展到当时仍有24.5%人口处于温饱线以下，因此还是一个“典型的‘老、少、边、穷’地区”和“落后的农牧业区”这样的方面，同时强调了由于地理上的区位特点——与青海、甘肃、甘孜藏区紧密相连，“阿坝州的稳定和发展将有利于全国和全省的稳定，将进一步加强国内、省内各民族的大团结”。在这样的指导思想下，其虽然也提到了阿坝旅游业的开发，然却在排序上放在倒数第一，远在农业、畜牧业、森林工业及医药、建材工业等的后面[14]。这就是说，从80年代末到90年代中后期，“旅游开发”在当地社会经济发展结构中的排序调整，表明有关部门及各方面的参与人士对旅游认识的转变和增强。

这种转变体现在现实的社会生活中，便是旅游业开始以形形色色方式和类型日益繁多地涌现于当地已被和正被“探明”可供开发利用的自然与人文资源地带。其中除了位于藏区村寨、目前已具盛名的国家级风景名胜区“九寨沟”“黄龙”外，展现阿坝地区独特民族风貌的还有汶川绵篪的“西羌第一村”和理县桃坪的“旅游专业户”。

“西羌第一村”位于阿坝距成都最近的汶川县南面213国道边上。从成都出发大约两个多小时就到了。当地的原名叫“羌锋村”，行政隶属于汶川县绵篪乡，后来为了适应旅游开发的需要，才改了颇为响亮的新名。如今取了新名的“西羌第一村”的确发生了明显变化。首先是有关部门经过探察把这里选定为由成都进入阿坝的第一景点及羌区民族风情的代表性村寨；接着开始一边组织开发一边对外大力宣传，同时注意到对该村的旅游地形象塑造：如改名、树牌——即在213国道通向村子的入口处树立起一座巨大醒目的旅游地标志“西羌第一村”，并且通过文字出版物以优美动人的笔触尽情渲染该村的民族特色：

从颤巍巍的吊桥过河，来到依山而建的羌寨，一股股淳朴、酣然的民族气息扑面而来。你会发现这里独特的传统建筑艺术和建筑风格那脚穿“云云鞋”、衣着古朴的羌家俊美小伙，那衣着艳美的羌家姑娘穿行在石垒的羌房之间不时送给你一份甜甜的微笑。那构思奇妙、色彩亮丽的羌绣，绣出了象征幸福、丰收、喜庆的花卉瓜果、飞禽走兽。其结构是那样对称，色彩是那么考究，做工是那般精细，不由得你不击节惊叹羌族人民（的）聪明才智即使是在细微之处都发挥得那样淋漓尽致加上寨中的小桥流水和悠长的鸡鸣犬吠之声，使你悠悠然有远离尘嚣、恍若隔世之感。

此后，由于开发初见成效，汶川县被省、州旅游部门列入全省首批“旅游兴县工程”的 40 个县份之一，继而又因“西羌第一村”之特色而被国家文化部命名为中国族民间艺术之乡，以至于“包括美国、日本等许多国家和地区的专家学者、旅游团体纷至沓来”。

1998 年 4 月，我到羌锋考察。时逢春耕农忙，男壮劳力们大概都干活去了。村里静悄悄的，坡度很大的小道上偶尔有一两位妇女背筐经过。透过两旁半掩的门缝，可以依稀见到屋里简单朴素的摆设和一些老年人在缓缓走动：一切都与其他地方的乡村相近，只是多了村里高高耸立的石碉。在到村里几户人家做过简短访问了解之后，我和同伴就离开了“西羌第一村”，心里并未因没有见到宣传文字上面描写的“动人情景”而产生失望，反倒觉得这里尚未在旅游开发的冲击下失去原有的山乡宁静可说是不同寻常。可是后来在汶川县城，一位出生于羌锋、堪称“羌族文化通”的县文化局羌族干部却十分不满地对我们说，主要是由于当地村民认识不足、能力太低的缘故，羌锋远没有达到旅游开发的目标。为此他表示次年退休以后就要回去领办旅游，力争把羌锋的“旅游产业”尽快搞上去，使羌锋真正成为名副其实的“旅游村”。

实际上，这位羌族干部的理想目标已经在阿坝的另一处旅游景点——九寨沟“则查洼”和“树正”等好几个藏族村寨里变成了现实。

南坪县的九寨沟属于藏族村寨中的半农半牧类型。1998 年 4 月 25 日，我们进入九寨沟，先后走访了沟内的“则查洼”和“树正”两个藏寨。

九寨沟是汉语的叫法。岷江上游的“沟”主要指分岔在山脉两旁的窄小谷地。整个这一带的沟很多。仅黑水县就有“四十八沟”之称。由于山体峻峭，地形复杂，耕地也大多分布在大大小小的沟内。因此有沟就（才）有地，有地就（才）有人，有人就（才）有寨；从而以“沟”为名的地方也就不止一两处。除了前面提到的梭摩五沟及来苏九沟等外，还有德青朗寺（相传为宁玛派僧人白若杂纳创建）的所在地“阴山八沟”及本世纪初以反朝廷命官凤全而闻名的甘孜巴塘“七沟村”。与作为地名的九寨沟命名方式相似，“阴山八沟”指的是今云灵寺、仁岩等八个自然村寨。只不过九寨沟的范围要广一些，包括了九寨三沟。“九寨”即则查洼和树正等藏族村寨，“三沟”则指则查洼沟、树正群海沟和日则沟。

在则查洼村，村长尼美告诉我们，九寨沟有自己的藏语叫法，叫作“日扎德古”（九个村）或“日扎域洼”（九寨沟）。尼美村长大约四十来岁，会讲汉话，但说起自己名字的汉字译法，却是临时拼的——九寨沟的藏语汉译“日扎德古”和“日扎域洼”也是如此。他开始准备在内地现代风格的村办公室接待我们，经要求，才领我们到了他的家中。他家的房子是连在一起的两部分，一半为传统木屋，一半是现代楼房。后者比我们刚见到的村办公室还大，共有十几个房间，20 多个床位。他解释说，这些新修的房间是用来作旅游接待的。自从九寨沟开发为阿坝乃至国家级和世界级旅游风景区以来，仅他们则查洼村就有半数以上的藏族人家修建了这样的“私人宾馆”，生活状况也大为改善：从原来的以农为主、半农半牧改变为主要靠旅游服务为生；与此同时还通过由景区管理部门统一收取门票的方式，向国家上缴了税收。

在树正村，情形又更不一样。整个村寨热闹若市，村口停满了车辆，四周全是出售旅游纪念品的小卖铺。进了寨子，本地导游便会引你参观由寨内十来户人家改建成的“藏族民俗村”：身着红色袈裟的喇嘛站立在门前鸣号致敬，节日打扮的姑娘小伙以歌欢迎，不久还会聚在特地搭成的露天剧场为游客举行专门的歌舞表演。

相比之下，理县桃坪的龙小琼一家情况又有所不同。桃坪是另一个远近闻名的羌族村子。小琼是该村土生土长的年轻姑娘。中专毕业后，在政府开发旅游的政策措施扶持下，她被培养为一名旅游干部，并“带领”全家做起了村里的“旅游专业户”。平时，小琼也到县里上班——去旅游局做些辅助性工作，同时获知有关游客来往的消息和指示；家里的人则照常务农，过着与世不争的平静生活。而一旦游客将要来访，她们一家就会迅速动员，全力以赴，在经过一番程式化的熟练收拾打扮后，很快进入以传统古朴的“民族风貌”迎接客人的“专业”状态：不仅穿上了色彩鲜艳的民族服装，准备好富有风味的野菜、“咂酒”，而且还会在丰盛的晚餐之后，邀请游客一同围着屋里的火塘跳起羌族传统的“锅庄”，以欢快热烈的民族歌舞让外来的观赏者们沉浸到心满意足的“人文消费”之中。当然，与之相应的回报是龙小琼一家收到的通常不会讨价还价而是任随来客给多少是多少的一点现金酬劳。

作为阿坝交通要道上的羌族村寨，桃坪很早就受到过外界注意。改革开放以后，日本、台湾等国家和地区的民族文化学者纷纷前往探访考察。龙小琼一家的彩色照片还登上了日文出版的考察报告。[15] 另外的一支四川大学和早稻田大学组成的联合考察队一行若干人则在龙小琼家前后住了一个多月。这种旅游观光考察的互动，使龙小琼一家的身份与生活均发生了变化。1998 年 4 月的那次考察，我们也去到了桃坪并且在小琼家住了一夜。访谈中，龙小琼和家人对我们谈到过她们三代“多民族融合”的不寻常家世。全家三代，四个姓氏，三种民族。父亲姓贾，是上门女婿，1997年桃坪村选举时，公布的民族成分为藏族，但他本人却自称是来自山西的汉族。小琼的姐弟随母亲姓杨。妹妹跟父亲姓贾。龙小琼却随祖父姓龙——因为与父亲一样，祖父当年也是上门的汉族女婿，并依本地习惯已改妻姓为杨，家里想通过此举让老人有所安慰。按理说来，龙小琼具有多族别身份，既可为“汉”亦可称“羌”，还可是藏，但是在桃坪开发民族旅游的进程中，其“羌”的成分受到有意强化，而“汉”之遗韵以至“藏”之痕迹则愈发淡忘了[16]。后来，到了1998年底时，这一强化又在具有示范作用的政府行为中获得了进一步完成：在这一年的全国共青团代表大会上，龙小琼被阿坝州有关部门选派为羌族唯一的青年代表，身穿民族服装飞往北京，出席数千人参加的盛会并受到国家领导人接见，成为了多民族文化的时代象征。其与众不同的“羌人”打扮也随之构成了学者论述中具有特殊意义的现代族群标志“羌人”打扮也随之构成了学者论述中具有特殊意义的现代族群标志[17]。

四、分析与结论

自20世纪80年代以来在中国大陆因开发“民族旅游”而派生出来的“旅游民族”现象可以说是一种多向、多因的互动过程。其中既有政府为发展经济、加速增长、解决中西部少数民族地区与东部发达地区差距增大的政治、经济和社会考虑，也有被“开发”的少数民族借此突出并推进自身地位及价值的历史、文化意图，与此同时，还存在着外来游客对旅游地文化传统的影响和冲击。三者之间，政府的意志起了决定性作用，堪称自上而下的国家主导型。

从经济学角度看，“民族旅游”拓宽了中国旅游行业的“产品”范畴和客源种类，有利于境内外市场的未来竞争；从人类学角度来说，“旅游民族”的出现则强化了中国社会所谓“多元一体”结构中的族群身份及其各自不同的文化分野。另一方面，旅游开发所关注的是“旅游地”（旅游资源）的形象包装及其对外来游客的消费吸引，而引出的结果却是“旅游民族”的身份重塑及其自我意识（族群意识）的重新唤醒、乃至消费与被消费者彼此间互为依存的差异需求。

这样，在旅游开发的推动下，“民族”成了一种可供利用的市场资源和族群交往的外在符号。其被看中和强调的部分主要是“民族身份”。为了使这种身份得到突出，开发与交往者们将其简化为更易于把握和利用的要素，即“民族特征”，并抽掉了与“特征”无关的其他内容。由于这种简化与省略都带有双方明显的主观色彩，从而往往使所利用的对象变成了游客眼中“奇风异俗”式的被动观赏物——其既具有人为的再造性，同时还产生出自古如此且永远不变的凝固印象。在这样的印象中：“穿青人”就意味着庆坛仪式，侗民族意味着遍地“大歌”，羌族必须喝完“咂酒”跳“锅庄”，至于藏族则象征着永远的雪原和“经幡”。

结合中国近代以来的历史背景，因发展经济、拓展资源而形成的“旅游民族”现象，应该说具有使少数民族及其文化传统重受关注的积极一面。中国社会的多民族性也由此得到了进一步认同和强调。比较几十年前一度将“穿青庆坛”等民俗活动一概视为落后迷信而硬性废除以及再早一些把羌民母语称为“蛮话”“乡谈”乃至“见到羌族唱山歌就骂‘蛮子狂了’”[18]那样的现象，如今为开展旅游而对少数民族文化“特色”进行的各种宣传尽管目的在于市场促销并且有所取舍、有所夸张，却的确已表现了明显的时代变异；而诸如侗族知识分子旨在获取文化传统的自我阐释权而倡导的“民族意识新觉醒”，则传达出少数民族对其未来命运的自主性。

中国范围内的族群关系，在经历了封建帝国时期的漫长纷争（“华夷”之辨及“入主”中原）和辛亥革命对“五族共和”的倡导，再到1949年后以“五十六个民族，五十六朵花”为标志的“多元一体”，如今已到了一个重要的再次确认和内涵重组阶段。各族群自身的文化身份，需要在相互区别与彼此交往的互动过程中，既维持现有的边界同时又对其中不尽如人意的局限加以克服。在这样的背景中，“民族旅游”的兴起及其所派生的“旅游民族”之出现，当视为中国民族问题一种内涵丰富的新呈现方式，从某种意义上说，亦即20世纪民族主义潮流冲击下全球社会转型过程中一个值得深入探讨的世界性现象。在这点上，大洋洲地区的“毛利人”、太平洋岛屿上的夏威夷人和北美印第安保留地内美洲“土著”乃至欧洲波兰与匈牙利等地的“农业观光村”村民等等，在一定程度上均已具有了“旅游民族”的色彩[19]，值得在全球视野的总体观照中加以比较研究。

总体说来，“民族旅游”开发中形成的“旅游民族”现象，是一种对文化之“异”的双向表达。在不少人认为“一体化时代”已经到来的氛围里，其所突出的是“不同”。只不过在国家一面，政府及其鼓励支持的开发者通过对“旅游民族”的建构，表达出将各异民族的文化“身份”与“特征”作为资源加以利用的意愿；对正被建构为“旅游民族”的一方而言，其则可以说试图借助于这样的开发，重新强调自己与众不同的存在。然而由于这种开发在目的上的短期功利色彩以及双方主体性方面的不对等，后者每每处于商业化的“被表达”状态，他们的想法和声音都不同程度地受到了干扰和扭曲。如何解决此类可归为具有普遍意义的“发展与保护”问题，看来还需要进一步研究。

注 释

[1] 本文获“中流基金”资助，特表感谢。

[2] 参见中国国家旅游局局长何光韦的讲话：《再接再厉，奋进开拓，积极培育和发展旅游业这个新的经济增长点》，《中国旅游报》，1999 年 1 月 7 日；《在’99 世博会旅游促销暨全国旅游市场工作会议上的讲话》，《中国旅游报》，1998 年 7 月 20 日。

[3] 云南省政府对发展本省旅游十分重视，一方面以“创优”（创办优秀旅游城市）为契机强化城市的旅游功能。另一方面开展“宣传

攻势”，大力进行旅游促销——自1997年起批准实施《云南省旅游宣传促销费征收管理暂行规定》，从而“建立了长期稳定的旅游促销经费来源，并组织旅游促销，开拓旅游市场”。参见刁海峰等：《从云南看中西部地区的旅游发展战略》，《中国旅游报》，1999年4月20日。

[4]《贵州省国民经济和社会发展“九五”计划和2010年远景目标纲要》，参见《贵州旅游文史系列丛书》编辑出版说明：《大有可为的旅游文史》，贵州人民出版社，1997年，第1~5页、第215~221页。

[5] 参见《贵州旅游文史系列丛书》总序《为发展贵州旅游效劳》及编辑出版说明《大有可为的旅游文史》，贵州人民出版社，1997年，第1~5页、第215~221页。

[6] 关于这一变化的具体情况，笔者在《穿青庆坛——以那民间习俗考察》的考察报告中有所描述。

[7] Richard Von Glahn:*The Enchantment of Wealth:The God Wutong in the Social History of Jiangnan*,Harvard Journal of Asiatic Studies51.2（1991），pp. 651~714；蒋竹山：《从打击异端到塑造正统：清代国家与江南祠神信仰》；另见宗力、刘群：《中国民间诸神》，石家庄：河北人民出版社，1987年，第632~633页及（清）汤斌：《汤子遗书》（卷一），第25b~26a页；《明清善本小说丛刊》第四辑•灵怪小说《华光王南游志传》（原名《五显灵官华光天王传》），台北天一出版社，1985年5月。

[8] 参见张兆和：《黔东南僅家身份的展示与商讨》，(Siu-wooCheung,*Representation and Negotiation of GeIdentities,* Melissa J.Brown,ed.*Negotiating Ethnicities in China and Taiwa,* University of California,1996,240~273)。张的文章在描述黔东南开发民族旅游对当地“僅家”身份带来的影响时，介绍了僅家人通过参与旅游景点的表演而

为确认自己的文化身份作出的种种努力。这一点在与《溶洞王国》同属一类的《苗岭新都》里也有所体现。该书“僅家婚姻习俗”一节的末尾专门补充说：“僅家已经国家民委认定为苗族，但其婚俗有独特之处，故在此仍以‘僅家的婚姻习俗’为题进行描述。”参见《苗岭身份作出的种种努力。这一点在与《溶洞王国》同属一类的《苗岭新都》里也有所体现。该书“僅家婚姻习俗”一节的末尾专门补充说：“僅家已经国家民委认定为苗族，但其婚俗有独特之处，故在此仍以‘僅家的婚姻习俗’为题进行描述。”参见《苗岭新都》，贵州人民出版社，1997 年，第 210 页。

[9]（明）邝露：《赤雅》。

[10]（宋）陆游：《老学庵笔记》。

[11]（清）李宗昉：《黔记》。

[12] 关于这种距离，参见徐新建：《侗族大歌：“文本”与“本文”之间的相关与背离》，《中外文化与文论》，四川大学出版社，1997 年总第 4 期，第 158～169 页。

[13] 四川省人民政府招商引资办公室：《四川概况》（SichuanBriefing），1996 年 11 月。

[14]《阿坝藏族羌族自治州发展研究》，黄代华等主编，四川民族出版社，1991 年版。

[15]《旅游学》（Intriguing Asia），1999 年第 5 期（《四川民族走廊》特集），（日）勉诚出版，1999 年 6 月，第 6 页。

[16] 根据 1995 年的调查统计，桃坪村总人口为 842 人，其中羌族 708 人，占 84%；汉族 98 人，占 11%；藏族 35 人，占 4%，得上以羌族为主体的多民族村寨。如今在把桃坪强调为“羌族村寨”的时候实际上便忽略了该村其他民族的存在。在这一点上，龙小琼一家可视

为一个突出的个案。资料来源：《桃坪乡志》，1986（未刊印稿），及王毅杰：《议话坪制度》，1999年（打印稿）。关于龙小琼父亲民族成分的资料，来自其本人的介绍和四川大学社会学系王毅杰先生的调查。

[17] 参见王明珂:《羌族妇女服饰: 一个“民族化”过程的例子》,（台北）《中央研究院历史语言所集刊》，1998年12月，第841~884页。王在文章中分析了“外界”如何将岷江上游特定人群典范化为“羌民”或“羌人”最后成为“羌族”的努力，也就是“民族化”或“少数民族化”的过程，认为今天的“羌族”实际上是在20世纪民族主义背景中，被人为“建构”出来的。另见王明珂:《华夏边缘: 历史记忆与族群认同》，（台北）允晨文化实业股份有限公司，1997年4月版。

[18] 关于旧时阿坝地区外人对待羌族及其文化传统的态度，参见西南民族学院民族研究所：《羌族调查材料》，1954年4月（1984年10月重印本），第41~47页。据该调查介绍，阿坝地区刚开办新式学堂时，一位自称“汉人”的羌族青年就曾因他母亲到其就读的威州中学来看望时说“乡谈”（羌语）而感到无地自容。参见同书，第109页。

[19] 欧洲波兰、匈牙利等国开展乡村旅游以及建立“农业观光村”的情况可参见王兵：《从中外乡村旅游的现状对比看我国乡村旅游的未来》，《旅游学刊》（北京），1999年第2期，第38~42页。

六

梭嘎记事：国家与底层的关联与互动
——关于中国首座“生态博物馆”的考察分析

上篇：暑期里的田野行程

一、“长角苗”名称后面的故事

贵州西部六枝特区的梭嘎山寨近来越发出名了，原因之一是自 20 世纪晚期以来，那里有一支被称为“长角苗”的少数民族引起了外界的日益关注。省城文化部门精心特制的宣传材料介绍说：“岁月流淌，年复一年。大山里有支以‘长角’为头饰的苗族，民风古朴依旧，风情迷人依旧。他们世代同大自然和谐相处。这就是贵州六枝梭嘎苗族社区。”[1] 当然近来当地更为引人注目的原因，更在于那里创建了被称为中国第一的“生态博物馆”。

2001 年 8 月的时候，乘着大学里的暑假空闲，和几位贵州友人相约去往六枝梭嘎，探访到与“长角苗”及“生态馆”有关的诸多事象，从而也算了却了一桩久已有之的心愿。

到达梭嘎的当天，正好遇上当地赶场。在乡场上最初见到的本地百姓，男子的装束几乎均已汉化；女子则汉苗杂有。其中的着苗装者，身上的服装大体相同，头饰风格却不一样：有的戴“角”，有的不戴；戴角者又分为两类：一类角上缠发，一类没有。缠发者看上去奇特显著，果然很有气势，但由于体积硕大，似乎有点笨重不便；相比之下，未缠发者木角突出，左右翘起，倒显得不仅醒目，而且灵巧矫健。不过如果就这样把她们都指认为“长角苗”的话，什么才是其真正的标志呢？

在所谓的族群前面加上“汉”“苗”这样的限定，说白了是一种人为相分的产物；而进一步在“苗”的前面又加上服饰、习性等由内及外的说明，以表示“黑苗”“花苗”“长角苗”及至“生苗”“熟苗”之类的区别，则体现出命名者对所言对象的有意分划。一个多世纪以来，在多民族汇集的中国西南地区，这种被他者命名的现象，也就是民族学、人类学专业术语中所说的“他称”，一方面随着历史条件和族群关系的演变而不断更替着，另一方面也在民间、政府以及学界的多重影响下引起了日益深入的关注和探讨。

六枝文化馆的徐馆长这次对我们说，“长角苗”这样的称呼说不清什么时候形成的，在当地你叫我叫都这么叫，时间久了，习以为常，原先也不觉得有什么不妥。最近经过思考才意识到应当改变，因为带有不尊重少数民族的意味。于是便开始在官方的正式文本里，尽可能注意不再使用“长角苗”，而改为“以‘长角’为头饰的苗族”。徐馆长没有具体说明促成这种反思和改变的动力是什么，但改称的举措，本身就已显示出中国社会的一种变化了。

然而事情并没有这么简单。进入梭嘎村寨后，当地民众所介绍的自称，与“以‘长角’为头饰的苗族”这样的修订依然相去甚远：他们用苗话把自己叫做“Meng-rong”，若用汉字记音的话，勉强可以记为“蒙容”。“meng”是“苗”的当地发音，“rong”指苗语的山林，通常被译为汉语的“箐”。此称绝非我们首次发现。在此之前，当地的汉族人士便已根据其意解释为“箐苗”，并且也已被村民们在对外交往中采用。比如，家住陇嘎村的杨鑫就在向我们演示“Meng-rong”的苗语发音时，多次用汉语将其翻译为“箐苗”。

展开来看，仅就汉话的称呼而论，什么是“箐苗”呢？“箐苗”就是“住在山林里的苗族”。这样一个是“长角苗”（“以‘长角’为头饰的苗族”，一个是“箐苗”（住在山林里的苗族），彼此之间取舍不同，各自体现的观察视角和传递的信息也存在差异。1999 年在四川成都召开的比较文学国际研讨会上，有学者宣读了专门论及梭嘎“文化保存”的文章。其照样使用的是“长角苗”这一称呼，并且还通过电视纪录片的播放，特意展示了梭嘎族群“头上戴角”的奇异特征，在与会者中激起了强烈的视觉效应[2]。而在一定意义上，可以说也正是这样的“视觉效应”，才使得远在深山的梭嘎社区从其他众多村寨候选者中胜出，获得了被建设为“中国第一座生态博物馆”的意外机遇。

这天，我们一行人兴致冲冲地走在梭嘎乡场上。或许是受了对“长角苗”宣传的事前影响，当沿途见到大多数当地妇女没有“头上戴有长角装饰”的时候，心里还似乎多少感到某种遗憾。

二、六枝特区

在如今宣传材料中所谓的“梭嘎苗族社区”，其范围主要位于贵州省六盘水市的六枝特区。六盘水市在贵州西部，与云南的宣威、曲靖毗邻。滇黔铁路自 20 世纪 60 年代就已修通。从贵阳出发，途径安顺，不到 3 小时就到了六枝。

六枝的隶属和沿革，说来也有一番故事。如今常见的材料大都介绍说，民国以前这一带曾长期归水西彝族统领。民国初年，中央政府继承“改土归流”方针，始置郎岱县，40 多年后迁县治到六枝区“下营盘”，并一度改建为六枝市。1962 年复改为县，但不过 4 年，便又在“三线建设”的战备需求下，与相邻的水城、盘县一道，被重设为有别于行政区划之通常单位的“特区”。

1978 年，三“特”并置，建成了如今的六盘水市。市治在水城；六枝仍为其中的特区之一。

近半个世纪以来本地如此频繁的区划变动，个中原由除了这里本属中央政权的初垦之地需要加强管理以外，作为现代意义上的新兴国家，在工业化、城市化进程中对资源和发展的急切需求，不能不说起到了相当重要的作用。而六、盘、水三地，恰好是中国西南的煤、铁富矿区，于是便很快成为国家重点开发的基地和行政变革的地方。

有意思的是，新城六枝凸显的结果便是古镇郎岱的失落。本来曾经在区划上同为一体，而且隶属方面还今昔错位的两地，正因了现代工业化、城市化和“三线建设”的缘故，一下就拉开了彼此的差距，无论是城镇规模、政府关注，还是与外界的交通都无法再同日而语。不仅公路干线的走向和铁路枢纽的安排都与似乎被逐渐遗忘的郎岱无缘，外地“三线建设”员工的大批渗入，又使其在六枝突然“洋气”起来的反衬下，显得“土气”了许多……

时过境迁。几十年过去，随着全球另一轮现代化浪潮的到来和中国工业化格局的变异，六盘水工业基地的位置发生动摇，六枝也失去了往日的风采。20 世纪 70 年代时，我曾参加春节慰问团去过六枝。记得那时的当地从市政到工矿，一派建设繁忙、热气高涨的景象。转眼不过数十载工夫，当再次到达同一个地方时，眼前出现的竟已是冷清和萧条了。

8 月 14 日这天，下火车后，时间已近傍晚。我们搭乘出租车赶到六枝工矿迎宾馆，等办好手续住进房间才发现，被整修一新的数层楼户，几乎就只有我们几位刚到的客人。街道两旁倒还开着不少店铺，其中用红灯和红毯装点起来的小吃“包间”，看上去也蛮有特点，可空空荡荡的，见不到多少顾客光临。在招待所附近一家饮食店里以一顿火锅充饥后，我们顺着马路随意前行。这时不过才晚上 8 点左右，我们就这样沿路一直走通了好几条街，竟连几辆汽车也没遇到。同行的朋友中刚好有家住六枝的人。这时乘散步的空闲，边走边向我们介绍当地近来的起落变化。从其口中我们了解到，特区的工矿单位已在不久前宣告破产，不但企业员工，就连政府部门的干部工资也大受影响，人心浮动，外出寻找出路的日益增多。而且由于正好地处以往的毒品故道，自“开放”以来，这里的烟毒现象死灰复燃，并且屡禁不止，致使不少与烟毒相关的恶性案件不断发生。具体的恐怖情节还在民间百姓中经过添油加醋，传得耸人听闻。

这样，本来在远离省城的偏远地方，能逢宁静悠闲的傍晚是求之不得的美事。可一旦联想到本地传闻，便让人觉得眼前的安宁清净背后，总晃动着令人不安的种种幻象。

于是不到 10 点我们便返回驻地，闭紧门窗，蒙头大睡，一心只盼天亮以后，尽早去到位于 50 多公里外的梭嘎山寨。与此同时，尽管冷清僻静，由此通往周边各处的旅游招牌依然忠实而醒目地呈现在工矿迎宾馆的院墙上——

（本地）地处铁路、公路交通要道。距著名风景旅游区黄果树、龙宫：43 公里；红枫湖：125 公里；织金洞：124 公里；

梭嘎生态博物馆：55 公里……竭诚欢迎惠顾！

三、“梭嘎”在哪里？

8 月 15 日上午，我们几经周折好不容易才找到一辆当地便车，同暂时不在驻地的博物馆馆长用手机联系上后，便匆匆离开招待所朝梭嘎驶去。

去梭嘎的目的是要考察当地被称为“长角苗”的独特族群，并探访在其基础上创建起来的“梭嘎生态博物馆”。然而到了以后，才发现无论是所谓的“长角苗”族群还是“博物馆”社区，在属地上都难以用“梭嘎”概括。汽车从六枝城里往东北方向开出 40 多公里后，来到一处人群拥挤的乡集上。驾驶员说：梭嘎到了，要不要停？原来梭嘎是乡镇，“生态博物馆”不在这里，而是在陇嘎。若要去那，还得往前。我们停了下来，在正逢集市的梭嘎镇上，作了短暂逗留。

“梭嘎”是当地土话沿用下来的老名，如今在行政上是贵州省六盘水市六枝特区的一个乡，正式全称为“梭嘎苗族彝族乡”。被人们称为“长角苗”的族群，事实上并不仅限于梭嘎一地，而是更广泛地分布在相互毗邻的三乡、两县、十二个村寨中，范围包括了六枝的梭嘎（乡）、新华（乡）以及邻县织金的阿弓（镇）数寨。既然如此，为何人们又会在概述时单单挑出“梭嘎”来作为“长角苗”及其相关社区的代称？而博物馆的选址最后并没在梭嘎（镇）而是在其所属的陇嘎（寨）了呢？

经过了解，才发现其中隐藏着同样值得细说的丰富内容。

在当地做过长期考察的“梭嘎生态博物馆”徐馆长（关于他还有更多的故事）在介绍“长角苗”分布情况时，使用最多的是“梭嘎社区”这一概念，同时将其与“十二寨”并提，说这里本是一个完整的区域；十二寨的村民语言习俗一致，有着共同的族源与文化，并且至今保持内部联姻，绝少与外界往来，近乎于一个自我封闭的统一体。果真如此的话，这样的统一体又如何被划分到不同的县、乡和村等行政体系中去的呢？显而易见，力量来自外部是国家的力量，为了分级治理，使用区划手段，以县、乡、村为单位，切割了本土的传统关联。只不过在进行这种切割时，有两种情况，一是并不清楚被切割对象本属一体，从而误作划分；另外则正好相反，明知故为，目的在于别的诸多考虑。中国的传统中，从古到今似乎沿袭着“普天之下，莫非王土”这样的观念。因此在决定行政设置时，通常由上面说了算；相反，即便是世代居住，百姓的立场和意见则是很少被考虑进去的。不是分封就是分划，最后形成的格局，还每每被视为天经地义般不容置疑。

就这样，如今面对文化同源却分属异地的“长角苗”，便出现了区域统称上的困难。无论称他们为“六枝人”还是“织金人”或是“梭嘎”“新华”“阿弓”人，都无法准确指代。最后勉强由有关人士在筹建生态博物馆的过程中，挑出“梭嘎”作为标志，然后再以“社区”概念来整合以往的行政分割。此番煞费苦心的举措虽然体现出了一点对既存局限的突破，但依然属于由外及内的改革，照样不是当地“十二寨”寨民的自发意愿。当我们去到其中的陇嘎和小坝田采访时，并未从当地寨民那里听到与整个“社区”相对应的地名通称，也没有听说存在统领十二寨的头目。在平时生活中，他们通常使用得更多的是“陇嘎”“蒙以”（小坝田）这样的寨级专名。各寨之间虽有联系，但彼此事务仍分别由各自的寨老、寨主和“鬼师”负责。也就是说，对于这些世代生活在闭塞山区、依靠农作基本自足的寨民而言，其实是有着自己另一套空间和行政系统的。相比之下，“乡”“县”“特区”一级的单位形同异物，如今是否适应还是问题，遑论“省”“市”和“国家”这样更为遥远陌生的高级概念了。

事实上，今天以“梭嘎社区”对外宣称的本地“长角苗”十二村寨，至少在创建生态博物馆的相关事务中，仍旧被主要划归六盘水市的六枝特区统筹治理。只不过在“社区”提法的背后，“梭嘎”的象征含义有可能促使“十二寨”区域通称的出现，并导致一个真正地方统一体的完成。当然这只是经过分析思考后的理性推断罢了。当我们停下车来，站在梭嘎熙熙攘攘的乡场里，仅从隶属六枝特区的一个局部进人和接触这一特殊族群的时候，对此还暂时无法感受到。

四、“生态博物馆”的由来

自 1978 年后，中国的国家政策实行内部改革和对外开放。

这一重大调整同样影响到博物馆领域的相应转变。经过同国外同行业的对比，大陆的专家们意识到，国内的博物馆建设无论管理体制还是设立类型都急需改革和拓展了。这时，国际上正处在一方面对既有的博物馆模式进行深刻反思、另一方面则不断在设立类型上推陈出新的转型阶段。各种专题博物馆、露天博物馆此起彼伏，乃至出现了遍及欧美诸国的“生态博物馆”运动。

贵州地处西南偏远山区，在中央倡导的“西部开发”浪潮下，迎来了新一轮的发展时机，省和市、县的各级相关部门无不争相寻找一切可能的拓展机会。创建全新样式的“生态博物馆”，既结合旅游发展又振兴博物馆事业，还能提高对外宣传的知名度，当然求之不得！于是就在上述至少四层因素的促使下，多方合作，将在贵州山区创建中国第一批“生态博物馆”的筹划工作开始有步骤地运作起来。其中涉及四组十分重要的关键人物：中国博物馆学会会刊主编苏东海先生、挪威博物馆专家约翰·杰斯特龙先生、贵州省文化厅文物处胡朝相副处长以及六枝特区文化馆徐美陵馆长。关于他们相互交往合作的背景，有关材料作了详细记载：

1994年9月，国际博物馆学会委员会在北京举行年会。其间，中方学术委员会、中国博物馆学会常务理事、中国博物馆学会会刊主编苏东海研究员与国际博物馆学会理事、挪威《博物馆学》杂志主编约翰·杰斯特龙先生进行了学术交流，特别是就生态博物馆和国际新博物馆学运动进行了深入的探讨。1995 年 1 月，贵州省文化厅文物处胡朝相副处长来北京与时任贵州省文物保护顾问的苏东海先生汇报贵州省文博工作，并表示希望在贵州省开发新型的博物馆。苏先生当即表示支持并推荐了在国际上颇有名望的生态博物馆学家杰斯特龙先生，建议成立一个课题小组，对贵州省开发生态博物馆的可能性和可行性进行科学考察和论证。经贵州省有关部门批准，省文化厅决定在 1995 年 5 月组织“关于在贵州省建立生态博物馆可行性论证”这一课题。根据贵州省文化厅的要求，苏东海先生代表中国博物馆学会正式邀请杰斯特龙先生参与本课题的研究，挪威政府和 NORAD 及专家本人均对本课题表示出浓厚的兴趣。挪威政府还将本课题列入《中挪 1995—1997 文化交流项目》中。NORAD（文化交流项目的执行机构）为挪威专家来华提供了国际旅费及必要的财政支持……[3]

后来通过课题组多方成员的合作调研，在实地对比了包括贵阳、榕江、从江以及黎平、锦平等地近十个候选村寨并经过一番“激烈的讨论”之后，有关方面最终选择了“梭嘎社区”，决定在这里建立“中国第一座生态博物馆”。

在进入具体的论证实施阶段后，除了国际专家、中央学者以及省厅官员之外，课题组成员里增加了当地干部，其中的骨干即为六枝特区文化馆的徐美陵。在交谈中徐对我们说，他在六枝做基层文化工作几十年，梭嘎来了不知多少次，对这里的老乡熟得不能再熟，寨上的群众差不多已把他视为自己人，亲热地管他叫“徐姑爹”，有的甚至把他戏称为“苗王”。徐介绍说他对建梭嘎生态博物馆有很大兴趣，因为其可望使考察当地少数民族文化的多年积累结出成果，同时也能对与当地群众结下的情谊有所回报。

相对而言，仅从上面引述的材料看，其他各类参与者的初衷和考虑也彼此不同。北京的苏东海研究员等是希望通过建立梭嘎生态博物馆，促进中国的博物馆事业得到改进，同时履行其作为贵州省文博顾问的职责。挪威专家杰斯特龙以及该国政府则把梭嘎项目看作国际之间的文化交往与合作。至于贵州省的文化主管官员，他们对这一机会的捕捉可以说有着更为宏大的考虑，即不仅把其看作“保护民族文化的系统工程”，而且视为“振奋民族精神、振兴民族经济”[4]，并“和国际先进的博物馆门类接轨”“增进与各国人民的文化交流和发展我省的文化旅游事业”的又一种举措[5]。

1995 年 7 月 24 日和 7 月 25 日，中国的全国性大报《人民日报》《光明日报》分别刊登了中国首座生态博物馆将在贵州六盘水市梭嘎乡创建的消息。接下来，到了 1997 年的深秋，《中国文物报》又登载了该馆正式由中挪合建的报道，并以醒目的文字强调了该项目意想不到的最新推进，那就是：中挪两国的最高首脑（江泽民主席和哈拉尔五世国王）出席了项目签字仪式，代表中挪双方协议签署的人分别是中国国家文物局局长（张文彬）和挪威外交大臣（沃勒拜克）[6]。

至此，梭嘎项目的级别已不可谓不高、意义也不可谓不大了。那么究竟什么是“生态博物馆”呢？根据生态博物馆的国际著名研究者、本项目的主要参与者之一挪威专家杰斯特龙先生的解释，“生态博物馆”可以说是对以往贵族精英式博物馆的叛离。简而论之，其基本形式和目的就是：把整个社区视为没有围墙的博物馆范围，通过自然与文化两种遗产的复合以及自我创建、自行管理的方式，帮助人民“有足够的权力在自己本民族文化遗产的基础上来创造自己的未来”，强调人们的文化个性，提高文化的自豪感，并使他们成为社区保护与发展的“最大受益者”。为了突出生态博物馆的创新特点，杰斯特龙特意将其所包含的“关键词”同传统博物馆做了对比，强调指出：

传统的博物馆谈论藏品时，生态博物馆就是指遗产；传统博物馆讲博物馆的建筑时，生态博物馆指的足一个社区所包括的区域；传统博物馆讲观众，生态博物馆指社区里的居民；当传统博物馆谈论科学知识时，生态博物馆就是指一种文化记忆；最后，当传统博物馆讲科学研究的时候，生态博物馆讲的就是公众的知识。[7]

应当说这是一个完整而激动人心的构想和实践。然而尽管经过数载努力，其成功的事例已在欧美地区不断呈现，可进入中国社会后，情况却似乎不得不大为改变。你瞧，在梭嘎项目的创建过程中，除了一层层强大突出的政府形象外，我们还能见到多少当地民众的身影，听见多少发自底层的真实声音？对此，中方专家在相应的争辩中做出的主要解释是“国情不同”。这或许是能够自圆其说的。可问题在于，如果剥离了最为根本且作为主体的“社区”当事人真正参与，梭嘎博物馆还能有什么创新？人们所试图保护和发展的对象又怎样体现？

1998年10月31日，梭嘎博物馆的开馆仪式隆重举行。来自中央和省、区的各级领导和挪威专家以及新闻媒体的一行众人浩浩荡荡开进梭嘎，为首座生态博物馆在中国诞生欢呼庆贺。据一位当时到场的记者回忆，由于当地缺水，庆典组织者不得不动用特区消防车辆专程拉水供应。

就这样，在主要来自省区、国家和国际的多层合力中，梭嘎生态博物馆终于建起来了。那么，作为其权利与归属的标志和象征，它的领导如何产生呢？也就是说，该由谁来掌管这个被称为社区博物馆的基本事务？根据“国情”，当然是政府做主，上级指派。经过挑选，最后走马上任的首任馆长不是别人，正是六枝文化馆的干部徐美陵。

五、社区“中心”陇嘎寨

2001年8月15日这天，我们一到六枝就不断同徐美陵馆长联络。徐不在，到外面办事去了，几经周折，最终才在电话里出现，并答应无论多晚，都一定在当天赶回梭嘎与我们见面。为了节约时间，我们决定自己先去。中午12点左右，在乡政府所在的梭嘎镇上作了短暂停留之后，我们便驱车继续朝十多里开外的陇嘎驶去。这时我们已经知道，那里才是“生态博物馆”的中心所在。

汽车抵达陇嘎，停在了作为博物馆外形标志并兼具接待功能的“资料信息中心”附近。这路是因创办博物馆才新修的，拥有四五间平房和一个庭院的“中心”也是新建的。晌午十分，“中心”里没见有什么参观者，倒看到一群男子聚集在屋子里“玩耍”，玩的是“猜骰子”，赌注几元、几十元不等。众人严肃专注，很少开口，也没谁顾得上理睬我们。坐庄的汉子身披外衣，嘴上吸着纸烟，神情显得自信威严，使我想起多年前在黔东松桃靠近湘西的地方见过的山民。

一位负责招待的伙计过来把我们迎到会客厅，倒上几杯茶水后就不见了。前面一点的草房前，有几位身着民族服装的女孩在画制蜡染。草房是紧锁上的，没人居住，据说是过去的接待室。

陇嘎处在一片开阔的山地之中，相对位置很高。由此望去，周围是一望无际的低矮群山。但寨里的民居大多还在更高的半山腰上。博物馆“中心”的这几间房屋建在与民居相脱离的地方，样式也与众不同，显得突兀和孤立。尤其是院门上面用石料堆砌出一个巨大的“长角”，让人想到多半是外来专家加工创制的作品[8]。

休息一会后我们就到寨里去找乡长。乡长不在，到梭嘎赶集去了。他的儿子和媳妇同我们摆谈了好一阵乡长才回来。通过交谈，我们了解到不少有价值的情况。

“梭嘎十二寨”如果可以这样统称的话——其实大都有各自的土语名称，并且往往都以“meng”（蒙）的发音开头[9]，比如“陇嘎”叫 meng-gia；“高兴”是 meng-yi，“大湾”是 meng-bie，“安柱”是 meng-zi 等等。按乡长儿子杨鑫的解释，meng 就是“我们苗族”的意思。寨上的人名也是这样。一方面对外有汉名，另一方面又有对内的苗称。乡长汉名姓“杨”，苗姓则为 yi-zi-re。村上的另外大姓“熊”和“王”，分别为 yi-de-re 和 yi-suo-van。此外，同为杨姓者当中，又进一步分成所谓的“三限”和“五限”两种，杨鑫解释说彼此的区别在于“三限的女子不爬楼”，原因是从前的这一支里有位妇女上楼后曾被食物卡住，“后来就不让她们上楼了”。不过在随后得到的专家报告里，其区别的标志被强调为祭祀的不同：“三限杨”的祭祖限于三代，“五限杨”则放宽至五代。并且两相比较，三限家族“镇不住”五限家族的屋基，因此地位要低于后者，云云[10]。如果将这两类不同的论述兼顾对照，或许倒能加深对当地状况及其相关反应的了解。

杨乡长在梭嘎任职多年，但他不仅说不清所谓“长角苗”十二寨的地名通称，在行政上也无权干涉其他乡村的事务。倒是专家们近来的调查，触及并在一定程度上解释了这一问题。比如有关报告指出：“尽管这十二个村寨分属于六枝特区和织金县两个行政县（区）、三个不同的乡镇，但家族的血缘关系和婚姻的亲戚关系的存在，把十二个村寨紧密地联系在一起，从来没有被割断。”报告者由此认为：从地理分布看，“他们虽然分属两个县区，但交往很频繁”[11]。归结起来，是“由于文化的属性而打破了行政界限”[12]。

此外，考察材料还注意到当地在行政管理方面的实际特征，即延续着由寨老、寨主和鬼师这些“自然领袖”共同“担负村寨的精神事务和宗教祭祀”的传统。根据杨乡长的介绍，目前虽然组建了代表国家的行政机构，如乡、村之类，但实际上当地村寨的内部管理依旧是分工明确的。乡长说：

（从年龄上看）寨主年轻，寨老年纪要大一点。寨主管的是这一个民族的民族文化和民族矛盾。村长管的是行政和经济发展。寨主管的还有民族习俗、民族纠纷和丧葬、喜事等。譬如像织金的苗族寨子和我们这里的苗族寨子发生冲突，就由双方的寨主出面调解。（调解时）吃住都接待你，喝酒都拿给你喝。如果是代表这里的行政职务村长去的话，先第一句话就喊：“介绍信！否则我就认不到你。”

寨主是民族自己的领导。如果（发生）我们两个争吵，就请寨老调解。在僵持阶段请两个寨老。按民族习俗，公平的来处理，和平解决。寨老就起这个作用。他毕竟是代表整个寨子的利益讲话。如果是陇嘎的寨老还调解不了这个问题，再通知其他寨子的寨老来参加调解。如果三个寨老都讲我错了，我自然就错了……

在此，杨乡长身为一级政府的官员，却丝毫没有看低民间的寨老寨主，反倒强调说他们是“民族自己的领导”，说明除了以乡长的身份兼顾与国家的外部沟通外，其族群认同的内部感情依然深厚。关于“梭嘎社区”及其博物馆的命名，他也多次强调“长角苗”的说法是不对的。在过去开发民族风情资源的浪潮中，曾经有人提出用“梭嘎‘长角苗’风景区”一名，遭到本地群众的反对。后来又在几年前召开于水城的苗学会上提出讨论，最后由苗族人士定为“梭嘎苗族文化村”。根据资料，当年“水城会议”的讨论主题之一是“增强苗族的凝聚力”[13]。如果乡长说的情况没错的话，梭嘎的事例便已融进了一个更为广阔的族群认同背景之中。

乡长家在陇嘎的半山腰上。对于建在家门口的博物馆，他谈出来的见解是，修馆的目的是“为了保持传统民族文化”。因为“如果再晚20年、50年，生活和文化程度提高以后”，这里的人们就会“和其他民族同化”。那时，年轻人“蜡染不会，刺绣不会，民族传统不会，一样都不会”。那样一来，也就不再有这支民族了。

当问到有关这支民族的来源时，乡长一方面回答说“没有结论”，一方面又讲述了一个传说：这里的苗族和周围的语言不通。但讲到它的来源，大家讲的都不一样，各讲各的道理。但是我们苗族没有文字记载。一些年纪大的摆来是哪个朝代，是咋回事，但实际上按照历史上，又和历史不相符。他讲起来的时候讲得很有道理，很有味道。但结合历史一分析，又不符。

他们说是纳雍下来的。可再早又是由何处来？不知道。

有一种说法是：最早的时候，杨家和李家成为弟兄。杨家在河这边，李家在河那边，当时就这两家落户在这。在山上放羊，放着放着就唱山歌，一唱那边就应和。这样两家就对话。杨家来得早一点叫大哥。李家来晚一点叫二哥。这两家开亲，都从外地来，是弟兄，直到现在两家都开亲……

按照计划，博物馆的“资料中心”在陇嘎建成之后，要由上面拨款对寨上的民居进行选择性改造，即对选中的住房按原貌加以修复改善。这次我们去的时候，头一批选中的十户人家已有五户改建完了。主管部门为每个改建户提供人民币援助，前提条件是必须保持房屋的原有样式，并在改建好后承担对外接待任务；传统的苗族工艺如蜡染、刺绣等“都要在它这个房子里面去表演”。这样，一方面使传统文化得到保持，同时还将通过表演和出售工艺品，走上脱贫致富之路[14]。

杨乡长谈到：

国家拨款维修陇嘎木房，一户两万。结果考察下来，只有这十户是木房。为了保持过去的样子，先维修这十户，然后再继续改造，也和这个一样改造。要求论证过的是里头用砖可以，外头用泥巴抹一层，要保持原样。以后客人来，大部分都要住在农户家，不修大宾馆。为了旅游、经济和文化这三方面，在建设当中都要考虑到。因为要发展经济你就必定要改进自己的吃、住、穿。如果只是保持它的民族特色，保持它的原貌，但一进去以后头都要勾起，扬尘把衣服搞得很脏，（那么）这个面貌还是没有改变。

乡长提到的这种“保护”和“改变”矛盾，并不只反映在物质方面的房屋建设上。通过交谈，我们发现，寨里曾被选派去过挪威的年轻女子熊华艳的生活经历同样也能说明问题。

六、出国女子熊华艳

熊华艳出生在本地，今年刚满 20 岁，几年前嫁到乡长家，成了乡长的儿媳，如今虽说已是一个孩子的妈妈，可性格开朗，看上去很年轻，样子也比较出众。与其他本地村民一样，熊华艳也有自己的苗名——是她丈夫杨鑫告诉我的。其读音近似于 Cen-fu。Cen-fu 这名翻成汉话不大容易。为了表述方便，姑且先译作“岑芙”吧。有意思的是，当我叫出岑芙这个名称时，她忽然惊讶地看着我，一副不相信我们竟会知道并能叫出的表情，后来又显出不好意思的样子，仿佛自己的苗名被人这样叫出便会产生什么特殊效果似的。

岑芙一度是十二个寨子唯一的初中毕业生，目前已在陇嘎小学做了三年的代课老师，教寨上六至十二岁的孩子念书。2000 年 9 月的时候，上级忽然通知说派她出国，去从没听说过的挪威学习参观，于是一下就又变成了这一带头一个外出那么远去见世面的人，而且还是女性。在挪威呆了八天，是国家和省里面组织的，目的是去学习了解国外的生态博物馆和民族文化保护。接待的主人就是挪威专家杰斯特龙。他对人很好，还拿出许多当地的民族工艺品给她们比较。岑芙说，那些刺绣跟这边做的一样，看上去都差不多。“可惜杰斯特龙先生去年死了，不然说好还要到梭嘎来看我们。”

到挪威后印象最深的是什么？我们边翻看岑芙在挪威拍的照片边问。

岑芙回答说，印象最深的就是人家有文化。有文化才从事那些很好的工作。“不像我们这点，没有文化，一天就在苞谷地里挖。”

徐美陵馆长后来伤感地对我们说，出国过后熊华艳的心变了。她返回寨子的第一句话竟然是：“我再也不想在这里了。”

本来嘛，这有什么好奇怪的呢？触景生情，见异思迁，或许这才叫根本的变化。但令组织者始料未及的是，原本选派当地代表出去的目的是想让他（她）们能够在开眼界后，回来带动本民族的文化保护和发展。谁知竟会反倒生出“外流”之心？

对此，熊华艳补充说，按照上面的安排，最初是让博物馆的馆长去，后来才改派村民的。

我们问她今后有没有打算当博物馆的馆长。她说不。如果能出去的话，她就组织村里会唱歌跳舞的女孩到外面去表演，挣钱。“去哪里？”“深圳，广州。”

当天正逢赶场。岑芙从乡场上回来，穿的是长裤和T恤衫，精神得很，又会说汉话，一点也看不出和城里的姑娘有何两样。

只是在随行记者的一再要求下，才进屋换了原来的民族服装，然后花了很长时间，戴上了头上的木制“长角”。岑芙说，这里的姑娘一般十五六岁开始戴角。过去母辈们通常是每天早上起来都要梳戴完毕才去挑水。现在的年轻人慢慢变了，平时里不再每天都戴，而是可戴可不戴，视需要而定。问及原因，回答说可能是嫌麻烦吧。我们注意到大概是由于常年戴角用力绷缠的缘故，陇嘎寨上的妇女，大多出现两鬓脱发的现象，年纪大的就像半秃一般。

一阵工夫以后，岑芙终于穿戴完毕，大方爽朗地走到光亮处让众人拍照。这时的她虽说还只是戴角而没有缠发，可也因忽然恢复的独特英姿而让大家不得不连声感叹了。同行的深大老师边用数码相机拍照边一个劲地说，这样的气质实在少见。众人的夸奖使得岑芙感到很高兴，希望回去后能把照片寄给她。可惜这些夸奖都是外来的，这样的高兴也转眼即逝。当来访者们纷纷离去之后，生活中类似于保护与发展这样的真实烦恼，还不是要继续留给当地村民自己去面对和承担？对于熊华艳来说，更为重要的是，国家说定就定，让她出国参观，可真见了世面从而人心思动后，却再找不到谁来为她指路解惑。寨上和家里的状况已不能再令人满足了，在与家人的沟通中甚至出现了裂痕……

展开来看，面对西南地区各少数民族村寨的近期处境，岑芙（熊华艳）的情况并不孤立。20 世纪 80 年代黔东南地区的一些侗族姑娘也同样有因被选派欧洲，回来后与本土产生疏离，乃至难以出嫁的事例[15]。无论哪个民族、何种形式，对外的文化交流无疑是必要的，不过一旦涉及到从国家到村民这样巨大的权力落差，如何做到有效沟通平衡，以确保各层面的最终权益，显然还需深入探讨。

七、首任馆长徐美陵

当徐美陵馆长赶到陇嘎的时候，天已黑了。中巴车早已收班。天热坡陡，他是走路上来的，走得气喘吁吁，浑身是汗。偏又不巧的是，当晚没电，几米之外就看不清东西。他还没进馆门就大声招呼：嗨呀来晚了，对不起让你们久等了吧。说完走过来，在树边的桌前坐下，立刻就同我们聊起博物馆的事来，并且话一打开就收不住，一直聊到晚饭后夜深人静。

我 1972 年的时候就来过这里了。那才叫封闭。我经常在宣传队穿起黄军装，背起黄包包，挎着海鸥相机，从这条山路上来。我来采风。听说这儿有支很独特的苗族，我就来看看。走路哇，从岩脚走路过来，渡船！当时没有汽车，路都没有，封闭得很。

那时候的这山哇，植被好得很。路上都是竹林成片的灌木丛，很密。进来以后你根本看不到寨子。走进一家才看到另一家。现在都砍得光光的，植被破坏比较大。当时我来的时候是冬天。我真的体会到大军进山到少数民族地区的那种情景，那种感受，就像电影上看到的一样。进来的时候，语言不通。杨乡长带着我——那时候他还是个小伙子。看见老人穿长衫，男的穿队对襟服，全部绑腿都是白布毛毡，基本上没有汉化。一进来拿起相机就想照相。老远就看见这些人站着偷偷地看你，等到你一要照相，一讲话时，就一下子不在了。害怕，跑光了。等你走后就看到那个门开开了。他们从门缝缝中打量。你一给他招手或想给他照相时，他又一下把门关起，根本就没有办法接触。已经有 30 年啦！

徐美陵是南京人，1948 年出生，父亲是南下干部。他从小在贵阳长大、读书。最早的时候想当空军，政审没通过。人生的路从此转变。“文化大革命”时参加学校宣传队，先是学吹小号，后来又改为在“样板戏”《白毛女》（芭蕾舞剧）中担任男主角。1968 年上山下乡，到黔东南的三都水族自治县插队。三年后被工矿的军代表作为文艺人才招工到六枝，一直呆到现在。正如他所感慨的那样，如今“已经 30 年啦”！

30 年来，徐美陵一直在特区基层做文化工作，自学过电大的古建专业，被提拔成特区文化干部后，主要负责地方民间文化的收集、整理。因经常去往梭嘎调查，同村寨里的老乡十分熟悉。“生态博物馆”项目启动以后更是三天两头就往各寨跑，为上级指派的诸多事务而同当地群众频繁打交道，以至于获得了“姑爹”“苗王”“山寨王”这样的昵称与浑号。不过即便这样，也不等于说他就注定是梭嘎生态博物馆的馆长人选。之所以被选中并获得任命，还与他作为政府基层部门的文化干部有关。而深究下去，又不得不提到中国现存的国家体制中“条”“块”分割的奥妙。

所谓“条”，即指从中央到地方以行业或部门来归口的垂直系统；“块”指的是中央以下省、市、县直到乡、村等横向组成的各级地方政权。二者都代表国家并且最终都属中央领导，是中央集权的不同体现方式。“梭嘎社区”的建设项目，从行政范围来说，是在六枝特区和织金两县的地盘上，但它的创意和发起却始于省文化厅胡朝相副处长与北京国家博物馆学会专家苏东海的联系、商谈。以后就由北京的中国博物馆学会与贵州的省文化厅分别提出立项并获得国家文物局与贵州省政府的批准。在贵州省文化厅向省政府提交的请示报告中，尽管也提到该项目与旅游等其他内容相关，但显然因受行业“条条”的限制，便基本上把旅游等部门排除在外了。《报告》提得最多的参与主体是省、市、区“各级文化主管部门”；而在不得不涉及旅游的时候，特意添加上文化二字，使之变为“文化旅游”，以显出文化部门予以统管的必然。这样，正由于现存国家体制中的条块并置与行业划分，在业务上直属省文化厅领导的六枝特区文化馆馆长徐美陵，因其具有代表上级部门管理梭嘎乡村基层文化事务的身份，自然就成为了博物馆馆长的最佳人选。而假设此项目是由国家和贵州的旅游主管部门“牵头”组建，或有旅游部门参与合作，事情的结果便会两样，是否还由徐美陵作为中央政府的基层象征来行使管理梭嘎生态博物馆的权力又是问题。在这方面，人们不是没有看到，比如建在另一个“特区”

深圳的旅游项目“中国民族文化村”（另一种类型的“博物馆”）就不仅由旅游部门筹划创建，而且是旅游行业里面的超大公司在经营管理，只不过里面其实展示的是“旅游民族”和“表演文化”罢了[16]。

夜深人静，我们和徐馆长的交谈还在进行。在没有电的房间里，烛光照着问答双方，也照着几位在一边旁听的村民。远处半山腰的村寨，乡长及岑芙一家或许已经入睡。在投资修建来保护和发展当地族群文化的博物馆“中心”里，还听不到多少当地主人的声音。徐馆长说自1986年以来，特区文化馆人员就陆续收集整理了有关本地传统的丰富资料，比如对这里各寨的寨老、寨主和鬼师一一访问登记；博物馆建成后，又开始规划采录各种类型的口头传说和宗教仪式，等等。其中不少已录人博物馆“中心”的电脑里面，可惜停电，看不成。

谈到“中心”的硬件设备，徐馆长强调说：“梭嘎博物馆”是中外合建的。在建设阶段，挪威方面援助近90万元人民币，主要就用来在陇嘎修这座由五间平房组成的“资料信息中心”和配置里面基础设备。而另查两国签署的合作协议，中国方面主要负责“提供资格可靠的当地人员及财政和其他资源，以便本项目成功完成”。那么为什么要费如此的劲在梭嘎建“生态博物馆”呢？徐美陵说他本人的理解也有一个逐渐深入的过程。

当时为“生态”这个词争论了好半天。我们当时也不明白“生态”是什么意思。以为“生态”的概念就是原始森林，以自然生态为主。而实际上他这个所谓的生态博物馆是以人文生态为主、自然遗产为辅。指的主要是文化遗产。并且它的自然遗产也不光是树，是山水，还包括自然生活，宗教，一些自然生活中所发展的东西，都要保存下来。

后来我们当中的一些人又提出这种建博物馆是不是保护落后？因为它容易使人家想到，保护一个原始部落，可能就保护它一大帮落后的人。就像美洲的印第安人一样。对方回答不是：生态博物馆要求保护的是它那一段历史，而不是保护他现在的贫穷。

说到这里，徐馆长又强调中挪双方还有过分歧和争论。

为了建设中国的第一个“生态博物馆”，我们就提出一个新的概念，就是“中国特色”。也就是说要根据中国特点，一个是保护我们优秀的民俗文化和优秀的历史遗产；但就拿这个陇嘎来讲，保护这段遗产的同时，还要让它发展、让它脱贫，让它生活有改善。这样，我们建设“梭嘎生态博物馆”的两个概念就是：保护它原来的这段历史不变，但是要去掉那些不好的东西，像不卫生、不良的生活习惯。特别像教育方面，举个例子，（本地传统中）小姑娘不许读书这一点就坚决要改变过来。小女娃必须读书。像这一方面就是去掉它原来不好的东西，好的东西掺杂进来让它的社会发展。但是同时要保存他这一段历史。这就是我们提出来的生态博物馆的概念。

实事求是地说，像徐馆长这样的理解和言谈，在陇嘎寨的村民中是很少有人想得到的。倘若一定要创建覆盖“梭嘎社区”的生态博物馆并且还要进行国际合作的话，位于中央集权之最底层的当地民众一时无疑是会有许多困难的。在这样的体制下，像地方干部徐美陵这样的特殊中介，被视为一种必要的过渡环节也就有了合理性。问题在于对此“过渡”，不管是过渡的起点、目标还是过渡的方式和程序，关涉的各方是否都能清醒认识并协调分工。在这点上，徐美陵本人的心中是没有数的。他说到：

按挪威和国际博物馆学会的惯例要求，生态博物馆是社区村民自己管理、自己发展。包括这个资料中心，都由社区的优秀人员来操作、保护，政府一概不插手。按道理是这样。但由于我们国家的国情，好像不太行，你交给他以后，（他）就打酒喝了。他有时候钱用不到正道上，所以操作这方面基本上就由政府，也就是由我们这一部分代表政府来操作。

在中国修建这个馆时，整个社区就是一个博物馆。这一点现在的村民还意识不到。他还没有把自己认为是博物馆的，他还认为修这个房子，陇嘎“中心”就是博物馆，而寨子就是寨子。他也知道寨子和博物馆就是在一起的，但总是要把它分开。分开的原因就是由于我们的体制是政府参与。所以现在我们的操作过程就是现在由我们全面掌握，但逐步过渡到给他们。至于实现的年份就不好说，十年二十年说不清。如果现在交给他们，他们也不知道怎么管，也不知道怎么搞研究，也不知道怎么展示自己。所以现在就不敢交出去。

下一步要成立一个管理委员会，章程都制定好了。这个管理委员会主要就是履行对村子的职责，他要在这个博物馆里履行的职责，包括对外旅游，哪些东西能卖，哪些东西不能卖，哪些东西是他们管的，要怎么约束人，就要在这个管理委员会来产生。产生以后，村规民约也罢，村的管理办法也罢，都要在这个管理委员会产生。那么管理委员会就要选出他们自己的负责人，来具体执行管理。管理委员会办公室就设在博物馆资料中心。这就是我们下一步准备逐步过渡的一种尝试。如果他们能够管，那么我们就把它全部交出去，我们就像顾问一样在后台给出点子，指导怎么搞，操作都由他们自己操作。

根据章程，此“管委会”是“在县人民政府管辖下的由以长角为头饰的苗族代表选举产生的群众性组织”，其成员“应以苗族为代表”，并且还指出该机构只具有过渡性质，“待条件成熟的时候，由社区居民民主选举生态博物馆馆长，从而达到由社区居民自愿参加、自己管理的生态博物馆（之目的）”[17]。

按照徐美陵的说法，梭嘎博物馆的“管理委员会”最迟应在我们谈话的下月建好，并开始行使职责。

不知怎样。但愿有成。

下篇：实践着的现代理念

一、保护什么，为何保护：同一过程中的不同角色

通过对梭嘎一带“长角苗”族群在自然、历史、经济、文化以及宗教和社会组织等诸多方面的考察评估，中挪双方的考

察组成员得出了如下结论：

这是一个难得的、活生生的文化整体。尤其可贵的是，这支长角苗在全世界只有这个社区的 4000 多人。因此，这个文化体已成为全世界文化遗产的一部分，具有很高的保存价值。

于是专家们认为，对梭嘎社区的“长角苗”进行保护将有三层意义，首先是科学研究，其次是地区发展，继而是对民族和省、国家乃至全人类做出贡献。而保护的方式便是建立集自然与文化为一体的“生态博物馆”。他们指出：

建立一个生态博物馆把这个宝贵的民族文化加以保护并使其延续下去，必定会受到民族学家、人类学家、社会学家、文化学家、民俗学家等科学工作者的普遍欢迎，同时也必将为推动梭嘎社区的社会、经济发展，为苗族，为贵州，为中国乃至全人类文化遗产的保护做出贡献。[18]

自 20 世纪以来，在人文社科领域关于充分尊重“族群传统”和尽量保护“人类遗产”的意识与讨论已逐渐在世界各地流行。“联合国教科文组织”等跨国机构也为此进行了一系列相应举措。其与自然科学方面关注“地球生态”和保护“自然资源”的潮流相互呼应，共同形成了探讨人类将如何在这个世界继续存在的“新语境”。“语境”之“新”，一在开始关注多样呈现的“共时资源”，一在看重与日锐减的“历史积淀”，同时再度检讨人类追求“发展”的当下行为。

在这样的潮流下，“保护”成了普遍出现的关键词，并成为“发展”概念的并置、制约与平衡的“伙伴”。不过正如“发展”一样，无论作为理念还是行为，“保护”本身也同样有着主动与被动之分。对主动者而言，“保护”意味着自愿、自觉地守成、维护和捍卫。被动者则多半是在被发现、被评估和被珍惜之后的支援和管理，属于被唤起、被激发和被卷入类型。彼此起点有别，主体迥异，过程也不相同。

就梭嘎社区的事例而言，对于外来专家的判断评估，比如其“已经成为全世界文化遗产的一部分”之类，本地的村民未必能够理解；因此考察报告提出的那些“必定会受到民族学家、人类学家、社会学家、文化学家、民俗学家等科学工作者普遍欢迎”的保护内容，也未必会成为社区主体民众的共识。而正由于起因于外来刺激和干预的“保护”行为，倒可能激起当地人们的某些“意外”回应——比如我们在陇嘎寨上见到的妇女们为了向来访游客出售而忙着制作本地蜡染和刺绣品那样，再就是体现在已扩展到苗族上层精英圈内对于从“梭嘎‘长角苗’风景区”到“梭嘎苗族文化村”的名称定位中。也就是说，作为某一族群文化的承载者和当事人，梭嘎村民这样的被保护“对象”将怎样转变为实施保护的“主体”，还值得试图以“生态博物馆”等现代方式保护族群传统的人们去进一步思考和探寻。

二、何谓国家，何为寨民？不相对等的关联互动

在中国过去的传统中，由司马迁《史记》等“正史”所陈述的“华夏中原中心观”形成以来，用“西南夷”这种指称对待周边的不同族群便一再出现在政府官员及文人精英的言行之中。而“西南夷”一词拆开来看，体现的是把审视对象定为“空间的边缘”和“文化之异类”的结果。而以“家长制”和“分封制”为特征的王朝体系建立后，统治者追求和推行的目标则是政治上的中央集权和文化上的大一统。在这样的框架里，很难谈得上对不同族群的文化传统进行专门保护。相反，呈现得更多的是理念上对“非我族类，其心必异”的断言和行动中分别以羁縻、教化和征服、剿灭来呈现的“党同伐异”。即便有人提到“和而不同”，也更多只是一元体系里的和谐相处，而非多元并置中的平等共存。此外，这种以华夏中原为中心的政治文化秩序，在历史的形成过程中事实上也多次受到异族入侵——比如所谓“五胡乱华”和“蒙元”和“满清”两个王朝——的周期性冲击。

近代以后，“华夏—中原”为中心的正统体系又一度遭到来自西方的挑战，以至于孙中山这样的先行者在以“驱逐鞑虏”为起点的民国革命中，也因出于国家建设和自我保护的需要，不得不转为倡导中国内部的“五族共和”。自那以后，尽管时有反复，但关于重新看待和调整国内多民族关系以及重新认识、评估各民族传统的问题，便还是在反思传统和引进西学的双重

动力下，被不断提上了国家的议事日程。在这样的历史背景下，反观20世纪50年代以后中国政府在大陆实行的“各民族大团结”政策及其指导下的少数民族区域自治等举措，无疑具有历史转折的划时代意义。在一定程度上，可以说也为后来“梭嘎生态博物馆”这样的族群保护项目奠定了必要的国家基础。

然而由于人口、社会和历史等诸多方面的原因，中国内部的各族群之间并未达到事实上的平等与平衡。国家的权力也被自上而下地垄断于各级政府，并过度集中在中央手中。另一方面，生活在以千千万万具体村寨为单位的各族群民众，除了新获得的“国籍”表象以外，无论在观念还是行为上，都还与“国民”的身份离得很远。这样，对于国家范围内的社会发展或传统保护，就基本是由政府这只“看得见的手”掌控。

相对而言，梭嘎项目的建设似乎提供了一种新的事例，那就是：先政府，再村民，最后实现跨行政区划的“社区”共建，以及由族群决策的自己管理、自我发展。尽管在这过程中本地村民的声音还很弱小，但毕竟出现了新的开头，表明在过去的统治传统里一向就处于不对等的国家与底层之关联，开始出现了有益的互动。

三、“贵州现象”：西部开发中的省级平台

在上篇的记述中曾经提过，梭嘎项目的遴选是在经过中外专家对贵州其他十来个类似村寨考察比较后商定的。其实当时

的考察比较给专家们留下的印象是，那些因计划所限而没选中的村寨都已具备了自身的特色条件，值得逐步纳入保护规划之列。因此课题组建议：生态博物馆在贵州不是只搞梭嘎一处，而是在其基础上进一步创建在区划上分别属于黔东南苗族侗族自治州的黎平、锦平和省会贵阳、在族群传统方面涵盖了苗、侗、布依和汉族村寨的“贵州生态博物馆群”[19]。此建议得到了贵州领导方面的接纳和肯定，认为一方面梭嘎博物馆的建设，将带动贵州布依族文化社区、侗族文化社区、彝族文化社区、水族文化社区等各族区域自然与人文的整体保护[20]；另一方面，“贵州的生态博物馆群呼之欲出，这是一个伟业，一个创举”，因为其为贵州省的发展“提供了一个全新的模式”[21]。

回顾改革开放以来的变迁历程，早在梭嘎生态博物馆筹建之前，贵州有关方面就已开始通过把民族风情与旅游开发结合起来的方式推动地方社会与经济的发展了。就文化部门负责的文博方面来说，同样堪称开放式类型的“铜物馆”更是被视为开发成功的榜样。它的经验被总结为“通过开发，脱贫致富”[22]。

中国传统的政权体制中，国家与族群或中央与村寨之间，设置有一层重要的中介环节，那就是“地方”。地方当中，“省”的作用举足轻重。自元代起，作为朝廷统治下的最高地方行政区，“省”本由“行中书省”简化而来，起初便包含着代表中央行使职权的含义。省下设府、县，县以下才大体实行乡绅或村民自治。如今虽然经历从“辛亥革命”到“新民主主义革命”的历史变迁，但划“省”而治的格局不仅依然存在，其地位和作用似乎还有所增强。在梭嘎项目的建设过程中，从创意缘起到立项论证直至建成后的行政领导无不见到贵州省政府的核心作用。至于郎德苗寨“通过开发，脱贫致富”式的现实样板，也早就列进《贵州省国民经济和社会发展“九五”计划和2010年远景目标纲要》那样的省级条规里了。

然而由此引出的问题是，一方面大多数被列为开发或保护的对象并不是以省而是以村寨为单位的，由省来做它们的代表往往大而不当，隔了多层；另一方面，村寨之外，每每又还隐含有更大的“族群”与之相连，并且其通常并非以省为界，而是横跨数省，因此若仍用“分省而治”的办法，就不能完全对应。于是人们极力实施的保护和开发，大多只能是分散孤立的景点，而非具有整体含义的族群传统。

由此深究下去，还可再反思的问题是：“省”是什么？“省”不是族群，不是社区，也不是“家园”——如果可以这样比喻乡土的话，“省”是民众居所的“地方化”和“国家化”。也就是说它把原本自给自足且自成体系的族群空间变成了“国家的地方”。“省”不是族群交往的自然产物，而是国家行政的工具和手段。正因如此，“省”很难成为底层民众的认同对象，同时其设置也每每因国家之需或改朝换代而沿革，故既能在过去使巴、蜀并置而设川省，亦可于如今再将其分离，另立同为省级的重庆。类似的事例还有建省不久的海南以及被称为“特区”“特别行政区”的深圳、香港等地。

贵州的情况也是这样，其于明永乐年间建省（当时叫做“贵州等处承宣布政使司”），至今将近六百年（1413—2001）。从朝廷遗存的文件看，当时设置的直接起因主要是由于本地“土民”抗拒朝命，故需加强统治，“更置府州县而立布政司总辖之”。不过针对贵州向来族群混杂、“久在化外”的实情，朝廷采取的政策是土流并用，上下结合，即“布政司官属具用流官，府以下参用土官”[23]。后来经过清朝的“改土归流”和民国以来的国家重建，不仅“省”的建置保留如故，且省以下的族群、社区和村村寨寨也无不被逐渐纳入以“省属”体现的日益庞大的国家体系之中。

在这样的历史继承下，梭嘎社区的保护项目虽以当地“长角苗”的十二寨为单位，其项目全称里却有许多比之更大的行政前缀就不足怪。即：“中国贵州六枝梭嘎生态博物馆”，它地处梭嘎，是中国的，位于六枝，属贵州省管。

扩而观之，中国境内仍有着许许多多梭嘎这样的底层村寨。它们自古以来就不断处于来自国家力量的种种开发经营之中。而这些开发经营通常会借助省级平台。换言之，对于那些感受不到抽象的国家存在的无数民众来说，“省”每每就是国家的体现和象征。

自 20 世纪 80 年代中国实行“改革开放”以来，大陆的社会经济状况出现了日益明显的区域性落差。有人据此以最为落后的西省贵州为例，向中央进言，提出“‘贵州现象’呼唤重大决策调整”[24]。随着类似呼唤的日趋增多，中央颁布了新一轮的西部大开发战略。梭嘎生态博物馆的建设，从某种程度上可以说正是“沾了”这一政策调整的“光”。而建设“贵州生态博物馆群”之类的宏大构想，则可视为这种“沾光”在省级平台上的辉映和增强。

四、结语：陇嘎歌声与“央视连线”

陇嘎。夜深了，资料信息中心的屋外，忽然传来姑娘的阵阵歌声，了解当地习俗的徐馆长告诉我们，那是苗族传统的情歌对唱，幽婉动人，以前常能听到，最近渐渐少了；今晚停电，大伙没别的娱乐，就又才想起这些以往的老习俗。

2001 年 12 月 5 日，中国中央电视台的“时空连线”栏目分别在一、二、四频道滚动播出了专题节目《家园还是博物馆》，对梭嘎生态博物馆进行了专题报道。节目以现场对话的形式，同时邀请身在北京的苏东海先生、挪威驻华使馆的参赞，同正在贵州六枝梭嘎博物馆采访的记者进行异地讨论，主题便是生态博物馆在当地的建设究竟有什么意义并将产生什么样的影响。苏东海先生强调文化“保护”；挪威参赞注重本地人的自觉“参与”；而电视台记者则以现场了解的材料突出熊华艳这类新人所向往的经济“发展”……最后，节目主持人以十分严肃的口吻总结说：无论对于当地民众还是外界学者来说，这样的争论远未结束。

（原载于《民族艺术》2005 年第 3 期）

注 释

[1] 引自贵州省文化厅文物处，贵州省博物馆印制的新年贺卡。

[2] 参见张晓松：《最后的家园——长角苗的文化保存》，“中国比较文学学会第六届年会暨国际学术讨论会论文”，1999年，成都；以及《苗侗文坛》2000年第1期。

[3] 课题组：《在贵州省梭嘎乡建立中国第一座生态博物馆的可行性研究报告（中文本）》，1995年5月，载《中国贵州六枝梭嘎生态博物馆编》，中国六枝梭嘎生态博物馆编，1997年11月。

[4] 贵州省文化厅：《关于在我省六枝梭嘎乡建立中国第一座生态博物馆的请示》，1995年6月8日，载《中国贵州六枝梭嘎生态博物馆资料汇编》，中国六枝梭嘎生态博物馆编，1997年11月。

[5] 参见龙超云（时任贵州省副省长）：《从生态博物馆建设看贵州民族文化保护》，《贵州日报》，1998年12月9日。

[6]《中挪合作建设贵州省梭嘎生态博物馆》，《中国文物报》，1997年12月2日。

[7] 约翰·杰斯特龙：《生态博物馆的理论和实践》，1995年5月1日在贵州省文化厅关于“在六枝建立中国第一座生态博物馆的可行性研究报告”论证会上的讲话（筱莲录音整理），引自中国六枝梭嘎生态博物馆编：《中国六枝梭嘎生态博物馆资料汇编》，1997年11月，第70~77页。

[8] 根据有关记载，梭嘎博物馆“中心”的设计与施工是由贵州省建筑设计院和镇远古建工程公司分别承担的。参见中国六枝梭嘎生态博物馆编：《中国贵州六枝梭嘎生态博物馆资料汇编》，1997年11月。

[9]Meng这个音，从杨鑫口里发出时，其实是介于meng和mu之

间，因此也可以记为汉字的“木”。

[10] 调查组：《六枝、织金交界苗族社区社会调查报告》，《中国贵州六枝梭嘎生态博物馆资料汇编》，中国贵州六枝梭嘎生态博物馆编，1997 年 11 月，第 75～105 页。

[11] 调查组：《六枝、织金交界苗族社区社会调查报告》，《中国贵州六枝梭嘎生态博物馆资料汇编》，中国六枝梭嘎生态博物馆编，1997 年 11 月，第 75～105 页。

[12] 参见《中国贵州六枝梭嘎生态博物馆社区文化自然遗产保护管理委员会章程讨论稿》。

[13] 参见贵州苗学研究会:《苗学研究》,贵州民族出版社,1997 年。

[14] 资料来源：2001 年 8 月日对梭嘎生态博物馆徐美陵馆长的采访录音。

[15] 参见潘年英：《口江一夜》，《贵州日报》1995 年 11 月 6 日。

[16] 参见《中国贵州六枝梭嘎生态博物馆社区文化自然遗产保护管理委员会章程讨论稿》。

[17] 参见徐新建：《开发中国：“民族旅游”与“旅游民族”的形成和影响》，《西南民院学报》，2000 年 7 期，第 1～9 页。

[18] 课题组：《在贵州省梭嘎乡建立中国第一座生态博物馆的可行性研究报告（中文本）》1995 年 5 月，载《中国贵州六枝梭嘎生态博物馆资料汇编》，中国六枝梭嘎生态博物馆编，1997 年 11 月。

[19] 课题组：《贵州省梭嘎乡建立中国第一座生态博物馆的可行性研究报告（中文本）》，1995 年 5 月，载《中国贵州六枝梭嘎生态博物馆资料汇编》，中国六枝梭嘎生态博物馆编，1997 年 11 月，第 16 页。

[20] 李嘉琪（时任贵州省文化厅副厅长）：《中国六枝梭嘎生态博物馆资料汇编·序》，六枝梭嘎生态博物馆编，1997 年 11 月，第

1～4 页。

[21] 参见龙超云（时任贵州省副省长）：《从生态博物馆建设看贵州民族文化保护》，《贵州日报》，1998 年 12 月 9 日。

[22] 参见李嘉琪：《郎德现象的启示》，《贵州日报》，1998 年 9 月 24 日。

[23]《太宗永乐实录》卷 87，第 517 页。转自《明实录·贵州资料辑录》，贵州民族研究所编，贵州人民出版社，1983 年，第 140～141 页。

[24] 胡鞍钢：《“贵州现象”呼唤重大决策调整》。相关讨论可参见笔者撰写的《“贵州现象”再思考》（《贵州财经学院学报》，1995 年第 3 期）以及《“贵州现象”纵横谈——从胡鞍钢博士的文章谈起》（《当代贵州》，1996 年第 5 期）等文。

七

再走罗吏目

四年以前，边省几位朋友筹备组织一套反映国内少数民族家庭变迁的实录丛书，约请我采写其中的“布依之家”。当时的构想是一个民族选一户人家，五年之后再由同一作者采写同一家庭，并通过描叙五年间该“个案”所发生的具体变化，体现当今中国的社会变迁。

我以为这是一个很有创意的构想，应允之后便很快以省城贵阳近郊的罗吏目为点，采写了三公一家。可惜后来由于筹备方面的原因，出版的事拖了下来，直到四年后的夏天才接到电话，被告知说书稿即将出版，需尽快提供当事人签字的授权协议。于是我便借暑假之便返回已调离数载的故乡贵阳，赶去重访罗吏目三公一家。

经过事前打听和约定，我们由贵阳乘巴士到达龙洞堡后，直接上了去往罗吏目的红色小面包车。几年过去，从龙洞堡去罗吏目或从罗吏目进城已在原来依靠步行或搭骑摩托的基础上，增添了直达小巴。车价每人一元五。不过主要经营者并非本地村民，而是贵阳来的“竞争者”。问及开车的省城小伙怎会想起来此发展。回答说，城里生意不好做。这边虽苦，但能找饭吃。

天气闷热。在窄小的车厢里等了好半天，直到最后的加位都坐上人后，小巴才缓缓驶出。不过路况也变了，路面拓宽，还铺了柏油。车的速度比过去有明显提高。不到 20 分钟，我们就被送达了紧靠公路的罗吏目大寨。

从大寨去岩脚寨的路上，途经的那片稻田面貌依旧。七月，禾苗青青，在河里堵水的老农说前一段天旱，雨水不够，得往高处的水田放些水。

禾苗中有好些金色的蜘蛛，布了网，正在吸食捕获住的蚂蚱。蚂蚱跳得高飞得远，但被属于爬行类的蜘蛛网住后动弹不了，优势殆尽，呆相可怜。这种蜘蛛能在网的中心编织出白色线条，乍看像字母，因此在当地有“懂英语的蜘蛛”之称。沿路走来的水田里，四处可见，几乎跟蚂蚱一样多，有的还能扑食个头更大的蜻蜓……

阳光灼热，走在没有遮挡的田野里，全身上下仿佛忽然受到蒸烤一般。早上八点出门，虽然一路乘车，几经周转，赶拢岩脚寨时已接近正午时分。寨子里，罗贤祐提前准备了一桌饭菜，因久等不见，已连续往城里几位认识的知青家打电话，见我们进门才放下心来。罗的父亲还在，儿子、女儿都生了小孩。家里添丁增口，四代同堂。我们到的时候，家中就有一大家子聚在一起，气氛显得比别的人家热闹。虽说已当了几年的爷爷和外公，罗还像过去一样朴实寡言，不过或许因为心情愉快，气色看上去仍同当年一样精神。

可奇怪的是，坐进家后不久，总觉得这寨子不大对劲，跟以前有很大区别，但一时又说不出区别在哪里。我们登上三楼的屋顶交谈。罗指着对面山脚一片新落成的度假山庄说，那是城里的老板开发的，当时买地只花了一千块钱；如今每到周末就有人来，又吃又玩，停满了小车，老板肯定发了，最近还有人来谈，想再买旁边的地，开发新的“农家乐”项目。罗也动过心，想自己搞，但没有资金，客源也不知从何解决……

转回来再看寨子。令人不解的是，寨子里不少看上去还是好好的老屋，不知为什么都被拆除了，有的被弄得七零八落，只剩下残缺不齐的半截屋基，像才遭过火灾，或是被长久遗弃……罗的解释是，原因并非什么天灾人祸，而是近来有的村民嫌旧居条件不好，主动弃寨而走，搬到别的地方另立房屋，重建新居去了。在一个封闭的小区里，一种新方式、新需求的出现，是有较强“传染”效应的。一户接一户，一家跟一家，不到几年的工夫，岩脚寨的老户流失严重，不仅以往的古寨风貌难以维系，与之依附的乡土习俗看来也是前途未卜了。

三公的家便是外迁的老户之一。只是上次来的时候新房还在打地基，这回则不仅全家搬离，连老屋也已当木料变卖了。新家安在连通城乡的公路边上，离老寨有十来分钟的步行距离。三公的儿子罗贤臣说搬到这里的原因，一方面是原来的老屋在寨子的最上面，太高，老人走动、赶牛、挑水都不方便；另一方面是想选一个离公路近点的地方，好办事。不过等走到家中一看，发现他目前能够办的事也并不多。除了继续每年、每月、每日到田里做农活外，罗贤臣还从事的副业，就是自己在家打一点小木凳，然后拿到乡场里去卖。公不公路对他也未见得起到了多大作用。家境依然贫寒，生活艰难如旧。离我上次走访不过 4 年的时间内，家里值得记录的变化是：三奶过世了、三公患白内障双目失明、罗贤臣已满 17 岁的大儿子佳佳辍学回家，没有职业，整天呆在寨里无所事事，成为新一代农村“剩余人口”的新添成员，也成为父亲罗贤臣耿耿于怀的心病，小儿子伟伟还在念书，初中二年级，人老实听话，也爱学习，但今后是否能够继续升学从而通过读书改变命运，没有谁敢保证……

此外，新房建起了，人也搬来住了几年，但乡上的人说建房面积超标 5 平方，要罚款 400 元，这还是最低价，不交钱就不给办“红本本”（产权证？）；三公的眼疾如果要治，最少要筹款 3000 元；可家里上哪去找这些钱？

数落这些琐碎事情的是罗贤臣的媳妇。她一边给我们端茶倒水，一边向罗贤祜倾吐家中的困难。罗贤祜与罗贤臣是堂兄弟——罗贤祜的父亲是三公的哥。可面对堂弟一家的困境，罗贤祜看来也爱莫能助。他只是轻言细语地劝告说无论如何要想办法去交罚款，把房产凭证领到手上，不然万一以后政府征拨土地，没有凭证，连赔偿也拿不到。

他 / 她们议论这些的时候我就坐在一旁，心里隐隐不安，以至于好几次冲动得想挺身表示资助：要么所欠罚款由我来交，要么三公治眼由我负责。不过最终我还是忍住了，倒还不仅仅是因为身上带的钱不够，而是因为一想到自己的处境就冷下心来：身为大学教师，靠每月薪水维系生活已感窘迫，岂敢轻言赞助？……此番欲做不能的心态让人心烦不已。无奈只好默默听他们把话说完，然后用所谓田野观察的“价值中立”原则搪塞自己，以求内心的暂时平静。此时，三公的儿子罗贤臣一直在隔壁制作木凳，敲敲打打的声音不时传来，话更少的他或许便以此替代了发言。说到书稿签字，他也没多问什么，只是费劲地找出笔来，边签边反复解释说，不好意思，字写得难看，不要见笑。

我们就这样在三公新搬迁的屋里坐了好久。周围一片空旷。田野里赤日炎炎，路上很少有车过往，时间虽然才过正午，四处却显得有些冷清。这时，我忽然意识到刚才在寨子里没有觉察到的今昔区别是什么了：是人气不足。

转眼不过四年的光阴，传承久远的岩脚寨已显露出人气的衰退。三公一家的情形尤为突出：三奶去世，世代之家开始残缺；三公双目失明，尽管身体勉强还行，生活却无法自理——当年以对歌能手著称的歌师和以主持“砍牛”仪式远近闻名的布依“摩公”已风采不旧；第二代和第三代的生活也不尽如人意。以当年眼光来看的所谓“明天”，说不清是否已变得更加美好。本地的人们对以往世代相沿的生存方式已失去信心。在现代“文明”的冲击下，新旧碰撞，人心外移；本土越来越不再具有传统的凝聚之力。这些在风景如画的田野存在久远的古老乡村实际上已开始解体。可与此同时，由于受到户口、学历、资金等多方面的限制，外面的世界对一心想从此地挣脱出去的村民却又谈何容易。本土发展前景交困；就算可以外求开拓，可路又在何方？

这时，抬头望去，附近已建成启用几年的贵阳龙洞堡机场不时有飞机升升降降，那金属制成的庞然大物从离寨子上空很低的地方呼啸越过，宛如不可理喻的外方怪物。为了社会经济的迅猛发展，破旧迎新、改造山河的趋势如今已遍及城乡，并且所向披靡，不可阻挡。据报道，龙洞堡机场在兴建的时候，没有遇到太多的征地、搬迁麻烦——农民们都很支持国家建设。但我不清楚在决定这种发展之路、在以罗吏目一带作为新建机场选址时，本地村民是否被要求参与过意见，也说不清此类兴建及其相关的诸多“发展”，对改变生活在最底层的三公们的景况产生了何样的影响。

稻田里，蚂蚱们还在飞来跳去；“懂英语的蜘蛛”也仍在继续坐享其成。

忽然想起了成语“天罗地网”和“弱肉强食”。一个“地网”，本已能使一切地面生命无处藏身；加上“天罗”，则更是连空中之路也全盘锁住，纵然有翅，也动弹不得。但蚂蚱与蜘蛛原本并不构成弱强关系——致使前者“插翅难飞”的原因，说穿了无非是“手脚被缚”罢了。

太阳照在无名河上。这一天是农历辛巳年六月十一日，西历的 2001 年 7 月 31 日，进入所谓的“新世纪”“新千年”已有半个年头了。罗吏目的生活的确发生了变化。或许有人会把这种变化称为“发展”，但谁又能断言“发展”的结果必定都给人们带来福祉？

（2001 年 8 月补记于川大）

八

古城的生命在传承

2008年初夏，中国南方古城保护与开发研讨会在贵州贞丰召开。与会者主要是来自南方诸省区的官员、学者和媒体及企业界人士。扩展到整个中国的情形来看，类似的研讨已非头一回。随着旅游大业在市场经济推动下的蓬勃兴起，中国各地早已掀起了由中原到边疆的古迹开发浪潮。黔西南贞丰古城的跟进不过是晚到的一波新浪而已。但也恰恰因为晚到，在此的研讨便有了一种特别的意义，那就是立足长久的保护而非短暂的开发，总结已有的经验和教训，为那些待开发地区探寻更为合适的路径。

一、为人类文化的多样和传承而保护

关于古城的保护理由，回答无疑会有多种。在笔者看来，面对如今全球一体化的巨大冲击，唯有一个理由最为重要，那就是为人类文化的多样性与传承性而保护。

1972年，联合国教科文组织在巴黎通过了《保护世界文化和自然遗产公约》，其宗旨在于促进各国和各国人民之间的合作，为合理保护和恢复全人类共同的遗产作出积极的贡献。在《公约》中，国际社会首次将文化遗产与自然遗产的概念结合在一起，强调："各民族的文化特性是在他们所生活的特定环境中形成的。"这就为整体看待特定地方的自然环境及其所在地居民相应的生活方式提供了坚实依据。为了保护，一方面需要珍惜与地方社区紧密关联的生态环境，另一方面同样要维护使这些环境得以世代存留的地方生活方式。此项联合国教科文组织《公约》的主要任务，是确定世界范围内的自然与文化遗产，通过有约束力的条文将那些被认为"具有突出意义和普遍价值的古迹和自然景观"特别提示出来，"让全人类承担起保护的责任"[1]。中国自1985年成为该公约成员国，由此加入了为全人类保护其境内自然与文化遗产的行列。在这意义上，包括贵州贞丰在内的中国南方古城，如若果真值得保护的话，其价值和责任都既在本土同时又超越国界，上升到了人类的范畴：为人类并作为人类多样性的地方财富而坚守、维护。

面对全球性日趋迅猛的现代化大潮，当代人的生活在消费水平不断提高的同时也逐渐陷入了诸多困境。其中的最突出表现，便是大众的日常生活日益遭受单一化和速朽化的威胁：一方面，“地球村”里的景观越来越趋同，人类花费千百年、数万年积淀下来的地方多样性在世人眼前迅速消逝；另一方面，各行各业日新月异的激烈竞争和高速发展致使人们的基本生活再难有传统的形成和世代的延续。而对于没有传统的人类，后果将是可怕的，因为一旦如此，所有的存在都是稍纵即逝，一切都是过眼云烟，社会都不再稳定，一切价值也就失去意义。

二、把古城视为活态文化来保护

与此相关的第二个问题是怎样保护。改革开放以来，主要出于经济发展目的而对地方古迹大举开发的现象在中国层出不穷。其中的成功案例和失败教训并存，并由此引发了社会各界强调加强保护的呼声与举措。为了使问题具体呈现，不妨联系中国古城开发的几个突出事例来略加分析。

首先来看丽江。丽江位于云南西北部，紧靠玉龙雪山，是一座居民以纳西族为主的历史古城。1996 年 2 月，当地发生 7 级地震，致使古城遭受巨大损毁。然而这不幸的事件却因随后的重建得当——其中当然经过激烈的论争和反复的对比，最后不仅使世居民众的生活逐步恢复而且还使古城的“申遗”在次年便获成功，被列入了联合国教科文组织的《世界遗产名录》。丽江为何被列入《世界遗产名录》？不单凭风景也不靠房屋，靠的是“一座活的古城”。可惜自从丽江被列入“世遗”名录后，过度的旅游和商业化开发致使这座千年古城濒于消亡。1993 年以来，笔者前后去过丽江多次，亲眼目睹当地如何在十余年的时间里从鲜活的古镇变为僵化的“游乐园”：古城居民大多被外来商家置换，数量饱和的游客成天在每一条街上喧闹拥挤，一座自在自足的古城和一种世代延续的生活就这样被生生割裂。这样的结果，用当地纳西人宣科的话来形容，那就是“丽江死了”。第二个例子是四川的洛带。洛带在成都东郊，也是一座独具特色的古镇。这里的特点是居民以客家居多，并保存着不少具有湖广等地风貌的古建筑和古院落。其中的好几处近于完整的会馆，不但外貌依旧，而且在功能上至今延续着为当地客家民众提供处理公共事务的必要场所。也就是说，该古镇以其独有的空间布局、社区结构及人际网络保存和持续着自古相承的地域文化，因而称得上一座“活的古镇”。当地部门的宣传网页这样介绍说：“洛带……上千年的悠久历史和多种文化相互交融，留下众多民间传说、历史遗留、古老建筑、客家会馆。保存完好的有千年老街、明清民居、客家会馆建筑群和金龙寺等众多历史古迹，一年一度的‘水龙节’‘火龙节’更是几百年来客家人传承下来的特色民俗活动。”近来当地也搞旅游和开发，提出“文化兴镇”的口号。但与丽江不同，当地的开发尚未过度，最明显的标志之一，是尽管“门户开放”，古镇开始时常迎来外地游客，但当地居民的主人地位并未改变，传统习俗依旧被尊重。古镇的日常生活也没有蜕变成全然为招揽游客的舞台表演。

接下来还可分析贵州的小黄村。相对于云南、四川来说，贵州的开发较为晚近；与之对应，对于文化资源的保护，这里的危机相对就不那么突出。在这点上，位于黔东南从江县内的小黄可视为特别的例子。小黄是一个较为典型的侗寨，由于交通不便，长期与外界阻隔。但也正因如此，当地的“人类遗产”无论是周边树木成荫的风景、还是全用木头建成的民居、鼓楼和花桥抑或是如今已远近闻名的多声部合唱及与自然和谐相处的耕作方式，无一不令初来乍到的外客赞叹不已。对于中国西部面积广袤的地域来说，小黄这样的古村，构成了与过去的丽江、洛带等古镇对照生辉的乡土景致，同样值得在继承人类文化多样性的前提下倍加珍惜和保护。

通过以上滇、川、黔三个分别代表“过度开发”（丽江）、“适度开发”（洛带）和“尚未开发”（小黄）的事例，不难看出，对于“怎样保护”问题的回答，结论只有一个，即：把古城视为活的文化来保护。否则就会像丽江那样，难逃命运跌宕的三历程：被热爱、被开发以至于被异化。

三、只有当地文化传承人才是古城的有机保护者

那么，什么才叫活的文化？简单说，有世代传承的文化才是活的文化。古城不是博物馆，更不是沙盘、舞台和化石，不是专供外宾观光的公园、游乐场；古城是世代居民的住所和家园。它拥有自己的邻里乡亲、生命记忆以及社区网络和历史传

承。一句话，一座活着的城市，其生命和灵魂便是城里的居民——是活着的居民创造、充实并延续了城市的根基与底气。相比之下，那些表面壮观或幽深的城墙、旧街、故园、古迹充其量只是古城的形，一旦离开古城的神——活着的居民及其文化，所谓的古城便将骤然蜕变为徒具外表的空壳、道具[2]。遗憾的是，近来的古城保护，从南到北，由上至下遍布着重形轻神的潮流。本来与古城文化、古城生活与古城传统等相关的古城保护变成了仅仅对古城建筑——也即是古城外客的保护，更有甚者干脆变成了借保护为幌子的恶性开发。于是古城保护的队伍里，四处可见的是更多与物打交道的建筑家、工程师、绘图员和房地产商，极少见到文化工作者的身影，更难出现作为主人的古城居民。这样的保护，连对当地传承人的尊重和对古城活文化的认识都谈不上，也就是连古城生命都已弃之不顾了，何以能够保证古城的发展？

古城的生命在于文化，文化的生命在于传承。

这是一个重大的原则问题。如今每一个从外面进入的人士，无论官员、学者、媒体人还是开发商，只要其言行影响到古城命运，就都要对此做出严肃回答。就中国南方分布众多的历史古城而言，无论它们的地位被定为“待开发”抑或是“待保护”，只要具有独特和普遍的自然与文化价值，便都是值得珍爱的财富。然而如若因其珍贵而拟施保护的话，首先就要尊重那些世代生活其中的古城民众。一旦在保护中剥离了古城民众，不仅古城的生命难以维系、古城的风貌难以全保，即便短期成功，时过境迁，被保护的古城空壳也会因缺乏灵魂而无声死去。

这几年笔者也走访过南方不少古城、古镇和古街、古村。在有限的观察中，对于保护与开发的结合，较为有效的事例有重庆的瓷器口和黔东南黄平的旧州古街区等。当地令人印象深刻的是其古镇、古街房屋院落布局完好，而最重要的是充满人气。相比之下，像成都市内的锦里和文殊坊，一个挨着武侯祠一个紧靠文殊院，虽然白日里游客甚多，生意兴隆，可入夜之后却人去楼空，一片死寂，实在称不上古街或古镇，充其量只是经过仿古包装的旅游景点和商业街区而已。此外，引起争议的是曾号称亚洲首座“生态博物馆”的六盘水梭嘎苗寨。由于内外交往的力量极不均衡，那里的村寨生活在被“上面”着力打造成世人关注的博物馆后，受到了很大影响。苗民自身的日常人生再难在原有轨道上平静自如地延续。

以此为鉴，我们来看贞丰。这座地处今黔西南布依族苗族自治州腹地的历史古城，若谈保护和开发的话，首先还得对其文化定位加以商讨。就目前的状况而论，说它是老街、旧城、还是古镇？似乎都是又都不是。从族群区位和内部风貌来看，说它是布依古城还是移民屯地？同样皆可皆不可。因此，在这种定位不确的情况下，对于地方当局的期待目标，也就难免陷入含混模糊。从目前展示的规划图景等来看，其选择至少包含了三种可能：旧城改造、公园观光以及古镇开发。其中每种都指向几乎截然不同的方向并将带来相互抵牾的前景。但是，依据在现场的初步考察和对政府规划的局部了解，让人感到其最大不足，依然是对当地文化传统的忽视和古城居民在主动参与方面的明显缺席。

当然应当承认，由于历代战乱和社会变迁，中国南方（北方想必也如此）几乎每座古城的活态文化都经受了无数次冲击。城里的民众生活无论社会结构还是日常习俗都很难再现一成不变的古旧传承。居民成员不断搬进迁出，致使在许多古城都已难找到真正的世代家系。大部分地方都已从内部掏空，徒有其表。因此，要想做到从基本精神上保护、恢复古城的活态传统，绝非易事。但不易不等于不能和不做。对于真要保护古城的有志者而言，面对此情此景，唯有的办法是尽力和尽快在档案文献和古城生活中，找寻那些能够认知、体现并延续古城传统的历史脉络及文化传承人，尊重而且扶持他 / 她们，使一个地方的文化血脉得以在即便是市场大潮覆盖的今天，也“可持续”地世代存留。这活路的确不易，但值得努力。

（原载于《贵州社会科学》2009 年 2 期）

注 释

［1］关于城市风貌的形神关系，笔者曾有过讨论，参见《成都：一座城市的形和神》，载《清华美术》，2007 年总第 5 期。

［2］相关论述可参见徐新建：《梭嘎记事：国家和底层的关联与互动》，载《民族艺术》，2005 年第 3 期。

九

黔东南与“新苗疆”

在中国境内的众多民族中，苗族以漫长迁徙著称。迁徙的原因，有灾荒、战争、以及人口压力导致的开疆拓土等等，不一而足。总之，根据古往今来的口传和文字记载，苗族在历史上经历了数不清的山山水水，更换过从东到西的故土家园。就像古歌唱诵的那样：“爹娘原来住哪里，爹妈原来住东方。”后来人口增长，环境变化，“雀多窝窝住不下，人多寨子容不了”，于是开始迁徙，踏上了长途跋涉的历程：“波光滟滟接蓝天，大地连水两茫茫……”

随着苗族自西向东迁徙而后又在西南诸省的接壤地扎根，自明代在贵州建省直至清朝实施“改土归流”，包括黔东南在内的这一带山区便被赋予了一个新的称谓——“苗疆”。魏源的《圣武记》记载：在恩威并重的举措下，雍正朝“古州苗疆之荡平”成为与乾隆朝“四川大小金川之诛锄”及光绪朝“西藏瞻对之征伐”并举的朝廷大事，结果是“蛮悉改流，苗亦归化……”这是从王朝版图格局作出的横向划分。而如从族群流动的纵向历程来看，西南山地其实是苗族迁徙的又一处新驻地和新故乡。因此更准确的说法，应将这里叫做“新苗疆”。

“新苗疆”的范围不以行政区划为界，地域上广延到黔省各地的世居民族地带，族群也不限于今天被认定的某一个少数民族，而包含着有苗族在内的诸多“土著”，或古代典籍所指涉的广义“苗夷”。所以，对于意义深广的“新苗疆”而言，“黔东南”是一种地域、民族和文化的浓缩符号。也就是说，作为新苗疆的一部分，黔东南具有特定的象征意义。其中值得关注的内容，我想至少有以下几个方面。

首先是迁徙后的定居。若从传说中的蚩尤时代算起，苗族的历史已有数千年之久。但自迁徙到黔东南以后，也经过了数十个世代，跨度比美国的建国时间还长，故已被视为本地的世居民族。从这个意义说，黔东南已成为苗族的新故乡。在这里，无论是口传身载的日常习俗还是常年循环的祭祖大典，迁徙到此的苗族各支系都逐渐通过世代交替和文化传习，体现出对新地域的新认同，实现了在新苗疆的本地化和世居化。关注这一段千百年的历史和文化，不仅有助于知晓苗族静动互补的文化传承，亦有助于理解华夏与其他民族的格局演变。

其次是变动中的适应。在黔东南等地定居后的苗夷诸族，在新苗疆开创出了与清水江和雷公山等本土山水紧密关联的新文化。其中，既有依山傍水的杆栏式民居，也有人天协调的稻作方式，还有吃鼓藏、赛龙舟及尊宾客、敬天地等多种多样的村寨习俗。这些定居后的族群在黔东南地区创建的文化，有的由远古延续而来，有的则为到黔东南后因地制宜的新创。通过对之考察和分析，既有利于加深对本地自然风貌及优劣利弊的认识，亦能增强对人与环境互动互补原理的探索发现。扩展开来，还有可能由此出发，进行跨族群、跨地域的生态观与发展观的总结比较。

第三个关注点在于多族群的交融。突出这点可帮助我们认识黔东南在民族和文化上的多元性与多样性。换种说法，也可叫做黔东南地域传统的本土性和混杂性。如今的黔东南在国家认定的行政层面称为苗族侗族自治州，在人口构成方面，除了苗族、侗族等世居的土著民族外，还包括自明清以来大量迁入的汉族移民，堪称多民族交融的地区。其中的文化，不但有世代沿袭的古歌传唱、亦有现代引进的厂矿工商。因此从全省乃至全国的情景看，黔东南都称得上多民族国家的地方缩影。这样，理解黔东南便能理解中国。由此推论，如按 2012 国发 2 号文件的要求，欲把贵州建成“民族团结进步繁荣发展示范区”，黔东南就是关键。

在我看来，从黔东南看新苗疆和从新苗疆看黔东南，是交叉补充的两个视角。注重前者，可认识到新苗疆在黔东南所展示的区域特色，及其与其他地方如黔南、黔西南以及湘西、川南和滇西北等的差异。而强调后者，则可深入体会黔东南文化的“苗夷”性或本土化，及其对远古“三苗”及近代“百越”等族群传统的继承和弘扬。

总之，关注“黔东南与新苗疆”这议题，是为了提醒在日益迅猛的现代开发中，关怀本土族群的主体意义和文化传承。以人类学的用语来说，就是要加强以当地人为重的主位意识，由此而发掘黔东南独具特色的族群身份与地方知识，在制定未来蓝图的时候，既考虑国家的宏大目标，也尊重苗疆民众的切身愿望。结合如今的主流话语来讲，就是力求做到政府主导，人民主体。

（原载于《当代贵州（旬刊）》，2012 年 5 月）

第五部分

评说黔人篇

一

本土文化背景下的研究：评姜澄清的艺术论

姜澄清先生的《易经与中国艺术精神》（以下简称《易与艺》）是一部论及艺术、人生、历史、社会的精深之作，笔者读过之后，引发了各种联想，谨记于下，权作杂感。

一、

前几年，我们可以感受到传统文化在对外开放之风不断吹起后的某种窘迫之境。那时不少人所关注的大多是域外引进的新观点、新思潮，对传统则不屑一顾，甚至抱一种虚无主义的态度，而姜澄清先生对此则有其自己的看法。他在《易与艺》

中写道：

现在，当西方的美学观念及艺术再次如潮东来时，观念的碰撞及技艺的互渗已成为当代艺术家不可回避的现实。一这是一个既充满希望而又迷茫的时代，对传统取虚无主义的态度，结果将是传统以“复古”相报复，不顾民族文化的现实，站在缥渺的云端高喊前进，也不是个严肃的创新者所当取法的。

我完全赞同他以此为基点，在又一次西学东渐的历史冲击中对需要思考什么是中国艺术精神这一十分基本、十分突出的核心问题所提出的呼唤与强调。我还认为，这一点正构成了《易与艺》一书结构上的内在支点。作者通过对诗、书、文、画的传统实践以及近年来以西方模式为尺度的批评现象进行比较分析，得出了一个基本的结论，即东、西（中国、欧洲）艺术各有其文化背景，各有其不同的艺术观念，若不顾相互区别、单以西学为准去硬套中国传统的话，是定会差之毫厘、失之千里的。长此下去，不但不能为传统的阐释增加新内容，反倒会导致传统精神的丢失。比如，中国艺术传统中多以“载道”“忧患”为重，而与此同时，又为何好写咏月诗，好作山水画，好以“岁寒三友”为永恒的母题？这既不能用“现实主义”“浪漫主义”等外来术语去作简单判别，亦难用“表现”“再现”等特定类型来框定。

通观全书，姜先生的用意并非排斥西方，拒绝一切域外新学，而是主张在东、西交融的时势面前，保持冷静：首先是中西对等，客观比较，不以西方（欧洲）为中心，而从传统阐释传统，其次才谈得上融合借鉴，弘扬光大。为此，姜先生指出了横在阐释传统与中西比较间的一个障碍，即一度主导了现代的中国文坛的苏式理论。从今天的眼光看，这障碍的最大弊端就在于使中国人失去了对自身传统精神的真理解、真体悟，传统被割裂、扭曲了，完整的、有着自身独特风貌的文化精神，变成了若干零散、陌生的术语和概念。中国人连自己的传统都不再懂得是什么，哪还谈得上去进行客观、对等的中西比较？为此，姜先生引出了贯穿全书的主题：在本土文化背景下研究中国艺术。他写道：

《周易》对中国艺术的影响极深，从艺术思想、审美原理到创作论、技巧论，在各个层面上都毫无例外地渗透了《易》的精神。所可憾的是，过去以专著，专文言及此者甚少；甚者，竟以苏式理论强为解释我国古典艺术，方圆难合，往往令人啼笑皆非。不在本土文化大背景下来研究中国艺术，是怎么也搔不到痒处的。

对此，笔者深有同感，纵观今日的若干比较文学文章，不少作者在大谈中西这特点那特点时，往往都没有越过类似的“障碍”，即都没有回到传统，其不是以苏式就是以欧美式理论为依据，宰割中国传统。尽管大多是出于无意，却于不知不觉中曲解了传统，曲解了“比较”。比较是个十分艰难的课题。无论是比较文学，比较哲学，还是比较史学，比较文化，首先都有一个文化背景相互对立的问题。因此，出自不同文化背景中的传统话语、文学模式，到底该怎样比较和究竟能不能比较，实在需要再三探讨。在这个意义上，姜先生的回到传统、主张国学就不仅显出一种难能可贵的历史责任之感和客观严谨的治学作风，更体现了本土文化所固有的一种民族精神："其在人也，如松柏之有心也，故贯四时不改柯易叶。（《礼记》）守天道（真理），不媚俗，生生不息，千古一贯。

二、

姜先生为探索中国艺术精神而对本土文化所作的概括大体包括历史政治、社会形态及艺术哲理这样三个层面，而三者相汇，共同指向一个更为深层的主导核心，那就是“易”，《周易《易经》。姜先生认为：“一个民族的艺术风格，是由该民族哲学、宗教、社会、历史的种种因素‘合力’构成，而《易》之影响中国艺术，不是因某一画派、某一诗派的提倡，经师承而成一宗一派的圭臬，而是民族哲学思想‘本能’地对艺术干预，或者说是民族艺术自然地体证了本土哲学的精神。”

应当说，每个文化都有自己的传统，即自己的源和流。一种早期的民族思想“原型”深刻地影响后世，这并不是中国文化所独有的现象。但由于中国文化的延续性和长久性，使其“传统”的意义在整个人类文化中显得非常鲜明突出。加之中国文化自远古便承继下来的祖先崇拜，更使得富有开启特征的那些早期“原型”起到了其他文化所未能比拟的作用。中国有文字可考的传统，起于三代，成于先秦。后世史家多以夏、商、周为起点，以诸子秦王为滥觞便是明证。可以说三代的礼乐刑政与先秦的诸子学说奠定了中国传统的根基。这个传统的内在特点就是崇经尊圣：凡事应有出处，一切必须法古。古与今虽相隔绵绵数千年，却仍在先秦之“经”的框定内，统一连续了起来。故大凡联系本土文化背景而论中国历史现象的人们，几乎不可回避地总要将论述的焦点最终聚集在“经学”之上。不过，近来的论者，更多的是注意于孔子所创的儒学及其社会政治含义。姜先生的目光则更多地投向了堪称群经之首的《易》，并由此总结出了一系列独到之见。以下引文可视为其《易与艺》一书的总纲，故不妨完整引出：

我国艺术、不以写实称著，而以写意见长；不以具象为主，而以抽象享誉世界。溯源追本，造成此种特色的源头，即在于《易》。

先秦诸子，无人不言阴阳。孔子晚年学易（见《论语》），老子有“万物负阴抱阳”之说（见《老子》）、庄子有“易以道阴阳”之论（《见庄子·天下篇》），其影响力之大，于此可见。故学界前辈称阴阳观为中国的思想律。可谓知言。

《易》影响中国艺术极深，从审美观念至技巧法度，中国艺术的任何一个层面，无不笼罩在“易”的精神之下。若问东、西艺术何以相异，则异在彼我之哲学渊源不同；若问中国艺术何以如此特异，则异在本土哲学之卓立。其他，如历法，如农学，如医学，如国术（武术）乃至民间习尚，亦多以阴阳观去构筑自身派系的理论骨架。真可谓“茫茫九派（学派）沉沉一线”耳。

于是姜先生始终把握此“沉沉一线”，在中国艺术的“茫茫九派”中或详或略，或露或隐地开始阐发他关于易经与中国艺术精神之关系的诸多体会。他认为中国艺术之所以强调“文以载道”，其本源于《易》；中国艺术其所以玄，也起因于《易》。中国艺术的尚简原则，也渊源于《周易》；中国艺术的象征性特色，亦同《易》有关。

其他又如“咏月诗”的传统，“松、梅、竹”之母题乃至作为一代文化之高峰代表的《文心雕龙》莫不与“易”之源理、“易”之精神处息息相关，甚至在可称之为国宝的中国独有的艺术种类——书法中，也不难发现《易》的痕迹。

三、

姜先生的《易与艺》，使人并不感到易学之高不可攀或阴爻阳爻之深不可测，其从引人入胜的艺术问题入手，于有意无意之间流入到社会人生、历史哲学诸方面，以“易”释“艺”，易、艺相融，使人感到《易》者易也。虽然在作者一方是在论及十分重要的中国艺术精神问，而在读者一方，却也品味到了潜入易学之门的滋味。

在姜先生关于易与艺的全部论述中，笔者址欣赏的是其结合儒、道、释二教三学对中国文化、中国艺术的基本影响，再进而论述《易》与此三者的关系及在三者之间所起到的平衡、调节和贯穿作用。他认为从远处看，儒、道、释似乎各执一端，相互有别，而走近细观便可发现，三者中都有易学精神显于其中，或者说，《易》学精神从深层之处统一了儒、道、释三家。抓住了这个统一点，姜先生便颇有点得心应手地不拘其中任何一家之局限，而放手谈论儒家人格主义对中国艺术之忧患特征的影响，或阐述道家“玄”与“闲”在中国美学传统中的重要作用，或佛教禅宗之对于中国山水诗画所产生的推波助澜之力。比如针对由西方引进并风行一时的文艺学用语“美”这个词。姜先生提出了中国艺术精神所崇尚的并不是“美”而是“妙”这一观点：“儒道二家对于艺术思想都有重大影响，但因魏晋玄学、印度佛学以及以后勃兴的禅宗不断强化了黄老一派的影响力，以至在中国的绘画、书法、诗歌等艺术领域内，‘玄妙神’的美学思想风起潮涌，势头忒大。极端一点说，中国人的最高审美境界，并不是‘美’，而是‘玄’‘妙’‘神’，这才算是找到了中国美学思想的‘味儿’。”至此，姜先生再一次强调了他的一个基本观点：“研究本土美学，寻找不出这‘土味’，多别扭！”

依笔者的体会，姜先生之所以在书中一再突出“土味”，其意在于倡导在中西比较的前景中认真探讨中国艺术的自身特色，然后从本土文化背景出发，总结出切合实际的中国艺学体系。《易与艺》指出：虽然“在西方文艺学传入前，我国古典文论、画论、更不用说书（法）论，不仅不以‘美’为最高的艺术境界，反而常会有讥贬的意思”，但“‘美学’作为一门学科的名称，仍然也不必改为‘妙学’，不过，作为艺术批评的术语，在谈中国古典艺术时，‘美’却不如‘妙’更贴近中国艺术的精神，更有‘味’”。

笔者认为，这实在是一个意义深远又任务艰巨的切实呼唤。确实，在连续不断的域外冲击之下，中国艺术、中国文化是到了再次挤回和重建自己独特的本上体系的时候了。

谈《易》难，谈艺亦难。前者需要面壁冥想、法乎自然的功夫，后者则要求有笔尖酣畅、诗乐皆通的本领。

姜先生的作品则正具备了这二者。读姜先生的《易与艺》，其给人带来的是游入艺术之门后一阵阵轻松愉快的怡悦或超凡脱俗的深沉的回味。而这正与著述者本身的艺术造诣极其相关。姜先生擅长书画，当年在艺术学校任教时，就与一批艺术家交上朋友，近年来则忙于在书法界奔波，或辅导后学，或筹划书展，或组织讨论，或邀客于斗室之中交流切磋。正因为如此，读他的论及书画方面的文字，深感入木三分，实属行内之语。前几年他曾在香港杂志《书谱》上连续发表过三文，阐述过有关汉简书的问题，还评述过贵州书法家陈恒安老先生的艺术成就，文字老练，话语精炼，充分体现了其国学功底之深厚与艺术修养之成熟，此文今收入《易与艺》一书，读来仍令人感到受益匪浅。

读姜先生的《易经与中国艺术精神》所得尚不止于此。从《易与艺》中，笔者还受到以下启发：我们的评论不但要围绕艺术作品而展开，同时也应更多地关注对于理论自身的再评论。也许只有这样，我们的理论建设才不会被一再疏远，一再延误，一再自我放逐。

在此意义上，我再次推荐姜澄清先生的近著《易经与中国艺术精神》，亦希望读到更多的这类在本土文化背景下探讨本土艺术且能兼及中外比较的理论篇章。

（原载于《贵州大学学报》1992 年第 3 期）

二

作为文化记忆的文学
——读伍略新作《虎年失踪》

当我读到苗族作家伍略发表在《民族文学》的中篇小说《虎年失踪》时，心中涌出的感受自然超过了对这篇颇出新意的作品本身的鉴赏。

我是去侗乡榕江的途中经过凯里时读到这篇小说的。其时，在那种特定的地域文化氛围里，细细品读这部以苗岭山乡为背景的中篇，一种亲近之感便油然而生。这时，远处的贵阳反倒成了“外地”，成为阅读境中的一种背景。不过让我有点意外的是：《虎年失踪》并不直接地铺写民俗或渲染风情。与前一时期司空见惯的“风土小说”不同，这篇作品的主题，已从“地域”和“民族”延伸到或回归到了“社会”与“历史”，与此同时，民族和地域作为背景，又映衬出发生的特定时期一段特定遭遇所依存的特定文化环境。于是“四清”“文革”“工作队”“专案组”……这些具有普遍性的时代共相，就出现了别于外地的山寨特征。

然而伍略写的又不仅仅是民族地区的“四清”或“文革”。他在作品里安排了另一条主线：“神虎”告劳的传说；并且以古歌的形式“唱出”全篇的开头：从太阳说到云，从云说到山，再从山唱到鼠，从鼠提到年。《虎年失踪》就这样作了一种创新，用平行对位的方式，把虚幻的故事同沉重的历史揉合在一起；在使历史增加了某种现实的映照，这就使得其作品产生出双重的阅读效果。从神话思维的一面看，现实人生不过是大千世界短暂而琐碎的景象，比起“洪水滔天”“山崩地裂”式的沧桑之变来，“四清”“文革”期间的诬陷迫害，乃至“炮轰”“火烧”，简直犹如儿戏一般；若从社会历史的一面去读，所有流传下来的“神话”“史诗”又全都有了各自滋生、演变的现实土壤。在这土壤中，无论是太阳与云的“对话”也罢，还是人神共处的“经历”也罢，统统受到了社会场景的限制。正因为如此，“神虎”的古威不得不失落在对虎患”的一次次现实围剿之中；至于有关“告劳”这类故事的流传，也只好随着“阶级斗争”的不断高涨而日趋衰弱（或深藏于心）。

不过，《虎年失踪》既写历史，又并不是在复述历史本身。

复述历史乃至研究历史都不是小说的任务。况且真要细细复述和研究起“四清”“文革”这样的历史来，小说往往会在社会学与历史学的面前相形见绌，甚至可能产生言说不清的误导，倘若什么人一定要把艺术的想象与生活的真实对号入座的话。

《虎年失踪》是一部小说，只不过它把20世纪60年代的“运动”当做了背景，并通过这一背景来试图探讨人的命运及其相互间的种种正常与非正常关系。从这一点看，其自身的深度还不够。不过，面对《虎年失踪》，我感到作者更关注的是进行一次文体结构与叙说方式的实验。他仿佛是在力图把民族古歌的“歌风”同现代小说的技巧结合起来：用古歌来“唱”历史，从现实去“写”古歌。于是我读《虎年失踪》里的“神虎传说”与“盟山誓场景”，就不像读《民歌资料集》里的“蝴蝶妈妈”“跋山涉水”这等纯粹歌谣那样过于虚幻；同时，穿过“告劳”“告方犷这样的神奇背景，再去透视那段特定的现实（运动），心中的许多郁结也就随之释然，对社会历史的具体变迁也就有了神话和人类学的另一种审视目光。

更使我动心的是，身处于产生“告劳”故事的苗岭地域，又时逢黔东南苗族侗族自治州建州四十周年，再读到一位苗族作家有关本族文化传统的作品，感到其人、其境、其语、其事，与其说是时过境迁，还不如说是古今交融。从来没有哪个时代能像“四清”“文革”那样，把域外的文化景观从中原一直植入到苗岭山寨，让大字不识的土民百姓为了“防修反修”和消灭“中国的赫鲁晓夫”而相互检举批判，无情斗争。另一方面，也很少有哪个地方的人能像苗疆这样，在 20 世纪的年代里，把从人界的失踪说成(想象成)是去了虎界，变为了虎中一员。其实，倘若换一种“局外”的眼光看，现实的荒诞早已超过了传说的神奇。然而也恰恰是这种现实的荒诞，再次印证了神话可能，并显示出人类自身所潜藏着的普遍本能。这样一看，千古流传的苗疆神话就不再是与世隔绝的孤本，而始终透视着超越地域的恒常意义。

《虎年失踪》把历史与传说巧妙地结合在一起。用帕尼（另一位少数民族作家）的话说，其“从人认虎作父、相伴生活与洛里乔神秘失踪的双重变奏中，编织起一个融风俗、文化及政治于一炉的魔幻故事”，“这故事古怪离奇，却又完全照见人类的生活”。它消除了史诗同现实的时空界限，让你觉得高原山区那丰富多样的民间传说绝不仅是写人教科书的“参考资料”或供学问家们在书斋里把玩的“活化石”，而是神话思维未经粉饰而又生生不息的朴素表达。这表达经由当代职业作家的笔，再次成为古今相通的文学事象。当我们读到欧洲现代作家卡夫卡描写人变成犀牛的怪诞场景时，与其惊叹其“超现实”的夸张，不如正视他以神话思维方式看待现实人生时自然真实。如果说“原始”神话告诉我们的主要是“人神相通”一类的故事的话，“文明”社会则在不断向我们演绎着“圣魔不二”的世理。在伍略的笔下，从人界失踪的主人公“洛里乔”，按最离奇的传说，充其量也只是到虎界去与虎为伴后，回来时脚上多了数不清的刺而已；可他返回人间所遇见的，却是工作队的关押和审查。

人间“革命”带给他的是一连串不可理喻的厄运和更为魔幻般的灾难。

由此我更加感到现代文学向民间传统吸取的，决不是表面的色彩与装饰。作家们的心态也不该是猎奇和抄袭，更不是对如何把“伪民俗”贩卖后换取成功与轰动的关注。相反，面对丰富斑斓的神话、史诗，作家们不该错过恰恰是隐含在离奇想象里面的超越眼光和亘古灵气，那正是人类艺术的诗性所在。

由此我还想起了出生于湘西的另一位苗族作家沈从文。他的作品之所以能产生广泛的影响，在“边城”之外激起京都人的心灵共鸣，看来并不在于他铺叙了多少湘西的民间土风或离奇故事，而在于他在写作的过程中已把自己沉浸到了乡土传统所存有的想象境界和叙说状态之中。在这种境界与状态下呈现出来的作品，自然也就能使读者，尤其是已经远离自然气息的都市人，在自己心中激活起对超越世俗的向往与回忆。沈从文的成功，从另一方面看，也在于他能够把“民族—地域”与“社会—历史”结合在一起；写土风而不孤僻，叙民俗而不空虚。因此，他的作品也就获得了自成“中心”的独特价值，而没有沦为都市时尚的简单陪衬。尽管在强调“文学突出政治”的时期，沈从文也一度遭受过冷落，然而一旦社会恢复常态，其不可埋没的艺术魅力却又照旧挡不住地闪现了出来。

从古歌、史诗到沈从文、再到伍略一代，我看见有一条一脉相传的文化主线。那就是苗族，或不仅仅是苗族，从古到今，从口传到文学，深藏于民间沃土的神话思维，或曰浪漫传统。

这种思维、这一传统，使一民族的文化能够在漫长的波折中不断裂变，又不断再生。尽管在各种现代符号铺天盖地的冲击下，神话思维和浪漫传统都正遭受着严峻的挑战，其拥有的独特而深厚的精神价值，却必将在未来对生命圆融性和心灵超越性的呼唤中不断显示出来。因为未来世界不应也不愿陷入机器的统治之中。

回到《虎年失踪》。这是一篇文学作品。在如今这个变化万千的世界里，文学的定义不知已派生出多少种不同的注解。作家与评论家们围绕着这一古老的话题不断发挥着各自的想象和参与，同时又往往因国家和地区的不同，产生出种种充满激情的争论。不管在理论上还是现实中，小说的写法都肯定远不止《虎年失踪》这样一种，何况还有读者们见仁见智的再评价问题。但是，在我看来，无论怎样变化，文学的根本特征还在于想象。而这种想象决不是凭空的随意生造，而是对人类固有灵性及其在漫长传统中的积淀所作出的一种主动回应。这就有点像物质不灭的定理一样，现实个体总是短暂渺小的，而一旦继承并融入到历史的群体事象之中，便能重获终久不息的“生命”。

有意思的是，到了21世纪即将来临的时候，各国学者之间围绕着关于文学的不同见解，又开始了进一步沟通和对话。

其中较为突出的是国际比较文学作为一种交流活动的蓬勃开展。1997年，第十五届国际比较文学大会将在荷兰召开。数百名专家学者所要讨论的主题是：作为文化记忆的文学。我拟提交的论文，其中心内容即是关于苗族的神话思维及其浪漫传统，在具体的讨论之中很可能就会涉及到《虎年失踪》这样的作品。之所以作这样的选择，倒还不仅仅是因为我对此较为熟悉，更重要的是，我从“作为文化记忆的文学”这样的讨论话题中感受到了从沈从文到伍略，他们的创作中所包容的具有跨地域意义的文化内涵，并感受到漠视“中心—边缘”那种截然对立后，世界文学自身所拥有的相通话语。

（原载于《民族文学》1996 年第 11 期）

三

黔事杂感：刘学洙历史随笔读后

读刘学洙先生的历史随笔《凝望山之脊》，使我想起了旧州。

旧州在黔东南㵲阳河畔，地处苗岭深处，早年曾是黄平的首府，后县治迁移，才改称为旧州。如今当地人正琢磨着旅游兴县，以本地的风土文化吸引宾客，招揽消费。

去夏回乡，应县官邀请，与友人同访当地，被带领着参观了风貌如初的老街和据称为黔南第一洞天的飞云崖。老街上，往日店铺林立，湘、粤、闽、赣的会馆遗址交错可见，还有西式教堂混杂其间，只是历经改朝换代，业主不是了无踪影便是大多易人。随着水陆码头的变更和政治版图的改写，此地数百年繁华转眼就落为话资与记忆。飞云崖本是一处神奇的风景胜地，高山流水，白鹭成群，炊烟缭绕，村寨依稀。苗疆“归化”后，演变出佛道寺观，且不断有流官大员如王阳明、和珅、郑珍……直至当今的省长、书记纷纷光临。来者感叹这里的景色独到，气象非凡，故题词留句，使彼此扬名。后来兴建公路，拦腰挡住山门，据说便断了旧有风水，致使本已衰落的佛道二门每况愈下，残院清凄。

时下，县里打算发展经济，关注历史，改道复修，重现古迹。而这表面属于基层的行为，其实应合着省府有关“旅游兴黔”乃至国家“西部开发”的总体举措。或许，旧州的面貌又将一变。

旧州的情形一如黔省缩影。其他还有镇远、安顺、普定、威宁……地名与山川一道，刻写着古今交替的痕迹。自明永乐设省以来，黔地便进入了被王朝经营改造的历程中。中央统治，开边移民，夷夏杂处，改土归流。在实施“大一统”教化的国策下，黔山苗岭演变为国家的“地方”，本土历史成了王朝的方志，山村土著亦随之卷入中原政治的兴衰轨迹。近代以后，列强威逼，国家政治重心南下，边陲成中央，西南建三线。黔省随之几度在中央大盘中沉下又冒起。

这些难道不值得回想和记述么?

其实数百年来，黔省的故事流传不断。其方式基本有三：朝廷官书、士人录写再加民间叙说。前年坊间有人编纂《贵州读本》，掀起一阵关注本土传统、尊重地方知识的风气，值得嘉许，唯单选文士笔墨，见的还不是全貌。

黔事记录，仅是官书一类就至少包括吏员奏议和朝廷御批。

而与前者同类的又还有罗文彬《平黔纪略》、魏源《圣武记》及至近代杨森的《促进边胞文化运动之意义》等。其中莫不显露出往来黔省的高官文士们整治边陲以图建功立业的谋略与心机。而论及朝廷御批，则不可不提明清以来历代帝王对治理黔省的诸多指令。比如，明永乐十一年（1413 年），皇上核准户部尚书等奏议，谕："思州、思南三十九长官司，宜加意绥抚，可更置府州县而立布政司总辖之。"臣下们进言："其布政司官属具用流官，府以下参用土官。"上"从之，遂命吏部……"。黔地建省及其布局便由此奠定。时至现代，官方文书形改神存，演变为逐层下达上递的红头文件和内部参考。而正是这些表面上并不起眼的一纸公文，调动着实践中的千军万马，改变了千家万户的生死命运。由此而论，不研读由古到今的官书，就不可能通晓黔省故事。

不过话说回来，单凭官书也难以真正了解黔省。官府的书写自有局限。在帝国王朝，其内容不是杀气腾腾就是自我吹嘘。见不到多少对史实的客观评价，更难见平民百姓的日常人生。即便进入现代，官书类型还是要受政策影响和保密限制，不易有效传布并深入民心。于是文人们的新型书写如面向大众的报刊新闻、历史追叙一类，便顺着社会需要与时代诉求应运而生。

学洙先生由闽入黔，在贵州从事新闻工作近半个世纪，以笔为业，效力黔省，若以户口身份算，已入黔籍。如今退而不隐，勤奋笔耕，追思往事，以古鉴今。在我看来，作为黔省叙事的个案，他的历程凸现着一种转折，那就是在过去，把历史变新闻；到如今，化新闻入历史，使黔省纪事多了些纵向的深度和个性分析。与其以往的《热肠冷语》等相比，眼前的文集体现了几层追求，即在文类上，新闻历史与时评，诸体兼顾；内容上，家事国事天下事，三事合一；时代方面，过去、现在和未来，力求贯通。

回想百年多来黔省内外的风雨变故，这样的追求实属不易。戊戌变法，黔籍京官李端棻因倡导维新而遭发配。被其举荐的妹婿梁任公痛定思改，批判旧时代有“国史”无“民史”，导致“君权日益尊，民权日益衰”，进而提出“新民说”，创办《新民丛报》，开时代风气之先，成为“言论界的骄子”。

自那以来，报界文章初涉民意，直面时事，议论朝野，关怀天下，突破以往“不在其位不谋其政”的束缚，一改昔日舆论全由官家封锁、掌控之旧习。此间，黔省涌现出文通书局等开明机构，以民间资本为底，行唤醒民众之责，推动了本地的变革进程。

这些都被刘学洙文集记录其中。可惜作为20世纪后半叶的参与人，其自身的报业生涯竟又充满坎坷变故，深受多方限制，在自如抒发上每每难及此间前人。尽管如此，因有追求，文集不但描叙了已成历史的黔事背景，披露了好些鲜为人知的官场实情，还从当事人和史学者的角度，由今论古地对之加以总结评析。例如，在其叙说的几任黔省领导中，池必卿、朱厚泽在改革开放时代有关发展贵州所做的努力，令人印象尤深。几相比照，朱的出任颇有意义。作者以历史眼光，称之为“乌蒙汉子出山”，叙说往事，表现出史者的心胸和秉直。

黔以山为誉，但山外有山。论及黔省与域外的关联，学洙先生的文集不仅提到清代出使欧洲的黎庶昌及其开启的中西比较，还记述了作者自己情牵闽黔两省的见闻感受，有了一种山外看山的视野，也就多了展望开放的心态。千百年来，本地人论世，多限于自我乡土，皆以为是五方中心。不过，那时小国寡民，来往无多，尚能独自存在，各不相干。一旦世界联通，文化间有了往来对比，知道人类道路的多种可能，再孤芳自赏或党同伐异，于人于己就都显得荒唐可笑，且难以为继。

还说旧州。其郊外有一处抗战机场的遗址。几十年过去，在如今宽阔的田坝里，还残留着二战时期中美合作的历史痕迹。从官史的记载，可见到那时黔省连接境内外的多条战线；在民间传说里，则除了战争久远、不可思议以外，还可听闻两国士兵与百姓互助交往的故事，生动细致，可歌可泣。

时过境迁。全球成了“村庄”，当地又思外联。旧州的年轻学子，不少已远洋深造。他们来自乡村，熟悉底层，域外的见识想必会成为反观山内的另一种参照。也就是说，在新一轮开放的道路上，黔省的故事或许会有根本改变。

也正是在此意义上，如若论及不足，以我之见，学洙文集欠缺的是当年梁启超倡导的“民史”。因为论说黔事，官场演变及士林春秋固然重要，但不能不见底层平民的真实人生和社会改变。歌也罢，舞也罢，如今都在热说“原生态”。而除了把这些来自各族民间的活文化端出来四处炫耀、营销外，还应当有更多人去真心理解和关注“原生态”后面的意含。

那天在黔东南，当地随行的女孩高声唱出苗族“飞歌”（大意）：

这坡过了过那坡，苗家高山多又多
站在山顶四处看，唯有家乡才欢乐

嘹亮的声音环绕于雷公山万树丛中，与尚未破坏的自然背景构成令人欣悦的开朗和谐。后来到达乌东村寨，又见到苗族古歌和巫术的传承人。尽管物质贫困，山民们仍热情相待，杀鸡备肴，酒歌不断，而在他们的记忆中除了由蚩尤至张秀眉以来的英雄故事外，还有在国家现代化进程中经历的艰辛困苦，以及为本土繁荣所作出的前赴后继、奉献牺牲。

面对此景，我们是否该对黔事述说作些增补呢？

四

学者的声音：感怀于章开沅先生的苗疆致歉

章开沅先生是位学者，专业是近代史学，曾有《辛亥革命史》（三卷）等著作出版，20 世纪 80 年代任过华中师大校长，1994 年自海外讲学归来后，主持“中国教会大学历史研究中心”工作，并继续承担博士生导师的教学事务。其指导培养的新一代史学博士如朱英、马敏、桑兵以及最近毕业的黔籍学子游建西等，已逐渐因各具特色的研究成果而为学界关注，被誉为“章门弟子”。

中秋时节，章开沅先生到黔访问，应邀出席“21 世纪史学展望”研讨会。其间，在游建西的相约下，我们一同去往地处苗岭的雷山西江。

贵州本是一个“土著世居”与“移民开发”混合而成的边区行省，交织着从对抗冲突到交往兼容的离合悲欢。由于地理人文等方面的相互差异，境内各地的发展变迁又颇不平衡。时至清代，雷公山一带的千里苗疆，仍被中原官府视为“化外之地”，直到鄂尔泰举兵征伐，用武力开辟“新疆”，才始有与外地相同的卫所及厅州建制，而其载入史册的代价则是残暴与流血。

雷山是当时的“新疆六厅”之一，原名丹江，辖丹江、凯里二卫，鸡讲、黄茅岭和乌叠三司及雷公山一带的百余村寨。境内山高坡陡，地旷人稀，交通困难，生存维艰。尽管如此，改制以来仍兵事不断。其中最为震动的便是一个半世纪前由张（秀眉）、杨（大六）率领的苗族起义。

杨大六的浑名叫昂达喽，苗语意为勇敢、强悍。“杨大六”三字是汉译谐音。杨的家乡在雷山，具体位于如今已被开发为贵州东线苗族风情旅游景点的郎德上寨。我们的车从雷山县城出来，经过该寨，因天色已晚，无暇探访，只好擦肩而过。

西江就是当年的“鸡讲”，苗文记作 HKE – KANG，本意为“荒凉之地”或“有鬼的地方”。汉名从“鸡讲”到“西江”的转化，标志出时代的演变和命名者自身的升华。

按公布的统计资料，西江现有居民一千多户，五千余人，全系苗族，被称为贵州（中国）最大的苗寨。居民生存方式以农耕为主，但山多田少，发展困难。乘车沿途所见的景致，最为突出者有三，即荒坡、山林和梯田。四处皆山。村是山寨，人乃山民，路在山上，河流山间。贵州“地无三里平”的特征在这里得到了突出的体现。由远处望去，不少从坡底到坡顶的田土，其坡度之陡，犹如挂在壁上，令人感叹其开垦之不易和耕作之艰辛。时逢秋收，农户们一家一户的到田里割稻打米，勾头弯腰，爬坡上坎，扛着百余斤重的谷斗由此到彼，不知耗费多少汗水劳力。联想起车水马龙曼舞轻歌的发达城市，真是天上地下，无法平心相比。

当晚，经匆匆的联系和安排，我们近乎贸然地进到本寨一户人家，并在山歌米酒的相伴下，与主人共进了一顿气氛热烈的苗家晚餐。事前并无准备，且家境一般，主人却忙出忙进，杀鸡剖鱼，显出令人感动的朴实友善。遥想当年清军进剿此地，视土著为蛮为敌，兵戎相见，涂炭生灵。如今恍若隔世，是非得失，似乎已化于苗胞耿直宽厚的情怀之中。

但学者没有忘记。次日，在雷山县政府召开的座谈会上，章开沅先生语出惊人。他简单叙说了此行见闻之后，谈到了苗岭山区贫困落后的地理及历史根源；接着话锋一转，郑重其事地以中原后代的身份，向本地苗胞致歉，为自己的祖辈把苗民驱赶到如此贫瘠的地方生存及历史上种种不公平举措深感内疚和惭愧。其实“中原”本是模糊名词，历朝历代换了不知多少“天子”；清兵进剿，与章先生本人本家有何相干？从蚩尤、炎黄数下来的陈年老帐，其也并无义务个人承受。不说此话，无人责怪，凭何要提？王守仁等当年贬谪贵州，也未见有过此种忏悔，还不是照样功德圆满，名扬中外？

我想，相干的是史学涵养，所凭的是学者良知。举凡我的有限见闻，此为头次直面历史责任的无畏担当，并且不是权贵云集的重要场合，亦非光环普照的学术圣殿，而只是边远闭塞的山区小地，面对区区几位无足轻重的异域乡亲。

然而，这正是其分量所在：面对民众就是面对历史；面对历史，就是面对自身。时隔一日，我们返回省城贵阳。章开沅先生作了题为《史学寻找自己》的学术报告。报告以史实为据，提出史学要从权力意志和商品诱惑的干扰中回到自我，寻求发展与更新；并强调社会进步离不开社会分工，学者的声音是时代发展的健全需要；同时还举了至今仍为国家级贫困县的雷山之例……

那么，什么是学者的声音呢？我想，章开沅先生的言行，已是一种可贵的呈现。作为史学专家，他主张首先“尊重历史”，继而方可“超越历史”；作为学者，他笃信“治学不为媚时语，独寻真知启后人”（龚自珍语）。

这是中国传统中，难能可贵的学者声音。

（原载于《南风》1997 年第 2 期）

五

写作犹如农民耕耘：潘年英文集序

此处拿来做标题的话是潘年英说的，在他一篇题为《年终盘点》的文章里。其中，被举出来与耕耘相比的是“写作”。在回答文友们的提问时，他说“写作犹如农民的耕耘”，因此，都只是一种惯例，“或者就是一种日常行为和生活，仅此而已”。我相信这话不是夸张或文饰，而是他对写作的一种看法。不过“犹如”一词令人回味，指向似和不似之间。

在我看来，潘年英的写作，就介于许多这样那样的“之间”里。从进城读书开始，他的身和心就徘徊于城乡之间；后来从贵州调走，又陷入故土与异地之间；而在他写的大部分文字中，你感受到的是展望和缅怀、激昂和保守、自卑与张扬以及蛮横和沮丧、细碎与豪情等等之间。

我和潘年英认识太久了，久得就像从小就在一起。可后来的调动使我们天各一方，觉得一下便隔了好多世纪；中间挡着的不仅是时空距离，还有对所处周边的感受差异。我们从贵州离别，他去往湘潭，我到达成都，虽然都在高校从事人文教研，地域上也还算得上大西南范围，但毕竟远离了本土故乡，失去了精神和友情上的亲切土地。回想在激动人心的20世纪80年代我们一起参与的那些交谈、争论、采风、聚会啊，比较起来，周边的境况犹如死水——灰尘似山，喧闹如粪。想要逃离么？两脚梦魇，挣扎无力。

所以需要写作，要重提乡土，对照农民——书写并怀想那曾经熟悉的鲜活与本分。农民等于愚昧与落后么？那是傲慢自大的偏见！农民怎样生活？正常的农民女织男耕，自食其力：不操心与己无关的闲事，不干涉他乡另样的人生。这才叫集中精力。集中精力做什么？多了！你看在潘年英描写的黔东南场景里，农民们可以像小黄歌班的罗汉妹子那样放声歌唱，或者像岜沙村民在树林里比赛秋千；要不就到月亮山参加斗牛，或者去瑶麓乡看坡上赛马。可是外面的人偏偏自大狂妄，硬要闯进去搅乱宁静的乡里，把自身已脏得无法辨认和清洗的杂念心机当作宝贝倾倒给山村百姓，然后再居高临下，以“文明”的名义向“落后”可欺的乡民盘剥和索取。

这样，或许是看白了“进步”的谎言，厌烦了城市的虚伪，潘年英总结自己的文学生涯，把作者与农民相比，把知识分子的写作比作乡土的作业。如果说“我言故我在”可以显示生命的一种机缘的话，在这点上，我和潘年英息息相通；尽管彼此选择的文体不时有别，我们都借助犹如耕耘的写作完成自我的实现，并达到精神的返乡——因为写作，所以存在；通过写作，回归故乡。有不少人过度夸大了作家学者的作品成就，以为写作的目的便是供人观赏、等待评价和换取名声。在我看来这恰恰倒置了写作的本末。一如很久前孔子强调过的“学为己”那样，写作与人生中的其他事情没有区别，它的本意就在于自我养育、自我完成，至于随之引出的相互交流或彼此欣赏不过是它的附带效应而已。

这样，面对喧嚣浮躁的虚假世界，你不妨记住潘年英的“顿悟”：写作犹如农民的耕耘。

这顿悟来之不易，因为眼看着就换走了已过不惑之年的大半人生。

（原载于《贵阳文史》2014 年第 4 期）

六

李钢音和她的都市虚构

李钢音发表在《山花》“钢音小辑”中的《致默尔索》（1995）一文中，有这么一段话：

> 默尔索，每次想起你我的理智就要作一番挣扎，因为你很容易唤起人的非理性状态；而加缪正是通过你这样一个缺乏人们普遍尊重和信守的理性的人物，将他的与存在有关的思考像一个炙手的火球那样抛给了人类……

很难相信这些话是出自一个外表似乎感性十足的女性之手。它使人透过平时的“温顺”表象（为了扮演女人之“共性”），见到了作者深藏在语言底下的另一重人格。就是“深藏”，是因为她和默尔索之间有相同之处，“像一个旁观者那样凭自己真切的感觉生活和行动，在被人们认同的一切形而上或形而下中间走钢丝绳”。这样的人有什么性格特点？作者对默尔索说：

你默尔索不过是荒诞的牺牲品。你想真诚地表达自己的看法，你不愿说谎，不愿揣摩别人的心思以投其所好，你从来没有对自己的行为有任何紧张激动地表示，也没有对你一生中的什么事感到后悔，所以你成了一个与人异趣的人，与社会格格不入的人，使社会感到危险的人。这就是你被判死刑的根本原因。

这不是在同默尔索进行对话，而是在宣泄自己的内心独白。

但既然提到了加缪，提到了“非理性”和“存在”（后面还提到了西西福斯），就又让人感到其已不再是无所依托的自说自话：独白里面融着历史；更进一步，以独白的方式加入历史。

无论作为写作者还是平常人，李钢音都不合群。像默尔索一样，她有自己的感知方式和处世风格。这样在现实之中难免就不易被接纳和认可。可由于没有像默尔索一样坚强到敢于“与社会格格不入”，以至于不惜遭受彻底逐出（判死刑）的程度（生活中其实很难有人能够做到这一点），便又使她做不到“不说谎”“不愿揣摩别人的心思以投其所好”，反倒有时不得不违心并有点屈从般地紧随众人，以求在生活中少一些疏离和多几分谅解。可尽管这样做了，却依然消除不了独面世界时心里的困惑与不安。因此她借默尔索的口，倾诉的是自己的感受与认同。发表在同期“小辑”中的《升落》一诗里，“我”以时间为背景，一再地独语道：

每年每月我一点点脱落
成为空白

其实正是这种“不合群”造就了作家，给他（她）们提供了同生活间的必要距离。“旁观者清”“众人皆醉我独醒”，这样便能“见人之所不见”，然后“言人之所未言”。

不合群者是强大的，也是敏感和弱小的。他（她）们总是比常人更能体察到生活中不易留心的细微末节，因而也更容易感受来自四周一切荒诞与粗暴的伤害。在通常的时候，他（她）们多以外表的强大掩盖内心的脆弱，或用自卑的姿态表达自信的愿望。这时，创作就是他（她）们的一种存在，“作家”是一种逃遁，而作品则成为用以遮躯蔽体的外壳。作者的另一重生命就这样诞生了：通过语言、人物与情节，他（她）把自己投射到了作品之中，完成了一次所谓的“相随心转”。这时本来可以观其相见其心，而后见其心知其境，从而明白我们皆处于其中的某一种境地。可在常人看来，这种“不合群者”的写作每每是夸张、变形乃至“神经质”的，因而不可信；却不知道像能够感知灾难前兆的小动物躁动一样，这样的写作其实就是人群生活的预警，这些“不合群者”就是前仆后继的“卡桑德拉”（古希腊被视为说谎者的预言神）。

不知道这样的解释能否适用于某一类写作者。但对李钢音而言，写作之于她是同时起到了逃遁和呈现这双重功用的。自最早发表《没有故事》（1989）那个短篇以后（或许更早），她就不停地写，一直写到不断更换职业、成为与作协签约的合同作家。

然而像一个步入丛林的独行者一样，她的作品一如既往地全是“小人物”，并且充满了紧张、不安和躁动。让人仿佛感到有一双黑夜中的眼睛在近处盯着你，对你悄悄述说人生隐秘。尽管从《横穿马路》（1991）、《空堡》（1992）到《梦魔列车》（1996）这些作品都并没有艾米莉《呼啸山庄》式的那种孤寂惊恐，也不像卡夫卡《城堡》那般离奇绝望，但却有着一个共同的特点：由于被笼罩且又疏离于庞然大物般的社会历史，“小人物”们渺小得已见不到生存的意义。存在就是活着，也就是常人所说的“苟且偷生”。

或许李钢音是想通过这些“小人物”人生意义的丧失，惊醒另一种理想价值的到来？或者是借“小人物”无意义的存在，反抗历史之抽象和理念之拔高，想让读者依随这些凡人琐事回到日常？要不二者都不是，她不过把自己同“小人物”融为一体，在对象身上找到了心安理得的生命归属，也见到了芸芸众生的相同本相？

言者无心，读者有意。都是都不是。

李钢音自小困守在城市，写的也是城市。尽管和出城数里即可面对的茫茫山区相比贵阳差不多已是“天堂”一样的地方，但同沿海商埠或京城大都市比起来其只称得上边陲小地。因此本地作家群中，就历年不断地涌现出堪称别具特色的地域新秀。他们通过对本土风情描写，抒发着自己的地域情结。

然而在这点上，李钢音依然不合群。她的写作几乎从不涉及民族文化与乡土意识，不关注寻常人衣食住行之外的空间。虽然她时常也到外面的世界去为一些日常琐事奔走，可从她的作品你却更多读到的是一个闭门不出、离群索居者的自画像。正因如此，她笔下的人物许多都不是生硬观察或“体验生活”得来的，而是凭借想象，或者说凭借作者与“人物”间的一种“通感”，一种（审美）“移情”。在这个意义上，李钢音不属于地域分类上的“贵州作家”，而是他们当中的“独行侠”，或用她自己形容默尔索的话说，是“旁观者”和“与人异趣的人”。也许她不是不熟悉多民族交错聚居的贵州（在多次更换的“职业链”中，她曾作过《贵州文化》的编辑和《中国文化报》的驻黔记者），但却并没去着力地表现神奇蛮悍的山民生活。她蜗居在远离中原主流文化的西部省城，像一个孜孜不倦的吐丝者一样编织着自己梦境般的独立与述说。她写的每一个人物都没有历史，也看不到出生源流、族群差异。这些人不是躲藏在单居陋室就是只出人嘈杂小院，偶尔有个别身份“雅”一些的去出席一两次正儿八经的“会”，也恍恍惚惚不明白身系何方：不仅没有历史，连具体的方位、空间也都消逝了。

这样的状态只有都市才有（而且是在社会分化、彼此相隔的现代都市）。

都市是个大家住在一起却可以互不相识互不往来的地方。对很多的人来说，整体的都市并不存在，存在的只是一个个分开隔离的街道、院落乃至单元、套间而已，就像大鸟笼罩着无数的小鸟笼一样。当然与此同时这些分隔的个人仍可以既吓别人又唬自己地装扮成或自认为是都市的拥有者似的，以填满各自的内心虚空。

这样，很显然的，李钢音借以同现实外界、同作品“人物”保持联系交流的“通感”与“移情”便有了一种专门的限定：“都市通感”与“都市移情”。她借都市相通，在都市移情。不像村寨和山乡那么布局简单结构分明，都市是一个迷宫，是一个巨大的城堡，人人均可在这里隐藏。于是大概是出于藏身的本能，李钢音弃山村取都市，把后者当做了自我呈现的掩体，一种为孤独心灵而设的笨重伪装。在我看来她的作品也并非想表现都市。对那些生活在她作品中大部分只有“他”和“她”这样的代号而无姓无名的人物来说，都市也只是一个“符号”，一个借以栖身的笼统空间。

所以李钢音的人物大都不离都市，偶尔离开便马上遭到外人（农民、非都市人）的攻击（《空堡》）。然而李钢音也不表现“贵阳”。她淡化了自己出生地和人物的存在。她甚至虚化了时代，一心一意想力图越过眼前的现实，融入到默尔索式的逃遁之中。于是她要坐下来，通过电脑打字的方式对默尔索说：

其实，你整天的生活就是吃饭、睡觉、上班、游泳、交女友、看电影。这是最平常不过的生活，但你一边坦然地过着，一边在内心中总有一种不安的感觉，总觉得自己有什么地方错了。

到底什么地方错了呢？默尔索没讲。李钢音也说得模糊不清。

默尔索是个虚构。李钢音的作品也是虚构。

可一旦加入进读者，这种虚构却将变成另一种真实。因为阅读就是读自己。不同的阅读让你发现不同的自身。那句界名言看来得再补充一下："有一千个读者，就有一千个哈姆雷特"不够，得加上"有一千个哈姆雷特，就一千个读者（自我）"。这里，"哈姆雷特"泛指包括李钢音笔下那些"都市虚构"在内的一切文学场景和人物。

七

人是“动物”：章海荣《旅游文化学》序

人是动物。这话无论从物理学或人类学来说看都是对的。人的本质就在行动。“树挪即死，人动则活。”中国的古话也很早就叙说过这样的道理。

依据人类学的现行说法，人类祖先最早在非洲发源。后来由于气候变化等原因，人类开始走出非洲，向四方扩散，成为如今广布全球的物类。以此推测，早期的人类移动，主要受自然界的食物牵引，范围限于资源数量、种群规模和获食能力。一般来说，只要能够满足基本的生存需要，特定的人群和个体大多会有较为稳定的生活区域。除非生态环境发生剧变，人类不会轻易作出长距离空间转移的决定，尤其不会去到生计艰难的地方。

后来人类发明了驯化植物和动物的方法，从而不仅改变了食物来源并也转变了自身，即分别演变出靠种地为生的农民和以放牧为业的牧民等不同“族群”。在新演化出来的生存方式里，农民开荒种地，春播秋成，精耕细作，乐业安居。这种农耕类型的群体，多依大河流域繁衍，念土思家，重守成，轻迁徙。在东亚内陆，经过漫长岁月的陶冶承继，形成了费孝通所言之“土地捆绑”的文明。而在大漠草地，牧民们居无定所，跟随自己赖以为生的牛羊，逐水草而行，无论日常活动的半径还是总体移动的空间，都大大胜于终年“面朝黄土背朝天”的农民。不过农牧民之外，人类还演化出另一种靠海为生的类型。他们或下海捕鱼，或出洋贸易。而相比之下，后者的游历范围显然又超过了草地牧民。

中国的文化，自秦汉以后便越发以农耕为主，并滋生出“我为中心、四方荒野”的心界。秦始皇大筑长城，分割了城墙内外农、牧两种类型。墙外的游牧部落，平时在各自的冬、夏草场生息，战时则彼此联盟，纵马驰奔，游动在一望无际的茫茫草地，突显着自由自在、游动不拘的习性。长城里面的农民，不但受着土地的捆绑，还遭到中央集权的诸多控制，越来越丧失人作为“动物”种类的迁居自由和行走天性。到了明清时代，政府不但在全国强化编户管辖，甚至在各地遍设关卡，强令不得不跨地经营的民间商贾，必须先向官方领取印照，验证放行；

在西南地区甚至规定马贩出行“伙伴不得过十人”，违者惩办。在这种封建专制的治理下，乡土民众日益习惯于画地为牢，“鸡犬之声相闻，老死不相往来”。久而久之，便深信“在家千日好，出门一日难”的古训确切无疑。这样的传统严重制约了中国民众的眼界和知识来源，使其对外界的认识受制于书本描绘与官方宣传，以至于在对人类世界的了解上，长期局限于故乡本土和“自以为中”的东亚一隅。

幸好就在中国文化的脉络中，还有庄子“逍遥游”精神和玄奘、徐霞客式的“行万里路”实践，才为封建专制的“捆绑文化”，注入了恢复人之行走自由的一线生机。近代以后，从下南洋发展的沿海村民开始，直到赴东洋求变和到西洋留学的书生文人，走出国门的一批批有胆之士进一步冲破本土藩篱，把国人眼光带向更为广阔的天地，开启了连通世界的全球之旅。自此，非但在原本铁板一块的社会结构里出现了南来北往的全民流动，甚至长期沉眠于“华夏中心”梦魇的整个中国，都可说像艘摇摇晃晃的老船一样，被推入了与四方交通的漫漫旅途。

于是，现代意义上的旅游，不仅体现出社会限制和家国疆界的突破，而且意味着民众对异乡的知识由间接向直接、从书本向经验的复归。它的兴起、普及和发展，打破了信息由官方和精英的单向垄断，促进着社会的民主进程，帮助公众在你来我往的流动中重新获得人的身体解放和行走自由，并在相互观察的过程中反省自己。

当然上述情景还只是理想图式。在现实生活中，世界各地的旅游状况均有弊端，有的方面可以说困境重重。由于社会地位、经济实力等的明显差异，目前的旅游还多半是强势群体到弱势地区去的猎奇观光。而在货币利润和短期效益的驱动下，从事旅游开发的地方政府和大小商家，每每以各自收益为重，几乎是不经思考地就把每一处具有特色的地方当作可任意经营的“旅游地”资源。这种外来式旅游开发不顾当地民众的主体权益和生存远景，未经许可就自行动手，结果是造成本土文化的急剧改变，甚至导致众多珍贵的地方性传统的永久性破坏和丧失。

那么如何在发挥旅游为人之解放提供广阔空间的同时，免除其带来的各种弊端呢？就目前的情况而论，人们似乎还没有找到最佳途径。

由此看来，旅游作为人类行为的重要方面，值得研究的内容很多。对其加以关注可再次提醒人们：不但旅游是文化，文化更是“旅”和“游”。以这样的背景来审视，如今“旅游学”“旅游文化学”乃至“旅游人类学”一类论著和学科的出现，可谓应运而生[1]。

在我看来，人类的行为可分动、静两类。停留、居家为静；出走、旅游是动。古往今来的旅游又包含职业探访和闲暇观光类型。在中国传统里，前者主要表现为有有识之士们对静时“读万卷书”、动则“行万里路”的倡导，强现实知识的获取；直到今日日趋普及的人类学方式。

我个人的看法是愿其能够在保持学术中立的基础上，对比中外旅游事象，探讨人类作为动物自“走出非洲”以来的古今演变，进而认识全球连通后的相互远景。

章海荣学兄是我多年老友。自20世纪70年代以“知识青年”身份从上海都市南下苗疆务农以后，他在异土他乡“漂流”数载，在对山村野趣的感同身受中，增加了对文化多元的真切体认。如今重返沪地，任教于全球化声浪中的高等学府，面对现实，潜心学问，完成了以旅游文化为题的论著。在我看来，在其表面一本正经的学理论说背后，其实更流露出游历于城乡之间和远行之后的人生感悟。

海荣强调说：“人类自从文明史源初走来，从没停止过追寻和拓展生活空间场所的脚步。”（见本书“绪论”）

谁能让这样的“脚步”停止呢？“土地的捆绑”不能，社会差别不能，家国疆界也不能……

因为说到底，人是动物。

是为序。

（2003年11月，于岷山之旅）

注 释

[1] 关于“旅游人类学”方面的讨论，可参阅徐新建：《人类学眼光：旅游与中国社会——以一次旅游与人类学国际研讨会为个案的评述和分析》，《旅游学刊》（北京），2000年2期。

八

苗疆再造与改土归流：从张中奎的博士论文说起

自20世纪90年代参与发起“西南研究书系”以来，笔者对西南话题的关注持续至今。虽然“单位”从社科院转到高校，地点由黔省变到四川，从业范围由原来的专职研究增加为教研合一，对西南的思考和调研却坚守如一，而且在论域与重心方面还有了进一步延伸。其中之一便是对帝国的反思。

高校里教研合一的好处是能促使笔者将研究与教学结合。于是便有了把西南研究的相关议题提出给诸生共同研讨的新契机。在成果上，与清帝国时期“华夷之辨”相关联的有高岚博士从“民族身份与国家认同”角度对明清之际江南汉族文士的文学书写的辨析（已出版）[1]，接下来又有张中奎将要出版的新论：专题阐释清帝国对苗疆的“改土归流”。

一、

清朝经营云贵的历史是新帝国的确立史及其内部边疆的开辟史。在此过程里，朝廷对西南“生苗”的军事征剿和政教改造伴随始终。其中最为突出的便是以苗疆再造为目的的改土归流。需要说明的是，明清以降，“苗疆”的提法主要是中原文献对西南族群的一种泛指和他称，不但涉及的地域具有伸缩性，所指的族群也涵盖甚多，并非仅为今日的“苗族”。与此相关，在“改土归流”的实施里，又包含着帝国征服者对“苗疆”境内不同区域与人群的类别区分。以当时的官方用语来说，就是“蛮悉改流，苗亦归化”。其中的苗和蛮代表着帝国眼中苗疆的两类族群。前者是业已被历代王朝征服且有土官、土司作为朝廷代理的“熟苗”，后者则是未经改造、不服统领的“生苗”。对此，帝国的苗疆再造便同时包含了对熟苗当中土司、土官的去除和对剩余在生苗境内所有“化外之民”的收编和驯服。

顺治十四年（1657 年），清廷令吴三桂、赵布泰等由中原分头西进和南下，大军攻打云贵，继而灭除南明王朝，宣告统一天下。随后又在云贵设“经略”，置“总督”，留兵镇守，恩威并用，使其与直隶、两江等各处总督、巡抚一道，内外呼应，拓建大清帝国。

可见，对云贵的攻占和剿抚，是清帝国赖以创建的转折和基础之一。基础一旦奠定，“开辟”即成为统治者花大力步步推进的艰难要务。开辟就是开疆辟土。对新帝国而言，其含义有二，一是对前明政权的推翻和替代，其中有沿有革；一是在拓占版图内对历朝影响均未抵达的“生苗”之地进行新的征服，其中剿抚并用。此二意合为一体，相应的举措便是：弃明朝，兴大清；废土司，派流官（及移民）；剿土著，兴教化。

清代有专论黔省“开辟”者，曰：“黔处万山中，土不厚于西北，财不富于东南，而其地则在所必开。”此论首先即指出了高原山地的区位落差，然又为何强调“在所必开”呢？理由是历代的过失与本朝的扬弃，“历代所为，羁縻蓄之。前明百战辟之，我朝礼乐征伐，多方定之”。意思是说，由于历朝放任或有武无文，导致四处不宁，直到大清礼乐并用，才使天下安定。

另有官员在给朝廷的奏章里写道：“黔省远在天末，虽有府州县卫之名,地方皆土司管辖,约束不严,致令苗蛮劫杀无忌。”这则是在渲染土司、土民因缺少管教而体现的无序、荒蛮中，凸显清帝国整治苗疆的必要与合法以及道德的优越之感。

同样的论者还在见到“未辟则化外之彝，既辟而生聚吾民于其地”的同时，认识到“辟之非难，抚之为难”。但无论如何艰难、代价多大，为了帝国大业，开辟的举措是一定要实施的。什么样的大业呢？那就是将被视为“化外之彝”的山地苗人无论生熟，统统地、逐步地“辟为吾民”。而这，正是历代帝国的要求和目标。

汉语的“开辟”之意早在先秦时代即现雏形。《诗•大雅•江汉》有“式辟四方”的词句，郑玄解其意为统治者以“王法征伐，开辟四方”，目的在于“治我疆界於天下”。这观点与同样出于《诗经》的另一表述是紧密关联的，那就是：“普天之下莫非王土，率土之滨莫非王臣。”这样的天下观对任何地方自主性和个体民权均是不留余地的。于是，自《禹贡》等经典宣称的“一点四方”设计开始，王者对京畿以外的王土治理，虽然在历史的过程中也有过所谓的侯服、甸服、绥服、要服和荒服以及后来的羁縻和土司等制度[2]，然而从王权和王土的理念上看都只是过渡，一旦条件成熟，所有土地和人民统统都得划归朝廷，直属中央，也就是归于帝国。这一点在历代治理苗疆的朝廷大臣的著述里都是讲得很清楚的。明代的文献记载，洪武年间王朝在黔地辟疆建省，上谕“王者以天下为家，生教所暨无间远迩”。到了清代，云贵总督爱必达撰写《黔南识略》，宣称：帝国对苗疆的扩张和开辟，是因为皇帝不忍古州八万诸生苗“独摈化外”，才俯循督臣鄂尔泰所请，“抚剿兼施”，目的使苗民对皇上一视同仁之“至意”心怀感激。而贵州巡抚罗绕典在《黔南职方纪略》里则强调：由于黔地“高寒而瘠薄，赋税所入，不足以供官廉兵饷”，故如仅从经济利益考虑的话，“不有黔可也”；然若从帝国政治着想，则“黔不可不有”，为什么呢？理由即是不可推卸的天子使命：“王者之仁，覆无外，不使一隅终处于暗。”

可见，由秦至清，被众多经典描述的所谓“天下”，其实就是“帝制的王土”。居于其中的人群，无论数量多少，除了在改朝换代的不同帝国中掌控绝对权力的“天子”以外，其余皆是臣和民。这样的格局从最初预设起即是无边际的，只是在具体的历史演进中被迫形成过大小不定的边界。形成边界的原因是王朝的所见和所能受到实际限制。这样的结果导致了一个矛盾，即观念上无限的天下（王土）与事实上有限的帝国（朝代）。这一矛盾对改朝换代的帝国轮替产生了重大影响，或言之成为了诸帝国在前仆后继的王朝更替中万变不离其宗的逻辑和动力，那就是，极尽全力，使天下归王。一如明世祖朱元璋在平定云贵后所言：“王者天下为家，声教所及无间远迩。”为了实现这个目标，朱明帝国采用的措施也是剿抚并置：一方面举兵平定，一方面教化蛮夷，“变其土俗同于中国”。

二、

以此观照，1657年之后清朝在云贵逐步实施的“改土归流”，实质即是新帝国承前启后的又一轮开疆辟土，夺取天下。新王者实施的所谓“改土归流”，既是在政治和军事上除掉土官、制服土民，更是在社会和文化上令朝廷命官对苗民实施教化，强行一律：破除传承久远的本土传统，荡除民族文化的自主性，中断内涵丰富的地方性知识……一句话，令苗民追随王者，化土入流。这一点与前朝王者的所作所为一脉相承，别无二致。

对此，前人的研究已有不少，只是角度不同，观点各异。张中奎的论著有所推进。他把清帝国的“苗疆再造”简化为彼此关联的双层模式，即：

A：“生苗”→“熟苗”→“民人”

B：“新疆”→“旧疆”→“腹地”

张著总结说：

清帝国“开辟”苗疆，用武力把苗民征服，在苗疆设厅置县，安屯设堡，建立新的社会统治秩序。清帝国的目标是使“新疆六厅”的“生苗”化为“熟苗”，“熟苗”化为“民人”；“新疆”变为“旧疆”，“旧疆”变为“腹地”。

结合夷夏交错的多元历史，张中奎指出，清帝国在苗疆实施的这一改造模式不是孤立个案，而是普遍存在于历代帝国的拓疆史。这种看法是有道理的。清帝国对苗疆的开辟是承继而非起始。其中欲使苗疆“由生变熟”的举措，应该说至少自先秦文献对“莫非王土”及“五方之民”的王制式表述起便已萌生。

在笔者看来，以帝国统治为核心，把秦以来的王朝史连接对照，并由此考察包括云贵在内的区域演变，是重现本土话语和剖析王朝叙事的关键。遗憾的是这本应得到加倍重视的问题，却被不少后世史家在所谓的正史书写中不是以“地方行省”的人为区划加以遮掩，就是完全站在王者立场上“抑土扬流”，对帝国征服者破坏夷夏多元领域内文化多样性及地方自主权的举措和后果熟视无睹，毫无反省与批评。

张中奎的著作是由其博士论文改成的。作为出身黔省的本土精英，此选题的立意是在我们共同切磋的互动中双向产生。其一方面来自作者的乡土背景和认同取向，另一方面也延续了自 20 世纪 90 年代筹划“西南研究书系”以来，笔者本人对夷夏关联和“一点四方”格局的研讨。张的论文，一是为既有的西南研究提供了“苗疆再造”的新案例，再是进一步突出在帝国格局中审视地方与族群的整体史观。作为指导教师，将“苗疆再造”和“改土归流”并置讨论是我提出的要求，然以翔实史料和田野考察为基础精细展开并总结出帝国改造的双重线索等结论却是中奎本人的新见。不足的地方在于，由于缺少本土视角，苗疆民众对帝国再造的回应、反抗及后果未能得到较好体现，致使本著失去了在对话式的双向叙事中再现大清帝国对西南苗夷的开土辟疆史。

在笔者一向的观点里，无论关注西南还是西北，抑或是研究苗民与羌民，都应当同时具有自外而内的王朝视角和由内及外的本土立场，从历史与文化表述来说，也就是要兼顾帝国叙事和族群叙事。缺少一面，就会偏颇。

回到清帝国的“苗疆再造”与“改土归流”问题。

雍正年间，经过数代帝王剿抚并重的经营，帝国在号称“千里苗疆”的深山苗寨设置了“新疆六厅”（即八寨厅、丹江厅、清江厅、古州厅、台拱厅、都江厅），宣称“黔无不辟之地，无不化之苗”，以及“黔在宋元以前，深林密菁，久为虎豹豺狼之所居，苗瑶彝倮之所居，千百年来视若废壤。辟于前明，恢阔于我”。当这样的王朝大业眼见完成之时，更有文人总结说：“黔地自改土归流，皆成‘腹地’。”

如此的意义与效果何在呢？论者认为：经圣天子武功文教，恩威四讫……向之言类侏离者，今则渐通音问矣；向之行类禽兽者，今则渐通礼数矣。

通过教化，使“兽”变人这就是帝国文人对再造苗疆和改土归流的结论。但这样的说法能成立吗？让我们不妨作番比较。如今在苗疆流传着若干首不同版本的《张秀眉之歌》（Hxak Hent Xongt Mil）。其中一首唱到：

Dail nail fal ax dol Eb Hniangb,
Dail Hmub tat ax dol ghab dab.
Xongt Mil yangl hfaid fangb
Seix dios sangx luf lol bib Hmub bangf lix las!
鱼儿离不开清江水
苗家离不开土地
秀眉领导起义
是为了我们苗家土地

Dol lul bangf fangb gos luf mengx yangx,

Dol diel hxot nongd seix niangb nios luf fangb Hmub.

Ait ves ax lol jef gid diuk bangd hnaid

Dax mengx dangx diangs dib diel mengl[3]

祖先的故土已被侵占

官家现在又来染指苗疆

不得已拿起武器

杀入敌阵中去……

除了对收复失地的抗争外，另一版本的《张秀眉之歌》强调了苗疆民众对耕耘归己这一天经地义原则的坚守，歌中唱到："八月里来是金银，黄金稻谷好收成。"只因跟随张秀眉反击清军后，才使苗民自帝国侵略以来所受的压迫得到改变："往年收粮归官家，今年收粮归自己。"

张秀眉（1823—1872）出生在黔东南，是清咸丰同治年间率领苗族反抗清帝国侵略和压迫的领袖。他的苗名叫 Xongt bod，外号才是 Zangb xongt mil（意为"英俊男"）。张秀眉领导苗民抗击清帝国的事迹在苗疆至今流传[4]。2000 年，台江县政府在县城中心的"秀眉广场"为这位民族英雄建造了高大威武的塑像。而作为以口头和书面流传的纪念之作，《张秀眉之歌》是对苗疆人民抗清起义的又一种缅怀和颂赞。与官府文人对帝国功德的宣教对照，它们都可谓苗族文化的"自表述"。两相比较，区分和对立显而易见。

对于后世的书写者而言，如何对这两种表述作出判断和鉴别，是不得不面对的关键所在。

三、

延伸来看，从帝国的整体之需对苗疆进行再造的王者“大业”，始于秦汉时期。其初始工程在司马迁的诸帝本纪和蛮夷列传里便有记载。由嬴姓“始皇帝”开创的帝国模式始终遵循“家天下”的独裁体制，其特点是消灭多元，独尊一体，容不得天子（即帝王）之外任何个人与族群的独立和自治空间，于是不但要导致各“问鼎中原”者之间无数次的血腥争霸，还必将激起王土扩张与反扩张之间的必然冲突。

如今以后世的眼光加以反省，需要回答的问题是：“帝制王土”的根据何在？“大一统”就代表进步吗？以“天下一统”为借口清剿原本存在的族群与文化自主性和多样性的行为，也就是所谓的“改土归流”是值得赞颂的么？

我们可以先从史料来说话。

在题为《平黔纪略》的官书里，著者记录了咸丰至同治时期清帝国对苗族起义的严酷镇压，同时也多少透露了苗民反抗的外部原因。该书沿用帝国教化的他者标准，称苗疆有生熟之分，然后指出继雍正辟生苗之地为“新疆六厅”之后，苗民仍“剽悍顽梗，叛服靡定”，至乾隆元年经武力征剿，方“一律荡平”，并“以叛苗绝产分授屯军”。后果如何呢？不但使苗族土地大量被流官和移民占据，而且以此助养了入侵的官兵。“苗生齿繁，仅存产不足给，屯军或复侵之。”结果是“苗尽产偿犹不足，则佣身，且质子女，而役之有甚虑”。最后“积怨思报复，非一日”。

另据 1987 年出版的《清代前期苗民起义档案史料》统计，仅雍乾年间朝廷对黔省两次苗民起义的镇压，就致使苗寨被毁 1224 座——

起义者牺牲 17600 余人。被俘苗民 25000 余人，其中 11000 余人惨遭杀害。被俘者家属被“充赏为奴”者计 13600 余人。还有因清军围寨，被迫投崖自尽及病身故者又不下万人。

最终的境况十分惨烈，在帝国内部的往来文件里也承认，战后苗民人口较之从前，“不过十存五六，或者十存二三而已”。乾隆六十年（1795 年）三月，帝国大官福康安以奏本形式向朝廷密报镇压松桃苗民造反的境况。在读到奏本渲染起义者剧烈反抗的段落时，“天子”批曰：“可恨之极，必当尽行诛剿方解恨！”接着在臣下描述清军如何将攻克苗寨“尽行毁烧”之处朱笔一挥，称赞说：“好！”

扩展来看，在满清王朝治理中原及四方的宏大谋略中，清廷对苗疆的开辟用兵是与帝国在中原实行以满治汉及其在川、滇、藏等地的扩张经营同步并行的。在前一方面，最为突出的事例是雍正对曾静案的处理，结果是由上谕颁布的《大义觉迷录》，倡导以满人为核心的“天下一家”。在后一方面，魏源的《圣武记》则有过较为全面的概述，曰：“自四年至九年，蛮悉改流，苗亦归化，间有叛逆，旋即平定。其间如雍正朝古州苗疆之荡平，乾隆朝四川大小金川之诛锄，光绪朝西藏瞻对之征伐，皆事之钜者，分见於篇……”也就是说，在几乎与对苗疆实施剿抚并用的“改土归流”的同时，帝国军队在川边发动了性质相同的大小金川战争。后者的结果虽然让康区在表面上归顺了帝国，同时却不仅令征剿官兵死伤无数，并且使曾任苗疆事务大臣并屡建战功的张广泗因剿川失利而惨遭处决、国库银财耗费若干，使清王朝从上到下均付出了沉重代价。这样的结果在苗疆别无二致。《平黔纪略》记载说，在反抗官军的起义民众围困和攻打丹江之际，“城中粮绝……阵亡官兵百余，饿死男妇数百，草根树皮剥食殆尽”“署参将……等皆死之。民死三千，得脱走凯里者仅十余人”。境况同样惨烈。

可见，一部古今帝国的开辟史不但是化外之民的血泪史，同时也是帝国内部的灾难史。

因此若从理论上加以总结的话，帝国历史就是自命王权的教化史、王土版图的扩张史和奴役臣民的征服史，亦即是各朝“天子”借助武力以天朝的“大一统”之名对四方传统的彻底打击，结果是毁多亦不下元，存一体；兴专制，灭自立。此过程剿抚兼施，文武并举，其间虽也有过改朝换代，在帝制王土的观念和实践上，却称得上一脉相承。宣统年间，清帝国已进入末期，皇帝下令对川边实施开辟，将相关措施概括为五点，即设官、练兵、屯垦、通商和建学。川滇边务大臣赵尔丰依照上谕发挥说：

非殖民无以实边，非整军无以御侮，非开利源无以归远图，非改制兴学无以为教为政。

在笔者看来，这就是从政治、军事到经济、文化和教育一套完整的帝国话语。其从秦汉到明清延续数千年，直至西欧“民族国家”模式影响下的辛亥变局后才受到挑战和质疑。但与西欧的因果不同，在东方，帝国赖以滋生的思想土壤及王权体制并未根除，致使中华民国号称的“民族革命”和“五族共和”格局徒存其名，帝国的遗存在国民心中仍旧蒂固根深，残留不去。

如今要提出的问题是：被帝国体制竭力以“大一统”强权排斥、摧毁的多元传统意味着什么呢？就苗疆而论，别的不说，至少包含了别具一格的“村落自治模式”和人生方式上的“和而不同”格局。能与之比照的是古代希腊的城邦制度和近代共产主义勾画的无国蓝图。可见，研究苗疆，其意义不在一族一地和一国，而已可与人类整体的历史相联系。

（原载于《中南民族大学学报》2011年第3期）

注 释

[1] 高岚：《从民族记忆到国家叙事：明清之际（1644—1683）江南汉族文士的文学书写》，四川出版集团，2010年版。

[2]《禹贡》声称“禹别九州，随山浚川，任土作贡”，而后规划出“五百里甸服，百里赋纳总”，直至“五百里荒服，三百里蛮，二百里流”的王土朝贡体制。相关评述可参见笔者所著《西南研究论》

一书，云南教育出版社，1992 年版。

［3］此版本的《张秀眉之歌》为张秀眉故乡台江的苗族陈学之创作。1979 年发表于黔东南杂志。相关评述可参阅秋阳：《苗疆风云录》，贵州民族出版社，2003 年版。

［4］对此，高岚博士的论文作了专门阐释。笔者以《帝国轮替中的认同演变》为题作的书序亦有评议。可参见高岚：《从民族记忆到国家叙事：明清之际（1644—1683）江南汉族文士的文学书写》，四川出版集团，2010 年版，第 1~4 页。

九

节日体现的文化选择
——吴正彪新作《苗年》读评

节日是人类在社群生活中对时间次序的文化选择和设计，同时也是对自然超自然节律的认知及顺应。这样，因自然环境和生存方式的不同，人类的众多支系中便呈现出各自按特定规律重复出现的生活周期，亦即彼此不同的节日。由于人类生活与天体运行及物候变化的基本对应，世界各民族的节日里最为普遍的一个、关涉到以地球公转一圈为单位的天象，其周而复始，且在大部分地区——尤其是温带和亚热带的湿润地带包含着四季交替及植物的生长循环，因此备受重视。这个被重视的时间单 位在汉语的称谓中叫“岁”也叫“载”和“年”。英语称为

Year，意指地球绕行太阳一圈。

可见，在自然时间的周期意义上，“年”首先是一个天文和物候学概念，唯有在涉及不同人群因其而派生的社会活动，亦即种种不同的“过年”时，才延伸到文化研究和人类学范畴。在这个意义上，研究各地区、各民族的年节，实质就是考察和评述种种独特的对天象及物候的体认，以及透过这些体认所呈现出来的知识体系和文化传统。

吴正彪教授的新作《苗年》关注今湘黔川等地的苗族年岁事象，我认为最重要的目标应当是揭示这些事象背后隐含的民族知识体系和文化传统。在华夷关联的东亚社会，此体系和传统与华夏文明既相互呼应又各有不同，值得仔细考证、深入阐释。

正彪是出生于黔东南地区的苗族，懂苗话，知汉语，学识跨了两种体系，此前的相关成果有专著《苗族年历歌和年节歌的文化解读》（2008，中国文史出版社）。这回用汉文撰写的《苗年》，既有丰富的历史文献，又包含了深入的田野实录；有长短不一的口传颂唱，也有具体生动的仪式描写；有翔实的访谈、辨析，也有独到的个人见解，整体上不失为在同题著述中有创新的佳作。比如对所谓“年”的称谓，书中就收集整理出苗语的多种说法，既有与汉语的“年”发音近似的“Niangx”，也有相异的“Ghuat jianb”或“Lious janb”，不一而足。

相对而言，正彪新作对苗年的考察研究，最突出之处在于将其与特定的农事活动关联在一起，展示了苗族及其年节的农耕性和族群性，也就是特定的生态性和文化性。

在《苗年》一书中，作者写道：

在时间的差异上，“苗年”总是与同一年中的其他节日流程有着明显的对应关系。如果把水稻的播种作为一年中一个与此相关的节日如“开秧门”“祭桥”等的开始，那么“吃新节”就是这一节日时段的一个“前奏”，“苗年”自然是整个节日时段的活动高潮期。

此中的一个个对应，无论“开秧门”还是“吃新节”，都与农事相关，体现的都是农业生产与自然物候彼此协调的生态节律。这种节律，在书中一位受访者转述的苗族古歌《Hxak Diangd Dongd》里得到了充分体现：

原歌：

Dol ghab waix hxed lol hxed lol,Dol gangb genx seid yol seid yol,Dol ghab nex tat wenl tat wenl,Dol eb lix dlod bol dlod bol,Dol hvib naix hxud dlinl hxud dlinl. Dangt dol ghab linx hsod mil,Jit mongl ghab vangx hfud bil,Ait gheb nongx taid mongl.

意译：

天气已经暖和起来了，蝉虫已开始叫个不停，春天的树叶已经长出来，稻田里的水啊已经闪闪发光，春心荡漾的年轻人啊也按捺不住地四处乱走。春光短暂大家要赶紧拿起农具，是该上山劳动的时候了，是到生产的季节了。[1]

古歌以蝉鸣、叶长等春之物象作比兴，号召劳动生产的开始，体现的便是温带农耕社会人与自然的呼应和关联。在此，“年”的含义已并非仅指诸如农历的某一天，“过年”也不只意味着除夕夜晚亲人在家里的团聚和吃饺子、燃炮竹、祛年鬼等一类的习俗活动。这类记述关涉的多为中原华夏族群的文化事象，对于苗族等非华夏族群来说，仅就“年”的研究而言，无疑还需要更多的跨越和还原。个中的内容，不仅包含表象的社会习俗，更涉及到各自不同的历法传统及与物候对应的认知谱系。

据明代郭子章《黔记》载称，与中原汉文化不同，贵州的苗族“不知正朔，以鼠、马纪子午，言日亦如之，岁首以冬三月，各尚其一，曰开年”。在前人的类似观察基础上，吴正彪试图进一步阐明“苗族传统历法的计时特点”及“苗年”是一种怎样的文化现象。他的结论是：苗族的传统历法属于物候历[2]。在我看来，吴的观点或许不是原创，也或许还有人不以为然，但有和没有这样的结论很重要。因为其代表着同类研究究竟是拿现有对汉民族文化的研究成果（方法、模式）来硬套非汉民族，还是勇于站在族群主位立场上进行独特的文化“自表述”。而也正是在这样的前提下，我个人认为是否该用汉语的“年”来称呼和解释苗族文化的同类现象还是问题。至于当用什么，需要大家继续讨论。

总之，在由多民族并置构成的现代中国，对节日和文化的比较研究还值得深入展开。吴正彪的《苗年》仅是做出一定贡献的尝试之一。联系 20 世纪后半叶大陆的民族学、人类学开拓来看，还可加以对照的成果很多，其中尤其不能绕过的是刘尧汉等“彝族学派”通过研究彝族年节等文化事象而提出的“十月太阳历”学说[3]。尽管对这一学派的许多观点还存在争议，但我以为后起的类似研究，无论在问题意识还是历史视野上都不应低于这个起点。

（原载于《三峡论坛》2011 年第 5 期）

注 释

[1] 吴正彪，《苗年》，第 1 章第 3 节。

[2] 吴正彪，《苗年》，第 2 章第 2 节：“苗年”与苗族传统历法的关系。

[3] 刘尧汉：《文明中国的彝族十月太阳历》，云南人民出版社，1986 年版。

附录

徐新建：用生命感受一切

人物名片

徐新建，1955年生于贵州黔东南凯里，在贵阳长大。1983年毕业于贵州大学中文系。现为四川大学文学人类学研究所所长、教授、博士生导师，哈佛大学访问学者，中国比较文学学会理事兼副秘书长、中国人类学学会理事、四川省比较文学学会副会长、中国文学人类学研究会副会长。

他的研究围绕文学和人类学展开，目前关注的领域包括：比较文学和文化，“横断走廊”，多民族国家的文化和传统。相继出版了《从文化到文学》《西南研究论》和《苗疆考察记》等论著，组织编撰了《贵州文学面面观》和“西南研究书系”“贵州民间文化丛书”等专题论丛。获得过省政府优秀科研成果奖、“庄重文文学奖”和“全国民族文学奖”和“全国民族文学奖”。

2003年，报考四川大学文学人类学专业博士学位的研究生，发现在导师栏里有了一个新的选择：徐新建。从美国哈佛大学访学归来的他，与中国社会科学院文学所研究员叶舒宪诸先生一起，开始正式招收文学人类学专业的博士生。

“文学人类学”是一门跨越“文学”与“人类学”的新学科：“文学表现人，是使人成为人的方式和路径；人类学研究人，通过研究了解自己、发现自己，并且呈现和完成自己。人的一生可总结为成人。”作为我国“文学人类学”学科首创人之一的徐教授，他说自己便是这门新生学科的“第一届学生与准毕业生”，他的成长史同时也是一部“成人史”——

他曾经是一名小提琴手，感受并浸染了“中西方两个并置世界里的音乐结构与文化谱系”；发现自己不过是指挥家的一件乐器，踏上了成为真正艺术家的原创之路；在贵州省社科院工作期间，认识到以往的历史是被脸谱化了的，“符号化的历史是死的故事活的纸”；1991年第一次走出国门让他开始有了世界概念……“一个没有时间和空间的人是什么呢？蚂蚁。搭建起时空维度后，我才开始变成一个正常的人。而以前的我是不完整的，只是我的一种可能。当我有另外一个时空，我会有更多的可能。”

一、曾经的小提琴手

打小在贵阳长大的徐新建在幼儿园完成音乐启蒙，六七岁时自制竹笛撞进贵阳市实验小学红领巾文工团的趣事，成为他艺术生涯中一个美丽的前奏。

要加入文工团，至少得会一样乐器。“我就想，门槛最低的乐器就是笛子，二胡琵琶那些离我太远，看都看不懂。”家里没人懂音乐，徐新建决定自制竹笛，“按照街上卖的笛子的样子，我锯断一根细竹，用烧红的通条钻几个洞。因为不知道要笛膜，这支没笛膜的笛子竟就这样吹响了……”

但很快，徐新建从东方的笛子转向了西洋的小提琴。他所在的文工团，只有一个小提琴手，“我一听他拉琴就迷倒了，心里就想我要学。那时候觉得小提琴好听，也不知道为什么好听。可能美是一个因素，或许还有虚荣心：笛子太土太简单，会吹的人也多，引来的注意力不大。而小提琴的造型、音色、拉琴的姿态……哎呀，我心想，我要是学会了那只有少数人会的乐器，大家一定会很羡慕”。

“买了小提琴后，我的艺术生涯往前走了一大步。‘文革’那个特殊的时代把我从五线谱的西方音乐世界里，拉入到‘洋为中用’的革命艺术氛围里来。”初中毕业后，徐新建凭借小提琴的一技之长和革命文艺的基础，在十五岁那年被“时代选中”，考进贵阳市文工团（现贵阳市歌舞团），开始了“既是职业又是理想的艺术职业化生涯”。

“这意味着我终身要搞艺术。这需要定一个目标：大概三年内我要达到一个什么样的水平，期间要拉多少音阶和练习曲。一生无穷尽。”他平均一天练习的时间在 12 个小时以上，几乎到了一种疯狂的地步。小提琴太难了，五线谱一打开，上面的提示语翻成中文是：深广的、谐谑的、明亮的、灰暗的……不懂。老师举例说“亮是一种色彩，要用声音去表现亮”，还不懂；老师说需请教油画老师。“我们跑到当时的省艺校（现贵州大学艺术学院），找到贵州的色彩大师、油画家向光老师。他现场给我们讲什么叫‘亮’：美术的颜色靠对比，亮是没有的，白不足以表现亮，要用黑和灰来对比。回来后自行揣摩：小提琴的四根弦，E 弦是最明亮的，G 弦是最浑厚的……很快就找到了感觉。“那时就觉得，要成为一个正常、完整的小提琴演奏者，除音乐之外，还需了解美术、建筑等其他艺术形式。”

顺着这条思路，徐新建又拜访了贵阳市戏剧界的很多老师，开始关心戏剧，关心文艺复兴……“我进大学以前，已将西方的艺术形式过了一遍。在市文工团，我完成了一个职业化的对艺术史、对西方文明、一个不完整的世界史的自学过程。”

对于东方的笛子和西洋的小提琴之间的差别，徐新建这样解释：乐器背后是一整套文化谱系，小提琴与笛子背后的文化谱系相去甚远。我们那时熟悉的是红色中国下的音乐世界，听的是革命音乐，用的是中国的“五四”新文化之后的音乐元素，它有一个完整的谱系在里面。而小提琴背后是西方乐理、西方音乐史和西方审美，这与“雄赳赳气昂昂”的时代气质完全不同。

现在我还记得当时教材里面，霍曼的一些旋律的曲名：林间漫步，小鸟的歌唱，天使的欢语……

“小提琴改变了我的命运，因为背后的五线谱，让我逐渐的感受并浸染了西方文化，带给我一些生长的可能性。也就是说，在感性的层次上我那时已承受了两个文化谱系的世界。”

二、用身心测量历史与世界

在那个主流意识形态是“革命话语”的时代，艺术职业化的徐新建发现，艺术领域里面资产阶级的土壤是相对合法的，“革命话语”下的中西文化在他身上不但不矛盾，反而开拓了他的视野。

一次，正在台上演奏的他，“觉得我们都是傀儡，所有演奏者都觉得自己了不起，但我们什么时候进、出，什么时候强、弱，全部受一个人的控制——指挥家。我们是指挥家的一个乐器，全体演奏者只有一个可能，就是跟随指挥。可后来又发现指挥者也是作曲家的傀儡……于是，我内心生发出一种叛逆，或者说是一种自觉”。

“古之学者为己，今之学者为人”，不愿做“傀儡”的徐新建开始书写成为人、成为自己的“成人史”，选择了成为真正艺术家的原创之路。

这时，另外一个有魅力的艺术形式把他从声音的世界里征走了——文学。随后在贵州大学求学期间，他参与编导了多部舞台剧，还与同学自行创办发行过名叫《UFO》的杂志……直到进入贵州省社会科学院文学研究所的很长时间，他进入了职业化写作时期，经常在杂志《山花》《花溪》上发表小说，并拍摄了一个连续在中央电视台和贵州台播放的专题片。20 世纪 80 年代末，他还和贵州省话剧团导演王呐先生合作创作了舞台剧《傩愿》……

在省社科院工作期间，徐新建发现自己是一个没有历史的人，“在成长的年代，我们看不到历史。1949 年是我们的起点，从此只有现在和未来。我们的人生意义在于有一个使命：创建明天。每天唱的歌都是‘向前、向前、向前’和‘这是最后的斗争，团结起来到明天……’”

历史通过那些“有历史的人”突然地进入到他的生命里：学者、资本家，黄埔军校的老人，以及在贵州乡村进行社会调查时那些具有历史记忆的寨老、巫师等，“他们的存在代表了我们民族的记忆，但这些人以前既不在我的生活中，也不在我们的时代中，而只是一些被丑化了、没了故事的异类符号。新时期政策调整以后，这些符号才一下激活出来，就像压缩饼干给一点水就膨化成了一种巨大样态似的，立刻成为那代人的精神食粮”。

类似的经历多了，历史的多种可能性出现在徐新建的视野里，原本是深渊、破碎不堪的历史，被像桥梁一样连接起来，让他得以“补课”填充缝隙。

好不容易恢复了存在于时间维度的历史感，1991 年第一次出国前往日本参加第十三届国际比较文学学会年会的他，发现自己缺乏了空间的维度：我原以为世界就是中国，全世界的人都在看新闻联播，全世界都要看五星红旗升起来……在学术交流会上，竟然不知道中国“五四”时期的文化与日本文化的关联……因为语言等各方面的问题，中国学者们挤缩在会场的一个角落里面，没有朋友，缺乏自信，很不自在。“鸡尾酒会上国外代表谈笑风生，我感觉这不是我们的世界。”

回国后，徐新建开始增强对英语的学习，自觉地去认识世界。他说改革开放使他获得历史，开放则有了世界。“我有了一种内省：在中国的这张方桌子之外，还有什么可能？我不自觉的有了一个参照系——世界。”搭建起时空的维度后，“我才开始变成一个正常的人”。

三、学术视野下的社会参与

回顾学术经历，徐新建强调自己对社会参与的关注以及理论和实际的结合。“我在上世纪80年代到省社科院工作，那时做的其实不是纯学术，而是社会改革。从新时期开始，一大批有抱负的年轻人献身于国家和民生，最重要的是现代化和西部大开发。学术研究注重对策性、实用性，也就是经世致用——以社会实践为动力，推动社会发展。那个时候的我并不想当个学者，反而觉得百无一用是书生，认为就应该做一个有用的社会实践者，在社会实践中去理解人生、参与历史。”

他说："我在社科院的文学研究所，领域更接近民族和文化，我自己的定位是关注地方文学和民族传统，这就让我走进了本土文化。这之前我是意想不到的，那时我们大多数人生活的空间就是城市，它像一个笼子，或只是一张方桌，四周是空白，甚至是深渊。我已不满足甚至有些厌恶这种状态，希望改变。记得当时有一位管宣传的老同志对我们年轻人说，贵州省有80多个县，不一个个走完就不要开谈！这话对我影响很大。后来我在社科院参与发起了'首届东西部中青年理论对话'，就是强调要深入到实际的国情当中，发出西部的话语和西部的声音，后来做的'西南研究书系'是一脉相承和延伸。"

在关注社会和参与现实的驱动下，徐新建几乎走遍了黔省的县市，还参与了国家体改所等机构组织的专项课题，去云南、甘肃和新疆等地考察调研，关注的领域涉及经济、历史和民族、宗教。经过这些年的努力，徐新建相继出版了关于贵州、西南以及关于中外比较的一系列论著，如《从文化到文学》《西南研究论》和《苗疆考察记》等，还组织编撰了《贵州文学面面观》和"西南研究书系""贵州民间文化丛书"等专题论丛。他为此获得了贵州省政府优秀科研成果奖、"庄重文文学奖"和"全国民族文学奖"。其中，他提出的从"'一点四方'格局认识中国传统"和"以跨省区视野反思西南"的观点受到广泛的重视。

四、整合知识碎片的新学科

通过长年不懈的田野调查实践与研究，徐新建完成了从艺术探索者到人类学学者的身份转变。1997 年，他离开贵州，调入四川大学，成为一名“本不情愿的学院派”人士。2000 年，他和同道一起组建了“文学与人类学研究所”，这是目前国内第一所将“文学”与“人类学”关联在一起的跨学科研究机构，徐新建由此也成为我国“文学人类学”的学科首创人之一。

“文学人类学”是一门跨越“文学”与“人类学”的新学科。徐教授说，文学人类学建立的意义有三层：其一，形成解释世界某一领域的话语体系；其二，推动社会成员的相互理解与交流；再就是完善个体自身的认知能力。“以此来看，文学人类学的意义简单地说，就是把文学的‘玄’与人类学的‘实’连为一体，参与实现上述目标。其一方面可以通过艺术化的文本与想象，追问人存在的价值和终极问题；另一方面又可以面向实际，考察不同的族群社会中，从生产到仪式、从信仰到民俗等生活世相的多重意义。由此了解他者，关照自我，从而更好地完善社会，使人‘成人’(becoming human)。”

自 2002 年起，他先后去过美国哈佛、英国剑桥和澳大利亚的悉尼大学等地访学。“如果当下的世界体系是一棵大树，它的根干就在欧洲。通过媒体宣传的世界并不完整，我们需要在自己场域里看世界，并通过了解世界，更好的反观中国。”总之，访学的经历与国内的乡土化研究形成对应，使他完成时空的一个整合，从研究视野上有所扩展，使本土研究开始有国际视野，从开始被动的用西方学说研究中国，到主动地去研究世界，从而获得自己、自主的一个结构性的补充整合。

“目前，有关人类的知识已呈现得支离破碎，如何在‘古今中西’以及中华本土的‘多元一体’格局里使之重归圆融，需要人们共同努力。在我看来，文学人类学或许是其中一条有效的路径之一。”这些年来，徐新建一直遵从自己的内心而活，“不变的是人人都在各自经历中学会自我成人。变的只是不同阶段的道路和成败”。不难发现，他对新学科的理解，与个人的体悟全部契合起来。

他尽可能用自己的身心测量出尽可能完整的历史与世界，并将之开创为面向全人类的新学科。“我总是想象太平洋的对岸有另外一个我，那个我和这个我是联系在一起的。我在澳洲看见各种各样的值得我探讨一辈子的文化景观时，我得到了警醒：以前和现在时空中的我是不完整的，只是我的一种可能。当我有另外一个时空，我会有另外一种可能。所以对我个人而言，我现在有很强的冲动去更多的地方，只要我还走得动，我就以生命感受生活的可能性。”

五、对话

记者：你接受的是音乐的熏陶，为何选择用文字来表达？

徐新建：声音的存在是抽象的，它不能满足我对生活、知识具象性的需求。比如说贝多芬的音乐是崇高，但不具体。那时候看西方美学史、哲学史对崇高的阐释，辨析得那么的具体清晰，非常的过瘾。文字所存在的具象性充分表达了人思想和话语的特质，把我征服了。

记者：但文字也不全是具象性，也具有抽象性。

徐新建：我并没有放弃音乐，没有音乐的世界和人生是不完整的。文字本身也有抽象性，但如果文字只是自己成为自己的参照系，这是不完整的，得有非文字的抽象性的东西出现，才能知道文字的抽象性是什么。就像学小提琴不知道“亮”，需要用油画的色彩理论来帮助理解。

记者：让小提琴这技术成为艺术，艺术成为道，你是怎样转变的？

徐新建：技术性是所有称为大道大艺的起点，在西方艺术就是技术，是手艺，所有的艺术家一定都是一个手艺人，我一直认为自己就是个手艺人。一个人无论有多么优秀，内在首先都是一个手艺人：不能是说艺的，而应该就是那个从艺者，艺内化为一种行为才可能真正拥有“艺”。

拉小提琴的原初动力是我以后其他工作的一个动力原型：乐器发出的声音和演奏者之间的关系是自悦的，这个声音不需要观众的。写作也是如此，事实上我有很多东西是没有发表的。有时候写作的时间一旦结束，那个时候的生命就跟着结束了，它已经成为历史了。所以每一个瞬间到来的时候，我就知道我正在很小心的把它变成历史。把它变成历史、使我成为我自己的过程。这个过程是开放的状态，它不是既成之物，而是一个形成之物。

小提琴影响了我对以后所从事的文学、学术的看法。孔子说："兴于诗、立于礼、成于乐"，艺术能使人成为艺术人的可能，它能帮助人成为完满的人的可能。所以我觉得过程才是我的目的，我在每一次的思考、创作中逐渐成为人，成为我自己。

（《贵阳日报》记者 郑文丰
原载于《贵阳日报》，2010 年 3 月 23 日）

学术年表

1984年

论文《观众与创造》在《当代文艺思潮》1984年第6期发表，《人大复印资料》1984年第11期全文转载。

1986年

论文《历史题材与现代意识》在《当代文坛》1986年第6期发表，《人大复印资料》1987年第1期转载。

论文《文学的“怪圈”——刘心武<5•19长镜头>读后断想》在《当代作家评论》1986年第2期发表。

论文《一个被河惯坏的野孩子和他的一系列社会角色——也评<北方的河>》在《贵州社会科学》1986年第6期发表。

1987年

论文《试论苗族诗歌系统》在《贵州民族学院学报》1987年第3期发表。

论文《从虚构到写实——三毛作品与私小说》在《当代文艺探索》1987年第6期发表（合著）。

1988年

论文《我非我：戏剧本体论》在《花溪文谈》1988年第1期发表。

论文《民间文化：走向复归的第三世界》在《民间文学论坛》1988年5～6期（合刊）发表。

1989年

3月 专著《现状与构想——贵州文学面面观》由贵州人民出版社出版（与潘年英、钱荫愉、陈跃红等合著）。

舞台剧本《傩愿》在《艺术家》1989年第4期发表（合著），该剧由贵州省话剧团先后在贵阳、成都上演，获西南话剧节优秀演出奖。

1990年

论文《说“哭嫁歌”》在《贵州大学学报》第3期发表。

论文《对“欧洲中心论”的一种反思——记德国音乐学家布朗德教授的讲学》在《中国音乐》1990年第4期发表。

1991年

7月 专著《从文化到文学》由贵州教育出版社出版。

8月 参加日本东京国际比较文学学会第十三届年会，并在会上发表《中国傩（戏）与日本能（乐）之比较》。

1992年

4月 专著《醉与醒——中国酒文化研究》由贵州人民出版社出版。

10月 专著《西南研究论》由云南教育出版社出版。

担任云南教育出版社出版的丛书“西南研究书系”副主编。

1995年

4月 论文《王阳明“龙场悟道”今论》发表于《贵州社会科学》1995年第2期。

1997年

10月 主编“贵州民间文化研究丛书”并由贵州人民出版社出版。

10月 专著《苗疆考察记——在田野中寻找本文》由上海文艺出版社出版。

专著《罗吏实录：黔中一个布依族社区的考察》由贵州人民出版社出版。

1998年

6月 专著《生死之间：月亮山牯脏节》由浙江人民出版社出版。

1999年

论文《权力、族别、时间——阿来小说 < 尘埃落定 > 读后》获四川省第二届“全兴杯文艺评论二等奖”。

2000 年

6 月 赴台湾清华大学出席“仪式、戏剧与民俗学术研讨会”并在会上宣读论文《侗歌研究五十年：从文学到音乐到民俗》。

2001 年

9 月 人类学考察报告《三公的故事：布依族》列入“20 世纪中国民族家庭实录”丛书，由云南大学出版社出版。

9 月 主编“世界文学助读丛书”，由海天出版社出版，选题包括：《东方的神韵：印度、日本与亚洲文学》《激情与理性：希腊、法国与南欧文学》《多元的声音：美国与拉丁美洲文学》《睿智与幽默：英国与爱尔兰文学》《蒙昧中的觉醒：德国与北欧文学》《执着的求索：俄苏与东欧文学》。

论 文 "Developing China: Formation and Influence of 'Ethnic Tourism' and'Ethnic Tourees'–with Special Reference to Ethnic Tourism in Southwest China" 刊发于英文期刊 Tourism, Anthropology and China,（Eds. Tan Chee-Beng, Sidney C.H. Cheung and Yang Hui, White Lotus Co, Ltd: Bangkok, 2001）。

2003 年

6 月 应邀出席夏威夷大学东西方中心承办的美国亚洲太平洋学会年会，主持专题讨论“A Big Challenge to Asian Studies: From Oral Tradition to Internet Imagination ？ ——In the Case of Chinese Ethnic Groups' Historical and Cultural Change”，宣读论文“From Oral to Internet——Stories of Dong's Singing"。

2004 年

1 月 专著《山寨之间：西南行走录》由广西人民出版社出版。

5 月 与刘小萌等人合著“边地上的中国丛书”系列中《口述中国：口述与文献谁能还原历史》一书，并由中国社会科学出版社出版。

6 月 出席台北中研院历史语言研究所“英雄祖先与民族历史”学术讨论会，并做主题发言：“蚩尤和黄帝：族源故事再检讨”。

2005 年

8 月 论文《族群地理与生态史学：从“藏彝走廊”谈起》刊发于香港中文大学《21 世纪》8 月号。

2006 年

7 月 专著《民歌与国学：民国早期“歌谣运动”的回顾与思考》由巴蜀书社出版，并于 2009 年获教育部高等学校哲学社会科学优秀成果三等奖。

2008 年

3 月 与陈跃红等人合著《中国傩文化》并由中央编译出版社出版。

8 月 《徐新建文学作品选》由民族出版社出版。

12 月 专著《全球语境与本土认同：比较文学与族群研究》由巴蜀书社出版，并于 2010 年获四川省第十四次哲学社会科学优秀成果三等奖。

专著《横断走廊：高原山地的生态与族群》由云南教育出版社出版。

主编的“中国民族文化走廊丛书”由云南教育出版社出版，并于 2010 年获第 2 届中国政府出版奖提名奖。

2009 年

主编《剑桥研究学刊》2009 年第 2 期（Journal of Cambridge Studies,Association of Cambridge Studies,No.2, 2009）。

6 月 主编《文化遗产备忘录》及《灾难与人文关怀》由四川大学出版社出版。

2010 年

7 月 合著《图说贵阳：一座城市的新与旧》由四川大学出版社出版。

12 月 主编《人类学写作》由四川大学出版社出版。

2011 年

9 月 主编《文化遗产研究》期刊创刊。

10 月 专著《侗歌民俗研究》由民族出版社出版。

论 文 The Chinese Identity in Question: "Descendants of the Dragon"and"The Wolf Totem"（当代中国的身份认同）刊发于法国学术期刊 Revue de literature compare（2011 年 3 月号，ISBN:978-2-252-03809-3;ISSN 0035-1466）。

2012 年

9 月 出席在新疆伊犁举办的“首届特克斯世界周易高端论坛”并在论坛发表《君子观象玩辞：易经“本相观”》。

2013 年

1 月 在《广西民族大学学报》发表《多民族国家的人类学：

一门现代学科的中国选择》。

2014年

专著《民歌与国学：民国早期「歌谣运动」的回顾与思考》在台湾出版繁体中文版，由花木兰出版社出版。

2015年

11月 论文《科学与国史：李济先生民族考古的开创意义》刊于《思想战线》2015年第6期。

11月 专著《多民族国家的文化和文学》由人民出版社出版，并于第二年二次印刷。

主编《中国多民族文化研究文库》由民族出版社出版。

2016年

2月 论文《展现“中国故事”的多民族魅力》发表于《光明日报》（2016年2月18日）。

5月 主编专著《民族文化与多元传承：黄土文明的人类学考察》由中国社会科学出版社出版。

6月 论文《人类学方法：采风、观察？还是生命内省？》发表于《兰州大学学报》（2016年第5期）。

7月 出席第7届比较文学中美双边会并做主题发言《文学后面的文学》。

9月 受聘为四川省文史馆特约馆员。

2017年

主编的“文学人类学博士文丛”由中国社会科学出版社出版。

《多民族国家的文学与文化》项目成果获四川省第十七次

哲学社会科学优秀成果一等奖。

主持教育部人文社科重点基地重大项目《西南多民族生死观与民俗考察研究》，担任首席专家。

2018 年

2月 论文《缪斯与东朗：文学后面的文学》,《文艺理论研究》2017 年第 1 期。

10月 主编《文学人类学研究》期刊创刊。

11月 论文《自我民族志：整体人类学的路径反思》刊发于《民族研究》2018 年第 5 期。

编后记

2009 年我在黔东南，收到一则手机信息，署名竟是曾任中宣部要职的一黔籍老领导，其内容是建议组织文史馆的专家学者们研读《新华文摘》刊登的两篇文章。当我得知他身患绝症，这是在病床上发的短信时，清水江的轻盈旖旎顿时变得凝重异常。

两篇文章，前者是乐黛云先生的《时空巨变与文化转型》，主旨略同于费孝通先生的思路：对“战国时代的地球村”的忧患及“各美其美，美人之美，美美与共，天下大同”的期望。但乐先生基于跨文化比较研究的学术素养，更凸显了当代技术条件下世界冲突的严酷性，进而提出用文化（尤其是文学）的对话来消弭尖锐矛盾的具体路径。后一篇是李喜所先生的《改革开放以来的中国近代史发展主线研究》，陈述了改革开放以前的政治标准，所以太平天国、义和团运动等成为“革命史观”的重大事件；而改革开放以后，转向经济标准，于是洋务运动、戊戌变法等成为

"近代化史观"的标志性事件。两相对立，互相辩难。当此之际，李双璧等学者提出了多维立体研究近代史的新主张，于是研究"由革命转向了社会，由线性提升到立体"。

前一文的作者乐黛云先生从这片大山走出去，对整个世界的未来提出一个贵州人独到的见解；后一文中提到的李双璧先生也是贵州学人，对宏大的中国近代史研究产生了积极影响。我推测，病榻上的老人，应该是希望贵州学者们当以乐、李二先生为榜样，立足贵州，放眼中国，观照世界，积极有为。这是老人给贵州学者遗嘱式的期待。我深深感动，私下想：如果能将贵州学者的重要成果汇集成册，永传后世，该有多好啊！随着老领导于次年的辞世，这个想法更加郁结于心，难以释怀。

不想数年后，这个愿望由在西南大学工作的贵州松桃学者刘扬烈先生破题。他致函时任中共贵州省委常委、省委宣传部部长张广智，希望省委、省政府能主持编辑出版一套"贵州学者文丛"。张部长虽非黔人，但敏锐果决，很快主持召开了由省委宣传部分管领导、省内有关部门负责人、有关专家、贵州出版集团相关编辑人员等组成的联席会，专议此事。会议气氛热烈：大家一致肯定了这个选题的意义——传承开启，树立地域文化的自信；初议了入选的标准——有学术影响力的贵州籍学者或非贵州籍但对贵州有研究的学者的论著；框定了大致的人选——乐黛云、刘扬烈、张朋园、涂纪亮、陈祖武、刘纲纪、曹顺庆、吴雁南、刘扬忠、钱理群等先生成为第一批瞩目者。现任中共贵州省委常委、省委宣传部部长慕德贵对"贵州学者文丛"进一步给予了关心和支持，确保编辑出版工作顺利推进。如今，在贵州出版集团的执着勉力和各位先生（或遗属）的积极配合下，昔日梦想终成现实。

回想给我系上和解开心结的，是两个不同时段的宣传部长。前者处身的时代，是紧抓经济、倾心发展的时期，倡导学术研究仍力所不逮；后者处于经济社会全面迅速发展，民族伟大复兴的目标从来没有像今天这般可触，文化自觉与文化自信得到领导人大力倡导的新时代。从此，我们当能体会到国家前进的步履。

记得在讨论体例时，大家还希望，这套文丛最好按论文发表时间排列，最好有一篇作者学术进程的自序，旨在不仅保存以往，更在启迪当下、开拓未来。保存完好了，启迪真切了，开拓有力了，贵州的学术或如革命导师恩格斯所言："经济上落后的国家在哲学上仍然能演奏第一提琴。"

顾久

2018 年 4 月

“贵州学者文丛”出版图书书目

2018 年第一辑

⊙ 朝向“人类命运共同体”

——乐黛云文选

⊙ 上下求索集

——钱理群文选

⊙ 忧患集

——刘扬烈文选

⊙ 现代西方哲学评述

——涂纪亮文选

⊙ 清代学林举隅

——陈祖武文选

⊙ 美学与文化

——刘纲纪文选

⊙ 比较文学与学术创新

——曹顺庆文选

⊙ 史海深潜

——吴雁南文选

⊙ 且喜青山依旧住

——刘扬忠文选

2020 年第二辑

⊙ 儒学的返本与开新

——张新民文选

⊙ 贵州史志地理及人文考辨

——王燕玉文选

⊙ 纸年轮

——何光渝文选

⊙ 听涛斋文集

——史继忠文选

⊙ 归去来

——彭兆荣文选

⊙ 黔中论道

——徐新建文选

⊙ 走近历史真实

——熊宗仁文选

⊙ 初学者言

——朱正琳文选

⊙ 汉藏文史拾隅

——王启龙文选

⊙ 萤窗万卷书

——王锳文选